Kohlhammer

Religionspädagogik innovativ

Herausgegeben von

Rita Burrichter
Bernhard Grümme
Hans Mendl
Manfred L. Pirner
Martin Rothgangel
Thomas Schlag

Band 8

Die Reihe „Religionspädagogik innovativ" umfasst sowohl Lehr-, Studien- und Arbeitsbücher als auch besonders qualifizierte Forschungsarbeiten. Sie versteht sich als Forum für die Vernetzung von religionspädagogischer Theorie und religionsunterrichtlicher Praxis, bezieht konfessions- und religionsübergreifende sowie internationale Perspektiven ein und berücksichtigt die unterschiedlichen Phasen der Lehrerbildung. „Religionspädagogik innovativ" greift zentrale Entwicklungen im gesellschaftlichen und bildungspolitischen Bereich sowie im wissenschaftstheoretischen Selbstverständnis der Religionspädagogik der jüngsten Zeit auf und setzt Akzente für eine zukunftsfähige religionspädagogische Forschung und Lehre.

Hans Mendl

Modelle – Vorbilder – Leitfiguren

Lernen an außergewöhnlichen Biografien

Verlag W. Kohlhammer

1. Auflage 2015

Satz: Andrea Siebert, Neuendettelsau
Gesamtherstellung: W. Kohlhammer GmbH, Stuttgart

Print:
ISBN 978-3-17-026348-2

E.Book-Formate:
pdf: ISBN 978-3-17-026349-9
epub: ISBN 978-3-17-026350-5
mobi: ISBN 978-3-17-026351-2

Inhaltsverzeichnis

Einleitung

Bilde dich selbst, und dann wirke auf andere durch das, was du bist!

WILHELM VON HUMBOLDT

Brauchen Menschen heute Vorbilder? In einer Zeit, zu deren Signatur die radikale Individualisierung zählt, drängt sich die Frage nach einem Lernen an anderen Personen nicht unmittelbar auf. *Selbst*verwirklichung ist die Chiffre für das Bildungsideal des modernen Menschen. Autonomie und reflektierte Selbstverantwortung zählen zu den wichtigsten Erziehungszielen. Da hat der Blick auf andere keinen Platz.

Gleichzeitig hat sich der Mythos der Moderne, der selbstbestimmte Mensch könnte sich aus eigenen Kräften eine stabile Identität stiften, längst verflüchtigt. Der Prozess der Selbstentwicklung scheint ohne die Orientierung an anderen Personen, an Modellen, Vorbildern, Leitfiguren, Helden, Heiligen und Idolen nicht zu gelingen. Es gibt deshalb gute Argumente, die gegen die Vorstellung von Lernen im Sinne einer reinen Selbstentfaltung sprechen: Wir benötigen Impulse von außen, um dann in Auseinandersetzung, Orientierung und Abgrenzung dazu das eigene Leben zu gestalten.

Zudem hat das Materialobjekt unseres Interesses auch eine immense gesellschaftliche und politische Bedeutung: Es handelt sich um Menschen, die mutig, entschieden, zivilcouragiert agierten und agieren. Deshalb bedarf es neben der Förderung einer individuellen Verantwortlichkeit auch einer ideologiekritisch-politischen Reflexion und Ausweitung (Grümme 2009, 90–93): Gerade Zivilgesellschaften sind auf Menschen angewiesen, die über den Tellerrand hinausschauen und prosozial Verantwortung übernehmen; das stellt aber auch kritische Anfragen an das Funktionieren und die Schwachstellen politisch-sozialer Bedingtheiten.

Aber selbst wenn man zum Ergebnis kommt, dass auch am Leben anderer gelernt werden kann und muss: Wie stellt man sich ein solches Lernen an fremden Biografien vor? Welche Personen eignen sich mehr dafür und welche weniger? Haben die heutigen Kinder und Jugendlichen überhaupt Vorbilder?

Und wenn ja: Sind das für heutige Kids nicht in erster Linie die bekannten Idole aus der Glanz- und Glimmerwelt der Medien?

Als Religionspädagoge frage ich weiter: Was sind attraktive religiöse Vorbilder, die zur Entwicklung eigenen Glaubens beitragen können? Denn auch in der religiösen Erziehung geht man aus guten Gründen von einem Subjektansatz aus. Wie müssen Heilige gestrickt sein, damit sie bei der „Suche nach eigenem Glauben“ (Schweitzer 1996a) förderlich sind? In welchen Personen steckt moralisches Potenzial, das die Entwicklung des eigenen moralischen Universums fördern kann?

Das Buch ist so konzipiert, dass man es auch kapitelweise lesen und – je nach Interesse und Vorwissen – durchaus auch mit einem anderen als dem ersten Kapitel beginnen kann. Jedes Kapitel endet mit einer Zusammenfassung der zentralen Erkenntnisse und lädt über die angefügten kompetenzorientierten Aufgaben zu einer Verarbeitung des Gelesenen ein.

Modelle – Vorbilder – Leitfiguren

1. Vorbilder im Wandel der Zeiten	**2. Konzepte der Vorbild-Thematik**	**3. Personengruppen**	**4. Didaktische Hinweise**
1.1 Vorbilder – „in“ oder „out“	2.1 Theologische Modelle	3.1 Local heroes 3.2 Heilige, Helden, Heroen	4.1 Diskursethik 4.2 Methoden A-Z
1.2 Vorbilder – wozu?	2.2 Lernpsychologische Modelle	3.3 Biblische Personen 3.4 Jesus Christus	4.3 Datenbank *Local heroes*
1.3 Vorbilder – das Personal	2.3 Religionspädagogische Folgerungen	3.5 Medienhelden 3.6 Lehrer 3.7 Eltern 3.8 Gebrochene Biografien	4.4 Ausstellung „Helden auf Augenhöhe“

In den ersten beiden Hauptkapiteln erfolgt von verschiedenen Perspektiven aus eine grundsätzliche und allgemeine Annäherung an die Vorbildthematik: Unter „Vorbilder im Wandel der Zeiten“ soll mit Rückgriff auf sozialwissenschaftliche Daten dargestellt werden, in welchen Wellenbewegungen die Thematik im letzten Jahrhundert mehr oder weniger bedeutsam war: Nach einer Phase der Verabschiedung des Vorbilds in der Gesellschaft und in der Pädagogik lässt sich in den letzten 15 Jahren eine Renaissance des Vorbilds belegen. Im nächsten Kapitel versuche ich, Motive für die Trendwende zu ergründen: Wieso braucht der postmodern individualistisch ausgerichtete Mensch fremde Personen als Orientierungsmarken?

Eine kritische Darstellung der wichtigsten empirischen Untersuchungen zum Thema erfolgt mit dem Ziel einer Klärung: Welche Vorbilder dominieren heute – öffentliche oder private, nahe oder ferne, große oder kleine? Die Vorgehensweise mag manchem zu kleinschrittig und pingelig erscheinen, sie strebt jedoch eine differenzierte Analyse der sozialwissenschaftlichen Studien und in manchen Teilen eine Entmythologisierung zentraler Untersuchungen zum Thema an.

In einem nächsten Schritt werden konzeptionelle Eckdaten zur Bedeutung von Vorbildern und zur lernpsychologischen Begründung eines Lernens an fremden Biografien erläutert: Zunächst erfolgt eine theologische Reflexion mit Bezug auf den Begriff des „Heiligen“: Welche Konzepte von „Heiligkeit“ gibt es in Theologie und Kirche, und welches ist das tragfähigere für die heutige Welt? Dem schließt sich die Frage an, welche lernpsychologischen Konzepte einer Orientierung an fremden Biografien existieren und mit welchen moralpsychologischen Vorstellungen ethischer Erziehung sie korrespondieren. Hier soll deutlich werden, dass in pädagogischen Kontexten nie nur die Frage des „Vorbilds an sich" gestellt werden kann; als „Vorbild für mich" kommen immer auch entsprechende Vorstellungen über passende und fragwürdige Lernprozesse bei einer Auseinandersetzung mit fremden Biografien ins Spiel.

Religionspädagogische Folgerungen schließen diese beiden grundlegenden ersten Kapitel ab; sie münden in eine Beschreibung von Kriterien, die handlungsleitend für die Auswahl fremder Biografien sein können.

Im zentralen dritten Kapitel werden die grundsätzlichen Überlegungen an verschiedenen Personen und Personengruppen konkretisiert: An welchen fernen und nahen, großen und kleinen, realen und fiktiven Personen kann denn überhaupt etwas gelernt werden? In jedem der folgenden Kapitel wird jeweils eine Personengruppe genauer betrachtet. Jedes Teilkapitel ist nach demselben Aufbauprinzip konzipiert: Unter „Herausforderung und Problemanzeige" wird die soziologische und pädagogische Besonderheit der jeweiligen Gruppe unter die Lupe genommen und unter „Besondere Lernchancen" ihr Lernpotenzial erhoben. Mit zahlreichen Beispielen sollen diese Vorüberlegungen dann konkretisiert werden: Wie kann religionspädagogisch verantwortet an fremden Biografien unterschiedlicher Couleur gelernt werden? Weiterführende Literaturhinweise und kompetenzorientierte Aufgabenstellungen runden die Kapitel jeweils ab.

Die Darstellung beginnt mit den *Local heroes*. Sie nehmen in diesem Band eine besondere Stellung ein, weil sich damit ein eigenes Forschungsprojekt, eine Internet-Präsentation und eine Wanderausstellung verbinden, die in den Kapiteln 4.3 und 4.4 noch genauer erläutert werden.

Im nächsten Kapitel werden Notwendigkeit, Grenzen und Chancen einer Orientierung an großen Persönlichkeiten, Helden und Heiligen reflektiert. Dabei wird bereits einleitend verdeutlicht, dass der Fragehorizont (Heilige als Vorbilder) die Bedeutungsvielfalt des Heiligen und der Heiligen bewusst einschränkt, um von da aus mögliche Lernwege zu skizzieren.

In der Bibel begegnen uns interessante und provozierende Personen gleichermaßen. Ausgelotet werden soll, unter welchen Bedingungen einer dialogischen Bibelarbeit auch an diesen Biografien gelernt werden kann.

„Jesus Christus – ein Vorbild?" So lautet die Überschrift des nächsten Kapitels. Das Fragezeichen ist schon deswegen berechtigt, weil ein historischer Rückblick zeigen wird, wie sehr dieser Jesus Christus zu allen Zeiten fragwürdig war – allerdings pädagogisch gelegentlich auch sehr fragwürdig als Vorbild thematisiert wurde. Aufgezeigt werden in diesem Kapitel auch neuere Modelle orientierenden Lernens an Jesus Christus.

Danach stehen „Idole, Stars und Sternchen" im Mittelpunkt – jedoch nicht unter abwertender Perspektive, sondern mit dem Ziel, die Attraktivität dieses Personenkreises und das sich hier bietende Potenzial für Entwicklungsprozesse von Kindern und Jugendlichen unvoreingenommen wahrzunehmen.

Die beiden folgenden Kapitel sind den am meisten verkannten Vorbildern gewidmet – den Lehrern und den Eltern.

Abschließend wird das Lernpotenzial von „Gebrochenen Biografien" erhoben.

Dieser Blickwinkel ist motiviert von der Grundüberzeugung, dass eben nicht der perfekte Held das beste Vorbild darstellt, sondern jeder Mensch in seiner Gebrochenheit und vielleicht gerade wegen seiner Gebrochenheit einen Spiegel für andere Menschen darstellen kann.

Nachdem die Personenkreise durchbuchstabiert sind, erfährt das Buch nochmals eine ganz praktische Wendung: Es werden didaktisch-methodische Möglichkeiten aufgezeigt, wie ein „Dialog mit Fremden" inszeniert werden kann. Abschließend werden die Datenbank *Local heroes* und die Ausstellung „Helden auf Augenhöhe" erläutert; die Leser sollen zum aktiven Umgang mit diesen Serviceleistungen motiviert werden!

Im Namensregister eröffnet sich nochmals der Kosmos der Modelle, Vorbilder und Leitfiguren – von den großen bekannten bis hin zu den unbekannten *Local heroes*. Die knappen Daten wollen zum weiteren Recherchieren anregen und zur Suche im Buch, unter welcher Perspektive denn die gewünschte Person thematisiert wird.

Das vorliegende Buch stellt eine gründliche Überarbeitung und Neukonzeption des Buchs „Lernen an (außer-)gewöhnlichen Biografien" dar, das 2005 erschienen und inzwischen vergriffen ist. Auch wenn der grundsätzliche didaktische Ansatz eines Umgangs mit fremden Biografien inzwischen weit verbreitet, erprobt und anerkannt ist, so gab es doch genügend Anregungen zur Umarbeitung im Detail, neue Literatur zur Thematik und weitere Fragestellungen, die aufgegriffen werden mussten.

Je nach eigenem Stand (als Eltern, als Kind, als Lehrer, als ehemalige Schüler) wird man diese Kapitel von einer unterschiedlichen Warte aus lesen. Sie wollen dazu motivieren, die Frage eines Lernens an Biografien als eine zu begreifen, in die man als Mensch zu allen Zeiten und in allen Lebensphasen involviert ist.
Und sie wollen Mut machen, sich selbst als Vorbild zu sehen.

„Lernen an fremden Biografien" stellt zwar einen Forschungsschwerpunkt meines Lehrstuhls dar, trotzdem muss das Vorhaben ohne weitere personelle und materielle Unterstützung neben den anderen anstehenden Aufgaben in Forschung, Lehre und Verwaltung durchgeführt werden. Ich danke deshalb den *Local heroes* am Lehrstuhl, allen Mitarbeiterinnen und Mitarbeitern und den studentischen Hilfskräften, die sich engagiert und kreativ auf ganz unterschiedliche Weise am Projekt beteiligen: Dr. Rudolf Sitzberger, Akademischer Oberrat am Lehrstuhl, kümmert sich seit Jahren um die kompetente Betreuung und immer wieder notwendige Umgestaltung der Homepage, meine Mitarbeiterinnen und Mitarbeiter Carolin Schrenk, Elisabeth Fuchs-Auer und Manuel Stinglhammer haben Unterrichtsideen beigesteuert und die Ausstellung und andere Praxisprojekte betreut; meine Sekretärin Ulrike Oerterer hat sich wie immer mit größter Sorgfalt und Übersicht den Korrekturarbeiten gewidmet. Die studentischen Hilfskräfte Christina Allmesberger, Lena Ettengruber, Marlene Klaffenböck, Andrea Scheid, Christina Wagner und Marion Wagner haben auf unterschiedliche Weise – bei der Pflege der Homepage und dem Einstellen neuer Beiträge, bei der Erstellung des Literaturverzeichnisses und des Registers, bei formalen und inhaltlichen Korrekturen und bei der Entwicklung kreativer didaktischer Ideen – mitgewirkt. Danken möchte ich auch dem Auer-Verlag Donauwörth, der großzügig die Erlaubnis erteilt hat, Grafiken aus dem Vorgängerwerk aus dem Jahr 2005 zu übernehmen. Ein besonderer Dank gilt auch Jürgen Schneider und Julia Zubcic vom Kohlhammer-Verlag für die spontane Aufnahme des Buchs in die Reihe „Religionsdidaktik innovativ" und die umsichtige Betreuung des Buchprojekts.

Passau, 24.6.2014 (Gedenktag des hl. JOHANNES DES TÄUFERS)

1. Vorbilder im Wandel der Zeiten

1.1 Vorbilder – „in“ oder „out“?

Ich bin mein eigenes Idol!

STEFAN EFFENBERG

Die Frage, ob Vorbilder „in“ oder „out“ sind, muss mit Blick auf die Geschichte differenziert beantwortet werden. Die untenstehende Grafik aus der „Shell-Studie 2000“ (Deutsche Shell 2000, Bd. 1, 217) belegt, dass die Bedeutung von Vorbildern einem Wandel unterworfen ist. Bis in die 60er-Jahre des 20. Jahrhunderts hinein waren Vorbilder wichtig, dann erfuhr das Vorbild bis in die 90er-Jahre einen rapiden Bedeutungsverlust. Seitdem lässt sich ein stetiger Bedeutungszugewinn verzeichnen. Wie sich diese Entwicklungen erklären lassen, soll in einem ersten Schritt genauer beschrieben werden.

Modernes Leben: Gewandelt, vernetzt und verkabelt

Ein Vorbild haben (15–24-jährige Jugendliche), in Prozent

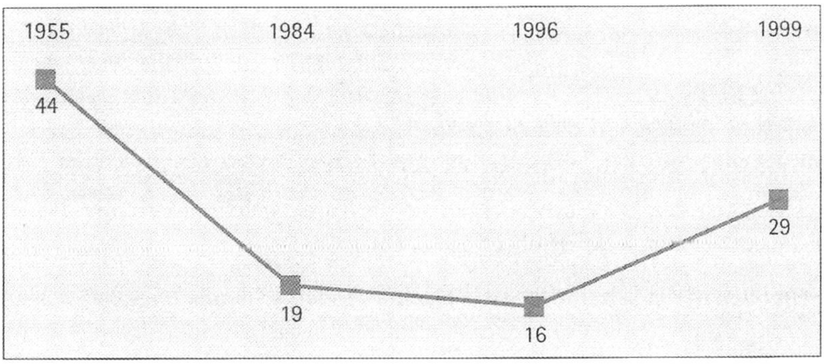

1.1.1 Vorbilder – einst „in“

Für die Kriegs- und erste Nachkriegsgeneration war die Orientierung an Vorbildern eine Selbstverständlichkeit: „Zu keiner Zeit haben mir Leitbilder gefehlt. Sie haben mir geholfen, zu unterscheiden und richtig zu handeln“ (Hagedorn 1999, 157), bringt Rudolf Hagedorn (geb. 1927) die eigenen Reflexionen, wieso er als Jugendlicher kein Nazi geworden war, auf den Punkt. Zeitgenossen Hagedorns können mühelos reale oder fiktive Vorbildgestalten ihrer Jugend benennen: Der emeritierte Erziehungswissenschaftler Horst Rumpf (geb. 1930) schwärmte in seiner Jugend für Siegertypen wie FRITZ SZEPAN (Fußballer), MAX SCHMELING (Boxer), BERND ROSEMEYER (Rennfahrer) und MANFRED VON RICHTHOFEN (Flieger) (Rumpf 2000, 75f.). Diese Siegertypen lagen aber auch, wie Rumpf selbst einräumt, auf der Linie der propagandistischen Beeinflussung durch die Nazis. Das ließ später die gesamte Vorbildthematik zum Problem werden, und darin liegt der Keim für die spätere Krise des Vorbilds überhaupt.

Belege für eine unkritische Helden-Idealisierung in dieser Generation und für ihre politische Funktionalisierung und religiöse Verbrämung gibt es genügend: So beschreibt Horst Rumpf das 506 Seiten starke „Ehrenbuch deutscher Lehrer" aus dem Jahre 1932, das „eine schier unglaubliche Vielfalt von Dokumentationen heldenhaften Kämpfens, Siegens und Sterbens deutscher Volksschullehrer" (Rumpf 2000, 58; Führen 1932, 15) enthält. Rumpf stellt folgende Kostprobe des im Ersten Weltkrieg gefallenen KONRAD MÜLLER aus Feucht vor:

> *„Meine Lieben! ... Wie Ihr wisst, war es von je mein ersehnter Wunsch, wirklich einmal im Ernst an der Verteidigung unseres Vaterslandes teilzunehmen. Es ist so gekommen, und völlig ruhig, getrost auf Gottes Beistand, ziehe ich mit aus ... Denn mein Mut, meine selige Freude in Gott spornen mich zu Höchstleistungen an. Ich selbst also halte mein Leben nicht mehr teuer, denn wenn sie uns den Leib nehmen, ich habe das Gefühl inniger Gottverbundenheit. Also geht es zwar ernst, aber sehr gefasst in die Schlacht. Es ist mir ein Stolz, als Euer Jüngster den Heldentod zu sterben ... Ein herzliches Lebtwohl Euch allen Euer Konrad. Heil! Sieg!"*

Eine andere Passage aus diesem eindrucksvollen Zeugnis einer problematischen Funktionalisierung des Vorbildhaften: „Des Lehrers letzter Gruß", den der Lehrer für seine Schülerinnen im Norden Berlins an die Tafel des Klassenzimmers schrieb, lautet (Führen 1932, 14):

> *„Die ernste Stunde ruft auch mich zu der Fahne. Ich bin bereit, gern und freudig mein Leben zu opfern auf dem Altare des Vaterlandes. Ehrenvoll oder nie sehen wir uns wieder! Gott schütze euch alle und gebe uns den Sieg. Lebt wohl und bleibt brave deutsche Mädchen! Lebt wohl! Euer Lehrer."*

Die Schülerinnen erhalten die Nachricht vom sog. Heldentod des Lehrers: „Als letztes Zeichen der Liebe schmückten sie die Tafel, welche im Archiv der Schule dauernd aufbewahrt wird" (Führen 1932, 15).

Wie ein Blick in die Schulbücher des Nachkriegsdeutschlands zeigt, hat sich an der Bedeutung und Art von Vorbildern zunächst nicht viel geändert; man präsentierte nun freilich entweder unverdächtige oder vom Nazi-Verdacht gereinigte Personen, aber immer noch zumeist aus der Ebene der „großen" Gestalten der Geschichte und der Gesellschaft und mit dem Impetus, zu diesen großen Helden aufzuschauen. Das alles galt ebenso für die religiöse Erziehung. So grenzt sich Hans Hümmeler im Vorwort zur Neuauflage der „Helden und Heiligen", das „viele Jahre durch die autoritären Machthaber befehdet und unterdrückt worden war" (Hümmeler 1948, Vorwort) einerseits von einer nationalsozialistischen Vereinnahmung ab. Anderseits wird aber auch in der Neuauflage die grundsätzliche Helden-Verehrungslogik beibehalten; das Volksbuch soll die Jugend „für die wahren Werte und geistigen Ordnungen gewinnen, die in den großen Persönlichkeiten und Heiligengestalten der Kirche verkörpert sind" (ebd.).

In der pädagogischen und religiösen Erziehung wurde die im Nachhinein als „überdrüssig" bezeichnete Leitbild-Pädagogik mit einer „Ideologie des Vorbilds" (Stachel/Mieth 1978, 97f.) von den 20er-Jahren des 20. Jahrhunderts über den Zweiten Weltkrieg hinaus bis in die 60er-Jahre ungebrochen weitergeführt: Man präsentierte moralische Überfiguren. Auch in der religiösen Belletristik und in der Kinder- und Jugendliteratur dominierte die Darstellung der Hauptpersonen „als moralische Elite und christliche Übermenschen" (Rabl 1982, 54). Wilhelm Hünermann beispielsweise stellte in seinen farbig und anschaulich geschriebenen Geschichten herausragende christliche Heroen dar. Seine Heiligenbiografien waren Bestseller; in meinem Bücherregal befindet sich ein Exemplar von „Der endlose Chor" aus dem Jahre 1964 mit der Angabe: „103–114. Tausend der Gesamtauflage" (Hünermann 1964). Hünermanns Bücher kursierten in meiner Kindheit und Jugend noch in Pfarr- und Seminarbibliotheken – bis weit in die 80er-Jahre hinein. Zu meinem Erstaunen ergab die Recherche im Internet, dass zahlreiche seiner Bücher (z. B. „Die Herrgottsschanze. Heldentum im Schatten der Guillotine" „Der Gottesrufer von Padua" – neu erschienen 2012, oder „Kinder des Lichts. Aus der Jugend großer Heiliger" – neu erschienen 2010) nach wie vor im Buchhandel erhältlich sind oder sogar neu aufgelegt werden.

1.1.2 Vorbilder – kritisiert und dann „out"

Es dauerte nicht lange, bis die uneingeschränkte und pathetisch ausgestaltete Verehrung großer Denkmäler brüchig wurde. Die schonungslose Aufarbeitung der NS-Zeit in Westdeutschland seit Beginn der 60er-Jahre deckte die Fragwürdigkeit einer interessegeleiteten Verherrlichung großer Figuren auf. Eine Orientierung an Vorbildern wurde pädagogisch mit der Aufeinanderfolge einer unreflektierten Bewunderung und Nachahmung gleichgesetzt und als solche selbstverständlich desavouiert; sie war im Zeitkontext gerade wegen der fehlenden Reflexivität und Distanz auch politisch fragwürdig geworden. Die Führer-Gefolgschaft der Eltern und Großeltern und deren Verehrung faszinierender großer Gestalten erschienen als suspekt. Dass kritische Menschen wie Hagedorn und Rumpf mit ihren Leitbildern durchaus reflektiert umgingen und nicht jede Orientierung an den Biografien anderer blindes Nachahmungslernen bedeutete, wurde nicht wahrgenommen: Man schüttete das Kind mit dem Bade aus!

An der Demontage der Vor- und Leitbilder wirkte die Crème de la Crème der intellektuellen Szene mit; allen voran Theodor Adorno, der schon dem Begriff Leitbild einen „leisen militärischen Klang" attestierte. Leitbilder seien ein Ausdruck konservativ-restaurativer Kulturkritik:

> *„Schreit man nach ihnen, so sind sie bereits nicht mehr möglich; verkündigt man sie aus dem verzweifelten Wunsch, so werden sie zu blinden und heteronomen Mächten verhext, welche die Ohnmacht nur verstärken und insofern mit der totalitären Sinnesart übereinstimmen." (Adorno 1967, 13f.)*

Die öffentliche Abrechnung führte schließlich zu einer fundamentalen Anfrage an Vorbilder. Siegfried Lenz setzte dieser Diskussion mit seiner Erzählung „Das Vorbild" (Lenz 1973) ein eindrucksvolles Denkmal: Die drei Lehrkräfte Heller, Punt und Süßfeldt sollen ein Schulbuchkapitel zum Thema Vorbild ausarbeiten. Janpeter Heller stellt das traditionelle Konzept, große Personen zu präsentieren, radikal in Frage und bezeichnet das ganze Unternehmen als „autoritätsfixiertes Verlangen, jungen Menschen einen pädagogischen Koloss vor die Nase zu setzen" (Lenz 1973, 156). Und weiter:

„Wenn Sie mich fragen: Vorbilder sind doch nur eine Art pädagogischer Lebertran, den jeder mit Widerwillen schluckt, zumindest mit geschlossenen Augen. Sie erdrücken doch den jungen Menschen, machen ihn unsicher und reizbar, und fordern ihn auf ungeziemende Weise heraus. Vorbilder im herkömmlichen Sinn, das sind doch prunkvolle Nutzlosigkeiten, Fanfarenstöße einer verfehlten Erziehung, bei denen man sich die Ohren zuhält. Alles, was sich von den Thermopylen bis nach Lambarene überlebensgroß empfiehlt, ist doch nur ein strahlendes Ärgernis, das nichts mit dem Alltag zu tun hat. Peinliche Überbautypen, um es mal so auszudrücken ... Im Namen von ahnungslosen Schülern möchte er protestieren gegen die Art, wie hier, typisch systemkonform, versucht werde, jungen Leuten einen Minderwertigkeitskomplex beizubringen, indem man sie zwingt, vor erdrückenden Denkmälern zu leben." (Lenz 1973, 45. 103)

Ein sprachlich fulminanter Abgesang! Die Vorbilder seien, wie auch die weiteren Zitate aus dem Buch belegen, „prunkvolle Nutzlosigkeit", „peinliche Überbautypen", eine „pädagogische Götterspeise", „in unserem Gedächtnis festgefrorene Ungeheuer, die zur Heldenverehrung drängten"; sie wirkten als „pädagogischer Lebertran", „Fanfarenstöße einer verfehlten Erziehung", verursachten „Minderwertigkeitskomplexe", bedeuteten eine „Einschüchterung durch Autoritäten" und führten bei den Schülern als „unbeschriebenen Blättern zum Gefühl der Erbärmlichkeit" – so weit einige kräftige Beschreibungen aus Lenz' „Vorbild". Die „pädagogische Vergewaltigung" einer „würgenden Verpflichtung zum Exemplarischen" löse bei ihm, Heller, nur einen Reflex aus: Ihm komme schlicht der Konfirmationskaffee hoch.

Wenn Lenz Janpeter Heller sagen lässt, die traditionellen Vorbilder veranlassten ihn dazu, den Blick zu heben und eine Hab-Acht-Stellung einzunehmen, dann deckt er damit ein Phänomen auf, das man sprachlich als semantische Engführung des Vorbildbegriffs bezeichnen kann: Mit dem Begriff Vorbild verbindet man einen bestimmten Personenkreis, nämlich moralische Größen, weit entfernt vom eigenen Leben, welche Respekt einflößen. In Lenz' Buch soll dieses begriffliche Verständnis und damit die Begrenzung des Personals auf sogenannte große Vorbilder gesprengt werden!

Die Orientierung an Vorbildern wurde also – lernpsychologisch betrachtet – mit dem Modell des Nachahmungslernens gleichgesetzt (vgl. Kap. 2.2.2) und unter dem autoritätsskeptischen Blickwinkel der 60er-Jahre als „Kadavergehorsam" abgelehnt. Margarete Mitscherlichs psychoanalytisch angelegte Studie „Das Ende der Vorbilder" (Mitscherlich 1978) versetzte der Vorbilddebatte den Todesstoß. Eine ihrer Thesen lautet, dass die Idealisierung von Vorbildern geistige „Übergangsobjekte" (Donald W. Winnicott) in der Ablösung und Abgrenzung vom Elternhaus seien. In einer Entwicklungsphase, in der die Ich-Funktion und Menschenkenntnis verhältnismäßig wenig entwickelt sei, bestünde besondere Gefahr, dass Jugendliche falschen Idealen und Demagogen anheim fielen. Insofern gäbe es strukturelle Parallelen zwischen der Autoritätsfixiertheit der „Hitleristen" und der Terroristen der 70er-Jahre (Mitscherlich 1978, 11–14; vgl. auch Hufnagel 1993).

1.1.3 *Das „Auswandern" der Vorbilder aus der Pädagogik*

In der Folge verschwanden die Begriffe des Vorbilds und Leitbilds aus der pädagogischen Diskussion und wurden durch den als neutraler und lernpsychologisch hochwertiger angesehenen Begriff des Modell-Lernens ersetzt. Welche Wirkweise damit verbunden wurde, wird im lernpsychologisch fundierten Kapitel 2.2 genauer erläutert.

Jedenfalls hinterließ die kritische Leitbild-Debatte aus den 60er- und 70er-Jahren Spuren: Auch die empirischen Daten belegen eindeutig den Rückgang einer Orientierung an Vorbildern in der zweiten Hälfte des 20. Jahrhunderts (Deutsche Shell 1997, 358f.). Gaben 1955 noch 44 % der Jugendlichen an, ein Vorbild zu haben, so waren das 1984 nur noch 19 %. Von den im Jahre 1996 befragten Jugendlichen bekannten sich gar nur noch 16 % zu einem Vorbild.

„Vorbilder als Verhaltensmodelle, die an konkrete Personen gebunden sind, haben im komplexen und heterogenen Gesellschaftsumfeld zweifelsohne an Bedeutung verloren", resümieren die Autoren der Shell-Studie 1997 und fügen hinzu: „Die Geschichte der Shell Jugendstudie ist insofern auch eine Geschichte verblassender Vorbilder" (Deutsche Shell 1997, 358).

Der niedrigere Stellenwert von Vorbildern in den letzten Jahrzehnten des 20. Jahrhunderts hing auch mit dem Wandel von Erziehungs- und Wertvorstellungen zusammen, der sich im innerfamiliären Gefüge beispielsweise in der Veränderung vom „Befehls- zum Verhandlungshaushalt" niedergeschlagen hat (vgl. Büchner/Fuhs/Krüger 1996). Prosozialität, Autonomie und kritische Offenheit haben Ende der 80er-Jahre als elterliche Erziehungsziele Pünktlichkeit, Ordnung und Leistungsbereitschaft abgelöst (vgl. Mendl 2014a, 244). Auf die Frage, wieso sie keine Vorbilder brauchen und wollen, antworteten Jugendliche in den 80er-Jahren so: Man wolle sich in Eigenregie entwickeln, sehe Autoritäten kritisch differenziert oder lehne Idealbildung und Heldenverehrung prinzipiell ab (Deutsche Shell 1997, 358; Deutsche Shell 2000, 216)

Insofern verwundert es nicht, dass die Vorbildthematik auch unter Religionspädagogen als „einfach erledigt" (Kerstiens 1986, 77) galt; die Rede vom Vorbild „verstummte", „ist in den Hintergrund getreten" (Mayer 1978, 117). Die Nachwirkungen: Auch in den religionspädagogischen Standardwerken wurde das Thema bis zum Jahrtausendende höchstens am Rande behandelt.

1.1.4 *Renaissance der Vorbilder*

In der empirischen Jugendforschung hatte man sich darauf eingestellt, dass die Vorbildthematik „out" ist. Einen beinahe schon amüsanten Beleg dafür, dass auch Sozialforscher gelegentlich von den eigenen Ergebnissen überrollt werden, stellt eine kurze Passage in der Shell-Studie 2000 (Bd. 1, 181–219) dar (sie wird im folgenden Kapitel noch genauer analysiert): Die Autoren behandeln die Thematik lieblos randständig, weil sie eine Fortsetzung des Trends, ein weiteres Absinken der Prozentzahlen, erwarten. Sie sind dann völlig überrascht, dass sich der erwartete Trend umgekehrt hat und nun 13 % mehr Jugendliche angeben, sie hätten ein Vorbild, als bei der letzten Studie (1996: 16 %; 1999: 29 %). Das ist mehr, als mit Zufallsvariablen erklärt werden kann! Die Sozialforscher bedauern zunächst, keine qualitativen Zusatzfragen gestellt zu haben, Dann führen sie aber doch noch einen interpretativen Eiertanz auf. Sie vermuten Überblendeffekte aus der Fragenreihung, um schließlich die fragwürdige These zu stützen, dass Jugendliche mehr mediale Vorbilder hätten und die Zunahme so erklärbar sei.

Ein Siegener Forschungsteam um Jürgen Zinnecker fragte auf der Basis der Shell-Zahlen in der als erste Jugendstudie des neuen Jahrtausends angekündigten Untersuchung nochmals nach. Und siehe da: Nun gaben plötzlich 56 % aller befragten Jugendlichen an, ein persönliches Vorbild zu haben! Die Grafik aus der Siegener Untersuchung veranschaulicht eindrucksvoll diesen plötzlichen Umschwung (Zinnecker u. a. 2002, 52).

Hast du ein Vorbild? – Ja. Zeitvergleich zwischen 1955 und 2001

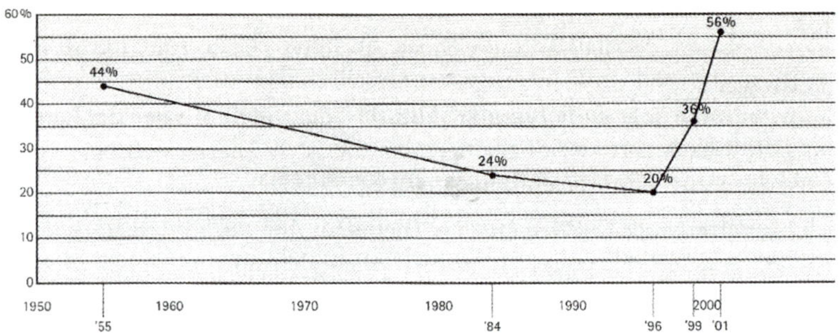

(Jugendliche: 15–17 Jahre) Quelle: 1955–1999 Shell-Jugendstudien – Westdeutschland. 2001 eigene Studie (NRW)

Es gibt weitere Belege für die Trendwende, was die Akzeptanz von Vorbildern betrifft. Sogar die „empirische Boulevard-Forschung" nimmt sich seit einigen Jahren verstärkt des Themas an, führt über seriöse Institute eigene Untersuchungen durch oder greift auf neuere Studien zu: So gehören nach der Zeitschrift „Marie Claire" (3/2000) für junge Frauen die eigene Mutter und Großmutter zu den Top-Vorbildern. Das Magazin „Focus" fragt nach dem 11. September 2001: „Wer ist ein Held für Sie?" (9/2002) – Die Antwort stellt kein Wunder dar: Es sind die Feuerwehrmänner! Auch die Fernsehzeitschrift „TV 14", die unter der Überschrift „Die Kraft des Willens" (das zeichnet die Vorbilder nämlich aus!) eine Exklusivumfrage zu den „großen Vorbildern der Deutschen" („TV 14" 2004) vorstellt, und der „Stern" (Boldebruck/Tast 2002) bestätigen die Untersuchungsergebnisse des Siegener Teams um Jürgen Zinnecker (Zinnecker u. a. 2002, 52): Der Einfluss des persönlichen Vorbilds hat sich innerhalb von fünf Jahren fast verdreifacht! Auch der „Spiegel" schließt sich an und titelt im Heft 11 im Jahre 2013: „Die Mutigen. Warum manche Menschen Leben retten. Und andere nicht."

Die Veröffentlichungslage zum Thema hat sich grundlegend geändert, sowohl auf dem Zeitschriftenmarkt wie auch in der Pädagogik, wie an weiteren Beispielen verdeutlich werden kann: Dem Zeitgeist-Magazin „Kursbuch" (Heft 146/Dezember 2001: Vorbilder) und auch „Publik Forum" („Courage: Die sanfte Kraft gelebter Visionen. Menschen, die Mut machen", Sonderheft 1996) ist das Thema eine Ausgabe wert. Im „Stern" stellt Michael Gleich sein Projekt „Peace Counts" vor (Gleich 2005; siehe dazu auch S. 108): „Die Friedensengel". Der Geschichtswettbewerb des Bundespräsidenten, durchgeführt von der Körber-Stiftung, widmet sich im Jahr 2008 einer Spurensuche nach „Helden verehrt - verkannt - vergessen“. In der „ZEIT“ erscheint im Jahre 2009 eine Sonderbeilage (Zeit-Geschichte 64, Nr. 47) mit dem Titel „Vordenker, Vorbilder, Visionäre. 50 Deutsche von gestern für die Welt von morgen.“ Die „Süddeutsche Zeitung“ widmet eine Ausgabe ihres Magazins für Kinder den „Helden. Ein Heft über Superkräfte, Eigensinn und Wagemut“. (Süddeutsche Zeitung für Kinder 5/2011). Birgit Schreiber fragt in „Psychologie heute“ (Schreiber 2011a): „Was macht Menschen zu Helfern?“.

Selbst die „Bild-Zeitung“ hat das Vorbild wiederentdeckt. In der Weihnachtszeit 2010 erschien in Bild und Bild am Sonntag eine tägliche Kolumne „Weihnachten mit den Heiligen“, bei der jeweils ein Heiliger vorgestellt wurde (gesammelt publiziert: Nyáry 2010). Vor zwanzig Jahren wäre eine solche Serie undenkbar gewesen! Der Verein „Bürger in sozialen Schwierigkeiten e.V.“ gab im Jahr 2010 ein Heft der Zeitschrift BISS zum Thema „Münchner Helden“ heraus. Und in der Reihe der „Kinderuniversität“ erschien ein Bändchen zu den Heiligen: „Warum sind Heilige heilig?“ (Ufertinger 2009). Markus Kosian hat im Auftrag des Katholischen Schulkommissariats einen Ordner mit dem Titel „Was Promis glauben. Gedanken über Gott, Religion und Kirche“ (Kosian 2012) herausgegeben - aktuelle Promis wurden zu ihrer Einstellung zu Glaube und Religion befragt.

Inzwischen spricht man im pädagogischen Diskurs von einer „Zukunft“ (Gardner 1997), einer „Kraft“ (Greiwe 1998) oder einer „Renaissance der Vorbilder“ (Bucher 1996a). Pädagogische, religionspädagogische und praktisch-theologische Fachzeitschriften gestalten seitdem eigene Hefte zur Thematik, von denen hier nur einige genannt werden sollen:

- Religionsunterricht an höheren Schulen 40 (1997), Heft 6: Christen als Nobelpreisträger.
- Schüler 1997: Stars - Idole - Vorbilder, hg. v. Erhard Friedrich Verlag in Zusammenarbeit mit Klett.
- Diakonia 31 (2000), Heft 2: Heilige - ein Randthema?
- Pädagogik (2000), Heft 7-8: 2. Themenschwerpunkt Vorbilder - Idole, 52–67.
- Praxis Deutsch Nr. 171/2002: Stars - Idole - Medienwelten.
- Religionsunterricht an höheren Schulen 45 (2002), Heft 5: Vorbilder-Lernen in der Diskussion.
- RU. Ökumenische Zeitschrift für den Religionsunterricht 4/2002: Heilige wie wir.
- :in Religion. Unterrichtsmaterialien Sek. I (2005), Heft 5: Biografien.
- Katechetische Blätter 131 (2006): Vorbilder.
- Ökumenische Rundschau 55 (2006), Heft 3: Märtyrer und Heilige im ökumenischen Kontext.
- Themenhefte Gemeindearbeit (2006), Heft 74: Heilige wie wir.
- Jahrbuch für Religionspädagogik 24 (2008): Sehnsucht nach Orientierung. Vorbilder im Religionsunterricht, Neukirchen-Vluyn.
- :in Religion. Unterrichtsmaterialien Sek. I (2009), Heft 9: Lernen an Vorbildern.
- Bilum für weltoffene ChristInnen., Dezember 2010: WegbereiterInnen. Lernen an (un)gewöhnlichen Biografien.
- Forum Hochschule und Kirche e.V. (Hg) (2010), Irritatio. Informationen und Anregungen für Kirche & Hochschulen: Gestalten, stärken, vernetzen. Freiwilliges Engagement von Studierenden.
- Loccumer Pelikan 2011, Heft 2: Lernen an Biografien.
- Neue Gespräche 41 (2011), Heft 6: Gandhi? Oder doch meine Mutter? Von Vorbildern und Wegweisern.

- Deutscher Caritasverband (Hg.) (2011), Sozialcourage. Das Magazin für soziales Handeln, Heft 2: Engagement von jungen Leuten: „Viel schöner als erwartet".
- Erzbistum Hamburg. Abteilung Bildung (Hg.), Mitteilungen RU. Referat Schule 1/2012: Orientierendes Lernen an Biografien.
- Ethik & Unterricht. Zeitschrift für die Fächergruppen Ethik/Werte und Normen/Praktische Philosophie/LER, Heft 1/2013: Lernen an Biografien.

Außerdem wurden im Laufe der letzten Jahre verschiedene regionale Projekte veröffentlicht, bei denen eine historische Spurensuche nach großen und kleinen Vorbildern der jeweiligen Gegend unternommen worden ist:

- Bauer, Karl F./Mendl, Hans/Rendle, Ludwig/Ansbacher, Walter (Hg.) (2007), Schrittmacher im Glauben. Lebensentwürfe für Jugendliche von heute, Donauwörth.
- Überzeugt! Glaubenszeuginnen und Glaubenszeugen des Nordens (2008), :in Religion Sonderheft, Aachen.
- Christuszeugen in schwerer Zeit (2009). Pfarrer Georg Häfner, Pater Engelmar Unzeitig CMM. Didaktisch-methodische Anregungen für die Sekundarstufe 1 (8.–10. Jahrgangsstufe), hg. v. Bischöfliches Ordinariat Würzburg Hauptabteilung III: Hochschule, Schule und Erziehung. Würzburger Beiträge zur Religionspädagogik 7.
- Erzbistum Hamburg, Bistum Osnabrück (Hg.) (2011), Wer sterben kann, wer will den zwingen? Zur Seligsprechung der Lübecker Märtyrer, Hamburg o.J.
- Käbisch, David/Käbisch, Edmund (2010), Akteure der Friedlichen Revolution. Didaktische Impulse und Materialien für den Geschichts-, Ethik- und Religionsunterrichts aus der Region Zwickau, Moers.

Auch Jugendverbände bereiten das Thema für ihre Mitgliederhefte auf:

- Werkbrief für die Landjugend (1998 II + IV): EigenLeben. Vorbilder, Idole, Helden und andere Orientierungen, hg. von der Landesstelle der Katholischen Landjugend Bayerns e.V., München.
- Antenne (1/2002): Vorbilder. Wer sagt uns, wo's lang geht?, hg. von den Jugendverbänden der Gemeinschaft Christlichen Lebens, Augsburg.
- Erzbistum Hamburg – Generalvikariat, Jugendreferat der Pastoralen Dienststelle/Bund der Deutschen Katholischen Jugend, Diözesanverband Hamburg (Hg.) (2011), Cayennepepper Mai 2011. Sonderausgabe anlässlich der Seligsprechung der Lübecker Märtyrer. Mit Ideensammlung für Jugendleiterinnen und Jugendleiter: Die Lübecker Märtyrer und ich.

Vorbilder sind also wieder „in"! Dana Horáková ist zuzustimmen: „Ich glaube, es ist an der Zeit, die Vorbilder zu rehabilitieren" (Horáková 2007, 14). Freilich bleibt einiges unklar; das gilt es in den folgenden Kapiteln aufzuarbeiten!

- Wie ist diese neuerliche Trendwende hin zum Vorbild zu erklären?
- Wohin geht theologisch betrachtet der Trend, wenn man nach Zieloptionen für ein heiligmäßiges Leben sucht?
- Welche Modelle für ein Lernen an anderen Personen gibt es? Und mit welchen didaktischen Möglichkeiten können diese jeweils angegangen werden?
- Welches Personal eignet sich in besonderer Weise für eigene Spiegelungen?

1.1.5 *Lernaufgaben und Literaturhinweise*

Zusammenfassung
Die gesellschaftliche Bedeutung von Vorbildern und die Auswahl von bestimmten Personengruppen als Vorbilder unterliegen historisch betrachtet starken Schwankungen. In der ersten Hälfte des 20. Jahrhunderts, besonders während der Zeit des NS-Regimes in Deutschland, dominierten eine Idealisierung, Überhöhung und problematische Funktionalisierung des Heldenhaften. Bei aller Kritik daran darf man aber nicht übersehen, dass die Orientierung an großen historischen, sozialen oder religiösen Leitbildern von dieser Generation durchaus als entwicklungsförderlich betrachtet wurde.
Im Zuge der kritischen Auseinandersetzung mit der Eltern- und Großelterngeneration seit den 60er-Jahren geriet dann auch die „Ideologie des Vorbilds" unter Verdacht. Dies führte zu einem vorläufigen Ende der Vorbilder, welches sich sowohl in empirischen Untersuchungsdaten als auch in einer pädagogischen Bedeutungslosigkeit des Lernens an Vorbildern niederschlug.
In den letzten Jahren kann man eine Trendwende feststellen: Verschiedene empirische Jugendstudien belegen die größere Bedeutung von Vorbildern. Auch in unterschiedlichen Publikationen wendet man sich wieder verstärkt der Vorbildthematik zu.

Lernaufgaben
1. Bearbeiten Sie das Schema „Vorbilder im Lebenslauf" (S. 26)! Notieren Sie, welche Personen für Sie im Laufe Ihres Lebens bedeutsam waren. In die linke Spalte können Sie Kommentare oder Bewertungen eintragen!
2. Befragen Sie Menschen verschiedenen Alters nach ihren Vorbildern – aktuell und auf die Lebensgeschichte rückblickend. Diskutieren Sie die beobachtbaren Tendenzen!
3. Überlegen Sie im Vorgriff auf das nächste Teilkapitel: Wieso sind heute Vorbilder wieder bedeutender als noch vor wenigen Jahren?

Persönliche Vorbilder im Lebenslauf

Kommentare aus heutiger Sicht	*Biographisches:* – Menschen, die mir in Erinnerung geblieben sind – Menschen, die mein Leben beeinflusst haben – Menschen, von denen ich etwas gelernt und übernommen habe – Mögliche Ebenen: Familie, Freundeskreis, Gemeinde, Literatur, Medien …
	10
	20
	30
	40
	50
	60

Literaturhinweise

Jahrbuch der Religionspädagogik 24 (2008): Sehnsucht nach Orientierung. Vorbilder im Religionsunterricht, Neukirchen-Vluyn.

Lenz, Siegfried (1973), Das Vorbild, Hamburg.

Mitscherlich, Margarete (1978), Das Ende der Vorbilder. Vom Nutzen und Nachteil der Idealisierung, München.

1.2 Vorbilder – Orientierungsmarken in postmoderner Pluralität

Gib mir ein kleines bisschen Sicherheit
in einer Welt, in der nichts sicher scheint.
Gib mir in dieser schweren Zeit irgendetwas, das bleibt.

SILBERMOND

1.2.1 Vorbilder: Ein sozialwissenschaftliches Rätsel

Vorbilder sind also wieder „in". Wieso das so ist, erscheint sozialwissenschaftlich als erklärungsbedürftig. Man wird allerdings den Verdacht nicht völlig los, dass auch in der Sozialforschung Voreinstellungen zum Thema die Ergebnisse mehr bestimmen, als man meint. Das ist, wie noch zu zeigen sein wird, beispielsweise bei der Frage nach dem Vorbild-Personal so: Sind es die medialen oder die nahen Personen? Vielleicht waren Vorbilder nie so richtig „out", sondern die Fragen wurden suggestiv oder personenbezogen eingeengt gestellt?

Im ersten Anlauf wird man bei der Suche nach Motiven, wieso heute Vorbilder wieder wichtiger sind, nicht so recht fündig: Im Bereich der Erziehungsziele und Wertprioritäten hat sich in den letzten Jahren wenig geändert, wie die bekannten Studien zeigen: Auch wenn die heutige Jugend weit pragmatischer ist als die Generationen zuvor es waren (vgl. Shell Deutschland Holding 2010), nehmen nach wie vor Autonomie und Selbstbestimmung einen hohen Stellenwert ein. Wieso also sollten Jugendliche bei der Entwicklung des eigenen Selbst auf fremde Biografien zurückgreifen?

Man muss vielmehr ein ganzes Motivbündel annehmen, um die Schwankungen bei der Zuwendung zu oder Abwendung von Vorbildern zu erklären: gesellschaftliche, politische und wirtschaftliche Herausforderungen, pädagogische Moden, sozialwissenschaftliche Wahrnehmungsmuster – um nur die Wichtigsten zu nennen.

Als zentral erscheint mir ein genauer Blick auf die Verfasstheit unserer Gesellschaft: Wenn nämlich in der Shell-Studie 2000 von einer „Inflation am Wertehimmel" (Fritzsche 2000) gesprochen wird, dann kann davon ausgehend plausibel erklärt werden, wieso Vorbilder in der so genannten Postmoderne wichtiger sind als sie es in der Moderne sein mussten; denn eine Streuung von Wertvorstellungen bedeutet auch, dass der Prozess einer eigenen Wertpriorisierung schwieriger geworden ist.

1.2.2 Die Zeitsignatur: Postmoderne als Herausforderung

Vorweg: Man versucht mit dem umstrittenen Begriff der Postmoderne oder Spätmoderne – von Umberto Eco auch als „Passepartout" und von anderen als „Container"-Begriff (vgl. Gabriel 1996) bezeichnet, weil er beliebig füllbar ist – nichts anderes als eine Beschreibung der Zeitsignatur zu geben. „Postmoderne" kann also als Suchbegriff verwendet werden, um gesellschaftliche, geistige, kulturelle Verfasstheiten und Tendenzen zu beschreiben, sowie als Problemanzeige, um den radikalen Umbruch der Gesellschaft zu fassen. Dabei erweist sich dieser Umbruch als recht paradox: Einerseits gelten nach wie vor die Phänomene der Moderne

(Wissenschaftsgläubigkeit, globale Ideologien und Utopien, Wirtschaftsoptimismus, Glaube an das autonome Subjekt, Emanzipationsgedanke, Pluralismus als Chance, Zweckrationalität als Religionsersatz), die in ihrer Gesamtdynamik von Sicherheit, Beständigkeit und optimistischen Allmachtsgefühlen geprägt waren. Andererseits werden diese schleichend bis radikal in Frage gestellt – oder auch weiterentwickelt – jedenfalls in eine völlig anders gelagerte Gesamtdynamik hinein, die von der Wahrnehmung, alles sei im Fluss (Beschleunigung, Unsicherheit, Grenzerfahrungen), geprägt ist: Der wissenschaftliche Machbarkeitsmythos ist gebrochen. Alte politische Sicherheiten (das Ost-West-Denken) wurden durch kleinmaschige und unüberschaubare neuvölkische Utopien (vom Kosovo bis zur Krim) abgelöst. Die rasanten wirtschaftlichen Wandlungsprozesse erscheinen für den Einzelnen uneinholbar (man denke nur an die Halbwertszeiten in der Computerbranche!). Der Zweifel an der Leistungsfähigkeit des selbstverantwortlichen Subjekts verbindet sich mühelos mit einem schier grenzenlos erscheinenden Individualismus und einem faszinierenden wie orientierungslos zugleich wirkenden Pluralismus. Auf der Ebene der globalen Wahrnehmung wird die Hoffnung auf die multikulturelle Weltgemeinschaft überlappt von den Problemen der Globalisierung. Und entgegen den Abgesängen zum Ende der Religion sprießen allenthalben mannigfaltige Formen der Irrationalität und der Religion; man spricht von einem Wiedererwachen des Mythos (vgl. Mendl 2014a, 17–19).

1.2.3 Die Notwendigkeit: Die „Kinder der Freiheit" im „Wahlzwang"

Auf diesem Marktplatz der Post- oder Spätmoderne präsentieren sich vielfältige Weltanschauungen, Wertesysteme und Orientierungsmuster. Die „Kinder der Freiheit" (Beck 1997) haben auf diesem Forum der Sinndeutungen nicht nur die freie Möglichkeit der Auswahl, sie sind vielmehr gezwungen, sich aus den vielfältigen Angeboten einen je eigenen Sinn-Cocktail zusammenzustellen. Peter Berger beschrieb diese Dynamik schon vor Jahren in seinem Buch „Der Zwang zur Häresie" (Berger 1980). Was in der Shell-Studie als „Inflation am Wertehimmel" bezeichnet wird, meint nichts anderes als die Ausdifferenzierung von Wertoptionen und das Nicht-Vorhandensein übergreifender Wertorientierungen. Dabei gilt es zu unterscheiden: Kritisch hinterfragt werden müssen die pessimistische Rede vom Werteverlust in dem Sinne, dass sich „der Wertehimmel von Nachkriegszeit und Wirtschaftswachstum … ebenso in Wohlgefallen aufgelöst (hat) wie der Wertehimmel der Alt-68er" (Deutsche Shell 2000, Bd. 1, 93) oder das Diktum von der „Sinnkrise der Gegenwart" (vgl. dazu kritisch Barz 1996, 201). Sozialwissenschaftlich seriöser erscheint es, besser vom Wertewandel und einer Wertedifferenzierung zu sprechen. Die neue Unübersichtlichkeit und das Fehlen übergreifender Wertemuster schlagen sich in einem je persönlichen Wertekosmos nieder. Wertedimensionen wie Autonomie, Menschlichkeit, Selbstmanagement, Attraktivität, Modernität, Authentizität, Familienordnung und Berufsorientierung werden von unterschiedlichen Personengruppen vertreten, sind aber durchaus auch untereinander kombinierbar.

Man könnte beliebige weitere Beispiele für die Zeitsignatur der „Unübersichtlichkeit" geben. Die verschiedenen Jugendkulturen, die schier unüberschaubare

Ausdifferenzierung von Musikstilen, die Vielzahl von Fernsehsendern, aber auch die Pluralität von Lebensformen sind nur einige Beispiele dafür.

1.2.4 Die Herausforderung: Jugendliche auf der Suche nach Sinn

„Die heutige Jugend ist von Grund auf verdorben, sie ist böse, gottlos und faul." Dieses Zitat stammt nicht etwa von einem frustrierten Pädagogen, von enttäuschten Eltern oder von einem Theologen wie Thomas Ruster, der vor einigen Jahren die gesamte Jugend als grundlegend mammon-fixiert abqualifizierte (Ruster 2000a, 2000b). Es ist als Inschrift auf einer babylonischen Tontafel ungefähr aus dem Jahre 1000 v. Chr. überliefert. Aber man kennt diesen Retro-Blick: Früher war alles besser! „Sogar die Zukunft", fügt Karl Valentin hinzu, und personal gewendet: besonders die Jugend!

Gegen eine solche Katastrophentheorie des Jugendalters und die skizzierte These vom Werteverlust soll im Folgenden differenzierter dargelegt werden, wie es denn um „diese Jugend heute" bestellt ist. In der Sozialforschung neigt man dazu, jeweils treffende Beschreibungen für „diese" jeweilige Jugend zu finden: Null-Bock-Generation, Generation @, Generation Praktikum – um nur wenige zu nennen. Die Titel der letzten Shell-Studien 2002, 2006 und 2010 verdeutlichen einen Trend hin zu einer Jugend, die sehr pragmatisch ausgerichtet ist, sich wieder deutlicher an Sekundärtugenden ausrichtet sowie Leistung und Genuss miteinander zu verbinden versucht (Deutsche Shell 2002; Shell Deutschland Holding 2006, 2010). Bleibt da noch der Blick für den anderen? Ja, durchaus! Immerhin 39 % der Jugendlichen heute geben an, sich „für soziale oder gesellschaftliche Zwecke oder ganz allgemein für anderen Menschen einzusetzen" (Shell Holding 2010, 22) – der Prozentsatz steigt seit Jahren kontinuierlich an. Bereits die Shell-Studie 2002 hatte festgestellt, dass die vier verbreitetsten Organisationsformen (Vereine, Bildungseinrichtungen, Jugendorganisationen, Kirchen) viele Jugendliche binden, die sich innerhalb dieser Organisationen engagieren: 76 % sind hier gelegentlich und 85 % regelmäßig aktiv (Deutsche Shell 2002, 202f.). So schlecht scheint sie nicht zu sein, „diese Jugend"! Freilich lässt sich feststellen, dass sich die Art des Engagements verändert hat: Langfristige Bindungen sind im Rückgang, während kurzfristige und punktuelle einen hohen Rang einnehmen. Und ein altruistisches Handeln muss gleichzeitig „etwas bringen" und „cool" sein: „Die pragmatische Jugend steht auf dem Boden der Ökonomie, hat aber dennoch ein starkes Bedürfnis, auf dieser Grundlage dem Idealismus Raum zu geben. … Es muss klar sein, dass sich jemand engagiert, der fest auf dem Boden der Realität steht, der die Dinge im Griff hat, der kein weinerlicher oder psychisch angeschlagener Typ, kein angestaubter oder weltfremder Polit-Freak ist. Das ist das Nadelöhr, durch das im Moment eine ‚soziale und politische Mobilisierung' der Jugend hindurchmuss" (Shell Deutschland Holding 2010, 225). Wenn aber Jugendliche heute auf der Suche nach Sinn sind, benötigen sie auch Orientierung in einer radikal plural erscheinenden Welt (vgl. dazu auch Klosinski 2008).

1.2.5 Das Ziel: Fit werden für den Umgang mit Pluralität

„Gib mir ein kleines bisschen Sicherheit in einer Welt, in der nichts sicher scheint. Gib mir in dieser schweren Zeit irgendwas, das bleibt", singt Stefanie Kloß von der Band „SILBERMOND" im Song „Irgendwas bleibt". Der Mythos der Moderne, der selbstbestimmte Mensch könne sich aus eigenen Kräften eine stabile Identität stiften, hat sich längst verflüchtigt. Auch Jugendliche erleben die Welt heute als unübersichtlich, schnelllebig und unsicher. Sie brauchen deshalb für die eigene Entwicklung Orientierungsmarken außerhalb der eigenen Person. Ein zentrales Postulat für Bildung heute lautet: Kinder und Jugendliche müssen fit werden im Umgang mit dieser pluralen Welt. Sie brauchen Orientierungshilfen, um sich auf dem Markt der Möglichkeiten zu bedienen und eine eigene, meist probeweise angenommene und dann wieder verworfene, also vorläufige und lange Zeit recht fragile und insgesamt flexible eigene Identität zu entwickeln. Man beschreibt diesen Vorgang recht zutreffend mit der anschaulichen Metapher einer Patchwork-Identität oder Bricolage: das Zusammenbinden verschiedenster Sinnfäden zu einer bunten, locker gestrickten Identitätsdecke.

Auch Religion ist in diesen gesellschaftlichen Prozess eingebunden. Religiöses Lernen vollzieht sich heute nicht mehr im gewohnten Rahmen als feste Einpassung in eine konfessionelle Tradition, sondern geschieht als „Expedition in offenes Land" (Englert 1997, 147).

1.2.6 Das Desiderat: Orientierungsmarken benennen!

Freilich drängt sich inzwischen zunehmend die kritische Anfrage auf, ob es genüge, Jugendlichen für die Sinnsuche und Identitätsentwicklung nur Auswahlkriterien an die Hand zu geben oder diese gemeinsam mit ihnen zu entwickeln. Die Skizzierung einer rein deskriptiv und formal angelegten „pluralitätsfähigen Religionspädagogik" (Schweitzer u. a. 2002) befriedigt in letzter Konsequenz nicht, weil sie inhaltlich farblos bleibt. Um das obige Bild aufzugreifen: Festzustellen, dass jeder Jugendliche seine eigene Sinn-Decke zu stricken hat, oder auch den Jugendlichen nur Strickmuster und Stricktechniken an die Hand zu geben, reicht nicht aus. Ausgelotet werden muss, welche Stoffe und Wollknäuel zur Verfügung gestellt werden können. Konkret: Welche Wertoptionen, Sinnangebote, Lebensstile, Glaubensüberzeugungen bringen wir ins Spiel?

Ein Hauptargument, wieso die Ausbildung eines autonomen Subjekts kein rein formaler Akt der Selbstkonstruktion sein kann, wie es noch im Bildungsprogramm des Wilhelm Meister aufscheint („mich selbst, ganz wie ich da bin, auszubilden"; Goethe 1982, 290), liefert die Philosophie: „Wir können uns, philosophisch gesprochen, nicht total aus uns selbst erzeugen" (Petsch 1993, 2). Gerade das postmoderne Subjekt braucht, dem „Zwang zur Wahl" (Berger 1980) ausgesetzt, für die Ausbildung eines individuellen Lebenskonzepts Orientierungen, Bindungen, Haltegriffe, Traditionen; es braucht die Spiegelung am anderen, denn am Du wird der Mensch zum Ich (Buber 1954, 32). Hier passt übrigens die bekannte Definition von religio im Sinne von „zum Leben anleitenden, beheimatenden Rückbindungen" (Petsch 1993, 2). Bildung funktioniert auch als Selbstbildung nicht ohne Inhalt. „Sich-Bilden heißt, sich die bildenden Kräfte der Natur, der Kultur, der Wissenschaft, der Religion zu erschließen" (Sekretariat der Deutschen Bischofskonferenz 1996, 27), lautet ein zentraler Satz im so genannten „Bildungspapier" der deutschen Bischofskonferenz aus dem Jahre 1996.

Konkret: Welches Material, welche bildenden Kräfte aus der reichen Tradition der Geschichte der jüdisch-christlichen abendländischen Tradition erweisen sich als hilfreich und tragfähig für die Identitätsentwicklung von Menschen im dritten Jahrtausend?

1.2.7 Das Exempel: Orientierung an fremden Biografien

Auf dem Marktplatz der Postmoderne finden Jugendliche heute freilich zahlreiche Wahlmöglichkeiten, wenn es um die Entwicklung von Lebenskonzepten geht: Da gibt es die Stars der einschlägig bekannten Casting-Shows, erfolgreiche Protagonisten der Computer- und Internetgesellschaft wie BILL GATES und MARK ZUCKERBERG, die Promis und Halbpromis, die die Sessel der Talkshows besetzen, Aushänge in Firmen von „Mitarbeitern des Monats" oder die Ehrung einer „Person of the year" durch das Time-Magazin, aber auch zahlreiche gescheiterte Biografien und Leistungsverweigerer: Viele Wege in eine ungewisse Zukunft stehen offen!

Man hat die Auswahl zwischen LENA MEYER-LANDRUT und MARGOT KÄẞMANN, zwischen STEFAN RAAB und EDWARD SNOWDEN, zwischen LADY GAGA und PAPST FRANZISKUS, zwischen BASTIAN SCHWEINSTEIGER und MARIA HÖFL-RIESCH, zwischen CARLOS SANTANA und FLORIAN SILBEREISEN, zwischen KATY PERRY und HELENE FISCHER, zwischen MARKUS LANZ und SANDRA MAISCHBERGER.

Es geht nun einerseits sowohl um die offene Wahrnehmung und Anerkennung von biografischen Entwürfen oder Facetten, die für Kinder und Jugendliche bedeutsam sind, als auch um die Befähigung zum kritischen und selbstreflexiven Umgang mit Orientierungsmustern; dies ist dann letztlich eine lernpsychologische und pädagogische Frage.

Andererseits stellt sich auch hier die Frage, ob nicht auf dem verwirrenden Markt pluraler Sinn- und Lebensentwürfe ein Stand platziert werden müsste, an dem Modelle altruistischen und religiös motivierten Lebens feilgeboten werden:

- Menschen, die zeigen, dass man in unserer Wohlstandsgesellschaft normal leben kann und dabei doch auch die Bedürfnisse der anderen nicht ausblendet.
- Menschen, die zeigen, aus welchen Motiven heraus sie sich engagieren.
- Menschen, die zeigen, wie Christ-Sein heute gehen kann.

Und die (marketingorientierte) Frage schließt sich an: Wie muss die Modellvielfalt an diesem Stand gestaltet sein, wie müssen diese Modelle gestrickt sein, damit Kinder und Jugendliche auf solche fremde Biografien zugreifen und an ihnen authentisch gelebtes Welt- und Orientierungswissen wahrnehmen können? Denn es ist nicht egal, auf welche Vorbilder Kinder und Jugendliche zugreifen. „Ohne Vorbilder kein Weltbild", stellt Dana Horáková fest (Horáková 2007, 33): „Wer sich zu seinen Vorbildern bekennt, tastet sich an jene Werte heran, die seit Urzeiten nicht nur für ihn persönlich, sondern auch für ein gedeihliches Zusammenleben der Menschen wichtig sind. Als ‚Geburtshelfer' von Weltbildern können

Vorbilder also einen Gemeinschaftssinn fördern, der stabiler ist als ideologische, ökonomische oder kulturelle Zweckgemeinschaften" (Horáková 2007, 34).

Die bisherigen Ausführungen sind auf das Individuum zugeschnitten gewesen: Die Unüberschaubarkeit von Sinnentwürfen nötigt zur Orientierung. Insofern ist es die Aufgabe pädagogischen Bemühens, sowohl bei der Auswahl zu helfen als auch entsprechende Orientierungsmuster anzubieten.

1.2.8 Die Gesellschaftliche Bedeutung: Heroen für die Zivilgesellschaft

Darüber hinaus aber hat die Frage nach dem Stellenwert von Vorbildern in der Postmoderne eine gesellschaftliche Dimension: Gerade moderne Zivilgesellschaften seien auf Heroen angewiesen, meint der Staatstheoretiker Herfried Münkler in einem Interview: „Auch demokratisch verfasste Zivilgesellschaften, die man auch als postheroische Gesellschaften charakterisieren kann, können auf Dauer auf die Vermittlung heroischer Werte nicht verzichten. Ohne Opferbereitschaft funktionieren auch jene gesellschaftlichen Systeme nicht, die Leistung in der Regel nur über Geld belohnen" (Krischer 2002, 68). Gerade in Zeiten der Verunsicherung, die ihre symbolische Verdichtung in den Terroranschlägen vom 11. September 2001 in den USA erhielten, entsteht das Bedürfnis nach Helden. „Die Medienhelden sind nur Ersatzhelden. Sie sind präsent, wenn die reale Welt aus den Fugen gerät", so der Medienwissenschaftler Norbert Bolz (Focus 9/2002, 64). Die Feuerwehrmänner des 11. Septembers oder die getöteten Passagiere des Flugs 93, United Airlines, die durch ihr mutiges Einschreiten ein größeres Unglück verhinderten, sind Platzhalter für vorbildhafte Verhaltensweisen einer verunsicherten Gesellschaft. Solchen Helden werden eher Eigenschaften wie Mut, Persönlichkeit, Humanität, Altruismus, Disziplin und weniger Erfolg und Körperkraft zugeschrieben. Sie dienen dabei nicht als Vorbild zur unmittelbaren Nachahmung, sondern vielmehr der Vergewisserung, dass die Welt nicht aus den Fugen gerät, solange es selbstlose Menschen gibt, die herausragende Taten für die Gesellschaft vollbringen. Wenn man alleine nachts in eine U-Bahn-Station hinunterfährt, ist es beruhigend, wenn irgendwo im Hinterkopf die Erkenntnis gespeichert ist, dass es Menschen wie DOMINIK BRUNNER gibt, die zivilcouragiert handeln, wenn andere in Not geraten.

Dieses Muster des Ersatzhelden, der stellvertretend Gutes tut, aber nicht unmittelbar zur Nachahmung motiviert, wirkt freilich etwas paradox, ist aber durchaus lernpsychologisch erklärbar, wie noch verdeutlicht werden wird.

Die Gesellschaft wiederum belohnt solche Personen zunächst nicht materiell, sondern ideell: mit dem Status eines Heroen. So ehren staatliche und gesellschaftliche Institutionen verdiente zivilcouragierte Personen bei den entsprechenden Gelegenheiten (z. B. Bundesverdienstkreuz, verschiedene Auszeichnungen der einzelnen Länder, oder – stellvertretend für andere Einrichtungen – der „Preis für Zivilcourage" der Landesstelle für Jugendarbeit in Bayern). Auch die Massenmedien präsentieren herausragende Persönlichkeiten, z. B. bei den ritualisierten Jahresrückblicken, bei Jubiläumsveranstaltungen für altruistische Stars und mit Sendungen wie „Deutschlands wahre Helden" (März 2003), bei denen die mit einem „Ring der Menschlichkeit" geehrt werden. Auch in Radiosendern und regional werden „Alltags-Helden gesucht!“, so z. B. durch ein Bündnis für Zivilcourage in Ochsenfurt im Frühjahr 2014, die dann mit dem „Ochsenfurter Courage-Preis“ geehrt werden sollen. Die öffentliche Ehrung ist die Währung, mit der die Zivilgesellschaft ihre Helden belohnt! Darüber hinaus setzt sich aber immer mehr die Meinung durch, dass die vielen ehrenamtlich Tätigen, ohne die unsere Gesellschaft nicht funktionieren würde, nicht nur ideell, sondern auch in Maßen materiell entlohnt werden müssten; so gibt es inzwischen in vielen Kommunen Ehrenamtskarten (vgl. Bauer 2014), mit denen Ehrenamtliche Vergünstigungen bei kommunalen Einrichtungen erhalten.

1.2.9 Die Leuchttürme: Engagement vs. Cocooning

Trendforscher beobachten die gesellschaftliche Tendenz eines Rückzug auf die Familie, eines Sich-Einspinnens („Cocooning“) und Einigelns im wohligen Rückzugsort familiären Privatlebens, am besten heimelig auf dem Land. Diese Tendenz steht im Einklang mit den hohen Zustimmungswerten, die die Familie auch in jugendsoziologischen Studien erfährt: Die Familie ist der letzte Hort der Übersichtlichkeit und Heimat in einer ansonsten bedrohlich wirkenden pluralen Gesellschaft (vgl. Mendl 2014a, 44–46; 240–251), sie ist die Ressource, aus der heraus Kinder und Jugendliche leben, und zugleich das Lebenskonzept einer privaten Zielvorstellung. So gut und schön dieser Trend ist: Gesellschaftlich und auch politisch ist dieser Rückzug bedenklich. Denn die Gesellschaft ist in vielen Bereichen – im Vereinswesen, im Sport und in der Kultur, bei Religionsgemeinschaften, Bürgerinitiativen und Parteien – auf das ehrenamtliche und zivilcouragierte Engagement von Menschen angewiesen (Meyer u. a. 2004; Meyer/Frech 2012; Kühne 2006). Insofern braucht es solche Leuchttürme, die zeigen, welche Befriedigung gesellschaftliches Engagement mit sich bringt, und durch ihr Tun so manche „Couch-Potato“ zumindest zum Nachdenken wenn nicht gar zum Umdenken oder gar zum Aufstehen bringen können

1.2.10 Lernaufgaben und Literaturhinweise

Zusammenfassung:
Ein schlüssiges Motiv für ein gesteigertes Interesse an Vorbildern ergibt sich aus der Verfasstheit der so genannten postmodernen Gesellschaft. Die „Multioptions-Gesellschaft“ mit ihren pluralen Sinnangeboten nötigt den Einzelnen zur individuellen Sinnkonstruktion. Bei diesem Umgang mit pluraler Vielfalt benötigen Kinder und Jugendliche Orientierungsmarken und Wegbegleiter. Hinzu kommt, dass moderne Gesellschaften in Zeiten der globalen Verunsicherung in Wirtschaft und (Welt-)Politik auf Helden und Heroen als Platzhalter für vorbildhafte Verhaltensweisen angewiesen sind und diese auch medial präsentiert werden. Zivilgesellschaften brauchen zudem das Beispiel von ehrenamtlich Tätigen, weil nur so ein vielfältiges Vereins-, Kultur-, Sozial- und Politikwesen funktionieren kann.

Lernaufgaben

1. Listen Sie Ereignisse und Erscheinungsformen einer globalen gesellschaftlichen Verunsicherung (z. B. im wirtschaftlichen, politischen, ökologischen Bereich) auf!
2. „Gib mir ein kleines bisschen Sicherheit in einer Welt, in der nichts sicher scheint" (SILBERMOND). – Diskutieren Sie: Welche Erfahrungen benötigen Heranwachsende heute, um das Gefühl von Sicherheit und Vertrauen ins Leben zu entwickeln?
3. Begeben Sie sich auf eine Spurensuche nach zivilcouragierten Menschen – im privaten Umfeld oder global! Überprüfen Sie an diesen Personen die These, dass die Zivilgesellschaft auf solche Helden angewiesen ist!

Literaturhinweise

Beck, Ulrich (Hg.) (1997), Kinder der Freiheit, Frankfurt a. M.

Berger, Peter L. (1980), Der Zwang zur Häresie. Religion in der pluralistischen Gesellschaft. Aus dem Amerikanischen von Willi Köhler, Frankfurt a. M.

Meyer, Gerd/Dovermann, Ulrich/Frech, Siegfried/Gugel, Günther (Hg.) (2004), Zivilcourage lernen. Analysen, Modelle Arbeitshilfen, Tübingen.

Meyer, Gerd/Frech, Siegfried (Hg.) (2012), Zivilcourage. Aufrechter Gang im Alltag, Schwalbach.

1.3 Das Personal – mediale oder alltägliche Vorbilder?

Bei Vorbildern ist es unwichtig, ob es sich dabei um einen großen toten Dichter, um Mahatma Gandhi oder um Onkel Fritz aus Braunschweig handelt, wenn es nur ein Mensch ist, der im gegebenen Augenblick ohne Wimpernzucken gesagt oder getan hat, wovor wir zögern.

ERICH KÄSTNER

Vorbilder, Heilige, Helden, Idole, Modelle – die Begriffspalette ist breit. Mit der Reflexion dieser verschiedenen Begriffe verbinden sich nun mehrere Fragen. Die erste Frage lautet: Wenn wir davon ausgehen können, dass Kinder und Jugendliche heute Vorbilder haben (es sei zunächst einmal dahingestellt, was sie darunter verstehen): Welche Personen und Personenkreise dominieren? Sind es SEBASTIAN VETTEL, NELSON MANDELA, BRAD PITT, der Trainer, die Mutter, die Schülersprecherin, PAPST FRANZISKUS, ALBERT EINSTEIN, ELISABETH VON THÜRINGEN, KATE MIDDLETON oder BART SIMPSON?

Diese Frage ist empirisch gelagert. Antworten, leider durchaus auch widersprüchliche, erhält man über die verschiedenen Umfragen zum Thema, die in diesem Kapitel dargestellt und problematisiert werden sollen. Es muss sich aber eine zweite, pädagogisch ausgerichtete Frage anschließen: Welche Zielgruppen eignen sich mehr und welche weniger für ein orientierendes Lernen von Kindern und Jugendlichen? Dies wird in den folgenden lernpsychologisch und didaktisch ausgerichteten Kapiteln genauer unter die Lupe genommen. Am Ende dieses Kapitels wird der Versuch unternommen, die zentralen Begriffe (Held, Vorbild, Heiliger, Idol …) pointiert zu definieren – vielleicht etwas eigenwillig, aber im

Einklang mit der im gesamten Buch entwickelten Vorstellung von einem orientierenden Lernen an Biografien, was zur Folge hat, dass klassische begriffliche Unterscheidungen überflüssig werden.

1.3.1 Das semantische Grundproblem

Das übliche traditionelle Assoziationsfeld zum Vorbildbegriff kreist eindeutig um den Komplex der „großen“ und „perfekten“ Vorbilder. Beide Perspektiven sind gleichermaßen problematisch: Der Blick geht zunächst ehrfurchtsvoll nach oben. Siegfried Lenz hat das sehr prägnant geschildert: Man nimmt angesichts klassischer Vorbilder eine Habachtstellung ein. Und die Vorbilder werden als vollkommen und perfekt gedacht, sie dürfen keinen Makel haben. Viele Gespräche bei Lehrerfortbildungen und Uni-Seminaren, aber auch bei Vorträgen in der Erwachsenenbildung und Unterrichtsbesuchen an Schulen führen immer wieder zu diesem Schwellenproblem: Vorbilder sind, spontan erfragt, immer „die großen“; und sie müssen perfekt sein – das gilt auch für die *Local heroes*, wie im entsprechenden Kapitel (Kap. 3.1) gezeigt wird. Das globale Ziel besteht darin, diese semantischen Einengungen zu sprengen und sowohl die breite Palette an möglichen Biografien für orientierendes Lernen aufzudecken als auch den Grad der Perfektibilität zu senken.

Die Bevorzugung von bestimmten und die Ausblendung von anderen Personengruppen setzt sich aber bis in die empirische Forschung (vgl. im Überblick: Ebner 1988, 163–182; Bucher 1996a, 43f.; Zinnecker u. a. 2002, 195) hinein fort. Da auch Sozialforschung interessegeleitet geschieht, ist zudem eine gewisse Grundskepsis gegenüber allzu schnell aus der Hüfte geschossenen Schlussfolgerungen durchaus angebracht!

1.3.2 Große Vorbilder – mediale Stars dominieren

Die erste These lautete: Vorbilder haben als Verhaltensmodelle an Bedeutung verloren. Wie bereits erwähnt ist hier in der zeitlichen Tendenz eine Trendwende eingetreten. Nach wie vor umstritten ist aber, ob auch im Rahmen dieses zeitweise rückläufigen Trends die nahen familiären (Bucher/Montag 1997) oder die fernen medialen Vorbilder (Deutsche Shell 2000, 218) überwiegen.

Dabei blendet schon diese bipolare Einteilung in „große“ und „kleine“ Vorbilder andere Segmente, z. B. den Bereich der „mittleren“ Vorbilder, aus und muss deshalb weiter unten noch kritisch betrachtet werden.

Die übliche übergreifende Darstellung, die besonders durch die Shell-Studien (Deutsche Shell 1997, 258f.; Deutsche Shell 2000, 216) grundgelegt wurde, lautet so: Es gibt eine deutliche Verschiebung vom Nahbereich hin zum Fernbereich. Während in den 50er-Jahren Eltern, Vorgesetzte und Lehrer dominierten, sind es in den 80er- und 90er-Jahren zunehmend Schauspieler und Sportler. Der Grund: Es gibt mehr Medien, in denen Stars präsent sind (Deutsche Shell 1997, 359).

Jugend- und Medienforscher übernehmen die Ausgangsthese, dass vor allem die Ausbildung der multimedialen Gesellschaft für den Trend weg von nahen Vorbildern entscheidend sei (vgl. Zinnecker u. a. 2002, 54f.) und tendieren in der

Folge dazu, mediale Vorbilder für bedeutender zu halten. So folgert Klaus Waldmann bezüglich einer Darstellung des „StarNet-Projekts" des Deutschen Jugendinstituts: „Es überwiegen die Felder der Popmusik, des Sports und des Films ... Die Akteure der populären Kultur dominieren" (Waldmann 2000, 50). Sucht man (was nach einiger Zeit nicht mehr so einfach ist) die angegebene Internet-Seite, so wird deutlich, dass bereits die Eingangsseite suggestiv gehalten ist, weil nur Stars aus der Medienwelt erfragt werden. Wie soll ein Jugendlicher auf einer Seite, die eindeutig in Richtung der sogenannten Stars geht und wo bereits die entsprechenden Rock- und Popstars vorgegeben sind, noch auf die Idee kommen, dass ganz andere Personenkreise auch in Frage kommen könnten?

Symptomatisch für die Wahrnehmungsverengung ist auch das bereits oben sympathisch ehrlich dargestellte Forschungsproblem bei der Shell-Studie 2000: Zum Erstaunen der Forscher hat sich der Trend umgekehrt. Jugendliche geben signifikant häufiger an, ein Vorbild zu haben. „Von dem Ergebnis unserer Vorbildfrage sind wir nämlich einigermaßen überrascht und können Gründe für das Ergebnis nur vermuten, nicht aber letztgültig erklären und schlüssig herleiten" (Deutsche Shell 2000, 215). Diese Vermutungen werden aber dann mit Chuzpe und äußerst eloquent vorgetragen!

- Die erste Erklärung lautet: Die Fragenreihung ist schuld an der Trendwende. Bei der letzten Umfrage wurde die Frage nach den Vorbildern nach der Zukunftspessimismus-Frage platziert. Wie das nach Meinung der Interpreten mit „mehr" oder „weniger" Vorbildern zusammenhängt, wird leider nicht weiter erläutert. Auch bei der Aufeinanderfolge der Fragen in der Umfrage zur Shell-Studie 2000 vermuten die Forscher einen Haloeffekt, das Überblenden von Deutungsmustern von der einen auf die andere Frage: In der Studie folgte die Vorbildfrage direkt auf Fragen nach Bezugs- und Vertrauenspersonen (Frage 46: „Wie wichtig sind die Personen auf dieser Liste zur Zeit für Dein Leben?"). Abgefragt werden Personen aus dem nahen Umfeld von Vater/Mutter bis zum Vorgesetzten. Frage 47: „Hast du jemanden, mit dem Du Sorgen und Nöte durchsprechen kannst?" Alternativantwort möglich, dann: „Falls ja, wen?" Frage 48: „Hast Du ein Vorbild, dem Du ungefähr gleichen möchtest?" (Deutsche Shell 2000, 458f.). Das könnte auf die Vorbild-Antwort abgestrahlt haben. Die Assoziation mit Bezugs- und Vertrauenspersonen, an die man sich in Notsituationen wenden kann, überdeckt die forschungsmethodisch traditionelle, aber auch in sich schon problematische suggestive, semantisch einengende Vorbild-Definition („ungefähr gleichen")! Würden aus diesen Beobachtungen Schlüsse ohne Schere im Kopf erfolgen, käme vielleicht auch eine andere Hypothese in den Blick: Jugendliche greifen doch eher auf Personen aus dem Nahbereich zurück, wenn die Vorbild-Frage auf ernste Lebenszusammenhänge abzielt. Dem ist aber nicht so. Forschungsmethodisch zwar völlig seriös wird dieser erste Erklärungsversuch relativiert – mit einem Haloeffekt lassen sich nicht 13 Prozentpunkte Abweichung erklären.
- Dann aber folgt der zweite Anlauf: „Der (wieder) höhere Anteil derer, die angeben, ein Vorbild zu haben, könnte sich aus einer weiteren inhaltlichen Verlagerung von Vorbildern in den Fernbereich erklären" (Deutsche Shell 2000,

> 216). Das wird, mit entsprechenden Beispielen garniert, noch weiter erläutert. Man übersieht fast den Konjunktiv und überliest den wichtigen Satz: „Wir wissen es aber nicht, weil wir nicht gefragt haben" (Deutsche Shell 2000, 216). Seriöse Aussagen können aufgrund der Datenbasis nur auf der quantitativen Ebene gemacht werden: Jugendliche in Ost und West unterscheiden sich kaum mehr, Jugendliche mit gebildeteren Eltern geben weniger an, ein Vorbild zu haben, Ausländer dafür mehr ... Die neue Hypothese lautet: Vorbilder – das ist eigentlich etwas für wenig gebildete Medienfreaks, im Gegensatz zu früher, als die Vorbildthematik typisch im behüteten bildungsbürgerlichen Aufstiegsmilieu angesiedelt war. Es folgen weitere zwei Seiten zur Untermauerung dieser fragwürdigen Hypothese. Wohlgemerkt: Die Datenbasis gründet lediglich auf der Alternativfrage: „Hast Du ein Vorbild, dem Du ungefähr gleichen möchtest?" Dann kommt die klärende Schluss-Passage: „Als unzweifelhaft erscheint, dass der Begriff vom ‚Vorbild' in den letzten Jahren seine Semantik völlig verändert haben dürfte. Und so birgt denn diese klitzekleine Vorbild-Frage im Fragebogen doch womöglich eine explosive, weil tiefergehende Frage nach der neuen Funktion von ‚Vorbild' in der flexiblen Gesellschaft, die leider künftigen Forschungsarbeiten vorbehalten bleiben muss." (Deutsche Shell 2000, 219; vgl. auch: Ziebertz/Riegel 2003, 214).

Dieser Folgerung der Shell-Forscher kann ausnahmsweise uneingeschränkt zugestimmt werden! Zwingend erforderlich wäre es dann allerdings, dass bei künftigen Shell-Studien vor der Formulierung der Fragen reflektiert würde, ob dieser Wandel im Verständnis vom Vorbild mit der (forschungsmethodisch verständlichen) Fragestellung „Hast du ein Vorbild, dem du ungefähr gleichen möchtest" eingeholt werden kann. Anton Bucher spekuliert mit Recht darüber, ob nicht schon bei der EMNID-Umfrage aus dem Jahre 1953 mit der identischen Fragestellung die Quote ohne den Nebensatz („ungefähr gleichen") nicht höher ausgefallen wäre (Bucher 1996a, 43).

Gerade weil die Shell-Studien eine hohe Reputation genießen und breit rezipiert werden, erwartet man auch bei den weniger zentralen Fragestellungen innerhalb der jeweiligen Studien Seriösität in der wissenschaftlichen Auswertungsmethodik.

Auch bei anderen Studien ist immer wieder festzustellen, dass die Auswertungstrends hin auf die gestiegene Bedeutung medialer Vorbilder so nicht vom Datenmaterial gedeckt sind bzw. auf eine grundlegend nur auf mediale Vorbilder fixierte Befragungsmethodik rückführbar sind (siehe genauer: Mendl 2005a, 25).

1.3.3 „Mutter ist die Beste!" – Familiäre Vorbilder dominieren

Nun gibt es einige Untersuchungen, deren Ergebnisse diametral entgegen dem beschriebenen Trend vom nahen zum fernen Vorbild liegen.

Das Hamburger Forsa-Institut führte Ende des Jahres 1999 eine Umfrage im Auftrag des Frauenmagazins „Marie Claire" („Madonna oder Mama? Auf der Suche nach weiblichen Vorbildern, in: Marie Claire, März 2000, 84–92) durch, deren überraschende Pointe auch in der Tagespresse nachzulesen war: Für zwei Drittel aller Frauen bleibt die Mutter Vorbild. Keine Frau beeindruckt als Vorbild mehr. Bei der repräsentativen computergestützten Telefonbefragung wurde den befragten 1005 Frauen ab 14 Jahren ein vorstrukturierter Fragebogen mit 18 vorgegebenen Personen vorgelegt; die Redaktion stellte mir freundlicherweise die gesamten Teilergebnisse zur Verfügung.

Die herausragende Bedeutung des Ergebnisses „Mama ist die beste" wird auch durch die Prozentzahlen unterstrichen: 76 % der 14–17-Jährigen und 70 % der 18–24-Jährigen nennen ihre Mutter als Vorbild: Bei den 25–34-Jährigen sinken die Zahlen etwas, sie bewegen sich aber immer noch über der 50 %-Marke, und die über 60-Jährigen geben zu 74 % die Mutter als Vorbild an.

Auf die eigene Mutter (Durchschnitt 66 %) folgen MUTTER TERESA (55 %), die eigene Großmutter (43 %) und STEFFI GRAF (36 %).

Was die herausragende Stellung der Mutter noch hervorhebt, sind die markanten Unterschiede bei den Prozentzahlen, z. B. bei den 14–17- und den 18–24-Jährigen: Nach den Top-Zahlen der Mütter landen MUTTER TERESA, Großmutter und STEFFI GRAF im Bereich zwischen 30 und 40 %. Lediglich LADY DIANA erreicht bei den 14–17-Jährigen 50 %.

Noch eindrucksvoller als die grafisch dargestellten und knapp kommentierten Zahlen in „Marie Claire" sind die beigefügten kurzen journalistisch erhobenen biografischen Aussagen weiterer interviewter Personen. Hier wird deutlich, in wie vielen Schattierungen und in welcher Differenzierung die Biografien anderer vorbildhaft sein können – z. B. NANCY SPERO wegen ihres unkonventionellen Denkens und ihrer Gelassenheit, NELLE PORTER (aus der TV-Serie „Ally McBeal") wegen ihrer Ausstrahlung (ohne dass die Interviewte aber Nelle damit wie einem klassischen Vorbild nacheifert), KATE MOSS wegen ihrer natürlichen, nonchalanten Art (und zugleich wird auf Eigenschaften hingewiesen, die nicht okay sind, wie z. B. ihr Drogenkonsum), LAURYN HILL, weil es ihr gelang, Familie und musikalische Karriere zu verbinden (auch wenn die Interviewte keine musikalische Karriere anstrebt – die Kraft, sich selbst zu motivieren, fasziniert), und die eigene Mutter, weil ihre Erziehung auf Vertrauen beruhte.

Auch andere Untersuchungen stützen die These von der Bedeutung der nahen, familiären Vorbilder:

Die Zeitschrift „Eltern" befragte im Oktober 1999 insgesamt 1568 Kinder und Jugendliche nach den beeindruckendsten Personen im ausgehenden 20. Jahrhundert („Eltern" Oktober 1999, 238–239: vgl. dazu auch Waldmann 2000). Schon bei der Frage („Wer ist für dich der bedeutendste Mensch in unserem Jahrhundert?") und angesichts der Reichweite (ein Jahrhundert-Vorbild!) geht der Blick förmlich nach oben, was dann auch an den genannten Hochkarätern der Geschichte deutlich wird. Trotzdem: Auch hier schieben sich die Eltern nach MUTTER TERESA und WINSTON CHURCHILL an die dritte Stelle vor, gefolgt von LADY DIANA, MICHAEL GORBATSCHOW und ALBERT EINSTEIN!

Eine 12-jährige Schülerin begründet ihre Wahl so: „Meine Mutti. Sie hat mich zu der Person gemacht, die ich heute bin. Sie macht mir immer ganz liebevoll klar, wie man in dieser komplizierten Welt zurechtkommt. Für mich tut sie alles. Sie würde mir sogar eine Niere spenden oder Knochenmark, wenn ich eine entsprechende Krankheit hätte." Und eine 10-jährige Grundschülerin meint: „Der bedeutsamste Mensch kann eigentlich nur mein Papa sein. Er ist nämlich der Klügste und der Liebste. Der Lustigste außerdem" („Eltern" Oktober 1999, 239).

Kurz darauf, Anfang des Jahres 2000, wurden in der Zeitschrift „Eltern" („Eltern" Januar 2000, 174–175) 1842 Kinder und Jugendliche zwischen 7 und 17 Jahren gefragt: „Wem würdest du das Bundesverdienstkreuz verleihen?" Auffällig: Die Eltern (Platz 1: Vater, Platz 2: Mutter) nehmen mit Abstand die Spitzenposition ein, und es sind neben Stars und Umweltgruppen auch Großeltern, Freunde, Verwandte und Lehrerinnen und Lehrer genannt. Eine 11-jährige Schülerin äußerst sich so: „Bei mir kämen nur meine Eltern in Frage. Ich beobachte sie seit meiner Geburt jeden Tag genau. Sie verdienen die Note ‚sehr gut'. Ich mache allerdings einen Unterschied. Meine Mutter bekäme eine Stufe höher als Vater: Orden mit Stern. Jeweils an ihrem Geburtstag sollten sie die Orden anlegen. Fände ich astrein, wenn wir eine Ordensfamilie wären."

Ein ähnliches Ergebnis erbrachte eine Umfrage der Zeitschrift „Stern" im Jahre 2003: „Für die Deutschen ist als Vorbild die eigene Mutter am wichtigsten" („Stern" 44/23.10.2003, Zitat aus dem Inhaltsverzeichnis; Stillich 2003).

Und schließlich kann noch eine Untersuchung des Marktforschungsinstituts „mindline media" herangezogen werden, das im Herbst 2007 1000 14- bis 19-Jährige in Deutschland nach ihren Vorbildern befragte: 65 % der Befragten gaben ihre Eltern als Vorbilder an (Englmann 2008; Lindner 2009, 78f.).

Der Trend hin zur Bedeutung der Eltern als Topvorbilder schlechthin ist also eindeutig; selbstverständlich gibt es aber auch hier Abweichungen, also Menschen, die sich bewusst von den Eltern abgrenzen (vgl. Neue Gespräche 2011, 11)!

Auch religionspädagogische Untersuchungen zum Thema bestätigen diesen Trend: Nahe Vorbilder dominieren.

Robert Ebner (Ebner 1988) befragte im Jahre 1984 783 Sekundarschülerinnern und -schüler im Alter von 10–20 Jahren in Franken. Die Fragestellung lautet im ersten Anlauf (Ebner 1988, 186–188) ganz offen: „Hast du ein Vorbild?" – „Wenn ja, um wen handelt es sich?" Forschungsmethodisch betrachtet sind die Zahlenwerte nicht vergleichbar mit den Shell-Studien. Das Ergebnis von Ebners Untersuchung erstaunt aber trotzdem, sieht man die Relationen zwischen nahen und fernen Vorbildern an: Entgegen dem Trend, der in den Shell-Studien schon für diese Zeit proklamiert wurde (Entwicklung hin auf Parität zwischen fernen und nahen Vorbildern), geben bei Ebner 45 % der Befragten die Mutter als Vorbild an, 38 % den Vater, 30 % Freund oder Freundin. Filmstars liegen bei 10 %, Sportler gar nur bei knapp 5 %. Priester und Ordensfrauen befinden sich mit Politikern und Dichtern am Ende der Tabelle; sie sind kaum nennenswert! Religiöse Überblendeffekte („Religions-Stunden-Ich") wurden insofern vermieden, als nicht der Religionslehrer, sondern der Klassenlehrer die Fragebögen verteilen sollte. Forschungsmethodisch interessant ist Ebners Vorgehen (Ebner 1988, 186–188): Ebner stellte auch alterstypische Effekte fest: Dominiert bei den 10- bis 15-Jährigen eindeutig die Mutter, so wird sie bei den 15- bis 20-Jährigen durch die Freundin abgelöst, was mit der zunehmenden Bedeutung der Peergroup erklärt wird (Ebner 1988, 209f.).

Ebner fragt in einem zweiten Durchgang seiner Untersuchung auch nach den Eigenschaften, die ein Vorbild haben muss. Die Top-Nennungen lauten: Ehrlichkeit, Humor, Verständnis, Freundlichkeit, Hilfsbereitschaft, Treue, Kameradschaft und Geduld. Ebner fasst dieses Ergebnis zusammen: „Nicht Leistung, Erfolg und Durchsetzungsvermögen werden von den Jugendlichen geschätzt, sondern Werte wie Charakterstärke, Sensibilität, Hilfsbereitschaft und Humor“ (Ebner 1988, 212). Das erleben sie nun mal primär an Personen in der unmittelbaren Umgebung.

Anton Bucher in Salzburg und Saskia Montag in Paderborn (Bucher/Montag 1997) haben Schuljugendliche zwischen 10 und 20 Jahren nach ihren aktuellen Vorbildern befragt. Sie fanden unter anderem Folgendes heraus:

- Jugendliche haben Vorbilder. Das ist ja, angesichts des bis vor die Shell-Studie 2000 angesagten Trends, schon eine Besonderheit.
- Was zudem überrascht: Die großen massenmedialen und religiösen Vorbilder (Stars, Politiker, Heilige) sind weniger gefragt – die unten stehenden Grafiken verdeutlichen dies. Bereits die offene Fragestellung „Folgende Menschen sind mir in meinem Leben ein Vorbild. Bitte aufschreiben und angeben, warum sie Vorbilder sind.“ ergab einen eindeutigen Trend: Spontan wurden deutlich mehr Vorbilder aus dem Nahbereich, Eltern und Verwandte genannt.
  Dieser Trend setzte sich dann auch bei der Bearbeitung einer Liste mit 38 Personen fort; ob sie Vorbilder seien, sollte auf einer vierpunktigen Skala von „sehr“, „etwas“, bis zu „wenig“ und „gar nicht“ beurteilt werden. Zur Wahl standen Namen aus Politik, Religion, Sport, Musikbusiness, Intellektuellenszene und die Eltern und Großeltern (Bucher/Montag 1997, 69; siehe auch Bucher 1996a, 33). Auch hier wurden vor allen anderen Gruppen signifikant häufiger familiäre Bezugspersonen genannt. Und wieder spielen religiöse Vorbilder nur eine geringe Rolle – ein Befund, der im Folgenden noch genauer ausgewertet werden muss, wenn es um große Vorbilder im Glauben, die Heiligen, geht.

Abb. 1: Die fünf häufigsten Vorbilder, Salzburg

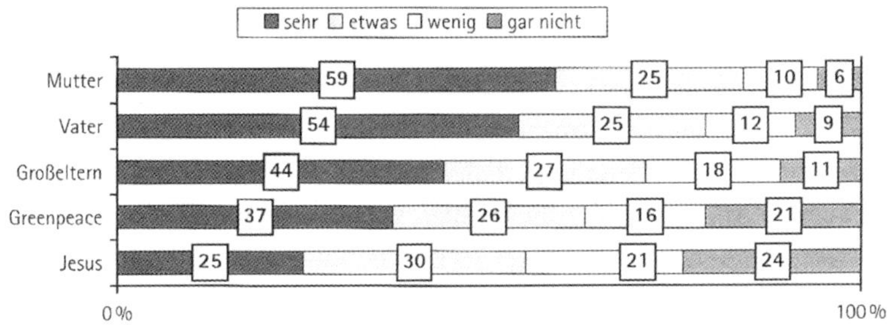

- Eine weitere Beobachtung aus der Untersuchung von Bucher und Montag, die sich auch mit anderen Untersuchungen (Ebner 1988, 194f.) deckt: Mit zunehmendem Alter schwindet die Bedeutung von Vorbildern. 20-Jährige bezeichnen den Skispringer Andreas Goldberger, den Bürgermeister, den Pfarrer in weitaus geringerem Maße als Vorbilder als 10-Jährige (Bucher/Montag 1997, 70).
  Die Vorbilder verdunsten also im Laufe der Lebensgeschichte. Dies steht im

Einklang mit der Entwicklungspsychologie: Mit der Ausbildung der Ich-Identität tritt dann auch die Orientierung an Vorbildern in den Hintergrund.

Ein Problem aller quantitativen Umfragen, so auch der von Bucher und Montag, besteht freilich darin, was für die Befragten die Aussage „ist für mich ein Vorbild" inhaltlich bedeutet: Bewunderung, Orientierung, Verpflichtung, Ansporn? Insofern sind die wenigen dargestellten Aussagen, mit denen die Befragten ihre Wahl begründeten, bedeutsam: Neben Aspekten der Bewunderung (z. B. die Oma, weil sie den Opa jahrelang gepflegt hat; die Schwestern, weil sie die Schule gut bewältigt haben und einen guten Beruf haben) werden vor allem unmittelbare Beziehungserfahrungen genannt: Die Eltern, weil sie die Kinder erzogen haben; weil sie helfen; weil man zusammenhält.

Eine Orientierung ist einfacher, wenn eine gewisse lebensgeschichtliche Nähe gegeben ist.

1.3.4 Vorbild und Geschlecht

In einem Punkt stimmen die empirischen Daten bei allen sonstigen Widersprüchlichkeiten überein: Mädchen nennen eher weibliche und Jungen eher männliche Personen als Vorbild. Dies gilt für öffentliche Personen ebenso wie für persönlich bekannte Vorbilder. Mädchen sind jedoch insofern flexibler, als sie anders als die Jungen auch gegengeschlechtliche Familienmitglieder (Väter, Brüder, Großväter, Onkel und Cousins) nennen, wie die Siegener Untersuchung ergab (Zinnecker u. a. 2002, 53f.). Bei den Personengruppen selbst sind dann innerhalb der oben festgestellten Relationen zwischen nahen und fernen Vorbildern weitere Unterschiede im Detail festzustellen: Mädchen bevorzugen Filmschauspieler und Künstler, Jungs eher Sportler (ebd. 53; ähnlich Bucher/Montag 1997, 70f.). Mädchen zwischen 10 und 13 Jahren orientierten sich stärker an nahen, die gleichaltrigen Jungen eher an medialen Vorbildern (Zinnecker 1996, 197–199).

Jedenfalls muss die zentrale erste Erkenntnis, dass das Geschlecht des Vorbilds ein Auswahlkriterium für orientierendes Lernen darstellt, auch in den folgenden Kapiteln berücksichtigt werden. Die Folgen patriarchalischer Gesellschaftsverhältnisse in Kulturen des alten Orients und innerhalb der Kirche spiegeln sich bis heute in einer Dominanz exemplarischer männlicher Personen im Bibelunterricht (Arzt 1999a und b) und bei Heiligenbiografien nieder.

1.3.5 Abgründe der empirischen Sozialwissenschaften: ein Resümee

Wie lassen sich diese gravierenden Unterschiede, ob Jugendliche nun nahe oder ferne Vorbilder haben, zusammenfassend erklären?

- Zum einen schlagen forschungsmethodische Unterschiede zu Buche. Ob die Vorbildfrage im Rahmen eines mehrstündigen Interviews (wie bei den Shell-Studien) „unter ferner liefen" erfragt wird oder ob der Fragenkomplex im Zentrum der Umfrage liegt, ob lediglich beliebige Namenslisten vorgegeben werden oder die Erkenntnisse Ergebnisse aus Tiefeninterviews sind, lenkt die

Konzentration und verändert eventuell die Ernsthaftigkeit, mit der sich Jugendliche der Frage nach persönlichen Vorbildern widmen.
Manche Umfrage-Ergebnisse erinnern eher an eine (un)freiwillige Satire als an seriöse Sozialwissenschaft, wie Heiner Barz kritisch an einer „Stern"-Umfrage aus dem Jahr 1992, wo bei einer Telefonumfrage lediglich eine beliebige Namensliste („wie findste denn den?") vorgegeben wurde (Barz 1996, 225). Und immer wieder engt die vorgelegte Namensliste den Horizont massiv ein, wie z. B. bei einer „Stern"-Umfrage im Jahr 2012 (Passauer Neue Presse 2012): „Mandela ist Vorbild – Wulff eher nicht" – NELSON MANDELA, HELMUT SCHMIDT, DALAI LAMA, BARACK OBAMA, GÜNTHER JAUCH, JOACHIM LÖW, ANGELA MERKEL, PAPST BENEDIKT, FRANZ-WALTER STEINMEIER und schließlich CHRISTIAN WULFF bilden die Top 10. Abschließend heißt es: „In der Umfrage waren die Namen vorgegeben" (Passauer Neue Presse 2012: „Mandela ist ein Vorbild – Wulff eher nicht" – kein Wunder erfolgte die Umfrage doch zeitgleich mit der Affäre um Bundespräsident Wulff!).

- Zudem evoziert die Shell-Fragestellung nach dem „Vorbild, dem du ungefähr gleichen möchtest" unter der beschriebenen semantischen Engführung des Begriffs stärker den Blick auf die Ebene der Idole und Stars, während bei Bucher die Frage nach den Vorbildern „in meinem Leben" stärker auf den Alltag hinlenkt.
  Der Shell-Deutungshorizont „so sein wollen wie" evoziert zudem im Jugendalter nicht unbedingt die Ebene der Eltern, Freunde und Verwandten. Die inhaltsdifferenzierten Aussagen der anderen Studien (Marie Claire 2000, Ebner 1988, Bucher/Montag 1997) belegen: Werden Beispiele aus dem Nahbereich auch aufgeführt und zur Wahl gestellt bzw. wird die Frage völlig offen gestellt, so übersteigt die begriffliche Vorstellung vom Vorbild einfache Abbildungs- und Identifikationsprozesse. Sie umfasst auch Aspekte der Teil-Bewunderung und vor allem Beziehungskomponenten, die so nur im Nahraum zur Geltung kommen können.
- Je mehr man sich in die unterschiedlichen Zahlen und ihren Deutungen vertieft, die einer Achterbahnfahrt gleichen, umso skeptischer wird man der empirischen Sozialforschung gegenüber. Was besonders problematisch ist: Einmal getroffene Deutungskonstrukte werden unreflektiert weiterverbreitet. Die Thesen vom Rückgang der Vorbilder und von der Verschiebung hin auf mediale Vorbilder wurde Ende der 80er-Jahre vertreten, z. B. von Jürgen Zinnecker (Zinnecker 1987, 297; Zinnecker 1996, 196). Die Shell-Studien haben diese These weitergeschrieben. Bedingt durch ihren hohen Rang werden die Shell-Aussagen gerade in ihren großräumigen Deutungskonstrukten als Beleg zitiert, ohne dass die Basis kritisch hinterfragt würde und fundamentale Veränderungen wahrgenommen werden würden (z. B. bei Waldmann 2000). Die differenziertere Darstellung in diesem Buch will hier ein gewisses Gegengewicht schaffen.

1.3.6 Rückkehr der Helden?

In der Öffentlichkeit wird seit einiger Zeit ein Begriff wieder salonfähig, der jahrzehntelang verpönt war: der Begriff des „Helden". Heft 9/2002 des Nachrichtenmagazins „Focus" formuliert als Aufmacher reißerisch „Zeit für Helden". Der entsprechende Beitrag ist überschrieben mit „Rückkehr der Helden". Der Tenor der Beiträge: Gerade die unüberschaubare postmoderne Gesellschaft und die darin orientierungslosen Menschen brauchen altruistische Helden zur Stabilisation und als Vergewisserung dafür, dass die Welt nicht völlig aus den Fugen gerät. Die martialisch klingende Themenstellung hat als Basis eine repräsentative Umfrage: „Wer ist für Sie ein Held?", fragte DataConcept Marketing-Services. Den Befragten wurde eine Liste mit 20 Personen bzw. Personengruppen vorgelegt. Das ist natürlich, wie oben bereits des Öfteren dargestellt, an sich schon problematisch, weil sowohl mit der Benennung „Held" als auch mit den Vorgaben Richtungen vorgegeben werden.

Das relative Ergebnis an sich ist jedoch eindrucksvoll: Die ersten Plätze werden eingenommen von den New Yorker Feuerwehrmännern (60 %), den Passagieren des Fluges United Airlines 93, die sich am 11. September 2001 gegen ihre Entführer zur Wehr setzten und ein noch größeres Unglück verhinderten (56 %), MUTTER TERESA (51 %) und OSKAR SCHINDLER (46 %).

Die Kennzeichen der „neuen Helden" liegen in ihrem Mut und in ihrem selbstlosen Einsatz für die Gemeinschaft. Die New Yorker Feuerwehrmänner und die Passagiere des Todesfluges vom 11. September verbindet gerade ihre Namenlosigkeit. Nicht als Einzelner, sondern als Kollektiv kämpfen, leiden und sterben sie. Im Widerspruch dazu steht leider die suggestive Illustration der Titelseite und der Beiträge: Auf der Titelseite werden die üblichen Klischees bedient; die Helden des 11. Septembers gehen hier genauso unter wie in den Beiträgen, die mit Klassikern und aktuellen Idolen illustriert werden, welche nur zum Teil (und mit ganz geringen Prozentzahlen!) in der Umfrage eine Rolle spielten: CHE GUEVARA, MAHATMA GANDHI, MUTTER TERESA, BORIS BECKER, DANIEL RADCLIFF als HARRY POTTER, antike Heldenfiguren, MICHAEL SCHUMACHER, MADONNA und LADY DIANA. – Dieses Problem kenne ich übrigens auch aus eigenen Veröffentlichungen zum Thema: Die genannten prominenten Helden sprechen qua Bild für sich und lösen Wiedererkennungsprozesse aus; Bilder von namenlosen unprominenten Helden hingegen sind erklärungsbedürftig.

Der Ansatz, in einer Heldenliste auch namenlose Helden zu erfassen, ist angesichts der bisher dargestellten Dichotomie zwischen „ganz fernen" und „ganz nahen" Vorbildern innovativ. Leider verliert die Darstellung im „Focus"-Heft durch den Bilder- und Interpretations-Mischmasch ihr Profil. Vor allem die Deutung, Auslöser für die neue Heldensehnsucht sei der 11. September, was sich durch die Helden-Rangliste zu bestätigen scheint, ist als monokausales Erklärungsmuster fraglich, zumal eine gute Portion Self-fulfilling-Prophecy dabei ist: Ich darf daran erinnern, dass die beiden Personengruppen vom Meinungsforschungs-Institut selbst in die Liste aufgenommen wurden! Hier spielen natürlich mediale und zeitliche Effekte eine Rolle. Im Mai 2002 wäre vermutlich der Erfurter Lehrer RAINER HEISE, der sich dem Amokläufer am Gutenberg-Gymnasium entgegenstellte, auf große Zustimmung gestoßen, auch wenn er als Held umstritten war, im Jahre 2009 DOMINIK BRUNNER. Und wie hätten wohl andere namenlose Personen abgeschnitten, wenn sie entsprechend pointiert aufgemacht in einer Liste aufgenommen worden wären?

Der Helden-Begriff hat aber auch sonst eine Renaissance erfahren: Im Juli 2007 nahmen über 1953 Jugendgruppen mit insgesamt fast 40.000 Teilnehmerinnen und Teilnehmern aus ganz Bayern an der Aktion „3 Tage Zeit für Helden" teil. Und wie oben bereits erwähnt: Auch der Geschichtswettbewerb des Bundespräsidenten im Jahr 2007 widmete sich den vergessenen Helden, und das Magazin der Süddeutschen Zeitung 5/2011 trug den Titel „Helden. Ein Heft über Superkräfte, Eigensinn und Wagemut".

Darf's auch ein bisschen weniger sein? Und diesmal ganz entschieden weniger?

1.3.7 Eine Lanze für die „mittlere Ebene"

Eingangs wurde schon bemerkt: Bei der Diskussion um ferne oder nahe Vorbilder gehen weitere potenzielle Personenkreise verloren. Die Einteilung in „zwei große Gruppen" aus der Nah- und Fernwelt bedeutet eine Einengung des Blickwinkels (Zinnecker 1996, 197). Das wird auch bei den empirischen Studien deutlich. So enthalten die Vorgaben aus der Untersuchung von Bucher und Montag nur „ganz nahe" familiäre Vorbilder oder – abgesehen von den politischen und religiösen Funktionsträgern (Politiker, Pfarrer) – „ganz ferne" Vorbilder (Bucher/Montag 1997, 68). Nicht anders verhält es sich bei der Forsa-Untersuchung für Marie Claire: Mutter und Großmuter werden umrahmt von prominenten Personen der medialen Öffentlichkeit. Eine solche Konzentration des Blickwinkels prägt dann auch das semantische Verständnis vom „Vorbild". Insofern kann man die folgende Folgerung der Siegener Untersuchung auch ganz anders verstehen: „Erwachsene Autoritäten außerhalb der Familie, beispielsweise Trainer oder Lehrer bzw. Trainerinnen oder Lehrerinnen, haben wenig Chancen, als Vorbilder genannt zu werden" (Zinnecker u. a. 2002, 55). Selbstverständlich nicht, wenn dieser Horizont permanent ausgeblendet wird!

Auch bei der Siegener Untersuchung, bei der aus einer Liste von 28 Personengruppen bis zu drei auszuwählen waren, ergab das Top-Ranking Sportler, Väter, Mütter und Sängerinnen. Von der Gruppe der „Autoritäten außerhalb der Familie" wurden aber nur die Lehrer zur Wahl gestellt.

Völlig vernachlässigt wird die mittlere Ebene der exemplarischen Alltagspersonen oder „Heiligen der Unscheinbarkeit", die deshalb in diesem Buch gleichsam zur Kompensation besonders breit dargestellt werden sollen (vgl. Mendl 2000). „Menschen wie du und ich" eignen sich in besonderem Maße für ein orientierendes Lernen, wie im Kapitel 2.2 lernpsychologisch begründet und dann in Kapitel 3.1 exemplarisch veranschaulicht werden soll.

Reportagen und Sozialprofile über Personen oder soziale Arbeitsfelder aus den Medien stellen bezüglich der „kleinen Helden des Alltags" eine unerschöpfliche Quelle dar. Aus diesem Fundus speist die Passauer Datenbank *Local heroes* (vgl. Kap 4.3) ihre Beispiele.

Wenn es gelingt, den Blickwinkel zu verändern und die „semantische Ladung" für den Begriff des Vorbilds zu modifizieren, werden auch heutige Kinder und Jugendliche Beispiele jenseits der engen Alternative zwischen fernen und nahen Vorbildern finden, die sich für die beschriebenen Möglichkeiten einer Auseinandersetzung eignen: der Trainer, die Nachbarin, der Schülersprecher, die Oberministrantin, der Sozialarbeiter, die Lehrerin, der Kulturschaffende, die Sozialengagierte …

1.3.8 Ein Überangebot an fremden Biografien

Begreift man die Orientierung an Vorbildern weniger im Sinne eines Nachahmungslernens als stärker nach den Vorstellungen des „Modell-Lernens", der Diskursethik und handlungsorientierter Ansätze, wie in Kapitel 2.2 erläutert wird, dann eröffnet sich plötzlich ein weiter Horizont potenzieller Kandidaten für die Rolle der Personen, an denen man sich spiegeln kann. Geht man zudem nicht vom „Vorbild an sich" aus, sondern vom „Vorbild für mich" und erschließt die Thematik vom Blickwinkel der Kinder und Jugendlichen aus, die sich mit fremden Biografien beschäftigen sollen, dann wird die Palette schier grenzenlos.

Trennscharfe Unterscheidungen etwa zwischen Vorbild (muss nach Max Scheler immer geliebt werden, vgl. Scheler 1957, 262) und Idol (Bewusstsein der Bildhaftigkeit fehlt), Modell und Held, werden somit hinfällig. Dies gilt auch für die Unterscheidung von Anton Bucher zwischen Vorbild („Menschen, die andere Personen dermaßen beeindrucken, dass sich diese auf der Suche nach Wegen eigener Lebensführung mit ihnen identifizieren und sich bemühen, ihnen zumindest partiell gleich zu werden") und Idol (eingeschränkte Wahlfreiheit, kein Bewusstsein der Bildhaftigkeit) (Bucher 2001, 2185).

Andererseits kann über diesen diskursiv und dialogisch orientierten Ansatz auch das „Ende der (großen) Vorbilder" rückgängig gemacht werden, weil dieses ja, wie oben beschrieben wurde, mit einem einseitigen Verständnis von Bewunderung und unreflektierter Nachahmung der geschichtlichen Heroen verbunden wurde.

Das folgende Schaubild (S. 46) zeigt die Personenpalette – von den kleinen nahen bis hin zu den großen fernen Vorbildern. Optisch hervorgehoben ist die Ebene der *Local heroes*. Hier besteht der größte Nachholbedarf!

1.3.9 Begriffsklärung

Vorbild, Modell, Star, Idol, Held, Heiliger – die Begriffe purzeln wild durcheinander und entziehen sich einer exakten definitorischen Bestimmung.

Die folgenden Beschreibungen wollen dem gängigen pädagogischen Trend einer moralisierenden Bewertung vom Vorbild absteigend bis zum Idol entgegenarbeiten und dafür stärker das Beziehungsgeschehen zwischen Leitfiguren und Kindern/Jugendlichen in den Blick nehmen.

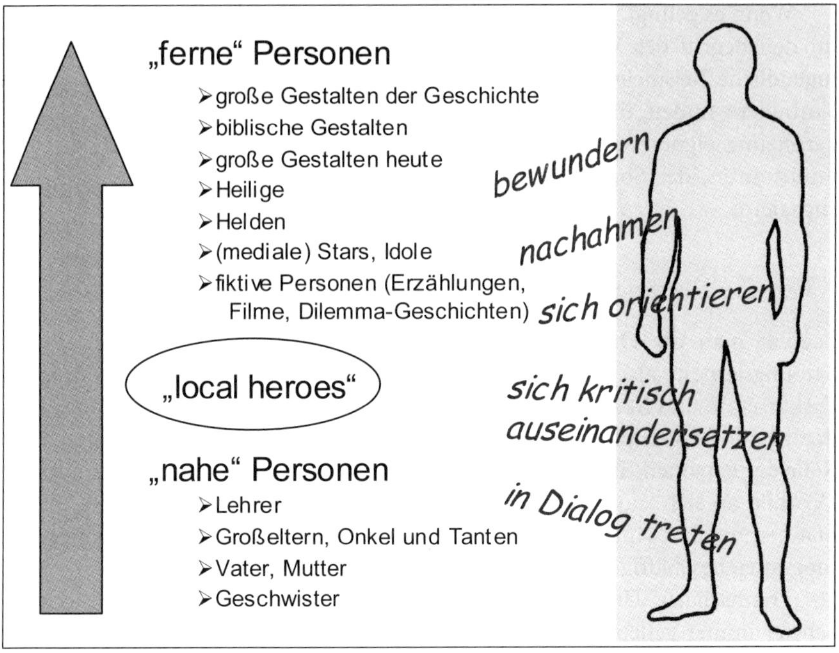

Vorbild

Eine Person, die wegen ihrer besonderen Eigenschaften oder moralischen Handlungen zum persönlichen Leitbild erwählt wird. Sie regt den eigenen Lebensentwurf an und dient zur Nachahmung und Identifikation. Erschien seit den 60er-Jahren ein bloßes Nachahmungslernen an „pädagogischen Kolossen“ (Siegfried Lenz) zunehmend fragwürdig, so lässt sich in den letzten Jahren eine Renaissance der Vorbilder feststellen. Eine grundlegende Problematik bleibt: Große Persönlichkeiten erscheinen in ihrem lebensgeschichtlichen Gesamtentwurf unerreichbar - und das verhindert gerade orientierendes Lernen. Öffnet man aber in pädagogischen Diskursen den begrifflichen Geltungsbereich hin auf „kleine“ Vorbilder im Nahbereich, so findet jeder sehr schnell entsprechende Personen, die tatsächlich in Lebensphasen als Leitbilder dienten: Eltern, Großeltern, Gruppenleiter, Nachbarn, Lehrer, Kapläne, Trainer …

„Für mich ist meine Mutter ein Vorbild, weil sie in meiner Erziehung alles auf Vertrauen gesetzt hat“, sagt die 34-jährige Katja.
„Mein Grundschullehrer hat mich tief beeindruckt. Er war streng, konsequent und gerecht, er hat uns völlig neue Welten erschlossen und hatte auch Humor“, blickt die 25-jährige Tina auf ihre Schulzeit zurück.
„Mein Trainer ist große Klasse! Er spornt uns zu Höchstleitungen an, aber ich kann mit ihm auch reden, wenn mir was Privates am Herzen liegt“, sagt der 14-jährige Philipp.

Modell

Mit dem Begriff Modell grenzt man sich in der Lernpsychologie von der unreflektierten Nachahmung großer Vorbilder ab (z. B. sozial-kognitive Modell-Theorie nach Albert Bandura). Die Orientierung an Modellen bezieht sich nicht auf das

Lebensganze einer Person; ausgewählte Konflikt- und Entscheidungssituationen im Leben der Modelle interessieren. Die kritische Auseinandersetzung mit Lebensentscheidungen des Modells im sozialen Zusammenhang soll zum reflektierten eigenen Handeln befähigen. Die Transferfrage lautet: Wo bin ich auf ähnliche Weise in meinem Leben herausgefordert?

„Die Konsequenz, mit der sich Bischof OSCAR ROMERO für die Verfolgten des Regimes einsetzte, hat mich zum Nachdenken veranlasst", äußert der 17-jährige Andreas. „Wie war das neulich in der Straßenbahn, als eine Jugendgang die beiden alten Leute anpöbelte?"

Star

Stars sind die Produkte je aktueller kultureller und medialer Trends (Sport, Film, Musik, Daily Soap). Sie stehen für bestimmte Höchstleistungen, aber auch für (gegen-)kulturelle Lebensformen und sind wegen ihrer ästhetischen Gesamtinszenierung schnell wiedererkennbar.

Jugendliche brauchen diese imaginären Identifikationsfiguren als zeitweilige Lebensbegleiter, um darin Hoffnungen, Wünsche und Lebensentwürfe zu spiegeln; sie gehen insgesamt aber weit souveräner damit um, als Erwachsene meinen, und erkennen beispielsweise die Differenz von Inszenierung und wirklicher Person!

„BRAD PITT fasziniert mich als Schauspieler, als Person ist er mir egal", meint die 20-jährige Sonja.

Idol

Im pädagogischen Diskurs ist der Begriff des Idols eindeutig negativ konnotiert: In Abgrenzung zu den „richtigen" Vorbildern gelten Idole als moderne Rattenfänger. Der kritische Blick richtet sich insgesamt stärker auf die jugendlichen Rezipienten: Die Verehrung überhöhter Stars gleitet ins Irrationale ab. Das alles ist jedoch pädagogisch und entwicklungspsychologisch fragwürdig: Jugendliche brauchen auch entgrenzende Spiegelbilder, denen sie für eine begrenzte Zeit unermesslich große Verehrung zukommen lassen! „Die Identifikationsfiguren bieten gewissermaßen geborgte, ausgeliehene Kraft, geborgten, ausgeliehenen Sinn. Beides wird gebraucht, bis die eigenen Kräfte wieder reichen" (Liebau 1997, 25).

„Vor fünf, sechs Jahren, da wollte ich halt JAMES BOND werden, und jetzt eigentlich weniger", meint ein 14-jähriger Gymnasiast.

Held

Helden zeichnen sich vor allem durch zwei Charaktereigenschaften aus: Sie sind mutig und setzen sich für andere ein. Eine Orientierung an Helden geschieht weniger mit dem Ziel einer unmittelbaren Nachahmung, sondern sie dient der Wertebildung. Früher waren es WINNETOU und SHERLOCK HOLMES („Denn er kämpft immer gegen das Unrecht in der Welt", DIE PRINZEN, *Mein bester Freund*), heute sind es die Feuerwehrmänner vom 11. September 2001. Helden sind also personifizierte Platzhalter für abstrakte Tugenden. Vor allem Kinder benötigen Helden für die Entwicklung ihres moralischen Universums! Irgendwann werden die Helden dann überflüssig.

„Doch leider sind die Freunde alle tot, und das ist für mich sehr schwer; leider sind die Freunde alle tot, es waren meine Vorbilder. Deshalb kämpf' ich jetzt gegen das Unrecht in der Welt ...“ (DIE PRINZEN)

Heilige

Heilige gelten als kirchliche Realsymbole für gelingendes Christsein – Maßstab und Vorbild christlichen Lebens. Einer asketisch-lebensüberwindenden Vorstellung von Heiligung im Weltkatechismus (Nr. 2115) steht eine stärker lebensbezogene Vorstellung von der Berufung zur Heiligkeit aller Christgläubigen und zum Laienapostolat in der Welt (Lumen Gentium 30–42) entgegen. Letzteres scheint für eine prozesshaft angelegte Didaktik erfolgversprechender und motiviert die Suche nach „Heiligen der Unscheinbarkeit“ (Guardini). Und die großen Heiligen: Diese müssen geerdet werden!

„Kein Wunder, dass JOSEF von seinen Brüdern in den Brunnen geworfen wurde – wenn mein Bruder immer nur angeben und meine Eltern ihn noch dazu dauernd bevorzugen würden, weiß ich nicht, wozu ich fähig wäre“, meint die 11-jährige Anja.
„Mich beeindruckt der Brief, den seine Tochter Margaret an den im Tower gefangenen THOMAS MORUS geschrieben hat, um ihn davon zu überzeugen, den Eid doch anzulegen und dem Tod zu entkommen“, sagt der 16-jährige Thomas. „Und mich würde der Antwortbrief von THOMAS MORUS interessieren!“

Local heroes

Der Kohlberg-Schüler Bill Puca hat in seiner Heimatregion eine Datenbank mit „sozialen Helden“ angelegt. Das sind Personen, die bereit sind, mit Schülerinnen und Schülern über ihr Leben und ihre Entscheidungen zu reden und sie auch an ihre örtlichen Arbeitsplätze mitzunehmen. Die Passauer Datenbank *Local heroes* (http://www.uni-passau.de/local-heroes) verfolgt ein ähnliches Ziel: Sie will den Blick auf die „kleinen Helden des Alltags“ lenken, zur regionalen Spurensuche motivieren und zum orientierenden Lernen anregen (vgl. Kap. 4.3)!

„Dass ein Mädchen, das nur wenige Jahre älter ist, sich so für todkranke Kinder einsetzt, bewundere ich total“, meint die 13-jährige Hannah.

Leitbild

Jugendliche orientieren sich weniger an konkreten Personen als vielmehr an Repräsentanten bestimmter Lebensstile. Angesichts der Unübersichtlichkeit der modernen Gesellschaft und der Vielzahl möglicher Lebensentwürfe, verbunden mit dem „Zwang zur Wahl“ (Berger), bieten Lebensstil-Typologien Jugendlichen bei der Entwicklung einer fragilen und vorläufigen Identität flexiblere Orientierungsmuster als konkrete einzelne Vorbilder. Lebensstil-Repräsentanten sind beispielsweise die VIVA-Moderatorin, die Tierschützerin, der Rave-Organisator, die Gewerkschaftlerin, der Demo-Organisator oder das Parteimitglied (vgl. Deutsche Shell 1997, 359–363). In der christlichen Pädagogik verbindet sich mit dem Begriff des Leitbilds die problematische Phase einer überhöhten Erziehungsmaxime (Leitbild Christus) bis zum Zweiten Weltkrieg.

„Für mich ist Jesus einfach ein großes Vorbild. Er hat uns Menschen gelehrt, besser mit unseren Nächsten umzugehen.“ (Holger, 16 Jahre)
„Die Front-Frauen der Bands wie Juli, Wir sind Helden oder SILBERMOND finde ich absolut taff“, meint die 16-jährige Julia.

1.3.10 Lernaufgaben und Literaturhinweise

Zusammenfassung:
Das semantische Feld des Vorbildbegriffs umfasst die ganze Palette von Idolen, Stars, Heiligen, Helden und Modellen. Dementsprechend vielfältig und unterschiedlich sind auch die Antworten auf die Frage, welche Personenkreise dominieren, wenn man bei Befragungen Vorbilder ermittelt.
Die gängige Hypothese, die vor allem über die Shell-Studien verbreitet wurden, lautet: Früher waren Lehrer und große Gestalten der Gesellschaft und Geschichte Vorbilder, heute sind es mediale Stars und Helden. Diese These wurde durch die kritische Analyse der zum Teil fragwürdigen Forschungsmethoden und Auswertungsstrategien der aktuellen Studien erschüttert. Es kristallisierte sich heraus: Je nach Frage-Formulierung („wem möchtest du gleichen" – „Vorbilder für mein Leben") oder Vorgaben von konkreten Namenslisten rücken auch andere Personengruppen in der Vordergrund. Neuere wissenschaftliche und populärwissenschaftliche Untersuchungen ergeben einen Trend hin zum nahen, besonders familiären Vorbild („Mutter ist die Beste").
Ein Desiderat bleibt die Erforschung des mittleren Feldes zwischen den „kleinen familiären" und den „großen medialen" Vorbildern.
Man sollte aber die verschiedenen Gruppen nicht gegeneinander ausspielen, sondern die ganze Personen-Palette mit ihrem je eigenen Potenzial an orientierenden Lernchancen nutzen!

Lernaufgaben

1. Überprüfen Sie das von Ihnen bearbeitete Schema „Vorbilder im Lebenslauf" (S. 26): Welche Personengruppe dominieren?
2. Ordnen Sie jedem der genannten Begriffe (Held, Idol, Vorbild …) konkrete Personen zu und diskutieren Sie deren Chancen im Prozess einer reflektierten Beschäftigung von Kindern und Jugendlichen mit ihnen!

Literaturhinweise

Kühne, Ulrich (Hg.) (2006), Mutige Menschen. Frauen und Männer mit Zivilcourage, München.

Neue Gespräche 41 (2011), Heft 6: Gandhi? Oder doch meine Mutter? Von Vorbildern und Wegweisern.

2. Konzepte der Vorbildthematik: theologisch, lernpsychologisch, religionspädagogisch

2.1 Der Himmel aller Heiligen – theologische Modelle

And could you stand the torture, and could you stand the pain,
could you put your faith in Jesus, when you're burning in the flames:
You'll never make a saint of me!

THE ROLLING STONES, Bridges to Babylon, Virgin 1997

2.1.1 Heilige – Realsymbole für das, was Christsein ausmacht?

Diskutiert man das Thema Vorbilder im innerkirchlich-katholischen Zusammenhang, stößt man unweigerlich auf den Begriff des Heiligen.

Heilige sollen „hervorragende Repräsentanten der Kirche" sein, an denen man „am besten ablesen kann, was Kirche ist" (Deutsche Bischofskonferenz 1985, 285), heißt es im Katholischen Erwachsenenkatechismus. Heilige repräsentieren die Kirche, sie werden verstanden als „kirchensoziologische Real-Symbole" (Sudbrack 1989, 26–53; vgl. auch Nientiedt 1991). Ähnlich formuliert es das neue Gotteslob (Gotteslob 2013, Nr. 541): „An ihnen lässt sich ablesen, was es heißt, Christus nachzufolgen."

Leider passen der theoretische theologische Anspruch und die faktische kirchliche Politik nicht immer zusammen, wie man an den immer wieder aufflammenden Diskussionen um jeweils aktuelle Heilig- und Seligsprechungsprozesse sehen kann. Kritisiert wird vor allem, dass fast ausschließlich Kleriker, überwiegend Männer und so gut wie überhaupt keine verheirateten Personen heilig oder selig gesprochen werden. Im Vergleich zwischen diesem Repräsentations-Anspruch und der faktisch schmalen Palette des Personalangebots im katholischen Heiligenkalender lässt sich nun allerdings ein Bündel an Fragen stellen:

- Durch welche Persönlichkeiten können sich nicht-klerikale Christen auf ihrem Weg zur Heiligkeit repräsentiert fühlen?
- Wo gibt es beispielsweise ein wegen seines Ehelebens heiliggesprochenes Ehepaar? Klaus Nientiedt stellt fest: „Niemand sieht in Eheleuten potenzielle Heilige" (Nientiedt 1991, 575; vgl. ebenso kritisch: Lutterbach 2010, 207). Anton Bucher fragt kritisch an: „Wo sind die christlichen Vorbilder erfüllter Sexualität?" (Bucher 1996b, 353). Die akribische Auflistung von verheirateten Heiliggesprochenen (Moll 2009; ähnlich: Holböck 1994) erscheint zwar als wertvoll, befriedigt aber nicht: Erstens verbleibt ihr Anteil an der Gesamtzahl von Heiligsprechungen im untersten Promillebereich und zweitens ist die Darstellung der einzelnen Paare wieder so grundlegend „vorbildlich" und katholisch, dass die Lust auf eine Nachahmung selbst für einen braven verheirateten Katholiken begrenzt bleibt.

- Zwei Meldungen aus dem Jahr 2014 deuten darauf hin, dass auch im Vatikan eine gewisse Sensibiliserung für das skizzierte Problem festzustellen sind: Immerhin ist es verheißungsvoll, wenn hohe vatikanische Würdenträger wie der Präfekt der Glaubenskongregation, Kardinal Gerhard Ludwig Müller, und der Koordinator des Kardinalsgremiums für die Kurienreform, Kardinal Óscar Rodríguez Maradiaga, dafür plädieren, dass auch im Vatikan Frauen Spitzenämter einnehmen sollten und eine Laienkongregation gegründet werden sollte, die von einem Ehepaar geleitet wird (Christ in der Gegenwart 2014, 90). Was (vielleicht) auf Erden beginnt, könnte im Himmel seine Fortsetzung finden! Und Papst Franziskus äußerte sich im Mai 2014 in einer Twittermeldung so: Die Ehe „sei ein Königsweg, um heilig zu werden", und begründet dies so: Heiligkeit erfordere, „jeden Tag zu Opfer und Hingabe bereit zu sein" (Passauer Neue Presse 2014).
- Man muss aber noch weiter fragen: Welche Heilige eignen sich als Vorbilder im Leben und Glauben für heutige Kinder und Jugendliche?

2.1.2 Heilige als Spiegelungsfiguren

Das Anliegen, das sich hinter diesen Fragen verbirgt, lautet: Wie gelingen Prozesse einer Annäherung zwischen vorbildhaften Gestalten der Kirche und Menschen des 21. Jahrhunderts? Wie können solche herausragenden Gestalten zu „schöpferischen Vorbildern für das Streben nach Heiligkeit" (Deutsche Bischofskonferenz 1985, 194), für die Suche nach „innerem Reichtum" von Schülerinnen und Schülern werden? Welches religiöse Orientierungswissen bieten vorbildhafte Personen heutigen Kindern und Jugendlichen, und wie kann dieses Orientierungswissen im Prozess des Lehren und Lernens produktiv ins Spiel gebracht werden?

Die Präzisierung der Frage hin auf „Spiegelungs-Prozesse" bedeutet zugleich auch eine Ausgrenzung anderer theologisch bedeutsamer (ekklesiologischer, soteriologischer, kirchengeschichtlichter ...) Fragen wie die der Heiligenverehrung, des Bittgebets oder des Brauchtums. Diese Verschiebung des Erkenntnisinteresses bei der Beschäftigung mit Heiligen konstatiert übrigens auch das „Lexikon für Theologie und Kirche" (Miller 1995, 1276). Damit wird aber auch deutlich: Es ist durchaus legitim, auch von anderen Blickwinkeln her sich mit Heiligen zu beschäftigen. Da es in diesem Buch um das Lernen an Biografien geht, interessiert auch an Heiligen zunächst, was sie für das eigene Leben bedeuten können.

Der neue Focus kommt nicht von ungefähr, er entspringt vielmehr der oben beschriebenen Signatur unserer Zeit. Es geht also um nichts weniger als um Fragen der Lebensorientierung und -gestaltung inmitten postmoderner Pluralität.

Die Frage nach dem Heiligen-Personal reicht aber noch weiter. Sie dringt ins Mark christlichen Selbstverständnisses vor, wenn es um die Diskussion möglicher Wege zum Heil geht. Anthropologisch gewendet lautet die Frage nach der Zieloption gelingenden christlichen Lebens: Wohin soll und will ich mich entwickeln? Was sind dementsprechende Leitideen, Lebensentwürfe, ethische Impulse? Innerhalb der katholischen Kirche gibt es hierfür zwei Traditionsstränge, die mit einer unterschiedlichen Deutung des Heiligen einhergehen.

2.1.3 Zieloption 1: asketische Heiligkeit

Nach dem Katholischen Erwachsenenkatechismus sind besonders die Heiligen „zugleich Maßstab und Vorbild christlichen Lebens" (Deutsche Bischofskonferenz 1985, 285). Ist ein solch hoher Anspruch realistisch? Es scheint zunächst insofern etwas problematisch zu sein, als in Religionsgeschichte und Bibel der Begriff des Heiligen als Kennzeichnung für die Absonderung aus dem Bereich des Weltlichen, die radikale Hinwendung zu Gott und religiöse Vollkommenheit verwendet wird (ebd. 284; Hoheisel 1995, 1274f.; Lanczkowski 1985, 641–644; Angenendt 1997).

Lebende oder tote mystische Persönlichkeiten, die eine ganz besondere Nähe zum Numinosen auszeichnet, werden in vielen Religionen als Heilige verehrt: Saddus und Yogis, Propheten, Rabbis, Marabus. Können diese herausragenden Personen „normalen" Menschen Orientierung bieten? Ist die Messlatte nicht zu hoch angelegt? Oder zunächst anders gefragt: Wie wird man nach diesem Modell „heilig"?

Aufschlussreich für die spannungsreiche innerkirchliche Uneindeutigkeit bezüglich dieser Frage ist der interne Widerspruch sogar im Katechismus der Katholischen Kirche (dem sogenannten Weltkatechismus; vgl. Ecclesia Catholica) von 1993: Im Stichwortverzeichnis ist zu „Heiligkeit, Heilige" unter anderem aufgeführt (S. 787): „Weg zur Heiligkeit läuft *auch* [Hervorhebung durch H. M.] über Askese."

Die Textaussagen selbst sind apodiktischer gehalten: „Es gibt keine Heiligkeit ohne Entsagung und geistigen Kampf. Der geistliche Fortschritt verlangt Askese und Abtötung ..." (Nr. 2015).

Was stimmt nun? Heilig-Werden „auch" oder „ausschließlich" über den Weg der Askese? Gibt es nur verschiedene Formen auf dem Weg zur „‚subjektiven' Heiligkeit" (Deutsche Bischofskonferenz 1985, 284) oder auch qualitative Unterschiede in der Art und Weise, das Hauptgebot der Gottes- und Nächstenliebe zu erfüllen? Ist das „Leben nach den evangelischen Räten (freiwillige Ehelosigkeit um des Himmelreiches willen, Armut und Gehorsam) ... eine besondere Form des christlichen Lebens, das der Berufung zu Heiligkeit zu entsprechen sich bemüht" (ebd. 285) oder die herausragend dominante Weise, das Nadelöhr auf dem Weg ins Himmelreich?

Die beschriebene Uneindeutigkeit im Weltkatechismus wurde übrigens in der Neuübersetzung behoben: Im Stichwortverzeichnis wird die Aussage, „der Weg zur Heiligkeit läuft auch über Askese" ersetzt mit „der Weg zur Heiligkeit führt über das Kreuz" (Libreria Editrice Vaticana 2003, 789). Der zitierte Wortlaut in Nummer 2015 bleibt unverändert. Nun ist der Weltkatechismus eindeutig. Schade.

Auch der Jugendkatechismus „Youcat" (2011) erweist sich als wenig weiterführend, wenn dort reichlich abgehoben formuliert wird: „Heiligkeit ist aber keine selbstgemachte Perfektion, sondern Vereinigung mit der menschgewordenen Liebe, die Christus ist. Wer so ein neues Leben gewinnt, der findet sich und wird heilig" (Nr. 342) – Moralisierende Kronzeugin ist MUTTER TERESA: „Heiligkeit ist nicht der Luxus einiger weniger Menschen, sondern eine einfache Pflicht für dich und mich."

Papst JOHANNES PAUL II. hat in seinem Pontifikat 1316 Menschen selig und 483 heiliggesprochen – diese „Vorbilderflut" (Berlis 2010, 177) bedeutete deutlich mehr Selig- und fast doppelt so viele Heiligsprechungen als bis dahin in fast 400 Jahren, als das Kanonisierungsverfahren eingeführt wurde (vgl. die Auflistung im ökumenischen Heiligenlexikon: www.heiligenlexikon.de unter „Grundlagen", „Heiligsprechung"). Tatsache ist: Die meisten der von Papst JOHANNES PAUL II. selig und heiliggesprochenen Personen waren zölibatär lebende Menschen. Faktisch wird mit dem aktuellen Heiligenkalender der Katholischen Kirche signalisiert: Ehelosigkeit, Zölibat und Askese – das sind die Königswege zur Heiligkeit!

Ich halte das theologisch für problematisch. Kann man tatsächlich an diesen Personen, „die in überzeugender, ja heroischer und von der Kirche anerkannter Weise diese Heiligkeit gelebt haben … am besten ablesen, was Kirche ist" (Deutsche Bischofskonferenz 1985, 285)?

Auch in ethischer Hinsicht stellt sich die Frage: Taugen derart vollkommene Persönlichkeiten, die die Kirche repräsentieren sollen, wirklich als Maßstab und Vorbild des christlichen Lebens? Darf's nicht auch etwas weniger sein?

Denn mit dieser Engführung des Heiligen auf zölibatär und asketisch lebende Menschen vergrößert sich die Distanz zu Lebensalltag und Zukunftsentwürfen heutiger Schülerinnen und Schüler, deren biografisches Rückgrat und Lebenskonzept die Familie ist, wie die Shell-Studien ergaben, und die durchaus Engagement, Leistung und Lebensgenuss miteinander verbinden wollen (Deutsche Shell 2000, 13–15; Shell Deutschland Holding 2010, 199). So verwundert es nicht, dass anlässlich der Doppelheiligsprechung der beiden Päpste JOHANNES XXIII. und JOHANNES PAUL II. am 27.4.2014 eine Umfrage des ARD-Deutschlandtrends ergab, dass 62 % der Deutschen eine Heiligsprechung für nicht mehr zeitgemäß halten. Auch wenn „Zeitgemäßheit" kein überzeugendes theologisches Argument ist, so sind solche Einschätzungen doch ein Indiz für das Auseinanderdriften einer institutionellen Ekklesiologie und einem Volksempfinden. Auch kirchensoziologisch wurde übrigens die Heiligsprechung der beiden Päpste als problematisch betrachtet, weil damit einer Selbstsakralisierung der Institution Kirche und des Papstkults weiter Vorschub geleistet werde.

Wie wird man heilig?
Heiligsprechung im Wandel der Zeiten
Im ersten christlichen Jahrtausend lag die Heiligsprechung in der Verantwortung der Ortskirche. Wer in besonderem Maße vom Volk verehrt wurde, konnte vom Bischof „zur Ehre der Altare erhoben werden". Mit der Verehrung der Heiligen nahmen auch die Bedeutung von Wallfahrtsorten und der Handel mit Reliquien zu.
Vom 10. Jahrhundert an übernahm der Papst in Rom das offizielle Verfahren der Heiligsprechung. In verschiedenen Dekreten (Papst Alexander III. im Jahre 1170, Papst Gregor IX. im Jahre 1234) formulierten Päpste ihren Anspruch auf das alleinige Recht zur Heiligsprechung. Seitdem wurde zwischen „selig" (bischöfliche Kanonisation) und „heilig" (päpstliche Kanonisation) unterschie-

den. Die vom Papst Heiliggesprochenen wurden ins amtliche Verzeichnis „Martyrologium Romanum“ eingetragen.
Im Reformationszeitalter wurde das Verfahren der Heiligsprechung grundlegend normiert:
Papst Sixtus errichtete 1588 die Heilige Kongregation für Riten, die für das Verfahren der Heiligsprechung verantwortlich war. Papst Urban VIII. legte 1634 fest, dass allein der Papst „heilig“ oder „selig“ sprechen durfte. Papst Clemens XII. fasst 1735 die Regeln für die Heiligsprechung zusammen, z. B. dass einer Heilig- die Seligsprechung vorausgehen müsse, wie der genaue Ablauf des Heiligsprechungsprozesses zu regeln sei und welche Voraussetzungen überhaupt gegeben sein müssten, damit ein Verfahren begonnen werden konnte.
Im letzten Jahrhundert wurden nach dem II. Vatikanischen Konzil die Verfahren erneut modifiziert: Zuständig ist die Kongregation für die Heiligsprechung. Im „Martyrologium Romanum“ von 2004 sind alle heute gültigen Seligen und Heiligen verzeichnet. Papst JOHANNES PAUL II. legte 1983 die Regeln fest, die im Wesentlichen bis heute gelten:

- Ein Antragsteller (Diözese, Orden, private Gruppe) bittet den Papst um die Aufnahme des Verfahrens. Vor Ort werden Unterlagen gesammelt, die das heiligmäßige und vorbildliche Leben und die geforderten Wunder belegen.
- Wird der Antrag genehmigt, überprüft die Kanonisierungskongregation die Unterlagen: Hält der „Ruf der Heiligkeit und eines vorbildlichen Lebens“ einer Überprüfung stand? Überprüft wird auch der „Ruf der Wundertätigkeit“: Wissenschaftler werden zu Rate gezogen, um die Wunder zu begutachten. Für die Heiligsprechung sind dann mindestens zwei weitere Wunder nötig.
- Nach einem mehrstufigen Entscheidungsprozess erfolgt schließlich die Kanonisierung durch den Papst.

Seit dem Pontifikat von Papst Benedikt XVI. werden die Seligsprechungen durch den Präfekten der Kongregation für die Selig- und Heiligsprechungsprozesse vorgenommen; sie erfolgen in den Diözesen, können aber auf Antrag auch an einem anderen Ort oder in Rom vollzogen werden.
Man nimmt an, dass eine Selig- oder Heiligsprechung rund 250.000 Euro kostet.
(Quelle: u. a. www.heiligenlexikon.de)

Die offizielle Kirche bietet eine schmale Basis für die Fülle christlich orientierter Lebensentwürfe und orientiert sich faktisch am asketischen Modell von Heiligkeit. Das sieht auch Walter Nigg so (Nigg 1976, 47):

> *„Viele Menschen regen sich auf, dass vorwiegend Klosterfrauen und Ordensstifter heiliggesprochen werden. Der Unmut ist begreiflich, weil er [sic] einer Zurücksetzung der in der Welt lebenden Christen gleichkommt. Wahrscheinlich war die Aufmerksamkeit der Ritenkongregation zu einseitig auf den geistlichen Stand ausgerichtet. Nun, Ordensstifter und Klosterfrauen in allen Ehren, wir hoffen aber doch, dass inskünftig auch Frauen und Männer in das Verzeichnis der Heiligen eingetragen werden, die sich im Alltag der Ehe auf eine außerordentliche Weise bewährt haben.“*

Es ist ein paradoxer Zug, vielleicht auch eine Auflehnung gegen die einseitige Weltdistanz des asketischen Modells von Heiligkeit, dass in der katholischen Volksfrömmigkeit die Heiligenverehrung eine gelegentlich übersteigerte sinnliche Wendung erfährt: Die spannungsreiche Verbindung von Heiligem und Sinnlichem manifestiert sich beispielsweise in der Reliquienverehrung, im Wallfahrtswesen oder im Devotionalienhandel. Das Volk erdet über eine „anstößige Sinnlichkeit" die entrückten Heiligen der Kirchengeschichte und bewahrt die Kirche davor, mit einem einseitigen Askese-Modell von Heiligkeit einem Leib-Seele-Dualismus zu verfallen (vgl. Kaspar 2000).

2.1.4 Zieloption 2: weltverwobene Heiligung

Es gibt aber auch eine gänzlich andere Spur. Das Zweite Vatikanische Konzil hat ein Kirchenbild entwickelt, in dem auch ein breiteres Verständnis vom Heiligen seinen Platz hat. In den Dokumenten ist die Rede vom „Volk Gottes unterwegs". Alle Christen haben als Glieder der Kirche Anteil am allgemeinen Priestertum und sind zur Heiligkeit und zum Laienapostolat berufen (vgl. Dogmatische Konstitution über die Kirche „Lumen gentium" Art. 30–42); Orientierung dafür bietet der Apostel Paulus, der die Mitglieder seiner Gemeinden als „berufene Heilige" (Röm 1,7) anspricht und ein anthropologisch ausgerichtetes und leibhaftig konkretisiertes Verständnis von Heiligkeit entwickelt, wenn er die Christen als heiligen Tempel Gottes bezeichnet („Wisst ihr denn nicht, dass ihr Gottes Tempel seid und der Geist Gottes in euch wohnt?", 1 Kor 3,16). Die Beschreibung der „communio sanctorum", der Gemeinschaft der Heiligen, bedeutet zunächst eine seinshafte Bestimmung; dies sagt noch nichts über die subjektive Sittlichkeit, die individuelle Einlösung dieses Zuspruchs aus: Jeder Mensch ist berufen zum Heiligen. Ob man dieser Berufung folgt und wie der einzelne dies ausgestaltet, liegt an jeder Person selbst. Was diese Vorstellung von der Gemeinschaft der Heiligen aus Ausgangspunkt dann noch dynamisiert und weitet, ist die Einbettung des Themas in die eschatologische Dimension von Kirche als Zielpunkt. Alle Christen sind hineingenommen in den „endzeitlichen Charakter der pilgernden Kirche und ihrer Einheit mit der himmlischen Kirche", heißt es im Konzilsdokument „Lumen gentium" (ebd. Überschrift zum 7. Kap, Art. 48–51). Dies verbindet die Lebenden mit den Verstorbenen (Mendl 2011g).

In dieser großen Heilsgemeinschaft spielt es keine Rolle, ob die einzelnen „Laien oder Amtsträger sind, in der Welt oder in einer religiösen Gemeinschaft leben, verheiratet oder unverheiratet sind" (Deutsche Bischofskonferenz 1985, 284). Der Erwachsenenkatechismus fährt fort:

> *„Solche Heiligkeit ist kein Werk und keine Leistung, sondern Frucht des Heiligen Geistes und seiner Gaben. Sie besteht nicht primär in außerordentlichen oder gar auffälligen Taten, sondern in außerordentlicher Treue, Liebe und Geduld im ordentlichen und alltäglichen Leben, in der Verherrlichung Gottes und im Dienst am Menschen, besonders im Ertragen von Leiden, Verfolgungen und Widerwärtigkeiten aller Art."*

Dieser Blickwinkel von der „Gemeinschaft der Heiligen" eröffnet einen ergiebigeren Zugang zu vorbildhaften Personen im Leben und Glauben als die schmale

Pforte des offiziellen Heiligenkalenders. Romano Guardini bringt hier die schöne Formulierung „Heilige der Unscheinbarkeit" ins Spiel: entscheidend sei nicht, dass ein Mensch etwas Außergewöhnliches plane; er müsse nur das tun „was von Mal zu Mal die Stunde von ihm verlange" (Guardini 1977, 677). Der Focus richtet sich also auf den Alltagsmenschen, der den rechten Zeitpunkt fürs richtige Handeln erkennen soll. Dass sich die gelebte Heiligkeit nicht nur in einer intensiven Gottbeziehung konkretisiert, sondern sich vor allem auch auf die zwischenmenschliche Dimension auswirkt, wird schon im Alten Testament deutlich: Die Zusage „Seid heilig, denn ich, der Herr, euer Gott, bin heilig" (Lev 19,2) im Buch Levitikus wird in den weiteren Ausführungen vor allem auf den Gebieten des Sozialverhaltens und der Nächstenliebe konkretisiert.

Als das Passauer Projekt bekannt wurde, eine Datenbank mit *Local heroes* oder Heiligen des Alltags anzulegen (siehe Kap. 4.3), gab es viele Rückmeldungen, die gerade die theologische Bedeutung dieses Blickwinkels hervorhoben und zeigten, dass das Projekt tatsächlich in gedanklichem Zusammenhang mit dieser „Heiligkeits-Idee" des letzten Konzils steht. So schrieb KARDINAL FRANZ KÖNIG aus Wien, eine der großen Persönlichkeiten des Zweiten Vatikanischen Konzils: „Dieses Projekt ist etwas, was ich schon lange gesucht habe. Ich glaube, damit erweisen Sie gerade der Kirche unserer Zeit und vor allem im Zusammenhang mit dem Apostolat der Laien in der Kirche einen ganz hervorragenden Dienst" (Brief vom 29.3.2000).

2.1.5 Von der Alltagsheiligung zur schrittweisen Vervollkommnung

Übrigens erscheint durchaus eine versöhnte Verbindung beider theologischer Denkmodelle möglich, wenn man das „Prinzip der Gradualität", welches Papst JOHANNES PAUL II. in der Enzyklika „Familiaris Consortio" (Sekretariat der Deutschen Bischofskonferenz 1981) vorgestellt hat, einbezieht: Auch religiöses Lernen ist ein Wachstumsprozess (Art. 34), welcher auf eine immer intensivere und vollständigere Heiligung des Lebens abzielt. Nichthintergehbarer Ausgangspunkt für diese Entwicklungsdynamik freilich ist die Lebensgeschichte und Lebenswelt der Menschen heute. Dieser lebensweltliche Ansatz wird im Folgenden die Norm sein.

„Kleine" und „große" Heilige verbindet zudem die Relativität ihrer Kennzeichnung als „heilig"; nach dem Zeugnis der Heiligen Schrift kommt es allein Gott zu, in seinem Wesen heilig genannt zu werden; nur in dem Maße, in dem Menschen und auch die Kirche Anteil am Leben Gottes erhalten, werden sie auch von ihm „geheiligt".

Nicht in Abrede gestellt werden soll darüber hinaus freilich die Chance, die die großen Heiligen in ihrer radikalen Entschiedenheit, Fremdheit und damit nicht direkten Korrelierbarkeit mit dem eigenen Leben bieten. Bei aller Umstrittenheit sprengen Personen wie RESL VON KONNERSREUTH, ANNA SCHÄFFER oder NIKLAUS VON FLÜE Horizonte des Gewöhnlichen, faszinieren und erschrecken zugleich und enthalten somit anschauliche Potenziale, um ein Gespür für den Umgang mit Heiligem und Heiligen zu entwickeln. „Unser Alltag bedarf großer Bilder, in denen die alles Irdische übersteigende Gnadenmacht Gottes offenbar wird", schreibt Romano Guardini einleitend zu seinem kurzen Beitrag „Der Heilige der Unscheinbarkeit" (Guardini 1977, 677). Insofern wende ich mich im Kap. 3.2 den „großen" Heiligen und Vorbildern zu, um nach einer abgrenzenden Problemstudie Wege aufzuzeigen, wie auch diese Hochkaräter des Glaubens bei einem Lernen an fremden Biografien durchaus sinnvoll platziert werden können.

Und dennoch: Der in diesem Buch verfolgte Ansatz ist zunächst realistischer oder bewusst „horizontaler" angelegt, was man durchaus auch kritisch beurteilen kann. Wir kennen aus Äsops Fabel vom Fuchs und den Trauben die Psychologie eines Umgangs mit Unerreichbarem (vgl. Irmscher 1987, 19f.). Das ist auch bei unserem Thema nicht anders: Vom asketisch-zieloptimierten Heiligkeitsmodell kann man sich mit dem Hinweis auf die eigene Unzulänglichkeit dispensieren („so kann und will ich nie werden!"). Das lebensverwobene Prozess-Modell hingegen versucht im Sinne einer Einladung nach einer Wahrheit zu suchen, die besagt: Ein christlich und ethisch verantwortbares Leben ist auch in dieser Welt möglich! Romano Guardini formuliert dies so: „Hier entsteht vom Heiligen ein anderes Bild. Von Außergewöhnlichkeit ist hier keine Rede mehr. Der Mensch, der diesen Weg geht, tut, was jeder tun müsste, der jetzt und hier seine Sache richtig machen will. Nicht mehr und nicht weniger" (Guardini 1977, 677). Wer zur Ehre der Altäre erhoben wird, muss möglichst viele Kriterien auf dem Gebiet der Tugendlehren erfüllen (vgl. Mendl 2013c, 53f.), bei einem *Local hero* genügt die Zuordnung zu einer Kategorie! Das ist weitaus weniger, bescheidener, sicher angreifbare, aber vielleicht auch motivierender!

2.1.6 Linux versus Microsoft

Dies alles bedeutet freilich eine kritische Rückfrage an die kirchliche Praxis der Heiligsprechung: Wenn Heilige Symbole einer Aktualisierung des Christentums darstellen und adaptierbares Orientierungswissen bieten sollen, erscheint es umso bedeutsamer, solche Menschen heilig zu sprechen, „die auf die Fragen und Bedürfnisse unserer Zeit eine Antwort geben" (Sudbrack 1989, 51).

Dass dies nicht der Fall ist, hat weniger mit Theologie als mit Kirchenpolitik und mit dem Thema „wie die Kirche ihre Heiligen macht" zu tun – ein diffiziler Komplex (siehe die Kurzdarstellung auf S. 53f.; vgl. dazu auch die journalistisch-kritische Aufbereitung von Woodward 1990 und das Buch von Josef Imbach 1999). Es ist schon eigenartig, dass aktuell einige (Missions-)Orden, die im 19. Jahrhundert in ihrer Blüte standen und nun wegen des fehlenden Nachwuchses allmählich aussterben, ihre letzte Kraft und viel Geld in die Seligsprechung ihrer Gründer stecken!

Leider lässt sich zudem gerade auf dem Gebiet der Selig- und Heiligsprechungsverfahren ein problematischer Zentralisierungsprozess feststellen (vgl. Mette 2000). Über viele Jahrhunderte hinweg war die Verehrung einer Person durch das gläubige Volk das wichtigste Kriterium für ihre Heiligsprechung; dies geschah gewöhnlich auf regionaler Ebene, durch den Ortsbischof oder die Bischofskonferenz. Der hl. ULRICH war im Jahre 993 der erste Heilige, der von einem Papst (Papst JOHANNES XV.) heiliggesprochen wurde. Der Glaubenssinn der Gläubigen („sensus fidei"), die sich zu bestimmten Personen hingezogen fühlten, galt ab dem 12. Jahrhundert im Rahmen des Heiligsprechungsverfahrens weniger. Seitdem wurde dann das Heiligsprechungsverfahren über verschiedene päpstliche Dekrete und die Errichtung der entsprechenden Kongregation gänzlich zentralistisch nach Rom gezogen.

Die Suche nach *Local heroes*, nach Heiligen des Alltags, ist ein Beitrag, um hier ein gewisses Gegengewicht zu schaffen. Es reizt mich doch, folgenden Vergleich einzufügen: Das Projekt trägt im Kleinen ähnliche Züge wie das Unterfangen des Linux-Programmierers gegen die Übermacht des Microsoft-Konzerns. Linux entstand als flexibles und dezentrales Gegenprogramm zu Microsoft; das Programm ist kostenlos, wird von den Benutzern weiterentwickelt und führt gegen den Monopolisten in Sachen Computer-Heil einen erfrischend neuen Blickwinkel ein. So stelle ich mir auch die Fortentwicklung der Datenbank *Local heroes* vor (vgl. Kap. 4.3)!

2.1.7 Den Himmel weiten – die Hütt'n der Heiligen füllen!

Der im Jahre 2013 verstorbene Innsbrucker Bischof Reinhold Stecher erzählt in einer theologiekritischen (abstrakte Sprache der Theologie!) und zugleich amüsanten Geschichte von der Himmelsvorstellung des Bergbauernbuben Seppele Pirpamer (Stecher 1995, 30–36): Dieser denkt sich den Himmel als „Hütt'n g'steckt voll" mit Engeln. Die Rede von der Kirche als Gemeinschaft der Heiligen, der „communio sanctorum" meint nichts anderes: Dass in der Gemeinschaft der Gläubigen große und kleine, vollkommene und unvollkommene, lebende und verstorbene, ferne und nahe Heilige gleichermaßen untereinander und mit Christus verbunden sind und dass diese Gemeinschaft über den Tod hinausreicht (vgl. Mendl 2011g). Hier und auch bezüglich des Themas einer recht verstandenen Heiligenverehrung gibt es übrigens zwischen der katholischen und evangelischen Kirche inzwischen kaum mehr gravierende theologische Unterschiede (vgl. Bilaterale Arbeitsgruppe der Deutschen Bischofskonferenz und der Kirchenleitung der Vereinigten Evangelisch-Lutherischen Kirche Deutschlands; Sekretariat der Deutschen Bischofskonferenz 2003, 37–39).

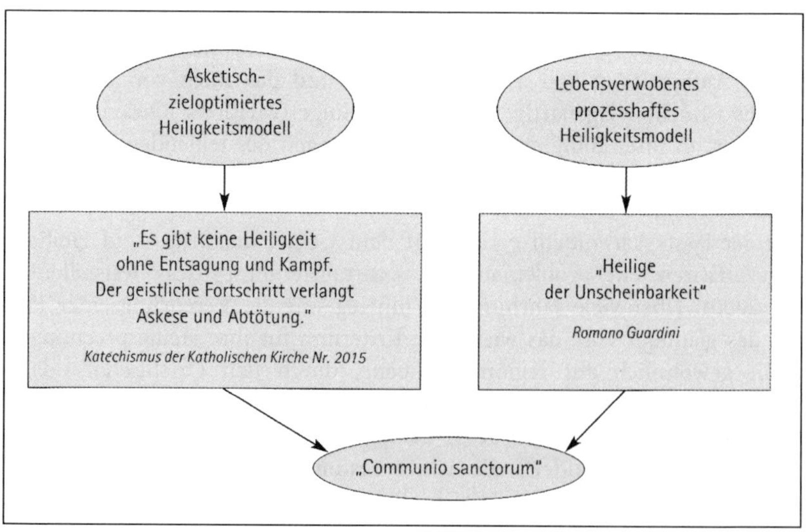

Dieses Buch will dazu beitragen, dass die „g'steckt volle Hütt'n" der ganzen Gemeinschaft der Heiligen in ihrer Vielfalt, Buntheit und Gegensätzlichkeit zu einem spannenden Exkursionsziel für Kinder und Jugendliche wird, um selber „Ausflüge in gute Welten" zu wagen. Und es will einige bislang leere Tische füllen und aus Katzentischen Ehrenplätze machen.

2.1.8 Lernaufgaben und Literaturhinweise

Zusammenfassung:
Für die religiöse Wendung der Vorbildthematik auf das Gebiet des und der Heiligen hin gibt es zwei theologische Zieloptionen: Das Modell einer asketischen Heiligkeit, welches sich vor allem im Verfahren der kirchlichen Heiligsprechung und im kirchlichen Heiligenkalender niederschlägt, bedarf einer Ergänzung durch das stärker prozesshaft geprägte Modell einer Heiligung des Alltags, welches vom Kirchenbild und Heiligen-Verständnis des Zweiten Vatikanischen Konzils inspiriert ist. Über das Prinzip der Gradualität - der schrittweisen Vervollkommnung des Lebens - lassen sich beide Perspektiven miteinander verbinden.

Lernaufgaben

1. Begeben Sie sich auf eine Spurensuche nach Menschen, die Sie heiligsprechen würden! Begründen Sie Ihre Wahl und diskutieren Sie Ihre Entscheidung!
2. Haben Sie einen Lieblingsheiligen, oder sogar mehrere? Was finden Sie an ihnen bewundernswert?
3. Erstellen Sie eine Liste von Personen, an denen sich Jugendliche orientieren können! Ordnen Sie diese in einer Stufenfolge an, die dem Prinzip der Gradualität entspricht! Also vom Heiligkeits-Amateur bis zum Extremheiligen!

Literaturhinweise

Englert, Rudolf (Hg.) (1993), Woran sie glaubten – wofür sie lebten. 365 Wegbegleiter für die Tage des Jahres. Ein Kalenderbuch, München.

Guardini, Romano (1977), Der Heilige der Unscheinbarkeit, in: Katechetische Blätter 102, 677–678.

Imbach, Josef (1999), Der Heiligen Schein. Heiligenverehrung zwischen Frömmigkeit und Folklore, Würzburg.

Rothgangel, Martin/Schwarz, Hans (Hg.) (2011), Götter, Heroen, Heilige. Von römischen Göttern bis zu Heiligen des Alltags, Frankfurt u. a.

2.2 Lernpsychologische Modelle

Man kann niemanden überholen,
wenn man in seine Fußstapfen tritt.

François Truffaut

2.2.1 Abschied von einem einseitigen Vorbild-Begriff

Die spannende Frage, die leider bisher nur selten (Ausnahme: Kuhn 2010) empirisch untersucht wurde, lautet: Welche Lernprozesse kommen bei der Auseinandersetzung mit fremden Biografien in Gang? Was ereignet sich bei der Beschäftigung mit Vorbildern? Pädagogisch-normativ gewendet klingt die Frage dann so: Was *sollen* Kinder und Jugendliche an und von anderen Personen lernen? Und wie geht ein solches Lernen sinnvoll vonstatten? Die beschriebenen Umfragen zur Vorbildthematik bleiben leider in ihrem Fragehorizont meist an der Oberfläche: Hast du ein Vorbild? Welches?

Das ist zu wenig. Wir wollen tiefer bohren.

Das klassische Denkmodell eines Lernens an fremden Biografien ging vom Bild- (eikon; Vor-Bild) und Verweis-Charakter von Vorbildern aus: Vorbilder sind gerade wegen ihrer Distanz zum Alltag interessant; sie sind hehrer, moralisch integer und dienen deshalb als Spiegel für moralisch wünschenswerte Charakterzüge und Handlungen. Deshalb verdienen sie einerseits Bewunderung und regen andererseits zur Nachahmung an, indem sie Entwicklungsrichtungen vorzeigen. So leitet Hans Hümmeler sein Buch „Helden und Heilige" aus dem Jahre 1933 wie folgt ein (Hümmeler 1933, Vorwort):

> *„Der heldische Gedanke, das Sichtbarmachen und Hineintragen eines großen Vorbildes in unser Alltagsleben, hat in unseren Tagen erhöhte Bedeutung gewonnen – nicht nur für die ringende Jugend. Unter den Menschen aber, die sich ein Anrecht erworben haben, groß und verehrungswürdig genannt zu werden, nimmt der religiöse Held, der Heilige, eine Sonder- und Vorrangstellung ein, weil er über sich selbst hinausweist auf die ewigen Kräfte und Wahrheiten, aus denen der Einzelne und aus denen ein Volk lebt."*

Wie bereits eingangs gezeigt wurde, liegt gerade in dieser einseitigen Vorstellung von der Gestalt und Wirkung eines Vorbilds der Keim für die Krise des Vorbilds seit den 70er-Jahren. Um nochmals auf Siegfried Lenz zurückzukommen: Der Blick geht nach oben, der Betrachter nimmt eine Hab-Acht-Stellung ein (vgl. Kap. 1.1). Ich befürchte, dass sich diese doppelte Verengung des Vorbild-Begriffs tief in unsere Sprache und Denkwelt eingeprägt hat. Beides muss jedoch differenzierter betrachtet werden:

- sowohl die Gestalt (das geschah in ersten Anläufen in den letzten beiden Kapiteln)
- als auch die Wirkung eines Vorbilds (das ist Aufgabe dieses Kapitels).

Dabei hängt die Qualität der Gestalt eines Vorbilds ganz entscheidend vom jeweiligen Wirkmodell ab: Soll das Vorbild moralisch „nach oben" ziehen, so muss es in Distanz zum Alltag dargestellt werden. Das ist aber nur eines der möglichen (lernpsychologischen) Denkmodelle, wie im Folgenden deutlich wird!

Bei der Suche nach möglichen Funktionsweisen von Vorbildern im Prozess des Lernens ist man nun auf humanwissenschaftliche Erkenntnisse, speziell das breite Spektrum der psychologischen Lerntheorien angewiesen (vgl. Edelmann/Wittmann 2012). Vier aufeinander folgende lernpsychologische Theorien werden nun in gegenseitiger Zuordnung vorgestellt. Sie geben Auskunft auf die Frage: „Wie wirkt ein Vorbild?"

Einen Orientierungsrahmen stellen auch die verschiedenen Modelle eines ethischen Lernens dar, wie sie Hans-Georg Ziebertz beschreibt (Ziebertz 2010b, 439–445: Erscheint das Modell der „Wertübertragung" (die unmittelbare und unreflektierte Übernahme von vorgegebenen Werten) zunächst als problematisch, so lassen sich die weiteren Modelle in unterschiedlicher Kombination durchaus mit den folgenden Perspektiven eines Lernens an fremden Biografien verbinden: Das Modell der „Werterhellung" impliziert ein Nachdenken über eigene und fremde Werthaltungen, die „Wertentwicklung" zielt auf die stufenweise Erweiterung der moralischen Urteilsfähigkeit, und beim Modell der „Wertkommunikation wird" die Fähigkeit, über Werthaltungen und ihre Folgen in einen offenen Diskurs zu treten, geschult (vgl. Mendl 2014a, 112f.).

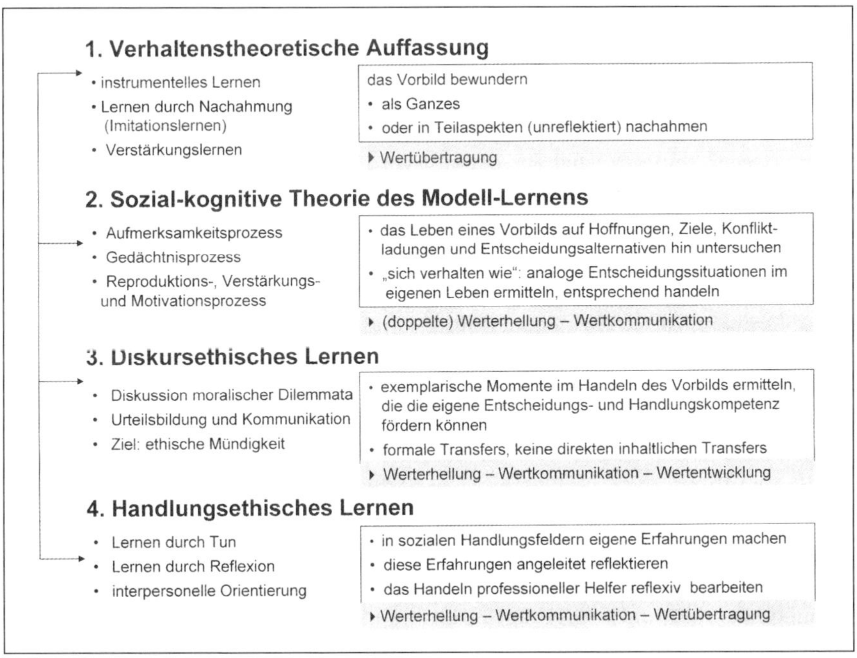

2.2.2 *Verhaltenstheorie: Bewunderung und Nachahmung*

1. Verhaltenstheoretische Auffassung	
• instrumentelles Lernen • Lernen durch Nachahmung (Imitationslernen) • Verstärkungslernen	das Vorbild bewundern • als Ganzes • oder in Teilaspekten (unreflektiert) nachahmen ▸ Wertübertragung

Als erste Theorie wird die verhaltenstheoretische Auffassung des Lernens an Modellen, auch Imitationslernen, Beobachtungslernen, Vorbild- oder Modell-Lernen im engeren Sinn genannt, in den Blick genommen:

Durch Bewunderung und Nachahmung einer anderen Person können nicht nur einzelne Reaktionen, sondern sogar ganze Verhaltensmuster angeeignet werden. Mit dieser Theorie können Lernphänomene wie kindliche Rollenspiele (z. B. Vater-Mutter-Kind, Autofahren, Gottesdienst), die Nachahmung von Fernsehhelden und -szenen, aber auch die Bewunderung und Nachahmung einer Großgestalt des Glaubens auf der „inneren Bühne" der Fantasie erklärt werden.

Verhaltenstheoretisch ist diese Art des Lernens insofern, als es sich um gestufte Formen des instrumentellen Lernens handelt: Entweder wird die Nachahmungsreaktion selbst verstärkt (z. B. durch das Lob der Eltern und Lehrer, die Anerkennung innerhalb der Peergroup) oder die Bestätigung erfolgt in der Form der stellvertretenden Verstärkung: Diese tritt beispielsweise dann ein, wenn das Vorbild wegen seines Verhaltens belohnt wird und das Gute am Ende siegt. Auf dieser Ebene ist auch die Bewunderung medialer Stars anzusiedeln: Sie haben „ersatzweise" für den Nachahmer Erfolg, ohne dass die eigene Person unter Erfolgs- und Vergleichsdruck gerät (Barthelmes/Sander 1997, 244). Insofern ist es wesentlich einfacher, Fan des FC Bayern München zu sein, als für den „Club", den 1. FC Nürnberg, zu schwärmen, der unter ständigem Abstiegsdruck steht!

Die Alltagsrelevanz des Nachahmungslernens

Um nicht vorschnell, wie dies in der pädagogischen Diskussion um das Vorbild seit den 60er-Jahren geschehen war, das Kind mit dem Bade auszuschütten, muss zur Ehrenrettung eines verhaltenstheoretischen Lernens Folgendes hinzugefügt werden:

Nachahmungslernen ist, wenn wir den Blick über unser Thema hinaus richten, insgesamt äußerst alltagsrelevant: Sowohl einfachere Verhaltensweisen vom Schuhebinden bis zum Fingernägellackieren als auch komplexere wie die sachgerechte Bedienung von Messer und Gabel, das Erlernen eines Musikinstruments, einer Sportart oder die würdige Feier eines Hochamtes erfolgen nach dem Muster der Instruktion. Lernen erfolgt über eine direkte Nachahmung und durch das Einüben eines Verhaltens, das als vorbildlich verstanden wird. Hier sind dann auch Elemente des Verstärkungslernens bedeutsam: Die positive Reaktion der Umwelt auf eine Handlung motiviert zum weiteren Üben und Trainieren.

Im größeren didaktischen Rahmen wird bei der Präsentation von Personen, selbst wenn die Wirkabsicht eine bewundernde und nachahmende ist, immerhin eine rein abstrahierende Tugendethik überboten: Es gibt ja verschiedene didaktische Anwege, um Sachverhalte verständlich zu machen. So kann man beispielsweise ethische Tugenden abstrakt mit Hilfe eines Lexikon-Beitrags oder eines Auszugs aus einem Katechismus definitorisch erläutern: „Wer tapfer ist, tritt dauerhaft für das einmal erkannte Gute ein ..." (Youcat 2011, Nr. 303). Die Reichweite eines solchen abstrakten Lernwegs dürfte nicht nur entwicklungsorientiert begrenzt sein. „Beispiele bewegen", sagt der Lateiner. Will man erläutern, was Tapferkeit bedeutet, so kann man das am besten durch ausgewählte Beispiele versuchen.

Schließlich erfährt das Nachahmungslernen durch die Theorie der Spiegelneurone eine gewisse Rehabilitation; wegen der Bedeutung dieses neurophysiologischen Ansatzes wird dieser in einem eigenen Kapitel (2.2.6) erläutert, womit die gesamte lernpsychologische Argumentation eine integrative Rahmung erfährt.

Helden und die Entwicklung eines moralischen Universums
Kinder brauchen für den Aufbau eines inneren „moralischen Universums", einer verlässlichen Welt mit beständigen Gesetzen, ein solches fantasiegefülltes Aufblicken auf Helden als „Garanten der ewigen Ordnung", wie es die Entwicklungspsychologie nahe legt: KNIGHT RIDER, BATMAN, SUPERMAN, das Superheldenteam der AVENGERS und die Helden von Startrek sorgen dafür, dass das Gute siegt und die Bösen bestraft werden. Engel und Heilige gelten als „Polizisten Gottes", die die Welt ins Lot bringen. Dies entspricht auch dem kindlichen Bedürfnis nach Erzählungen und Mythen. Dabei macht es sehr wohl einen Unterschied, ob Jugendliche in ihren Tagträumen die Welt retten oder als militante Massenmörder unterwegs sein wollen. Gerade in einer präkonventionellen Phase der moralischen Entwicklung (vgl. Kohlberg 1995) sind stellvertretende erfolgreiche Helden wichtig. Hier sind dann auch Heilige und biblische Vorbilder stimmig verortet.

Aber auch auf dieser Ebene gilt: Der Grad der Beeindruckung von altruistischem und mutigem Handeln wird noch steigen, wenn bei der Präsentation und Beschaftigung mit solchen Helden die Kanten nicht abgeschliffen werden: Helden fallen nicht vom Himmel – sie haben eigene Lebensentscheidungen getroffen und den Mut, gegen den Strom zu schwimmen, bewiesen! Und sie sind durchaus auch fehlerbehaftet.

Plausibel wird das Vorbildlernen im engeren Sinn dann wieder, wenn bei direkten Begegnungen zwischen Lernenden und professionellen Helfern vor Ort beispielsweise im Rahmen von Sozialprojekten auch emotionale Aspekte (Bewunderung, Hochachtung, Wertschätzung ...) ins Spiel kommen.

Identitätsbildung und nachahmendes Erproben von Lebensmöglichkeiten
Für die Entwicklung von Kindern und Jugendlichen ist gerade in Phasen der Verunsicherung und des Identitätsbildungs-Prozesses eine grenzenlose Zuwendung zu Idolen der Popkultur verständlich: Heranwachsende brauchen auch entgrenzende Spiegelbilder, denen sie für eine begrenzte Zeit unermesslich große Verehrung zukommen lassen können! Was von Margarete Mitscherlich in ihrer Schrift „Das Ende der Vorbilder" unter psychoanalytischem Blickwinkel ausschließlich negativ gezeichnet wurde – die Idealisierung außerfamiliärer Personen als ödipale Aggression, verbunden mit der Gefahr, falschen Idealen und Demagogen anheim-

zufallen (Mitscherlich 1978, 23–41) –, kann unter entwicklungspsychologischem Blickwinkel und unter veränderten Zeitsignaturen, z. B. unter Berücksichtigung eines befriedetem Verhältnis zwischen den Generationen heute, verglichen mit den Konflikten „der 68er" mit ihren Eltern, entspannter betrachtet werden.

Direkte Nachahmung auf Zeit erfolgt, wenn Kinder oder Jugendliche sich genauso kleiden und schminken wie ihre Lieblingsstars oder dieselben Tricks und Bewegungsabläufe versuchen wie NADINE ANGERER, CHRISTIAN NEUREUTHER, LIONEL MESSI, MARIO GÖTZE oder FABIAN HAMBÜCHEN. Wenn dann Kinder und Jugendliche auch noch im gleichen Dress wie ihr Idol dieselbe Sportart ausüben, so hat dies durchaus religiöse Konnotationen, wie Horst Rumpf anschaulich ausdeutet: „Da zieht jemand buchstäblich eine andere Haut über sich – nicht irgendein Kleidungsstück, sondern eines, das Identität oder mindestens Teilhabe an einem anderen verheißt, dessen Name dem Kleidungsstück eingeprägt ist" (Rumpf 2000, 57). Das Anlegen eines neuen Kleides ist in allen Riten und Kulten der Menschheitsgeschichte von Bedeutung, es erhöht das Profane und verbindet dieses mit sakralen Kräften. Rumpf weist auf die passende Bibelstelle hin: „Denn ihr alle, die ihr auf Christus getauft seid, habt Christus (als Gewand) angelegt" (Gal 3,26).

Handlungslernen: Orientierung an Personen

Ethisches Lernen darf nicht auf kognitive Denkleistungen reduziert werden; hier müssen von dieser vermeintlich einfachen Lernebene aus auch die im Folgenden dargestellten Modelle des Modell-Lernens und der Diskursethik kritisch hinterfragt werden. Wenn ethische Erziehung erfahrungsorientiert und beziehungsbezogen angelegt ist, kommen immer auch verhaltenstheoretisch „einfache" Motivierungsmuster ins Spiel: Man bewundert eine zupackende und anerkannte Sozialarbeiterin (das wäre eine stellvertretende Verstärkung), man freut sich, wenn die Eine-Welt-Aktion gelingt und man von der Lehrerin gelobt wird (das wäre die emotionale Bestätigung in der Gruppe), man genießt das Prestige als „ehrenamtlicher Helfer". Diese Motive sind dann jedoch wieder mit „gehobeneren" Formen des reflektierenden Lernens zu verbinden.

Problematisierung von Bewunderung und Nachahmung

Das verhaltenstheoretische Muster verbindet zwei Aspekte miteinander: Bewunderung und Nachahmung: Die Bewunderung ist dabei weniger das Problem: Man kann sich für PATER PIO begeistern oder durch die Biografie der ebenfalls vor einiger Zeit heiliggesprochenen ANNA SCHÄFFER Trost im eigenen Leid finden. Man kann auch im Sinne eines (sozial-)biografischen Verfahrens an FRANZ VON ASSISI Probleme und Aufbrüche der mittelalterlichen Kirche verdeutlichen und dabei Sympathie für Franziskus wecken. Unter entwicklungspsychologischer Perspektive sollten sich zumindest Religionspädagogen vor einer Doppelmoral hüten: Während eine emotional tief verankerte Verehrung christlicher Vorbildgestalten als Spiegel für eigene Nöte und Lebenserwartungen innerkirchlich als politisch korrekt gilt, moralisiert man andererseits gegen jugendliche Idol- und Heldenverehrung, obwohl die einschlägigen Studien ergeben, dass Jugendliche solche zeitweiligen Lebensbegleiter brauchen, um eigene Hoffnungen, Wünsche und Sehnsüchte daran zu spiegeln. Man sollte beides gelten lassen!

Eindeutig erscheint hingegen die Skepsis bezüglich des zweiten Aspekts dieser lerntheoretischen Ebene, der Nachahmung: Ein bloßes Imitationslernen wird zu Recht als „Kadavergehorsam" diskreditiert. Weder wird man damit den Vorbildern noch den Nachahmern heute gerecht.

Insgesamt wird man also aber die Reichweite eines reinen Nachahmungsmodells im Kontext absichthafter Lernprozesse z. B. in der Schule doch als recht begrenzt ansehen müssen, was man an zwei unterschiedlichen Beispielen – einem „nahen kleinen" und einem „fernen großen" abschließend verdeutlichen kann:

FRANZ VON ASSISI – das ist sicher einer der beliebtesten und interessantesten Heiligen (vgl. KatBl 139 (2014), Heft 3). Eignet er sich auch als Vorbild? Richtig, das hängt wieder davon ab, was man unter einem Vorbild versteht und wie man sich seine Wirkung vorstellt. Bleiben wir konsequent auf der Ebene dieses Teilkapitels – eines Lernens durch Nachahmung –, so ist Skepsis angebracht: Es sind mir keine Fälle bekannt, in denen Kinder oder Jugendliche spontan nach einer Religionsstunde über FRANZ VON ASSISI mit einem Aufsehen erregenden Eklat das Elternhaus verlassen oder ein Kloster gegründet haben. Selbst wenn man einwendet, dass ein solch unmittelbares Nachahmen nicht angestrebt sei, sondern an längerfristige Wirkmodelle gedacht werde: Auch die Zahl der vermutlich faktisch gehaltenen Unterrichtsstunden zu FRANZ VON ASSISI, der doch einigermaßen repräsentativ in allen Lehrplänen platziert ist, oder anderer Heiliger übersteigt deutlich die Zahl der Priester- und Ordensberufungen in unserem Land.

Diese Denkübung mutet vielleicht absurd an, sie bleibt aber konsequent auf der Vorstellungsebene eines Imitationslernens. Schon vor einigen Jahren brachte Andreas Lochmann in der anschaulichen Schilderung und Reflexion eines Unterrichtsversuchs zu FRANZ VON ASSISI das Dilemma so auf den Punkt: „Bruder Franz – Vorbild nein, Denkanstoß ja!" (Lochmann 1989, 270; ähnlich Weber 1996). Auch bei einer ganz traditionellen Vorstellung vom Vorbild ging man nie von einer Totalidentifikation und -nachahmung aus, sondern beschränkte das Vorbildhafte und Nachahmbare auf Teilaspekte der Persönlichkeit (vgl. Horáková 2007, 13).

Das zweite Beispiel ist auf einer völlig anderen Taste der Klaviatur möglicher Vorbilder angesiedelt:

GERHARD HECKENGRUBER, Lohnmetzger aus Töging, hatte eigentlich mit seinen Freunden als Schlachtenbummler zum Bayern-Spiel nach Belgrad fahren wollen. Nachdem alle billigen Karten ausverkauft waren, entschieden die jungen Männer ganz spontan: „Wir fahren nach Passau und helfen aufräumen." Dort angekommen mussten die Freunde allerdings bald feststellen, dass die Hochwasserhilfe in Passau sehr gut organisiert war. Ihnen wurde im Katastrophenamt gesagt, sie würden nicht gebraucht. Schmollend fuhren Heckengrubers Freunde wieder nach Hause. Er aber blieb und fragte einen Hausbesitzer am Oberen Sand: „Kann ich helfen?" Dieser war sichtlich erstaunt und verwies den hilfreichen Töginger an eine Nachbarin. Heckengruber packte sofort an: Schlamm raus, Sperrmüll entsorgen. Die Frau wollte sich mit einem größeren Geldschein bei ihm bedanken, er aber nahm nur ein kleines „Zigarettengeld". Dann ging der hilfsbereite Hochwasser-Tourist ein Häusl weiter. Was ihn zu dieser Aktion getrieben habe? „Alle reden immer davon, man solle einander helfen. Aber man soll nicht nur reden, sondern wirklich was tun!" (*nach einem Zeitungsbericht Bericht; vgl. Schmidt 2002; vgl. auch Local-heroes-Homepage unter „Hilfsbereitschaft" und „Solidarität"*)

Das Verhalten des Hochwasserhelfers Gerhard Heckengruber verdient Bewunderung, eine unmittelbare Nachahmung im Sinne einer direkten Verhaltensübertragung hingegen wäre zum einen zumeist unsinnig (Passau ist derzeit nicht überschwemmt) und pädagogisch zumindest umstritten (man riskierte wohl unter anderem auch schulrechtliche Probleme, wenn Schüler nach der Besprechung des Fallbeispiels massenhaft den Unterricht verlassen würden, um Hochwasseropfern zu helfen). Es kann also nicht um die direkte Nachahmung einzelner Verhaltensweisen gehen, sondern um das Herausarbeiten von Haltungen, Einstellungen und Werten, die dann in Prozessen einer kreativen Aneignung aufs eigene Leben übertragen werden können. Das hat dann allerdings mit einem einfachen Nachahmungslernen nichts mehr zu tun.

Eine solche Vorstellung des direkten Lernens an Vor- und Leitbildern durch bloße Nachahmung wurde unter dem autoritätsskeptischen Blickwinkel der 60er-Jahre mit Recht abgelehnt, sofern es nicht als erster Schritt in einer Entwicklungsdynamik von der bloßen Nachahmung über die bewusste Identifikation bis hin zum selbstverantwortlichen Handeln gesehen wurde: Es stand im Verdacht einer unreflektierten Verhaltensübernahme (vgl. ausführlich dazu: Stachel/Mieth 1978, 105). „Erziehung zur Mündigkeit kann nicht von grundsätzlicher Kritik an verfestigten Idealen, Leitbildern, Rollenbildern usw. absehen" (Mayer 1978, 113). Und damit galten auch die entsprechenden Vorbilder als diskreditiert (Kerstiens 1986, 77). Der Vorwurf lautet: Es fehlt „eine kritische gedankliche Kontrolle über das nachgeahmte Verhalten" (Stachel/Mieth 1978, 97; siehe auch KatBl 102 (1977), 609–688).

Räumt man ein, dass eine Orientierung an fremden Biografien sowohl normativ weit differenzierter ablaufen soll als auch faktisch abläuft als in einer direkten unreflektierten Übertragung des Fremden auf das Eigene, dann wird man damit auch die bewahr-pädagogisch angelegte Argumentation konservativer Medienpädagogen aushebeln können: Diese mutmaßen regelmäßig nach den entsprechenden Gewalttaten an Schulen (Bad Reichenhall, Metten, Brannenburg, Freising, Erfurt) arg monokausal, es handle sich um das Nachahmen gewaltverherrlichender Fernseh-, Video- und Computerhelden, und fordern das Verbot oder eine eingeschränkte Nutzung dieser Medien.

Resümee: die Grenzen der Wertübertragung

Resümee: Das verhaltenstheoretische Modell impliziert im Bereich einer Orientierung an Vorbildern eine recht problematische moralpädagogische Vorstellung, nämlich die technologische Vorstellung einer Wertübertragung (vgl. eine Übersicht über die verschiedenen Modelle ethischer Bildung: Ziebertz 2010b, 445): Die Entscheidung für die Thematisierung einer vorbildhaften Person stellt immer schon eine Selektion von Werten dar; eine solche Reduktion von Komplexität ist unter didaktischen Gesichtspunkten auch sinnvoll. Problematisch ist eher die Art und Weise und das Ziel, wie die vorbildhaften Personen und die implizierten

Werte ins Spiel kommen: nämlich linear, mit dem Ziel, die Einstellung der Kinder und Jugendlichen entsprechend zu formen. Die Qualität der dargestellten Wertoptionen eines Vorbilds hingegen steht bei einem solchen Wertetransfer außer Frage und wird nicht problematisiert. Die Auseinandersetzung zielt darauf ab, dass die Schülerinnen und Schüler die Wertoptionen kennen lernen (kognitive Akzentuierung), sie übernehmen und sich dazu bekennen (affektive Akzentuierung) und darüber hinaus entsprechende Einstellungen und Haltungen entwickeln (voluntative Akzentuierung).

Aus der Moralpädagogik und Lernpsychologie weiß man aber: Werte können nicht einfach durch instruktive Formen übertragen werden. Für den Erwerb von Handlungs- und Wertorientierungen gibt es keine Patentrezepte, schon gar nicht funktionieren einfache Übertragungsmodelle. Man erwirbt sie über angeleitete, möglichst selbständige Lernformen, meint Franz Weinert: „Reflexive Diskurse in Gruppen, der Aufbau von persönlichen Gewohnheiten, vorbildhaftes Handeln, mehrperspektivische lebensnahe Beispiele und eine Schulkultur, in der sich verbindliche Regeln, individuelle Freiheiten und ein faires Sozialverhalten verbinden, sind günstige Möglichkeiten zur Förderung von Handlungs- und Wertorientierungen" (Weinert 1998, 119; siehe auch Mendl 2014a, 116f.). Das übersteigt freilich die lerntheoretische Ebene eines Nachahmungslernens!

2.2.3 *Lernen am Modell*

2. Sozial-kognitive Theorie des Modell-Lernens

- Aufmerksamkeitsprozess
- Gedächtnisprozess
- Reproduktions-, Verstärkungs- und Motivationsprozess

- das Leben eines Vorbilds auf Hoffnungen, Ziele, Konfliktladungen und Entscheidungsalternativen hin untersuchen
- „sich verhalten wie": analoge Entscheidungssituationen im eigenen Leben ermitteln, entsprechend handeln

▸ (doppelte) Werterhellung – Wertkommunikation

Im Gegensatz zur behavioristisch geprägten Auffassung einer reinen Nachahmung geht es bei den komplexeren Lernmodellen um eine Reflexion der als vorbildhaft und nachahmenswert darstellten Verhaltensweisen.

Die sozial-kognitiv ausgerichtete Vorstellung eines „Lernens am Modell" (Edelmann/Wittmann 2012, 163–168; Bandura 1979) nimmt eine mittlere Position zwischen unreflektiertem Nachahmungslernen und diskursethischen Ansätzen ein.

Bernhard Grom deutet Banduras Konzept für den ethisch-religiösen Bereich noch nahe am verhaltenstheoretischen Modell liegend („Nachahmung", „stellvertretende Verstärkung") (Grom 1992, 32–35). Der Fortschritt von Banduras Modell gegenüber dieser ersten Lernebene einer „reinen" Nachahmung besteht jedoch in einer Zunahme einer reflektierenden Distanz. In konkreten lebensgeschichtlichen Entscheidungen wird man beides nicht voneinander trennen können: die Fähigkeit zur kognitiven kritischen Distanz und zugleich die Gültigkeit des Lernens durch Fremdverstärkung und soziale Bestätigung (Prestige, soziale Unterstützung und Bestätigung, emotionale Verbindung mit einer Gruppe) (Grom 1992, 39–47). Günter Stachel und Dietmar Mieth bringen diesen fließenden Übergang auf den Punkt: „Dabei sprechen wir um so mehr von Nachfolge und Modell statt von

Nachahmung und Vorbild, je mehr im Aneignungsprozess an Kreativität und Freiheit möglich ist" (Stachel/Mieth 1978, 158).

Aufmerksamkeits-, Gedächtnis- und Verstärkungsprozess
Nach dem klassischen Modell (Bandura) folgen nach der ersten Phase einer intensiven Auseinandersetzung mit biografischen Segmenten (Aufmerksamkeitsprozess) und der Fokussierung auf entsprechende Entscheidungssituationen im Leben des Modells (Gedächtnisprozess) mögliche Übertragungen „aufs eigene Leben" (Reproduktions-, Verstärkungs- und Motivationsprozess). Dabei gibt es zwei grundsätzliche, auch kombinierbare perspektivische Möglichkeiten: Man kann sich in die Entscheidungssituation der fremden Person „einklinken" und überlegen, wie man selbst in der Situation entscheiden würde, oder man bietet fiktive oder reale Aktualisierungen, inhaltlich und formal parallelisiert aufbereitete Dilemmageschichten, an (vgl. Beispiele in: Gruber/Mendl 2000).

Zwei Beispiele dazu aus dem Religionsunterricht:

a) Nach den einführenden Informationen über das Verhalten von Christen in der römischen Gesellschaft (= Aufmerksamkeitsprozess) werden die Situation und die damit verbundenen Wert- und Konfliktladungen untersucht (= Gedächtnisprozess). Konkret: Aufgrund ihrer Religion und entsprechender Wertprämissen war es Christen verboten, an gewalt- und kaiserverherrlichenden Spielen der römischen Kultur teilzunehmen. In einem nächsten Schritt wird diese Grundkonstellation auf die Lebenswelt der Schülerinnen und Schüler hin übertragen (= Reproduktions-, Verstärkungs- und Motivationsprozess) (zum Inhalt: Gruber/Gruber 1997; zur Lerntheorie: Edelmann/Wittmann 2012, 165–168): Ähnliche Konfliktladungen ergeben sich beispielsweise, wenn man martialische Riten und Sprüche bei Sportveranstaltungen und entsprechende Filme und Computerspiele betrachtet. Das Lernen am Modell würde bedeuten, als Lerneinsicht den Verzicht auf gewaltverherrlichendes Verhalten in Bezug auf die genannten Lebenswelten oder die Benutzung dieser Medien zu fordern. „Reproduziert" und damit erfolgreich wäre ein Lernen am Modell dann, wenn bei der analogen Alltagssituation ein Schüler tatsächlich auf die Mitschau eines Gewaltvideos verzichten würde.

b) Um zu verstehen, dass zivilcouragiertes Verhalten im nationalsozialistischen Deutschland keine Selbstverständlichkeit war, benötigt man zunächst – möglichst interessant aufbereitet – Einblicke in die gesellschaftlichen Verhältnisse überhaupt, aber auch grundlegende Informationen über die subtilen bis brutalen Methoden des Naziregimes und das Selbstverständnis kirchlicher Personen und Gruppen (=Aufmerksamkeitsprozess) (Beispiele siehe bei Gruber/Mendl 2000). Ähnliches gilt, wenn man die Entwicklung des Bischofs Oscar Romero vom angepassten Mitläufer zum mutigen Vertreter der Menschenrechte verdeutlichen will. Das Herzstück der didaktischen Beschäftigung besteht in der Auseinandersetzung mit der Konfliktsituation, den hier eine Rolle spielenden Wertoptionen (= Gedächtnisprozess) und den eigenen Einstellungen dazu: Die Konfliktsituation, der sich ein Kardinal von Galen oder ein Bischof Romero stellen musste und die damit verbundenen Wert- und Konfliktladungen werden untersucht, z. B. Nicht-Gefährdung des kirchlichen Apparates vs. öffentliches Eintreten gegen das Euthanasieprogramm der Nazis bzw. gegen die Todesschwadronen und den

Staatsterror. Dabei werden durch eine situativ-narrative Ausgestaltung der Entscheidungssituation die Vielzahl möglicher und zum Teil konträrer Wertoptionen nicht des Vorbilds allein, sondern auch der anderen beteiligten Personen herauszuarbeiten sein, in die sich die Schülerinnen und Schüler mit ihren eigenen Ansichten „einklinken" können. Funktionieren würde Modell-Lernen nach dieser Vorstellung dann, wenn bei Schülerinnen und Schülern tatsächlich eine dem Verhalten des Modells angenäherte Ausführungsphase (= Reproduktions-, Verstärkungs- und Motivationsprozess) zu beobachten wäre, beispielsweise ein zivilcouragiertes Eintreten für Schwächere an der Schule, die Teilnahme an einer Demonstration, der Anschluss an ein Bündnis für Zivilcourage, und sie das jeweilige Verhalten auch mit Rückbezug auf die Beschäftigung mit VON GALEN bzw. ROMERO begründen würden.

Faktisch wird man sich in der Schule auf aktualisierte Beispielkonstellationen beschränken und dann langfristig auf die Wirksamkeit von Verstärkungs- und Motivationsprozessen im „richtigen" Leben hoffen.

Werterhellung und Wertkommunikation
Bezogen auf die oben abgedruckten moralpsychologischen Grundmodelle enthält das Modell-Lernen Aspekte der Werterhellung und der Wertkommunikation:

Das Modell der Werterhellung gilt als direkte Alternative zur Wertübertragung (Ziebertz 2010b, 439f.) und unterscheidet sich von der dargestellten Intention eines Nachahmungslernens, bestehende Werte und Normen auf die Jugendliche zu übertragen; vielmehr geht es hier deutlicher um die Werte, die die Heranwachsenden selbst internalisiert haben, ab: Diese Werte sollen den Jugendlichen bewusst werden (unfreezing – auftauen), sie sollen diese im Kontext neuer Entscheidungssituationen kritisch reflektieren (involvement – sich einlassen) und sie entweder bestätigen oder verwerfen, in jedem Fall aber ein vertieftes Wertbewusstsein erlangen (freezing – einfrieren neuer Haltungen).

Gerade die Auseinandersetzung mit fremden Wertoptionen scheint in besonderem Maße dazu geeignet zu sein, das vorhandene Wertempfinden der Jugendlichen zu evozieren und zu thematisieren. Deshalb weite ich das Modell aus in ein so genanntes doppelt werterhellendes: Über entsprechende methodische Mittel (Fallbeispiele, Dilemmageschichten und ihre systematische Auswertung), die weiter unten noch genauer erläutert werden, klinken sich die Schülerinnen und Schüler mit ihren eigenen Wertvorstellungen in die Geschichten ein. Es geht bei einer solchen Wertreflexion sowohl um die Wertoptionen, die von fremden Personen vertreten werden (die thematisierten großen und kleinen Vorbilder, aber auch die Klassenkameraden), als auch um die eigenen. Über diese Optionen, ihre Folgen und ihre Wertigkeit muss in einer weiteren Phase in der Lerngruppe diskutiert werden. Das entspricht dann der Ebene der Wertkommunikation.

Die zentralen Fragen im Rahmen eines Modell-Lernens lauten also: Welche Hoffnungen, Ziele, Entscheidungssituationen lassen sich im Leben vorbildhafter Gestalten ermitteln? Wo ergeben sich inhaltliche Parallelen zu eigenen Lebensthemen und Impulse für deren Bewältigung?

In den neueren Lehrplänen werden vorbildhafte Gestalten inzwischen auf eine solche differenziertere Weise thematisiert. Einfachen Nachahmungstheorien gegenüber ist man auch hier skeptisch eingestellt. Zielpunkt der Auseinandersetzung mit den Biografien anderer ist der Schüler selbst.

So heißt es im bayerischen Realschullehrplan von 1994: „Das Vorbild glaubwürdiger Menschen in der Nachfolge Jesu kann ihnen helfen, mit ihren Schwierigkeiten und Hoffnungen besser umzugehen und den eigenen Glaubensweg zu entdecken" (Lehrplan für Katholische Religionslehre an den bayerischen Realschulen 1994, 8.1.: Auf dem Weg zu sich selbst und zu anderen: das Leben in die eigene Hände nehmen). Der Lehrplan für bayerische Gymnasien von 1992 formuliert es bereits recht differenziert: „Vorbilder nicht imitieren, sondern sich von ihnen auf den eigenen Weg rufen lassen" (Lehrplan für das bayerische Gymnasium. Fachlehrplan für Katholische Religionslehre 1992, 7.4.). Und schließlich noch konkreter im Lehrplan für Katholische Religionslehre an den bayerischen Hauptschulen: „was mich voranbringt oder was mich zurückwirft (z. B. Freunde, Vorbilder, Enttäuschungen)" (Lehrplan für Katholische Religionslehre an den bayerischen Hauptschulen 1997, 7.5). In allen neueren Lehrplänen seitdem bis hin zu den neuen kompetenzorientierten (vgl. LehrplanPLUS Grundschule 2013) lässt sich in der Regel ein recht differenziertes lernpsychologisches Problembewusstsein entdecken; man nimmt Abstand von einfachen Vorstellungen eines Nachahmungslernen und geht eher von einem Begegnungs- und Werterhellungsmodell aus (z. B. im Lehrplan für das Gymnasium in Bayern, gültig ab Schuljahr 2004/2005): „Begegnung mit engagierten Menschen vor Ort" (5.5), in Auseinandersetzung mit MARTIN LUTHER KING oder ERZBISCHOF ROMERO „sich eigener Möglichkeiten bewusst werden, z. B. sich gegen Trends stellen, Zivilcourage zeigen" (9.1). Außerdem ist in den Lehrplänen inzwischen durchgängig eine Ausweitung des Personals festzustellen: neben Heiligen und Leitfiguren werden auch *Local heroes* oder Menschen aus der eigenen Umgebung genannt.

Chancen und Grenzen des Lernens am Modell

Was allerdings auch „dem Modell-Lernen im Vergleich zum planvollen Handeln fehlt, ist die Flexibilität des Handlungskonzepts, ein gewisser Handlungsspielraum. Durch Lernen am Modell erworbene Verhaltensweisen können sozusagen gezeigt werden oder auch nicht gezeigt werden. Dies ist der Grund, warum wir im Zusammenhang mit Modell-Lernen von Verhalten sprechen und nicht von Handlung" (Edelmann/Wittmann 2012, 1767). Es handelt sich also einerseits um einen linearen Prozess vom Vorbild zum Schüler hin und andererseits um einen situativ und thematisch gebundenen Vorgang: Erfolgreich im engen Sinn des Lernverständnisses wäre ein solches Lernen am Modell, wie oben schon angedeutet wurde, wenn Schüler nachweisbar bedingt durch die Auseinandersetzung mit Christen aus der Römerzeit, FRANZ VON ASSISI, OSCAR ROMERO, KARDINAL VON GALEN oder GERHARD HECKENGRUBER gewaltkritischer, tierliebender, zivilcouragierter oder hilfsbereiter würden.

Trotz dieser Einwände und Grenzziehungen ist diese in lerntheoretischer Hinsicht mittlere Ebene des Lernens an Vorbildern wohl im schulischen Kontext die gängigste und – wenn sie tatsächlich in der dargestellten differenzierten Weise vollzogen wird – eine auch akzeptable Form. Sie lässt sich nahtlos ins folgende lerntheoretische Modell überführen, sofern man auf einen unmittelbaren Reproduktions- und Motivationsprozess verzichtet und mögliche Transfer-Prozesse nicht auf der situativ und thematisch identischen Ebene, sondern allgemeiner und langfristiger anlegt.

2.2.4 Lernen als Problemlösen: Diskursethik

3. Diskursethisches Lernen

- Diskussion moralischer Dilemmata
- Urteilsbildung und Kommunikation
- Ziel: ethische Mündigkeit

- exemplarische Momente im Handeln des Vorbilds ermitteln, die die eigene Entscheidungs- und Handlungskompetenz fördern können
- formale Transfers, keine direkten inhaltlichen Transfers

▸ Werterhellung – Wertkommunikation – Wertentwicklung

Eigentlich verabschiedet man sich bei der Diskursethik von der Vorstellung des Lernens am Modell und vom Vorbild überhaupt. Handlungstheorien gehen vom Modell des selbstreflexiven Subjekts aus. Dieses handelt planvoll, entscheidet selbstverantwortlich über Alternativen und weist seinen Entscheidungen Sinn zu. Also Vorbilder – ade?

Abschied nehmen muss man auf dieser Ebene in didaktischer Hinsicht von einer rein beschreibenden Darstellung vorbildlicher Biografien und vom Ziel einer direkten Verhaltensübernahme. Das wäre eben „nur" ein Lernen am Modell.

Das Hauptargument, wieso man gerade bei der Ausbildung eines autonomen Subjekts nicht auf Vorbilder verzichten kann, wurde bereits im Kapitel 1.2 genannt: Gerade das postmoderne Subjekt braucht, dem „Zwang zur Wahl" ausgesetzt (Peter Berger), für die Ausbildung eines individuellen Lebenskonzepts Orientierungen, Bindungen, Haltegriffe, Traditionen.

Die Frage ist freilich, wie auf dieser lerntheoretischen Ebene Vorbilder und damit Wertoptionen ins Spiel kommen können und dürfen. Nimmt man die diskurs- und handlungsethische Ausgangsbasis ernst, dann wird man auf unmittelbare inhaltliche Transfers einzelner Verhaltenssegmente (in einer Männerkirche mutig seine Frau stehen wie MARIA WARD, Machthabern entgegentreten wie OSCAR ROMERO) in die Lebenswelt der Schülerinnen und Schüler verzichten. Die Kraft der Vorbilder liegt auf einer anderen, langfristig angelegten Ebene. Sie dienen als Spiegelungsfolien für die eigene Wertentwicklung.

Der globale Leitimpuls lautet deshalb nicht mehr wie beim Modell-Lernen „sich verhalten wie", sondern kann so formuliert werden: „überlegen, ob und wieso im Handeln des Modells exemplarische Momente aufscheinen, die zur Entwicklung der eigenen Handlungskonzepte etwas beitragen können".

Diskursethik: moralisch und politisch argumentieren lernen
Diskursethische Ansätze zielen auf die stufenweise Erhöhung der moralischen Urteilskompetenz. Immer wieder soll eine Auseinandersetzung mit Problemen erfolgen, die Kinder und Jugendliche stimulieren, die Wirklichkeit nach moralischen Gesichtspunkten zu verstehen (vgl. Kuld/Schmid 2001, 38). Dabei soll deutlich werden, dass es selten einfache Ideallösungen gibt. Moralische Konflikte sind Spiegel einer komplexen und wertpluralen Welt, die nicht mit einem grobschnitti-

gen Schwarz-Weiß-Denken, der Logik eines Entweder-Oders oder der Moral eines Richtig-und-Falsch fassbar sind. Es geht vielmehr um die Förderung des Denkens in Komplementarität, die Beurteilung von Sachverhalten von verschiedenen Seiten unter Berücksichtigung verschiedener Motive und Wertoptionen. Es geht dann freilich auch um die Folgeabschätzungen von Wertentscheidungen für das Individuum und die Gemeinschaft. Gerade durch ein solches Weiterdenken erfährt der Ansatz eine Weitung über die Face-to-Face-Kommunikation hinaus auf politisch-strukturelle Fragen hin: Möglich wird „eine ideologiekritisch sensibilisierte Reflexion des eigenen gesellschaftlichen wie politischen Standorts" (Grümme 2014, 200). Der diskursethische Ansatz ermöglicht eine kritische Auseinandersetzung mit fremden Biografien und differenzierte Urteile und befähigt so zur Unterscheidung zwischen angemessenen und unangemessenen Vorbildern – vor allem auch, wenn man an die problematische Heldenverehrung im rechten Milieu denkt, wo nahtlos an die unreflektierte Verehrung von NS-Größen angeknüpft wird, aber auch an die nicht unproblematischen nationalen Freiheitshelden und Widerstandskämpfer (vgl. Priester 2008).

Ziel ist letztlich der Aufbau eines prinzipiengeleiteten ethischen Urteils, welches allerdings, glaubt man den moralpsychologischen Untersuchungen von Lawrence Kohlberg, stufenweise und altersadäquat vorbereitet erst im Erwachsenenalter vollständig ausgeformt werden kann (siehe die globale didaktische Konkretisierung des diskursethischen Ansatzes in Kap. 4.1).

Der Ausgangspunkt einer diskursethischen Auseinandersetzung mit Biografien ist nicht der hehre Held und Heilige, das Endprodukt eines „Heiligungsprozesses". Didaktisch weit produktiver sind menschlich nachvollziehbare Entscheidungssituationen, problem- und wertbehaftete Situationen im Leben der fremden Personen. In diese sollten die Schülerinnen und Schüler mit ihren eigenen Werten und Lebensvorstellungen involviert werden. Ziel wäre es, dass sie in der Auseinandersetzung mit fremden Werten und unter Einbezug verschiedener plausibler Argumentationsmuster eigenständige begründete Entscheidungen treffen – und diese können und werden, vom Lehrer aus gesehen, durchaus auch auf der Ebene niederer moralischer Argumentationsstufen liegen!

Wie an Beispielen noch aufzuzeigen sein wird: Das fällt Lehrenden nicht leicht!

Diskursethik konkret

Was das Ergebnis eines diskursethischen Lernwegs sein könnte, soll an einem Beispiel konkretisiert werden: Oben bereits wurden Zweifel angebracht, ob die intensive Beschäftigung mit dem Dilemma des FRANZ VON ASSISI (Karriere im Wirtschaftsunternehmen oder sein Leben Gott und den Armen widmen) wohl schon jemals einen Schüler zum analogen spontanen Armutsgelübde veranlasst hat (das wäre ein direktes Lernen am Modell). Die bedingungslose Radikalität eines Franziskus führt aber vielleicht bei einigen Schülerinnen und Schülern zu folgender herausfordernden Erkenntnis: Auch ich muss die auf mich zukommenden Aufgaben entschlossen übernehmen. Andere werden begründet erläutern, wieso sie sich für ein bürgerliches Leben entschieden hätten oder selber so leben (vgl. Kerstiens 1986).

Moralpsychologisch interessant war ein Unterrichtsversuch mit einer aktualisierenden Parallelgeschichte (die sehr leicht auch als Dilemmageschichte ausgestaltet werden könnte!) zur Lebensentscheidung des FRANZ VON ASSISI, auch weil die Schüler das parallele Strickmuster zunächst nicht erkannten:

> *Franziska B. ist die Tochter aus einem gutbürgerlichen Haus. Ihr Vater, ein angesehener und erfolgreicher Geschäftsmann, hält viel auf seine Tochter. Franziska erfüllt auch lange Zeit die Erwartungen ihrer Eltern: Sie ist eine lebenslustige Person, ein gern gesehener Gast auf jeder Party, sie hat viele Freundinnen und Freunde und studiert, um später einmal ins Geschäft ihrer Eltern einsteigen zu können, Betriebswirtschaftslehre. Die ganze Familie ist im Ort integriert und engagiert sich auch in der Pfarrgemeinde. Kurz: Franziskas Zukunftsaussichten sind recht rosig. Franziska genießt das Leben in vollen Zügen.*
> *Und trotzdem: War das schon alles? Der Besuch einer Freundin im Krankenhaus, die Begegnung dort mit Menschen, die lebensgefährlich erkrankt sind, bringt Franziska ins Grübeln. Gibt es nicht unendlich viel Elend auf der Welt? Und die Kirche – ist sie nicht zu sehr auf der Seite der Reichen? Und Jesus: Fordert er nicht den Einsatz der ganzen Person für seine Idee vom Reich Gottes? Als Franziska wenig später bei einer Segel-Regatta auf dem Starnberger See eine Rückgrat-Verletzung erleidet und längere Zeit im Krankenhaus verbringen muss, reift ihr Entschluss, ihr Leben radikal zu verändern: Sie will sich den Schwestern der Mutter Teresa anschließen. Als sie vorsichtig bei ihren Eltern vorfühlt, erfolgt die erwartete Reaktion: „Du spinnst wohl!"– „Das geht schon wieder vorbei, ein vorübergehender Spleen." Doch Franziska meint es ernst mit ihrer Entscheidung. Sie lässt sich auch durch ein nagelneues Auto, ein Geburtstagsgeschenk ihrer Eltern, nicht beeindrucken und verschenkt den Wagen sogleich an die örtliche Sozialstation. Da werden die Reaktionen der Eltern schärfer: „Du undankbares Geschöpf!" – „Was meinst du, für wen wir uns Tag und Nacht abrackern?" – „Noch nie etwas vom Vierten Gebot gehört?"*
> *Bei der Eröffnung der neuen Stadthalle diskutieren die Eltern mit ihren Geschäftsfreunden und dem Ortspfarrer über die „verrückten" Ideen ihrer Tochter, die auch dabeisteht. Franziska, die zuvor noch engagiert mitdiskutierte, wird plötzlich ganz still; sie scheint zu überlegen. In aller Öffentlichkeit zieht sie ihre Kleider aus, bis sie splitternackt dasteht, schaut ihrem Vater ins Gesicht und legt ihm, der vor Erstaunen unfähig zu einer Reaktion ist, die Kleider vor die Füße.*

Die überwiegende (nicht einhellige!) Meinung in der Klasse: Das hätte sie nicht tun sollen! Nach einer mehrstündigen Unterrichtseinheit zu FRANZ VON ASSISI, der bei den Schülerinnen und Schülern gut ankommt, wird der Kontrast zur Reaktion auf die Franziska-Geschichte thematisiert. Die Schülerinnen und Schüler meinen: „Der Franz war ja erfolgreich, wie man an der Ausbreitung seines Ordens schon zu seinen Lebzeiten sieht."

Wertentwicklung und Wertkommunikation
Bei der Besprechung von Dilemmageschichten nach diskursethischen Modalitäten (vgl. Oser/Althof 1992, 107) im Diskursraum Schulklasse werden hier Schülerinnen und Schüler in ihren je eigenen Argumentationsstrategien zu gegenseitigen Vorbildern und Spiegelungsfolien.

Der Zielpunkt solchen Vorgehens: Mehrere Studien belegen, dass ein konsequentes diskurspädagogisches Programm und der regelmäßige Einsatz von didaktisch aufbereiteten Dilemmageschichten zu einer Förderung der ethischen Argumentationsfähigkeit beitragen und zu einer signifikanten Stufenerhöhung führen (Oser 1996, 87f.).

Wenn der Prozess der Werterhellung auf differenzierte Weise erfolgt, wird schon auf der Ebene der Auseinandersetzung mit fremden Entscheidungssituationen eine Wertkommunikation möglich; so z. B. bei einer fiktiven Dilemmasituation „Uniformen für die Nazis?" (Gruber/Mendl 2000, 18f.): Angehörige und Freunde eines Schneidermeisters sollen ihre Meinung äußern, ob dieser im Jahre 1931 Uniformhemden für die Nazis schneidern solle. Die Wertkommunikation beschränkt sich nicht auf das Herausarbeiten der Motive und Werte der beteiligten Personen damals, sondern führt mitten ins Klassenzimmer: Die Schülerinnen und Schüler werden aufgefordert, sich mit einer der Personen zu identifizieren, von dieser Position aus Briefe zu verfassen und selbst Stellung zu beziehen; dieses Konglomerat von Positionen und Wertungen und die entsprechenden persönlichen und gesellschaftlichen Folgen werden dann in der Gruppe bzw. Klasse diskutiert.

Ein solcher radikal diskursethischer Ansatz entlastet die Lehrenden; ihr Unterricht ist nicht nur dann erfolgreich, wenn Eins-zu-Eins-Übertragungen ethischen Verhaltens „gelingen" würden, wie ich an der Fortführung des Dilemmas „Uniformen für die Nazis" verdeutlichen möchte:

Bis auf wenige Ausnahmen rieten die Schüler einer zehnten Klasse mehrheitlich dem fiktiven Schneidermeister, die Uniformhemden für die NS zu nähen. Spontane Reaktionen der betreuenden Studierendengruppe waren gespickt mit wertenden Urteilen über die egozentrische Moral, utilitaristischen Argumenten etc. Das hilft nicht weiter. Abgesehen davon, dass auch in den zuratenden Briefen durchaus ethisch hochwertige Argumente (die Familie versorgen) enthalten waren, sollte man eher die Chancen einer solchen Offenlegung von Gruppenmeinungen sehen: Dies ermöglicht z. B. beim geschilderten Beispiel eine Diskussion auf der Metaebene (auf der historischen Ebene, aber auch abstrahiert: die Ausnutzung des Wertes Eigenwohl durch entsprechende autoritäre Herrschaftsformen) und löst damit das Desiderat auf einen deutlicher politisch konturrierten Religionsunterricht ein (vgl. Grümme 2009; 2014).

Grenzen der Diskursethik

Nun ist allerdings auch die Diskursethik nicht unumstritten. Ein erster Kritikpunkt daran lautet: Auch bei „guten" argumentativen Diskursen handelt es sich um reine Willensäußerungen, die noch keinen Aufschluss über reales moralisches Handeln geben. Dabei sind Abweichungen nach oben und unten möglich: Jemand, der spontan (vielleicht weil er Passau oder den Lehrer oder einen Mitschüler nicht mag!) die Position eines Heimkehrers und Nicht-Helfers vertreten hatte, würde in einer realen Situation unter anderen Umständen (z. B. bei einem Unfall auf der Autobahn) sofort mithelfen. Und andererseits könnte sich der Klassensprecher, der nachdrücklich in einem fiktiven Brief Oscar Romero zum öffentlichen Einsatz für das unterdrückte Volk aufforderte, durchaus aus Angst vor Repressalien weigern, eine Beschwerde gegen einen ungerechten Lehrer beim Schulleiter vorzutragen.

Die kritische Anfrage ist aber noch grundsätzlicher: Der Erwerb von Wertorientierung stellt nach Franz Weinert eine eigene Domäne schulischen Lernens dar; diese wird allerdings „nicht gefördert durch spezielle Unterrichtsmethoden, sondern durch lebendige Schulkultur" (Helmke 2003, 25; vgl. auch Weinert 1998). Die Reichweite eines kognitiv-diskursethischen Ansatzes ist deshalb beschränkt und muss „in ein kohärentes und reflektiertes Zusammenspiel der Akteure an der Schule im Reden und Handeln" eingebettet sein (Mendl 2014a, 116; auch die Grafik findet man dort; ausführlicher: Mendl 2012b).

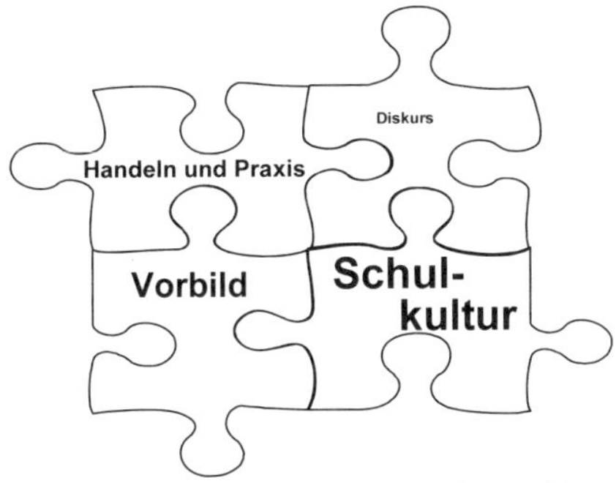

2.2.5 *Projektlernen*

4. Handlungsethisches Lernen

- Lernen durch Tun
- Lernen durch Reflexion
- interpersonelle Orientierung

- in sozialen Handlungsfeldern eigene Erfahrungen machen
- diese Erfahrungen angeleitet reflektieren
- das Handeln professioneller Helfer reflexiv bearbeiten

▸ Werterhellung Wertkommunikation – Wertübertragung

Deshalb lautet die weiterführende Alternative: ethisch handeln lernen! die Bedeutung dieser Art des Lernens soll in einem ersten Schritt allgemein beschrieben werden, bevor dann der Frage nachgegangen wird, inwiefern hier ein Lernen an anderen Biografien erfolgt.

Compassion – ethisch handeln lernen

Über entscheidungstheoretische Ansätze hinaus reichen Projekte, in denen planvolles ethisches Handeln tatsächlich eingeübt wird: Dies geschieht beispielsweise bei der Planung, Durchführung und Reflexion von (Sozial-)Projekten.

Das Compassion-Projekt, eine Initiative angestoßen durch die Freien Katholischen Schulen in Deutschland, ist motiviert durch die kritische Wahrnehmung von gesellschaftlichen Veränderungen (Stichworte: sinkende soziale Sensibilität, Entsolidarisierung der Gesellschaft; Weisbrod/Kuhn/Hirsch 1994, 269f.), aber auch durch den schulkritischen Blickwinkel in Bezug auf das Reflexionsmodell religiösen Lernens, wie er einleitend in diesem Beitrag beschrieben wurde.

Konkret: Kann man die Ethik Jesu im Klassenzimmer weitervermitteln? Gelingt dadurch die Ausbildung eines christlich orientierten Ethos? Es reicht vermutlich nicht aus, in zwei mal fünfundvierzig Minuten pro Woche zwischen Mathematik und Erdkunde die Thesen der Bergpredigt auswendig zu lernen oder über ihren Geltungsbereich klug zu diskutieren, sie müssen vielmehr in ihrem Anspruch und ihrer Humanität im Leben und am eigenen Leib erfahrbar werden. Man erlebt immer wieder, dass sich gerade auch die privilegierte gymnasiale Mittelschichtsklientel unsensibel bis zynisch verhält, wenn es um die Würde von Behinderten, Alten oder Schwerkranken geht. Aus der Distanz und im klinisch reinen Raum des Klassenzimmers lassen sich nur schwerlich sozialverpflichtende Haltungen aufbauen. Ethische Urteile bewähren sich erst im ethischen Handeln!

Hier wird die Grenze diskursethischer Ansätze deutlich. Dietrich Zilleßen ist zuzustimmen: „Werte werden nicht durch Appelle, sondern durch Erfahrungen gelernt. Dabei spielen die Gefühle eine entscheidende Rolle, weil sie unabdingbar mit sozialen Erfahrungen verbunden sind“ (Zilleßen 2004, 172). Fritz Oser formuliert deshalb als erstes seiner „Zehn Gebote der Moralerziehung“: „Keine moralische Stimulierung zu höherer Stufe ohne Stimulierung moralischer Handlung“ (Oser 1996, 87).

Darin liegt die Chance von Sozialprojekten wie dem Compassion-Projekt (Kuld/Gönnheimer 2000): Schülerinnen und Schüler der Projektschulen gehen während des Schuljahres mehrere Wochen in eine soziale Einrichtung (z. B. Altenheim, Kindergarten, Krankenhaus, Behindertenwerkstatt, Bahnhofsmission). Die Lehrkräfte betreuen die Praktikanten vor Ort und bereiten das gesamte Projekt unterrichtlich vor und nach. „Pädagogischer Kerngedanke des Compassion-Projekts ist also die Überzeugung, dass Sozialpraktika langfristig zu veränderten Verhaltensbereitschaften und Haltungen im Bereich des Sozialen führen können, wenn sie mit Fachunterricht verknüpft sind, der informierend, reflektierend und bewertend auf Erfahrungen in den Praktika vorbereitet und nachträglich eingeht“ (Kuld 2001, 293). Es ist begrüßenswert, wenn immer mehr Schulen entsprechende Projekte vorantreiben, die in schulpädagogischer Sicht dem Konzept einer Öffnung von Schule entsprechen: Diese Sozialprojekte und Exkursionen in die Lebenswelten der *Local heroes* wollen einen „Beitrag zur Wertorientierung und Sinnfindung“ (Katholisches Schulkommissariat in Bayern 1998, 14–80) von Jugendlichen heute leisten.

Lernen an professionellen Helfern

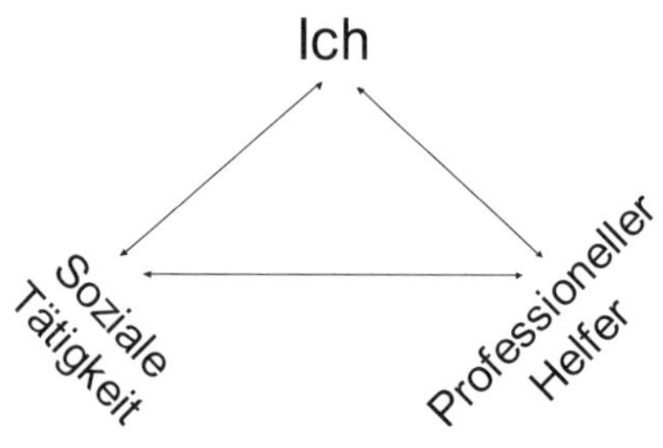

Was bei der Konzeptionierung des Compassion-Projekts bislang zu kurz kommt, ist die Anleitung zu einer reflexiven Auseinandersetzung mit den professionellen Helfern vor Ort, vor allem eine Beschäftigung mit deren Motiven für ihr altruistisches Handeln (Mendl 2002a). In den Schülerfragebögen (2.4 Fragen zum Umgang mit den in der Einrichtung beschäftigten Personen) (Kuld/Gönnheimer 2000, Anhang ohne Zählung) beschränkt sich der Blickwinkel auf allgemeine Fragen zum wechselseitigen Verhältnis zwischen Profi und Praktikant sowie auf die Frage nach Vorbildern im Praktikum, die zumindest offen steht für die Ebene „wie erlebe ich den professionellen Helfer in seinem sozialen Tun“.

Im Interesse der Vorbildthematik müsste man bei der Gestaltung und besonders Auswertung derartiger Projekte die duale Grundstruktur „wie geht es mir bei einer bestimmten sozialen Tätigkeit“ auf die Beobachtung der professionellen Helfer hin triadisch erweitern (also: ich als Praktikant – soziale Tätigkeit – professioneller Helfer). Diese stärker personal auf den professionellen Helfer hin zugeschnittene Wahrnehmungsebene könnte nach Helmut Hanisch in einem weiteren

Schritt daraufhin ausgeweitet werden, „die Motive der einzelnen Gesprächspartner oder diakonischer Persönlichkeiten im Horizont des neuen Testaments theologisch zu reflektieren", mit dem Ziel (und das wäre dann vermutlich Aufgabe einer folgenden unterrichtlichen Aufarbeitung), „durch den Vergleich allgemein ethischer und christlicher ethischer Positionen ... jungen Menschen Orientierungen anzubieten" und „den Schülerinnen und Schülern eine klare Vorstellung davon zu vermitteln, was es bedeutet, im Geiste Jesu zu handeln und ihn selbst als Urbild der Diakonie zu erkennen" (Hanisch 2000, 17; vgl. auch Mendl 1997a). Hanisch legt so viel Wert auf diese Ebene, weil er damit die Loslösung der Ethik Jesu von seiner Reich-Gottes-Botschaft verhindern möchte, wie er dies empirisch in der Rezeption der Person Jesu als „guter Mensch" und der Reduktion seiner Lehre auf moralisches Handeln bei Kindern festgestellt hat (Hanisch 2000, 13–16).

Eine solche unterrichtlich betreute reflexive Auseinandersetzung mit Person und Motiven professioneller Helfer erscheint auch deshalb unabdingbar, weil ja vermutlich die Schülerinnen und Schüler auf ganz unterschiedliche (ausgeglichene, reflektiert motivierte, selbst hilfsbedürftige, verhärmte ...) Helferpersönlichkeiten stoßen werden und auch die Begegnung z. B. mit Menschen mit körperlichen oder geistigen Beeinträchtigungen durchaus zu einer „Perturbation durch Differenzerfahrung" (Sabinsky/Silbernagl 2013, 139) führen wird.

Weitere interpersonelle Projektideen
Nun ergibt sich freilich die Schwierigkeit, dass das Compassion-Modell auf Jugendliche ab der Mittelstufe/Sekundarstufe I zugeschnitten ist. Was ist mit jüngeren Schülerinnen und Schülern? Wenn es um die direkte Kontaktaufnahme mit in irgendeiner Weise vorbildlichen Personen geht, sind auch andere, organisatorisch einfachere und weitere außerschulisch angelegte Formen möglich, die interpersonelles Lernen in niedrigeren Jahrgangsstufen fördern (siehe weitere Projektideen: Mendl 2013a, 306–308; Sabinsky/Silbernagl 2013):

- Es hat sich bewährt, bei bestimmten Themen Fachleute in die Schule einzuladen (Ordensleute, Drogenberater, Zeitzeugen ...), die aus ihrem Lebens- und Arbeitskontext heraus den Schülern Rede und Antwort stehen. Die Einladung von „Experten" lässt sich aber auch mit außerschulischen Sozial- und Hilfsaktionen verbinden.
- Eine ähnliche Zielrichtung über den im engeren Sinn sozialen Bereich hinaus verfolgt das stärker analytisch angelegte Projekt „Kirche auf der Spur" (Mendl 1997a): Jugendliche untersuchen nach selbstentwickelten Kriterien kirchliche Institutionen vor Ort: Im Gespräch mit Verantwortlichen sollen unter anderem auch deren Motive für ein Engagement in der Kirche erkundet werden. Die Ergebnisse werden in einer Ausstellung präsentiert. Wenn dann eine Schülerin bei der Reflexion äußert: „So einen Beruf könnte ich mir später auch einmal vorstellen", so wird deutlich, wie weitreichend eine derart konkrete Auseinandersetzung mit Vorbildern sein könnte – selbst wenn es nicht primär um die Ebene der Berufsfindung ging. Der Kohlberg-Schüler Bill Puca geht ähnlich vor wenn er bei der Reflexion des aktiven Dienstes für andere Menschen auch die Berufsberatung über helfende und soziale Berufe integriert (Oser/Althof 1992, 469–472).

- Wenn im Rahmen der Firmkatechese gemeindliche Firmgruppen bewusst von jungen Erwachsenen geleitet werden, dann findet über solche „Erzählgemeinschaften im Glauben“ auch hier eine Auseinandersetzung mit und eine Orientierung an transparenten „Alltagschristen“ statt. In ähnlicher Weise funktioniert übrigens auch das bewährte Modell des Einsatzes jugendlicher Gruppenleiter in der verbandlichen und außerverbandlichen Jugendarbeit (vgl. weitere Projektideen: Themenhefte Gemeindearbeit 2/2006, 24).
- Auf der Suche nach neuen Wegen in der kirchlichen Jugendarbeit wurden in den letzten Jahren „72-Stunden“-Projekte oder „Zeit für Helden“-Projekte initiiert: Jugendliche – bereits in Jugendgruppen organisiert oder nur für das Projekt zusammengefunden – führen drei Tage lang ein ortsteilbezogenes Projekt durch, das einen gesellschaftlichen oder sozial-caritativen Nutzen hat. Entgegen einer reinen Zielgruppen-Pastoral (eigene Angebote für Kinder, Jugendliche, Erwachsene, alte Menschen) zwingt das Modell die Jugendgruppen zur Kooperation mit „anderen Populationen“: Sie müssen einen erwachsenen Paten benennen und bei der Planung der Projekte mit Vertretern verschiedener gesellschaftlicher Einrichtungen verhandeln. Das eröffnet den Blick über den Tellerrand der eigenen Peergroup hinaus und ermöglicht gelegentlich über Prozesse der Bewunderung und Orientierung auch so etwas wie ein „Lernen an anderen Biografien“. Hinzu kommt, dass die Veranstaltung über motivierende und lobende Statements von Prominenten beworben wird.

Chancen und Grenzen des Projektlernens
Diese Ebene des Projektlernens ist deshalb so wichtig, weil hiermit der diskurspädagogische Rahmen gesprengt wird: Erlebnisbetonte, motivationale und unmittelbar interpersonelle Aspekte einer Auseinandersetzung mit Modellen gewinnen an Bedeutung.

Gleichzeitig müssen Sozialprojekte aber auch unterrichtlich-diskursiv eingebettet sein. Die wissenschaftliche Auswertung von Sozialprojekten ergab, dass Compassion-Projekte besonders dann nachhaltig waren, wenn das soziale Tun eng mit unterrichtlichen Prozessen einer Vorbereitung, Begleitung und Reflexion verknüpft wurde (Kuld/Gönnheimer 2000; Mendl 2013a, 289–308). Dies entspricht auch der Forderung von Bernhard Grümme nach einer deutlicher politischen Perspektivierung des Religionsunterrichts und auch der Sozialprojekte: Denn gerade bei deren reflexiven Phasen kann man politische Fragen thematisieren, durch die Schülerinnen und Schüler „strukturelle Interessen, Herrschaftsbedingungen, Machtzusammenhänge oder wirtschaftliche Zusammenhänge bedenken würden. Diese Denkkategorien müssten vor allem in den vorbereitenden und nachbereitenden Phasen des Sozialpraktikums wirksam werden“ (Grümme 2009, 90).

2.2.6 *Spiegelneurone – Rehabilitation des Nachahmungslernens?*

Deutlich wurde, dass alle skizzierten lernpsychologischen Theorien differenziert betrachtet werden müssen und ihre Vorteile und Grenzen haben, auch wenn unter einem kognitiven Blickwinkel die Konzepte eines Modell-Lernens und der Diskursethik als besonders didaktisch sinnvoll erachtet werden. Erschüttert wird diese Sicht allerdings durch die neueren Ergebnisse der Gehirnforschung, die auf die Bedeutung der Spiegelneurone für die gesamte menschliche Entwicklung verweisen. Denn diese ist kommunikativ und interpersonell geprägt.

„Warum ich fühle, was du fühlst"

Kurz zur Theorie der Spiegelneurone, wie sie vor allem Joachim Bauer in seinem Bestseller „Warum ich fühle, was du fühlst" (Bauer 2010) verbreitet hat: Bestimmte Nervenzellen im Gehirn reagieren unmittelbar auf Bewegungen, Gesichtsausdrücke und Laute anderer Menschen. Wird das Verhalten anderer wahrgenommen, so löst dies im Gehirn ein neurobiologisches Programm aus, das die beobachtete Handlung auch bei einem selber zur Ausführung bringen könnte. „Nervenzellen, die im eigenen Körper ein bestimmtes Programm realisieren können, die aber auch dann aktiv werden, wenn man beobachtet oder auf andere Weise miterlebt, wie ein anderes Individuum dieses Programm in die Tat umsetzt, werden als Spiegelneurone bezeichnet" (Bauer 2010, 23). Solche „Resonanzphänomene des Alltags" (Bauer 2010, 7) kennt jeder: Lachen ist ansteckend; wenn einer gähnt, gähnen alle; Erwachsene öffnen spontan den Mund, wenn sie ein Kind füttern. Was aber besonders bedeutend ist: Die beobachtete oder (durch Erfahrungswissen prognostizierte) vermutete Handlung kann, muss aber nicht vom Beobachter ausgeführt werden. Dadurch, dass wir andere in ihrem Verhalten und in ihrer Emotionalität wahrnehmen, werden im Gehirn Handlungsimpulse aktiviert, ohne dass schon Bewegungsneurone in Gang gesetzt werden; diese abgespeicherten Informationen ermöglichen dann auch eigenes Handeln. Die weiterführende These: So lernen wir andere verstehen und lernen vom anderen. Wie im Titel von Bauers Buch deutlich wird, wirkt sich diese Wahrnehmung des anderen fundamental auch auf die Entwicklung von Empathie und einer Befähigung zur Perspektivenübernahme aus. Von der Gehirnforschung weiß man über die Bedeutung von Gefühlen, Bildern und personalen Lernebenen: „Was die Menschen umtreibt, sind nicht Fakten und Daten, sondern Gefühle, Geschichten und vor allem andere Menschen" (Spitzer 2002, 160; vgl. auch Mendl 2013b, 13f.). Die Spiegelneurone fühlen sich allerdings nur dann angesprochen, wenn „ein biologischer Akteur, also eine lebende handelnde Person beobachtet wird" (Bauer 2010, 38), aber auch Videofilme und PC-Filme erzeugen eine Resonanz (was ein neues Licht auf die Frage nach der Entstehung von Gewaltmodellen durch unkontrollierten Medienkonsum wirft, siehe dazu Bauer 2010, 120–122; Spitzer 2002, 361–383 sowie in weiteren Publikationen). Die gesamte emotionale Resonanz, Körperempfinden, Schmerz, Mitgefühl, Empathie und Intuition werden auf diese Weise geschult.

Spiegelneurone und orientierendes Lernen

Eine erste didaktische Folgerung aus diesen gehirnphysiologischen Erkenntnissen bestätigt das oben skizzierte Modell des Begegnungslernens z. B. im Rahmen von Sozialprojekten: Die unmittelbare Wirkung einer zwischenmenschlichen Begegnung kann im Rahmen eines orientierenden Lernens an anderen Biografien gar nicht groß genug eingeschätzt werden; ein interpersonelles Lernen an anderen

Menschen ist nicht nur didaktisch, sondern gesamtmenschlich unverzichtbar – in der Familie, im Freundeskreis, in der Schulklasse und in der Öffentlichkeit. Diese Perspektive der Spiegelneurone muss dann bei den konkreten Personenkreisen, z. B. bei den Eltern (Kap. 3.7) und vor allem auch bei den Lehrenden (Kap. 3.6) und insgesamt bei den *Local heroes* (Kap. 3.1) wieder aufgegriffen werden.

Kritische Anfrage: Entscheidungsfreiheit?
Lerntheoretisch betrachtet muss man die didaktischen Folgerungen, die sich aus der Theorie der Spiegelneurone ergeben, dem Bewunderungs- und Nachahmungslernen zuordnen. Wie oben skizziert worden ist, besteht die Kritik daran aber gerade im unterstellten bzw. faktischen Automatismus, wie hier Lernen vollzogen wird, und einer fehlenden kognitiven Kontrolle und Entscheidungsmöglichkeit. Auch die Gehirnforschung, so faszinierend die einzelnen Forschungsergebnisse sein mögen, muss sich mit der Frage der menschlichen Entscheidungsfähigkeit und dem grundsätzlichen Problem des freien Willens auseinandersetzen. Wird jedes liebevoll erzogene Kind ein einfühlsamer Erwachsener? Lässt sich prognostizieren, dass jeder Jugendliche, der im Übermaß Gewaltvideos und entsprechende Computerspiele konsumiert, auch selber im Erwachsenenleben zur Gewalt tendieren wird? Joachim Bauer spart in seinem Buch diese Frage nicht aus. Nach den Vorstellungen der Gehirnforschung ist der freie Wille des Menschen zwar das Resultat eines inneren Selbstorganisationsprozesses und sowohl individuell als sozial gerahmt: „Nichts anderes als das, was vom Individuum auf der Basis dieser Situation entschieden wird, ist der – auf Grund einer gesellschaftlichen Übereinkunft so genannte – freie Wille“ (Bauer 2010, 163). Dies gilt auch für die Spiegelneurone: Sie stellen dem Individuum einen Raum zur Verfügung, „in dem Vorstellungen über Handlungen, also Handlungsgedanken, erzeugt und in der Schwebe gehalten werden können, ohne dass es notwendigerweise auch zur Umsetzung der entsprechenden Aktion kommen muss“ (Bauer 2010, 164). Dieser Planungs-, Vorstellungs- und Gedankenraum gibt den Rahmen vor; ob wir die Vorstellungen nur wahrnehmen oder auch ausführen, können und müssen wir selber abwägen.

Didaktisch ergibt sich hieraus die Folgerung, gerade bei konkreten interpersonellen Feldern eines Lernens an fremden Biografien die Reflexivität zu schulen, um das lernende Subjekt zu befähigen, auch über neuronal gesteuerte Prozesse der Spiegelung an anderen, beeindruckenden Personen, nachzudenken und entscheiden zu lernen.

Gleichzeitig gilt es auch bei vermeintlich ausschließlich diskursethischen Ebenen des Lernens zu berücksichtigen, dass hier affektive Prozesse eine Rolle spielen, die mit der Abspeicherung von eigenen Lebenserfahrungen zu tun haben; diese fließen beispielsweise in den oben skizzierten Prozess einer „doppelten Werterhellung“ ein – bei der Betrachtung von Entscheidungssituationen anderer Menschen werden eigene Erfahrungen evoziert, die immer auch emotional unterfüttert sind. Bestätigt wurde dies durch die empirische Studie von Karolin Kuhn: Sie bezeichnet die Empathiefähigkeit als eine Schlüsselkompetenz, die es ermöglicht, sich auf differenzierte Weise mit anderen Biografien zu beschäftigen (Kuhn 2010, 241–243). Wer selber eine höhere Empfindsamkeit in Entscheidungssituationen hat, kann sich auch besser in die (emotionale) Situation einer fremden Biografie versetzen (Kuhn 2010, 185).

2.2.7 Integration von Nachahmungs-, Modell-, Diskurs- und Handlungslernen

Ein handlungs- und projektorientiert ausgerichteter Umgang mit Biografien anderer Menschen kann als ein integratives Modell verstanden werden: In lerntheoretischer Hinsicht werden die verschiedenen Ebenen eines Lernens von Aspekten der Nach- und Mitgestaltung, der Orientierung und der Reflexion in sich vereint. In anthropologischer Hinsicht betrachtet man das autonome Subjekt als entscheidungs- und handlungsfähiges und zugleich als soziales und gesellschaftlich verantwortliches.

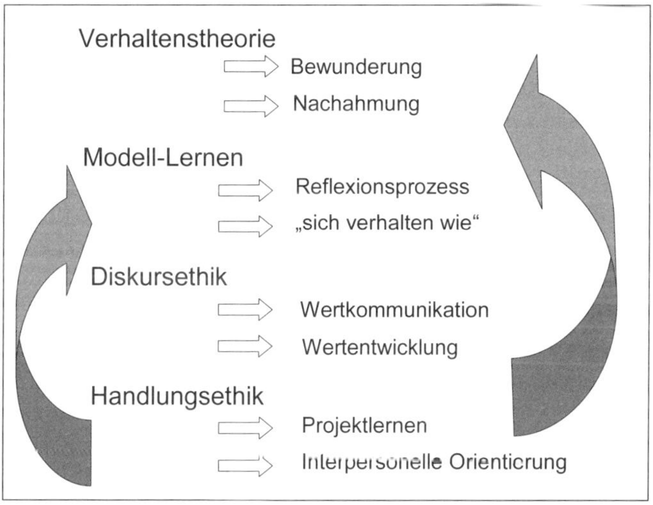

2.2.8 Lernaufgaben und Literaturhinweise

Zusammenfassung:
Wird die Frage nach dem Vorbild pädagogisch reflektiert, so lassen sich verschiedene lernpsychologische Auffassungen voneinander abgrenzen und miteinander verbinden: Verhaltenstheoretische Modelle, so wichtig sie in anderen Gebieten des Lernens sein mögen, haben im Bereich einer Orientierung an Biografien anderer nur eine begrenzte Reichweite, auch wenn sie durch die Theorie der Spiegelneurone eine gewisse Rehabilitation erfahren. Während die Bewunderung einer fremden Person für die Entwicklung des eigenen moralischen Universums bedeutsam ist, gilt ein einfaches Nachahmungslernen im Einklang mit der Vorstellung, man könne Werte und Haltungen von einer Person auf die andere übertragen, als problematisch. Die sozialkognitive Theorie des Modell-Lernens bietet demgegenüber die Möglichkeit, über verschiedene Prozesse einer Auseinandersetzung mit fremden Biografien (Werterhel-

lung, Wertkommunikation) in Teilsegmenten Verhaltensweisen zu reflektieren und eventuell zu übernehmen. Bei diskursethischen Modellen verzichtet man auf einen unmittelbaren Transfer und vertraut auf eine stetige Wertentwicklung über entsprechend gestaltete problemorientierte Auseinandersetzungen mit fremden Biografien und ihren Entscheidungssituationen und impliziten Wertoptionen. Ein Lernen als Handeln in Form von Sozialprojekten oder über direkten Kontakt mit *Local heroes* verbindet diskursethische Ansätze mit verhaltenstheoretischen Auffassungen und ermöglicht das direktes Lernen an und mit fremden Personen.

Lernaufgaben

1. Reflektieren Sie eigene Lernerfahrungen: Was haben Sie über Prozesse des Nachahmens gelernt? Wo haben Sie modellartig vorbildhaftes Verhalten in Segmente des eigenen Lebens übertragen? Wo haben Sie diskursethisch gelernt? Und was bedeutete dabei die interpersonelle Begegnung für Sie?
2. Suchen Sie nach weiterer Literatur zur Theorie der Spiegelneurone und diskutieren Sie die Plausibilität dieser Theorie!

Literaturhinweise

Bauer, Joachim (2010), Warum ich fühle, was du fühlst. Intuitive Kommunikation und das Geheimnis der Spiegelneurone, 15. A., München.

Edelmann, Walter/Wittmann, Simone (2012), Lernpsychologie, 7., vollständig überarbeitete Auflage, Weinheim.

Kuld, Lothar/Gönnheimer, Stefan (2000), Compassion – sozialverpflichtetes Lernen und Handeln, Stuttgart.

Mendl, Hans (2013), Religion erleben. Ein Arbeitsbuch für den Religionsunterricht. 20 Praxisfelder, München 2. A., 121–134 (Personen – Begegnungen erfahren), 289–308 (Christliche Ethik – erprobte Nächstenliebe).

Oser, Fritz/Althof, Wolfgang (1992), Moralische Selbstbestimmung. Modelle der Entwicklung und Erziehung im Wertebereich. Ein Lehrbuch, Stuttgart

Ziebertz, Hans-Georg (2010b), Ethisches Lernen, in: *Hilger, Georg/Leimgruber, Stephan/Ziebertz, Hans Georg*, Religionsdidaktik. Ein Leitfaden für Studium, Ausbildung und Beruf, München, 434–452.

2.3 Religionspädagogische Folgerungen

In der kommenden Welt wird man mich nicht fragen:
„Warum bist du nicht Mose gewesen?“
Man wird mich fragen: „Warum bist du nicht Sussja gewesen?“

Martin Buber (Buber 1949, 394)

2.3.1 *Ausgangs- und Zielpunkt: die lernenden Subjekte*

„Biografisches Lernen durch Lernen an Biografien", so könnte man die Intention dieses Buchs präzise benennen. Ausgangs- und Zielpunkt einer Auseinandersetzung mit fremden Biografien sind die Schülerinnen und Schüler. Von dieser Logik aus muss auch der religionspädagogische Begründungs- und Handlungszusammenhang konstruiert werden. Martin Buber bringt dies in einer seiner Erzählungen aus der Chassidim so treffend auf den Punkt: Am Ende der Zeiten wird die Frage nicht lauten, ob man irgendeinem Vorbild gleicht, sondern ob man man selber geworden ist! Das ist tatsächlich die „Frage der Fragen", die sich RABBI SUSSJA vor dem Ende stellt (so die Überschrift, Buber 1949, 394)! Von daher muss es das Ziel einer Auseinandersetzung mit fremden Biografien sein, von der Fremdorientierung auf die Eigenverantwortlichkeit hinzuarbeiten.

Die didaktische Grundstruktur eines Umgangs mit fremden Biografien ist also das biografische Lernen; das erfordert, mehr noch als das einfache Vorbild- oder Modell-Lernen, „eine permanente Denkbewegung ein, die von der fremden Biografie zur eigenen und umgekehrt bzw. nur reflexiv auf die eigene bezogen läuft" (Lindner 2011a, 64). Die grundlegende Absicht besteht darin, die Schülerinnen und Schüler zu Positionierungen herauszufordern, Bedeutungszuschreibungen zu ermöglichen und Möglichkeitsräume zu eröffnen (ebd. 65f.).

Die dementsprechenden Implikationen, die sich auch aus dem bisher Erarbeiteten ergeben, sollen hier nun knapp und bündig dargestellt werden.

2.3.2 *Religionspädagogische Zielbereiche eines Lernens an fremden Biografien*

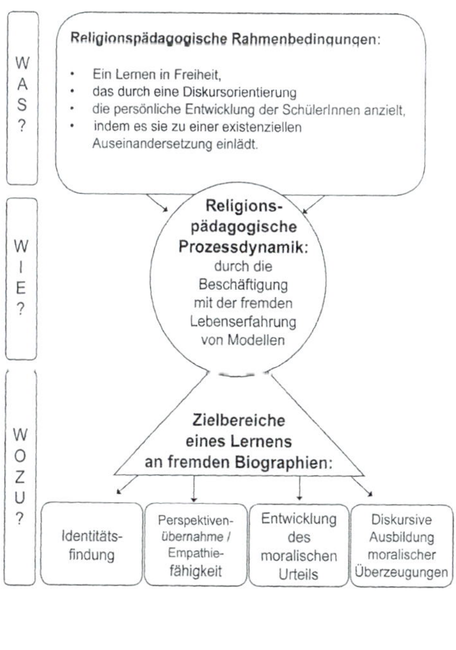

Karolin Kuhn skizziert in ihrer Arbeit „vor dem Hintergrund theoretischer Modelle der (Religions-) Pädagogik, Psychologie und Philosophie" (Kuhn 2010, 97) folgende vier Zentralbereiche eines Lernens, das konsequent subjektbezogen entfaltet ist: Die Methode eines Lernens an fremden Biografien soll einen Beitrag zur Identitätsfindung von Jugendlichen leisten, sie sollen dadurch in ihrer Fähigkeit zur Perspektivenübernahme und empathischen Identifikation gestärkt, in der Entwicklung ihrer moralischen Urteilsfähigkeit unterstützt und schließlich zur diskursiven Ausbildung moralischer Überzeugungen befähigt werden (Kuhn 2010, 85–109). Im Detail:

- Beitrag zur Identitätsfindung: Identitätsentwicklung gehört zur zentralen Aufgabe im Jugendalter. Diese versteht man heute nicht mehr als statisch und mit der Jugend als abgeschlossen. Sie erfolgt in postmoderner Pluralität vielmehr sehr flexibel, vorläufig, balancierend und narrativ (vgl. Mendl 2014a, 21–73). Eine erzählende Vergewisserung der Frage „Wer bin ich?“ kann auch durch die Auseinandersetzung mit den Lebenserfahrungen und Entscheidungen von Fremdbiografien erfolgen. Wenn sich Schülerinnen und Schüler in fremde Biografien „einklinken“, können sie Perspektiven, Denkmöglichkeiten und Lebenswege erprobend nachvollziehen. Entscheidend – und das entspricht den Ausführungen zur Diskursethik im Kapitel zuvor – ist die Freiheit des einzelnen, die Angebote der Fremdbiografie für plausibel zu halten oder nicht. Dies stärkt die Würde des lernenden Subjekts; denn auch religiöse Bildung ist Selbstbildung in Beziehung (Boschki 2003, 274).
- Fähigkeit zur Perspektivenübernahme und empathischen Identifikation: Schülerinnen und Schüler erweitern ihren eigenen Denkhorizont auf mehrfache Weise: Zum einen werden ihnen Deutungsangebote aus dem Leben einer fremden Biografie zugespielt, zum anderen sehen sie sich im Diskurs über diese auch mit den Deutungen der Mitschülerinnen und -schüler und der Lehrkraft konfrontiert. Begreift sich der Religionsunterricht heute auch als Wahrnehmungsschule (Hilger 1998), so gilt es hier, sich perspektivisch auf die Lebensumstände und Entscheidungen von Fremdbiografien einzulassen; dies steht immer auch in Zusammenhang mit Wertentscheidungen, Beziehungen und Emotionen. Insofern spielt auch bei kognitiven Lernprozessen Empathie eine entscheidende Rolle (ebenfalls ein Ergebnis der Studie von Kuhn).
- Entwicklung der moralischen Urteilsfähigkeit: Es ist wissenschaftlich belegt, dass die regelmäßige Diskussion von moralischen Dilemmata, die ja nie abstrakt, sondern narrativ und personal gebunden erfolgt, zur Weiterentwicklung und Ausdifferenzierung der moralischen Urteilsfähigkeit beiträgt. Dementsprechend sollten von der Grundschule an – nicht nur im Religionsunterricht, sondern in allen Fächern – Lernumgebungen geschaffen werden, die auf einer theoretischen Ebene und ganz praktisch im Diskurs der Klassengemeinschaft die moralische Urteilsfähigkeit herausfordern und fördern; da es sic bei moralischen Urteilen immer um Situationen, Entscheidungen und Wertimplikationen der beteiligten Personen handelt, steht die Entwicklung einer moralischen Urteilsfähigkeit immer in einem interpersonellen und kommunikativen Rahmen.
- Diskursive Ausbildung moralischer Überzeugungen: Auch wenn die Methode des moralischen Dilemmas der formalen Ethik zuzurechnen ist (vgl. Mendl 2014a, 114), weil es zunächst um eine kognitive Erfassung von Wertimplikationen und die Kommunikation über ethische Fragen geht, erfolgt dieser Prozess einer moralischen Urteils- und Entscheidungsbildung nicht ohne Rückbezüge auf eine materiale Ethik. Daher werden gemäß dem Ansatz dieses Buchs inmitten der breiten Angebotspalette von Lebensentwürfen in postmoderner Pluralität (siehe hierzu Kap. 1.2) im Kontext religiöser Bildungsprozesse selbstverständlich Biografien eingespielt, deren Lebensentscheidungen auch von einem jüdisch-christlichen Ethos gespeist werden. Im Kontext einer auto-

nomen Moral muss sich ein orientierendes Lernen an fremden Biografien aber immer als ein Lernen in Freiheit vollziehen, wie dies Karolin Kuhn in ihrem Schaubild als zentralen ersten Aspekt der religionspädagogischen Rahmenbedingungen mit Recht angibt. Deshalb will die Methode eines Lernens an fremden Biografien die Schülerinnen und Schüler befähigen, „ihre Überzeugungen und auch die religiösen und säkularen Normen an konkreten Lebenssituationen abzuarbeiten, auszutesten und zu entwickeln" (Kuhn 2010, 96).

Verleitet man Jugendliche zur Fortführung des Satzanfangs „Ein Vorbild ist für mich …", wie das Konstantin Lindner im Rahmen eines qualitativen Forschungsprojekts getan hat, so wird deutlich, dass sich die Antworten nicht auf einen Nenner bringen lassen (Lindner 2009). Lindner ermittelte folgende Typen:

- den neutralen Relativierer, der kaum einen persönlichen Bezug zum Vorbild hat
- den beobachteten Idealisten, ebenfalls ohne Beziehung, aber mit einer genauen Beobachtung des konstruierten Idealbilds
- den pragmatischen Idealisten, der zwar das Vorbild nicht bewundert, aber Aspekte darlegt, die als verwirklichbar erscheinen
- und den suchenden Harmonisierer, der im Vorbild Aspekte sucht, die mit dem eigenen Leben in Übereinstimmung gebracht werden können (Lindner 2009, 84–87).

Die Folgerungen aus diesem unterschiedlichen Zugriff auf die Vorbildthematik sind plausibel: Wenn Jugendliche unterschiedliche Erwartungen und Haltungen dem Lerngegenstand „Vorbild" entgegenbringen, wäre es didaktisch kontraproduktiv, nur eine Lernperspektive anzubieten! Schon die Andeutung einer Nachahmungsperpektive wäre verfehlt, da „alle vier Vorbild-Typen die Wahlfreiheit bzgl. Vorbildern reklamieren" (Lindner 2009, 88). Im Sinne eines biografischen Lernens sind die lernenden Schülerinnen und Schüler Ausgangspunkt jeglicher Lernprozesse an fremden Biografien!

2.3.3 Religionsdidaktische Implikationen

Die bisherigen Ausführungen sowohl bezüglich der Bedeutung und Gestalt des Vorbilds heute als auch zur theologischen und religionspädagogischen Konzeptionierung eines Umgangs mit fremden Biografien bei Prozessen des Lernens tragen zu einer Kurskorrektor bei, die im Folgenden knapp skizziert werden soll:

- Inhaltlich-personal: Die großen Gestalten der Geschichte und des Glaubens bildeten früher das Zentrum eines orientierendes Lernens; sie gerieten bis zum Ende des Jahrtausends in Verdacht, als „peinlichen Überbautypen" (Siegfried Lenz) untauglich für ein subjektorientiertes Lernen zu sein. Die Personenpalette wurde breiter, da auch die ganz nahen familiären sowie die „Helden auf Augenhöhe" oder *Local heroes* in den Mittelpunkt des Interesses rückten. Für alle Vorbilder gilt: Sie sind in Teilbereichen ihres Lebens vorbildlich, insgesamt aber auch als Menschen mit Fehlern und Schwächen zu betrachten. „Ein Vorbild … ist nie ‚fertig' und niemals ‚perfekt'. Es fehlt und scheitert, es entwickelt sich" (Horáková 2007, 21).
- Lernpsychologisch und methodisch: Das lernpsychologisch problematische

Modell einer unreflektierten Bewunderung, Verherrlichung und Nachahmung der Heroen wurde abgelöst von deutlicher modelltheoretisch- und diskursethischen Ansätzen. Diese müssen handlungsorientiert ausgeweitet werden und sollten auch immer in ihrer emotionalen Tiefendimension betrachtet werden, die bei der Auseinandersetzung mit realen oder fiktiven Personen eine bedeutende Rolle spielt.

- Die inhaltliche und didaktische Synthese: Gerade ein didaktisch verantwortlich gestalteter Umgang mit Vorbildern lässt sich auf das gesamte Personenarsenal übertragen, so dass die Bandbreite an Personen und Personengruppen, die im Sinne eines Orientierungswissens didaktisch eingespielt werden kann, unermesslich groß wird. Jeder Mensch kann Gegenstand der Anschauung durch einen anderen Menschen werden, insofern ist der Himmel der Heiligen tatsächlich „g'steckt voll" (Stecher 1995, 30–36). Methodisch erfährt die Bedeutung eines interpersonalen Nachahmungslernens durch neuere Forschungsergebnisse der Gehirnforschung (Bedeutung der Spiegelneurone) eine gewisse Rehabilitation.

Rainer Merkel hat ausgehend vom anthropologischen Prinzip des Dialogs von Martin Buber („Ich werde am Du") folgende acht Grundsätze eines Begegnungslernens skizziert, die keiner weiteren Erläuterung bedürfen (Merkel 2011, 78f.):

„1. ‚Lernen in Begegnung' ist grundsätzlich mit jeder Person möglich.
2. ‚Lernen in Begegnung' ist die (prinzipiell) symmetrische Interaktion von Subjekten.
3. ‚Lernen in Begegnung' bleibt unvollständig, vorläufig und setzt die Bereitschaft zur Korrektur voraus.
4. ‚Lernen in Begegnung' ist perspektivisch, legt das durchgängig offen und gibt Raum zur Reflexion
5. ‚Lernen in Begegnung' muss nicht chronologisch erfolgen.
6. ‚Lernen in Begegnung' legt Wert auf Emotionalität.
7. ‚Lernen in Begegnung' braucht ein Gesicht des Gegenübers.
8. Als didaktisches Modell erfordert ‚Lernen in Begegnung' Fiktion und Fantasie."

2.3.4 *Verzicht auf unmittelbare Transfers? Die Rolle der Lehrkraft*

Das zentrale diskursethische Modell in Verbindung mit einem Subjektansatz, der die Freiheit des Lernenden sichern will, impliziert zunächst einmal eine Absage an unmittelbare Transfers auf das Leben der Schülerinnen und Schüler hin. (Religions-)Lehrerinnen und -lehrer haben aber gelegentlich mit einer Didaktik, die nicht auf einen direkten Übertrag aufs Leben der Schülerinnen und Schüler hin angelegt ist, Probleme. Ein „Lernen fürs Leben" scheint als didaktische Schlusssequenz guten Unterrichts tief eingespurt zu sein. Und dennoch ist es langfristig nachhaltiger, darauf zu verzichten! So bedeutend das Einspielen von biografischen Beispielen sozialaltruistischen Handelns ist, so wichtig ist auch eine behutsame und eben nicht moralinsaure Didaktik. Denn beim anspruchsvollen Weg des orientierenden Lernens werden die Schülerinnen und Schüler zunächst „nur" in die biografischen Skizzen und Entscheidungssituationen sowie die Motivlagen der anderen, vorbildhaften Menschen hineingeführt, ohne gleich an entsprechende eigene Handlungssequenzen denken zu müssen; sie sollen sich „einfühlen", „eindenken", „einklinken". Das ermöglicht auch die nötige Distanz – man kann mit Entscheidungsmustern spielen und muss sich nicht sofort mit dem eigenen Wertecredo outen. Wenn beispielsweise KATHARINA METZL vorgestellt wird, die ein Jahr als Missionarin auf Zeit in Brasilien war, so kann man indirekte Identifikationsangebote schaffen, indem man überlegt, was wohl die Menschen im Umfeld der jungen Frau geraten haben; die später erfolgende eigene Entscheidung von Schülerinnen und Schülern darf dann auch so lauten: „Ich würde das nicht tun!" (Unterrichtsskizze siehe in der *Local-heroes*-Datenbank unter „Schulprojekte" sowie in der Datenbank unter „Eine Welt" und dann „Katharina Metzl"). So paradox es klingt: Gerade der Verzicht auf unmittelbare Transfers („Was lerne ich daraus fürs eigene Leben? Wo kann ich mich ähnlich verhalten wie ...?") bahnt den Weg zu nachhaltigem ethischen Lernen. Hilfreich ist hier ein diskursethisches Methodeninstrumentarium (das im didaktischen Anhang dieses Buches mit konkreten Beispielen breiter entfaltet wird): dazu gehören vor allem die Arbeit mit Dilemmageschichten (bzw. ausgehend von den Entscheidungssituationen: die Gestaltung der biografischen Beispiele als Dilemmageschichte) aber auch weitere Methoden wie die Formulierung einer Gedenktafel, das Verfassen eines Briefs oder Leserbriefs oder weitere Methoden kreativen Schreibens. Die Beispiele sollen nach allen Regeln der (diskursethischen) Kunst bearbeitet werden; nicht nur das Resultat einer Entscheidung interessiert, sondern auch die Motive, die die Menschen bewegt hat, mögliche Handlungsalternativen sowie die Folgen der verschiedenen Optionen für die beteiligten Menschen und die Gesellschaft.

Diese grundsätzliche Weichenstellung bedeutet aber nicht, dass man in jedem Fall auf Handlungsoptionen oder -anregungen verzichten muss, vor allem dann nicht, wenn aus dem Kreis der Schülerinnen und Schüler selbst der Impuls kommt: „So etwas könnten wir doch auch tun!" Gerade dann, wenn Kinder und Jugendliche von den Beispielen der Helden des Alltags beeindruckt sind, ermöglicht die Spiegelung auch eine Motivation fürs eigene Handeln; insofern schließt sich damit auch der lernpsychologische Kreis, weil in diesem Sinne einer reflektierten Entscheidung durchaus auch die zunächst als skeptisch betrachteten Dimensionen der Bewunderung und Nachahmung statthaft sein können.

Heinz Schirp empfiehlt als Antwort auf die Frage, wie unser Gehirn Werte und Orientierung lernt, folgendes neurodidaktisch begründetes Modell: Vor-Leben (hierzu zählt auch das Vorbild des Lehrers!), Nach-Denken und Mit-Machen (Schirp 2006, 200–214).

Schließlich sollen nach dieser mehrfachen „Unterscheidung der Geister" Kriterien für die Auswahl geeigneter Personen erläutert werden, um orientierendes Lernen zu ermöglichen. Die Kriterien sind gespeist von den prinzipiellen Überlegungen aus den vorangegangenen Kapiteln, besonders aber vom Ziel, einen Dialog zwischen fremden Biografien und den Kindern, Jugendlichen und Erwachsenen, die sich mit ihnen beschäftigen, zu ermöglichen.

2.3.5 Kriterien für die Personenauswahl

Wie müssen nun Personen gestrickt sein, an denen gewinnbringend orientierendes Lernen stattfinden kann? Die folgenden Kriterien wurden im Rahmen der Ausgestaltung unserer Homepage *Local heroes* entwickelt. Dies war erforderlich, um unter den Mitarbeitern den Blick für geeignete Biografien zu schulen. Die Kriterien können aber gemäß der skizzierten Maxime, dass jeder Mensch Gegenstand einer Anschauung werden kann, auch hilfreich sein bei der Auswahl aus dem breiten Feld der weiteren Personengruppen, die in den folgenden Kapiteln genauer gesichtet werden.

Dilemmataugliche Entscheidungssituationen
Das erste Kriterium bedeutet eine negative Abgrenzung: Es interessiert nicht das Lebensganze einer Person! Gesamtbiografische Abrisse, womöglich gespickt mit Jahreszahlen, langweilen. Im Kontext des im Kapitel 2.2 beschriebenen diskursethischen Ansatzes geht es um dilemmataugliche Entscheidungssituationen im Leben der zu behandelnden Biografie. Ein echtes Dilemma liegt dann vor, wenn bei der Wahl zwischen zwei oder mehreren Optionen je gleichgewichtige Gründe für die eine oder andere Lösung sprechen. Falsch wäre es, die Dilemmasituation so auszugestalten, dass sich von vornherein die vom Lehrer ethisch bevorzugte Position bzw. bei bekannten Helden die faktische Entscheidung aufdrängt. Im Gegenteil: Je plausibler und nachvollziehbarer die Alternativpositionen verstanden und in ihrem Eigenwert akzeptiert werden können, umso plastischer wird in einem weiteren Schritt des Vergleichs die Besonderheit der ethischen Entscheidung der zentralen Person.

Eine weitere Beobachtung aus vielen Lehrerfortbildungen: Lehrerinnen und Lehrer neigen nicht nur dazu, sehr schnell von Schülerinnen und Schülern einen unmittelbaren Transfer („Was können wir daraus lernen?") abzuverlangen, es fällt ihnen häufig auch schwer, die nötige Spannung eines diskursethischen Ansatzes auszuhalten. Man neigt dazu, Personen nach den Devisen „Seht, welch guter Mensch!" und „Geht hin und tut dergleichen!" zu präsentieren und etwa anderslautende Handlungsoptionen schlecht zu reden. Das didaktische Problem auf Schülerseite: Man spürt die Absicht und ist verstimmt! Nein, das Leben ist viel zu komplex, um es auf eine einzige Handlungsalternative zu beschränken (vgl. Kuld/Schmid 2001; siehe auch Kap. 4.1), und es gibt häufig gute Gründe dafür, nicht zivilcouragiert zu sein, familiären Beziehungen den Vorrang vor einem Sozialprojekt in einem fremden Land zu geben oder legitimerweise auch auf den eigenen Vorteil zu schauen. Dies gilt es auszuhalten!

Gelebtes Ethos
Dilemmasituationen fordern zu ethisch reflektierten Entscheidungen heraus. Die Logik des Vorbild-Begriffs impliziert nun aber, dass das Verhalten der vorgestellten Person eine moralisch wünschenswerte Handlung darstellt. Dies ist unter diskursethischen Gesichtspunkten insofern problematisch, als mögliche andere Verhaltensweisen als ethisch weniger hoch stehend betrachtet werden. Das sollte, wie oben bereits beschrieben wurde, auf jeden Fall vermieden werden.

Trotzdem hat die Suche nach geeigneten Vorbildern auch ein inhaltliches Interesse. Sie ist von der Grundüberzeugung bestimmt: Christliches Ethos ist lebbar, auch in einer postmodernen Welt.

Bei der Entwicklung von Kriterien für den Aufbau der Homepage *Local heroes* wurde plötzlich ein gänzlich unmoderner Begriff wichtig, damit die Lehrstuhlmitarbeiter und die Studierenden in Zeitungen und Zeitschriften entsprechende Personen ermitteln konnten: die Tugendlehren. Aus dem Schatz der christlichen Tradition gehören hierzu die Werke der Barmherzigkeit, theologische Tugenden (Glaube, Hoffnung, Liebe) und Kardinaltugenden (Klugheit, Gerechtigkeit, Tapferkeit, Maß), die Evangelischen Räte, die Antithesen und Seligpreisungen der Bergpredigt und der Dekalog; religionsübergreifend besonders die Haltung der Achtsamkeit im Leben. Nach der klassischen Definition stellen Tugenden immer einen Mittelweg zwischen zwei Extremen dar – so beispielsweise die Tapferkeit zwischen Feigheit und Tollkühnheit; auch das gilt es bei der konkreten Entfaltung der Beispiele zu berücksichtigen.

Offenheit für Anti-Typen

Nimmt man den beschriebenen Ansatz ernst, dann ist über die Bereiche des christlichen Ethos hinaus auch eine differenzierte Auseinandersetzung mit bewusst alternativ angelegten Wertoptionen, fehlgeleiteten Lebensentscheidungen oder negativen Helden denkbar und stimmig, also Menschen, die bezogen auf die skizzierten Tugendlehren abweichende oder entgegengesetzte Werthaltungen einnehmen: z. B. ein Stefan Raab oder Dieter Bohlen (respektloser Umgang mit Mitmenschen), der Erfurter Amokläufer Robert Steinhäuser im Jahr 2002 oder Tim Kretschmer, der Amokläufer von Winnenden im Jahr 2009 (hasserfüllter und gewalttätiger Umgang), die palästinensischen Selbstmordattentäter (Umgang mit politischer und existentieller Ausweglosigkeit) oder Mohammed Atta und andere so bezeichneten „Helden des Bösen" (Focus 9/2002, 70) vom 11. September 2001. Insofern kann man auch an gebrochenen Biografien auf ganz unterschiedliche Weise lernen (da auch der breit angelegte Begriff vielfältige Einzelschicksale umfasst): an ihrer Art und Weise, im Leben zu scheitern, aber auch, wie sie mit einer Grenz- oder Leiderfahrung oder einem Scheitern umgegangen sind. Die „gebrochenen Biografien" rekrutieren sich aus allen Personengruppen und werden deshalb im Querschnitt in einem eigenen Kapitel (3.8) thematisiert.

Biografische Prägnanz

Die Widerstandskämpfer gegen das Nazi-Regime, die Feuerwehrmänner des 11. September 2001 oder die Katastrophenhelfer der Jahrtausendflut in Niederbayern eignen sich als anonyme Gruppe kaum für eine plastische diskursethische Beschäftigung, weil ein Mindestmaß an biografischen Eckdaten gegeben sein sollte, damit Personen prägnant und durchsichtig werden; wenn, dann wäre die Darstellung eines konkreten Widerstandskämpfers, eines Feuerwehrmanns oder eines Katastrophenhelfers (z. B. einer Studentin aus Passau, die bei der Jahrtausendflut im Jahr 2013 selbstlos geholfen hat) sinnvoller. Insofern wird man vor allem bei der journalistischen Gattung der Reportage fündig werden. Hier werden meist die Personen nicht nur beiläufig erwähnt; häufig stehen porträtartig dargestellte Personen oder Personengruppen und die Entscheidungssituationen, in die sie verwoben sind, im Mittelpunkt.

Bei einer Befragung in der niederländischen Stadt Leiden, was denn die Charakteristika moderner Heiliger seien, fiel häufig das Schlüsselwort „Authentizät", worunter „der Mut, man/frau selbst zu sein, eigene Entscheidungen zu treffen und festzuhalten an eigenen Grundsätzen" verstanden wurde (Berlis 2010, 182). Das sollte bei der Beschreibung der Personen deutlich werden!

Motivtransparenz

In moralpädagogischer Hinsicht ist das Problempotenzial von Entscheidungssituationen im Leben von vorbildhaften Personen wichtiger als ihre faktische Entscheidung. Es interessieren nicht nur das Endprodukt eines Entscheidungsprozesses, sondern vor allem die vorauslaufenden Konfliktsituationen und die entsprechenden Güterabwägungen. Deshalb sollten auch Innenansichten über die handlungsleitenden Beweggründe und Motive der Personen in den Texten enthalten sein. Doch nicht immer äußern sich kleine und große Helden über ihre Beweggründe, und nur selten werden explizit religiöse benannt. Das wird vor allem bei den *Local heroes* noch eigens zu diskutieren sein!

In der Regel wird man nicht umhin können, verschiedene ethische Optionen als Basis für eine Entscheidung von vornherein hinzuzufügen oder sie durch die entsprechenden didaktischen Inszenierungen (z. B. bei einer diskursethisch versierteren Lerngruppe mögliche Argumente und ihre Begründungen eigenständig finden lassen) entstehen zu lassen.

Reale und fiktive Personen und Personengruppen

Die zentralen Kriterien (dilemmataugliche ethische Entscheidungssituation, biografische Prägnanz, Motivtransparenz) und der Denkansatz vom lernenden Subjekt aus lassen eine weitere Unterscheidung hinfällig werden: die Gegenüberstellung von realen und fiktiven Personen. Das zeigt bereits ein Blick in die Geschichte der Vorbilder. Für ältere Generationen war KARA BEN NEMSI/OLD SHATTERHAND ein ebenso vorbildhafter Held wie der „Wüstenfuchs" Generalfeldmarschall ERWIN ROMMEL.

Eine ausgestaltete plastische Figur aus einem Kinder- oder Jugendmedium, und sei es auch BIBI BLOCKSBERG oder HARRY POTTER, kann ebenso zum orientierenden Lernen anregen wie eine 14-Jährige aus dem Heimatort, welche übers Internet Kontakt mit krebskranken Kindern pflegt. Die Entscheidungssituation einer fiktiven Person aus einem spannenden Fernsehkrimi ermöglicht ebenfalls anregende Auseinandersetzungen, ähnlich wie wie eine konstruierte Dilemmageschichte aus einem Religionsbuch (z. B. Religion vernetzt 8, 38f.).

Zieloption: Modelle, Vorbilder, Leitfiguren als Spiegelfolien für orientierendes Lernen

Der Kriterienkatalog kann an der kleinen Reportage über GERHARD HECKENGRUBER (vgl. Kap. 2.2) überprüft werden: Es handelt sich um das Kurzporträt eines Menschen „wie du und ich"; er pflegt ein weit verbreitetes Hobby (er ist Fußballfan). Unvermittelt stehen er und seine Freunde vor mehreren Entscheidungssituationen. Er tut in diesen Tagen das, „was von Mal zu Mal die Stunde von ihm verlangt" (Guardini 1977, 677f.) und begründet es mit einer einfachen, aber umso stichhaltigeren Moral: „Nicht nur reden, sondern helfen."

Wenn ich Personen wie GERHARD HECKENGRUBER als „Heilige des Alltags" bezeichne, bedeutet dies kein Urteil über die gesamte Person; das steht mir auch gar nicht zu. Ich weiß nichts Weiteres über diesen Menschen als das, was der Zeitungsartikel hergibt; bereits der Name ist ein Rätsel: Heißt er „Heckengruber" oder „Heckenberger"? Im Zeitungsartikel werden beide Namensformen erwähnt. Vor einiger Zeit erhielt ich den Anruf eines Rechtsanwalts: Der Hochwasserhelfer hat sich vermutlich etwas zu Schulden lassen kommen, der Verweis auf den Eintrag in unserer Homepage könnte ihm positiv ausgelegt werden. All das mindert nicht die Bewertung: sein Handeln damals in Passau war richtig! Wir werden auf das Phänomen, dass auch bei *Local heroes* immer wieder, wenn es beispielsweise um eine öffentliche Ehrung geht, Perfektibilität eingefordert wird, noch zurückkommen.

Kriterienraster für die Suche nach Modellen, Vorbildern und Leitfigur

1. Eine Person oder Personengruppe wird **im (Detail-)Porträt** vorgestellt.
2. Die Person/Personengruppe und ihr Verhalten stehen **im Mittelpunkt** des Beitrags; die Person wird nicht nur beiläufig erwähnt.
3. Lebensausschnitt und Verhalten der Person können einer **ethisch bzw. religiös relevanten Kategorie** zugeordnet werden. Beispiele:
   - *Werke der Barmherzigkeit (Mt 25)*
     Hungrige speisen; Durstige tränken; Fremde und Obdachlose beherbergen; Nackte bekleiden; Kranke pflegen; Gefangene besuchen (Tote begraben)
   - *Tugendlehren*
     Sieben Tugenden: drei theologische (Glaube, Hoffnung und Liebe) und vier Kardinaltugenden (Klugheit, Gerechtigkeit, Tapferkeit, Maß)
   - *Evangelische Räte*
     Ehelosigkeit/Jungfräulichkeit; Armut; Gehorsam
   - *Bergpredigt*
     Antithesen: Ehebruch; Schwören; Vergeltung; Feindesliebe
     Seligpreisungen: (geistig) Arme; Trauernde; keine Gewalt anwenden/Sanftmütige; hungern nach Gerechtigkeit; Barmherzigkeit; Reinheit; Friedensstifter; um der Gerechtigkeit willen Verfolgte
   - *Dekalog*
     keine anderen Götter; kein Missbrauch Gottes; Sonntag ehren; nicht töten; nicht ehebrechen; nicht stehlen; nicht falsch aussagen; Vater und Mutter ehren
   - *Weltethos*
     Achtsamkeit; Zivilcourage; Gerechtigkeit – Frieden – Bewahrung der Schöpfung; Völkerverständigung
4. Die Darstellung enthält *lebens- und zeitgeschichtlich interessante Herausforderungen und Entscheidungssituationen,* denen sich die Person stellen musste.
5. Die Person wird **nicht überhöht** bzw. geglättet dargestellt.

2.3.6 Lernaufgaben und Literaturhinweise

Zusammenfassung:
Ziel- und Ausgangspunkt eines orientierenden Lernens an fremden Biografien sind die lernenden Subjekte. Dies hat auch religionsdidaktische Konsequenzen. Sowohl die Zielbereiche eines Lernens an fremden Biografien als auch die didaktisch-methodische Entfaltung eines solchen Lernens müssen auf ein Lernen in Freiheit und auf eine Förderung des lernenden Subjekts abzielen. Dies bedeutet aber keine Absage an ganz unterschiedlich gelagerte Formen eines Lernens an fremden Biografien und von diesen ausgehend. Vor-Leben, Nachdenken und Mit-Machen sind drei Perspektiven einer differenzierten Beschäftigung mit fremden Biografien! Wenn fremde Biografien didaktisch ins Spiel kommen, dann interessieren nicht umfassende biografische Darstellungen, sondern ausgewählte wertbehaftete Entscheidungssituationen im Leben dieser Menschen, die als Spiegelungsfolien für Schülerinnen und Schüler dienen können.

Lernaufgaben

1. Diskutieren Sie die Haltung, die von einer Lehrkraft bei der Diskussion von moralischen Dilemmata erwartet wird: Wo sind für Sie Grenzen bei der Akzeptanz von Meinungsäußerungen und Wertoptionen von Schülerinnen und Schülern, wenn beispielsweise Argumente geäußert werden, die mit der Menschenwürde nicht zu vereinbaren sind? In welchen Situationen sollte der Lehrer die Rolle eines Moderators verlassen und selber deutlich Stellung beziehen?
2. Erstellen Sie eine zweispaltige Tabelle, in der sie links ausgewählte religiöse Kategorien aus den Tugendlehren und rechts dazu passende Personen (über die verschiedenen Personengruppen hinweg) eintragen, die Ihnen in den Sinn kommen!

Literaturhinweise

Kuhn, Karolin (2010), An fremden Biografien lernen! Ein religionspädagogischer Beitrag zur Unterrichtsforschung, Münster.

Lindner, Konstantin (2009), Vorbild ≠ Vorbild – Ergebnisse einer qualitativ-empirischen Studie zum Vorbildverständnis bei Jugendlichen, in: Religionspädagogische Beiträge 63, 75–90.

Loccumer Pelikan 2011, Heft 2: Lernen an Biografien.

Schirp, Heinz (2006), Wie „lernt" unser Gehirn Werte und Orientierungen? Neurodidaktische Zugänge zur Entwicklung wertorientierer Erfahrungen und Kompetenzen, in: *Herrmann, Ulrich* (Hg.), Neurodidaktik. Grundlagen und Vorschläge für gehirngerechtes Lehren und Lernen, Weinheim – Basel, 200–214.

3. Modelle, Vorbilder, Helden

3.1 *Local heroes* – Helden auf Augenhöhe

Horizontaler, alles muss horizontaler werden, das heißt: irdischer.

Siegfried Lenz (Lenz 1973, 49)

Als erste Personengruppe soll diejenige ins Blickfeld gerückt werden, welche beim Streit um die Frage, ob die ganz nahen oder die ganz fernen Vorbilder bedeutender seien, vernachlässigt wurde: die Gruppe der so genannten mittleren Vorbilder. Das sind weder die großen und fernen Stars und Heiligen noch die ganz nahen Verwandten, sondern Menschen aus der mittelbaren und unmittelbaren Umgebung, die den dargestellten Kriterien entsprechend durch außergewöhnliche Verhaltensweisen und exemplarisches Handeln auffallen.

3.1.1 Problemanzeige und Herausforderung

Darf's ein bisschen mehr sein?

Eine Didaktik des nächsten Schritts, wie sie im Folgenden skizziert wird, ist nicht unumstritten und darf auch nicht als einziger Heilsweg betrachtet werden. In der Geschichte der Pädagogik stand eine schülerorientierte Didaktik schon immer unter Verdacht, sich mit dem beim Kind Vorfindbaren zu begnügen: der Optik, sich zum Kinde zu bücken und aus seiner Warte aus die didaktische Lernumgebung zu konstituieren, wurde moralinsauer der Appell entgegengesetzt, man solle doch besser die Kinder zum Erwachsenen hochziehen. Meine Entgegnung: Die theologische Reflexion hat gezeigt, dass ein menschennaher Ansatz nicht die Perspektive einer weiterreichenden Zieloption ausspart, die auch entwicklungspsychologisch bedeutsam ist: Der Blick auf die Superhelden der Geschichte und Fiktion ist nötig für die Entwicklung des eigenen moralischen Universums. Dabei erscheint die weiterreichende Orientierung an den Helden und Heroen als durchaus ambivalent: Sie kann als Ansporn, aber gleichzeitig auch als ironische Entschuldigung dienen („Nur noch kurz die Welt retten", TIM BENDZKO). – Trotzdem erscheint es als didaktisch realistischer, mit einer Didaktik des nächsten Schritts zu beginnen. Wer Hochsprungweltmeister werden will, wird bei seinem ersten Training nicht die Latte auf 2,45 Meter legen. Ähnliches gilt für den Weg der eigenen Lebensgestaltung in der Differenz von Zielvorstellungen und deren schrittweiser Erreichung. Gerade die „Heiligen der Unscheinbarkeit" auf der mittleren Ebene stellen eine wichtige Brückenfunktion zwischen den unmittelbaren Lebensbedürfnissen und -einstellungen von Kindern und Jugendlichen und den Visionen und Konkretionen eines Mehrwerts christlich-sozialen Verhaltens dar. Gemäß des skizzierten Subjektansatzes können gerade diese alltagsnahen Personen verdeutlichen, was es heißt, in dieser Welt verantwortlich zu handeln und seinen eigenen Weg zu gehen, wie dies Romano Guardini so eindrucksvoll ausdrückt: „Hier stehe ich mit mir allein. Ich soll handeln, nicht ein Anderer. Ich habe dafür einzustehen; kein anderer kann mir die Verantwortung abnehmen" (Guardini 1931, 41).

Vorteile der Local heroes

Wer Unterrichtsstunden mitverfolgt, in denen große Heilige thematisiert werden, entwickelt eine Skepsis gegenüber der Tragfähigkeit dieses weiten Horizonts, wenn er der einzige bleibt. Die Vorteile der „Helden des Alltags" ergeben sich deshalb gerade auch im Kontrast zu den Nachteilen, die die „großen" Helden und Heiligen mit sich bringen (vgl. Kap. 3.2.1). Diese „Heiligen des Alltags" (Romano Guardini), „Helden vor Ort", „Helden auf Augenhöhe" (Mendl 2011b) oder *Local heroes* eignen sich aus folgenden Gründen besonders gut für orientierende Lernprozesse:Sie leben inmitten dieser Welt, als echte lokale Helden tatsächlich in der unmittelbaren Umgebung, sind also Menschen „wie du und ich".

- Sie belegen, dass auch in unserer Gesellschaft zwischen „punktuell" und „radikal" verschiedene Formen altruistischen Verhaltens möglich sind. Man muss nicht völlig aus dieser Gesellschaft aussteigen, um Gutes zu tun.
- Sie bilden in ihrer Alltäglichkeit eine Brücke zwischen den dominierenden wohlstandsgeprägten Lebensvorstellungen der Schüler und dem Mehrwert christlich-sozialen Verhaltens.
- Theologisch lässt sich eine Orientierung an „kleinen Heiligen" mit dem „Modell der Gradualität" (vgl. Enzyklika „Familiaris consortio", Sekretariat der Deutschen Bischofskonferenz 1981) begründen: Die Einführung in christliches Leben geschieht nicht im Hauruckverfahren und nach der Gipfelstürmermentalität, sondern in kleinen Schritten. Dies motiviert auch zum (begrenzten) eigenen Handeln.
- Moralpsychologisch entspricht dies der so genannten +1-Stimulation. Das bedeutet: Man ist solchen Argumenten gegenüber aufgeschlossen, die nur etwas differenzierter angelegt sind als die eigene Argumentationsstruktur.
- Und ein letzter zentraler Punkt: Gerade Menschen aus dem Nahbereich und der Jetzt-Zeit ermöglichen eine unmittelbare personale Begegnung.

Die beiden letzten Argumente sind von Erkenntnissen der Lern- und Moralpsychologie gespeist, die im Kapitel 2.2 näher erläutert wurden. Wenn eine Beschäftigung mit fremden Biografien nicht auf Bewunderung oder reine Nachahmung abzielt, sondern als Spiegelung am Anderen und Fremden angelegt ist, stellt die Alltagsnähe ein wichtiges Brückenelement dar, um entsprechende orientierende Lernprozesse zu initiieren. Die zentrale didaktische Korrelationsdimension bilden Wertmaßstäbe und Verhaltensweisen, die im Leben der Schülerinnen und Schüler als umsetzbar erscheinen. Auch in den neueren Lehrplänen lässt sich diesbezüglich bereits eine Trendwende feststellen: Man kommt ab von einer reinen Präsentation großer Heiliger und regt immer wieder bei verschiedenen Themen eine Spurensuche nach alltagsnahen Vorbildern vor Ort an.

Spurensuche – Wahrnehmungsschulung

Das sieht Siegfried Lenz genauso. Er lässt sein Schulbuchteam über diese Frage reflektieren; Janpeter Heller meint:

„Vorbilder, sagt er: schon der Begriff sei heute fragwürdig und mißverständlich geworden, er möchte ihn ersetzen, möchte das ganze Kapitel des Lesebuchs anders überschreiben, etwa: Das Selbstverständliche. Wenn er ‚Vorbild' höre, sei er schon versucht, den Blick zu heben, eine Art Habt-Acht-Stellung einzunehmen. Horizontaler, alles muß horizontaler werden, das heißt: irdischer. Beispiele? Man braucht doch nur hinzusehen: der Sozialfürsorger, der entdeckt, daß seine Arbeit vergeblich war, und der dennoch nicht aufgibt; die beiden Vertreter der ost- und westdeutschen Wasserstraßendirektion, die zwar weisungsgebunden, doch zäh und bereitwillig über Erleichterungen für die Binnenschiffahrt verhandeln; der Stadt-Archivar, dem man Vorteile in Aussicht stellt, wenn er gewisse Dokumente unter besonderen Verschluß nimmt, der gleichwohl seinen Sohn dazu überredet, eine Doktorarbeit über *Die Rolle führender Persönlichkeiten in O. in der Zeit von 1933 bis 1945* zu schreiben; der Polizist, der vor einer hingehaltenen Photographie zugibt, den Namen des Kollegen zu kennen, der da einem zusammengebrochenen Studenten ins Gesicht tritt. Man fragt nach Angeboten: sind das keine Angebote?" (Lenz 1973, 49)

Nun ist die Fokussierung der Aufmerksamkeit auf nahe Vorbilder und überhaupt die Idee, gewöhnliche Menschen des Nahbereichs als Vorbild in Betracht zu ziehen, nicht selbstverständlich. Das semantische Spektrum des Begriffs Vorbild – die normative Kraft faktischer Begriffsbildung – verführt zu eingeengten Konnotationen: Man nimmt von vorneherein nur „große" Helden ins Visier. Eine Folge dieser Ausblendung der mittleren Ebene: Jugendliche kennen nur wenige Christen, die den Einsatz für Frieden, Gerechtigkeit und die Umwelt in ihrer praktischen Arbeit aufgreifen – das ergab eine Schülerinnen- und Schülerbefragung (vgl. Berg 1993, 19); bei der Distanz, die Jugendliche heute zu kirchlichen Milieus haben (vgl. Hobelsberger 2008) hat sich diese Differenz und Unkenntnis noch erhöht. Und so verwundert es nicht, dass Schüler auch bei einer offenen Frage nach ihren Vorbildern wieder fast nur die nahen (Eltern) oder fernen Vorbilder in den Blick nehmen.

Wenn aber diese mittlere Ebene zwischen „ganz nahen kleinen" und „ganz fernen großen" Vorbildern aus den erwähnten entwicklungs- und lernpsychologischen Gründen als besonders bedeutsam gewertet wird, muss der erkannte garstige Graben mit entsprechenden didaktischen Arrangements überbrückt werden.

Bezeichnenderweise nehmen auch Lehrer häufig nicht die nahe liegenden Beispiele wahr, sondern konzipieren Unterricht „aus der Konserve", wie folgender Rat eines Religionslehrers und Pfarrers in einer Mailing-Liste auf RPI-virtuell auf eine Nachfrage eines Kollegen nach Geschichten für den Religionsunterricht verdeutlicht:

„Aber warum suchst du ‚Geschichten' von Menschen, such doch bitte lieber Menschen – und zwar nicht in Büchern, sondern in deiner Lebensumgebung. Muss es doch geben, oder? Bei so vielen eingetragenen Gemeindegliedern? Die sind auch glaubwürdig, im Gegensatz zu frommen Geschichtchen, die man nicht anfassen, nicht befragen, nicht sehen und nicht erleben kann wie einen Mit-Christen (Christin). Für unsere Kinder (und auch für die meisten Eltern) ist Glaube nur etwas für Sonntagsreden, Pfarrer und für irgendwen, von dem man sich aber nicht vorstellen könnte, wer das denn sein möge. Zeugen braucht es – die aber noch atmen!" (Horst Schall, 21.1.04)

Die Fundorte und Beispiele im Überblick

Wenn der Blick für die Suche nach *Local heroes* geeicht ist, staunt man selbst über die Materialfülle. Personen- und Sozialprofile oder Berichte über soziale Arbeitsfelder oder Aktionen, wie sie beispielsweise regelmäßig in den Tages- oder Kirchenzeitungen erscheinen, stellen hier eine unerschöpfliche Fundgrube dar – nur einige Belege, die die Bandbreite verdeutlichen; die im Folgenden genannten Beispiele stammen aus dem Fundus der *Local-heroes*-Homepage und können dort problemlos aufgefunden und genauer studiert werden:

- Ein Schulbub rettet ein Kindergartenkind vor dem Ertrinken.
- Eine Frau setzt sich für Asylbewerber ein.
- Eine ältere Frau betreut seit Jahren ehrenamtlich Obdachlose.
- Eine 14-jährige Schülerin tritt über das Internet mit krebskranken Kindern in Kontakt.
- Ein Pfarrmesner organisiert seit Jahren unermüdlich Hilfstransporte nach Rumänien.
- Eine Abiturientin leistet Friedensdienst in den USA, ein gleichaltriger Mann Zivildienst in Israel, andere Jugendliche gehen als Missionare auf Zeit für ein Jahr in ein anderes Land.
- Zwei junge Männer retten einen Farbigen vor Rechtsradikalen.
- Eine 12-Jährige verliert den Kampf gegen den Krebs – und stirbt mit Größe und Würde.
- Ordensfrauen stellen selbstbewusst dar, wie sie „Sand im Getriebe der Welt" sein wollen.
- Eine Seniorin richtet ein „Café Stoffwechsel" für sozial benachteiligte Jugendliche in Dresden ein.
- Eine pensionierte Lehrerin baut in Indien ein „Dorf des Friedens".
- Ein Grundschuljunge erweist sich als ehrlicher Finder und gibt 20.000 DM zurück.
- Ein Mann rettet mit seiner Knochenmarksspende einem anderen Menschen das Leben.
- Ein Vater erteilt die Zustimmung zur Organspende seiner bei einem Autounfall tödlich verunglückten Tochter.
- Eine couragierte Geschäftsfrau schlägt Räuber in die Flucht.
- Ein blinder Mann erzählt, wie er ihr Leben meistert.
- Ein Unternehmer spricht glaubwürdig über sein soziales Engagement.
- Jugendliche erzählen, wieso sie gerne ministrieren.
- Eine Frau versorgt seit Jahrzehnten einen vergessenen jüdischen Friedhof.
- Ein EU-Beamter deckt Korruption auf und wird seitdem schikaniert.
- Ein junger Mann berichtet über seinen Entschluss, beim strengen Orden der Kartäuser einzutreten.
- Ein Pater demonstriert regelmäßig vor der Deutschen Bank in Frankfurt gegen Unrechtsstrukturen in der Weltwirtschaft.
- Eine dynamisch wirkende Ordensfrau erzählt, was ihr der Glaube bedeutet.

Eine wichtige Quelle sind auch Berichte über regionale oder überregionale Ehrungen:

- Eine Jugendgruppe erhält für die Einrichtung eines Jugendtreffs einen Preis.
- Eine Klasse wird ausgezeichnet für die Organisation eines Treffens mit behinderten Schülern.
- Ein Jugendverband wird geehrt wegen seiner Aktionen gegen Rassismus und Ausländerfeindlichkeit.
- Jugendliche Russlanddeutsche retten zwei Kinder aus der reißenden Alz und erhalten die bayerische Rettungsmedaille.
- Die 6. Klasse eines Gymnasiums gewinnt für den Aufbau eines Kontakts zu einer Förderschule einen „Jugendpreis für soziales Engagement".

- Eine Frau aus Nicaragua erhält einen Friedenspreis für ihr unermüdliches Engagement zur Wahrung der Menschenrechte.

„Nichts Neues unter der Sonne" – so kann man die abschließende Bemerkung einleiten! Wie insgesamt die Wertschätzung des Narrativen keine Erfindung der aktuellen (Religions-)Pädagogik ist, so ist die Erkenntnis, dass gerade Personen aus dem eigenen Umfeld und dem jeweiligen Lebensstand in besonderer Weise geeignet sind, um an ihnen zu lernen, bereits in der Literatur für die Landbevölkerung im Zuge der Volksaufklärung um 1800 vorgezeichnet: Dem Bauernstand wurden vorbildliche Landleute, den Kranken „Beispiele gottergebener und sterbender Christen", den Schülerinnen entsprechende vorbildliche Schülerinnen vorgestellt (ausführlicher: Mendl 2005a, 125–127; Mendl 1995b).

Was macht Menschen zu Helden?
Wie oben bereits angemerkt wurde: Unsere Zivilgesellschaft benötigt für ihren inneren Zusammenhalt Personen, die spontan helfen, wo eine Kultur des Wegschauens herrscht. Was motiviert aber die einen zum altruistischen, samaritischen Helfen und lässt die anderen gemäß dem Beispiel des Leviten und Priesters (Lk 10) achtlos vorbeigehen? Wie erwirbt man sich überhaupt die nötige Achtsamkeit, um im Alltag die Anforderungen des Augenblicks so aufzugreifen, dass ein kurzfristiges oder längerfristiges Engagement daraus wird? „Helden des Alltags" erzählen immer wieder: Die Erziehung trägt etwas dazu bei. Oft sind es auch Zufälle, die spontanes Handeln auslösen – Namensgleichheiten zwischen einer hilfsbedürftigen Person und einem selber, spontane Begegnungen, eigene Eitelkeiten bei Anfragen für ein Engagement, auch eine mögliche zu erwartende gesellschaftliche Auszeichnung – also durchaus sekundäre Motive, die plötzlich eine neue Interpretation erfahren.

Man sollte auch bei der Ermittlung von Motiven für sozialaltruistisches Handeln die Trauben nicht zu hoch hängen; das sehen auch Sozialwissenschaftler so (Schreiber 2011a): Oft ist es die Macht der Umstände, z. B. die Beziehungen, situativen Bedingungen und sozialen Verpflichtungen, wieso beispielsweise im Dritten Reich eine Frau wie Helene Jacobs mehreren Juden geholfen hat, oder der Wage- und Heldenmut einer Spielernatur wie Oskar Schindler.

Wie das Ergebnis einer empirischen Studie (in: Meyer u. a. 2004, 70–84) zeigt, spielen viele Faktoren zusammen, wenn Menschen zivilcouragiert handeln: Sie nehmen wahr, dass das Wert- oder Gerechtigkeitsempfinden verletzt wird, sie fühlen sich auch stark genug, um Verantwortung für andere zu übernehmen (was durch die emotionale Nähe zur gefährdeten Person unterstützt wird), sie bringen bereits soziale und moralische Kompetenzen mit (die man dann aber auch unterrichtlich fördern kann), es handelt sich häufig um Personen, die zumindest informell eine Führungsrolle einnehmen und interessanterweise in der Regel auch weniger konformistisch orientiert sind, wodurch sie bereit sind, mutig für andere einzutreten. Deutlich wird, dass sich kognitive, habituelle oder affektive Aspekte miteinander verbinden. Nicht umsonst steckt im Wort „courage" ja auch das französischer Wort „coeur", Herz (vgl. Schwikart 2013, 8).

Entscheidend aber ist, dass sich die Haltung der Achtsamkeit entwickelt. Diese hat auch Stephan Ozváth bei seiner Reportage über Berliner Helden des Alltags entdeckt (vgl. ausführlich: Mendl 2005a, 112–114):

> Michael: *„Naja, man kommt hin, sieht, dass dieser Mensch in Not ist. Und da war für mich nur noch ausschlaggebend: Jetzt muss was passieren. Es war nicht so, dass sich da im Kopf irgendwas abgespielt hätte. Sondern ich habe einfach nur noch instinktiv gehandelt."*

Die Fähigkeit zur achtsamen Wahrnehmung, die Ästhetik scheint die Mutter der Ethik zu sein (Werbick 1992, 28): „Samaritanische Aufmerksamkeit ist Vorbedingung für Samaritanisches Helfen" (Bitter 1987, 926), formuliert dies Gottfried Bitter in Anspielung auf die biblische Beispielerzählung vom barmherzigen Samariter (Lk 10,32f.).

Eine solche Wahrnehmungsschulung (Hilger 1998), eine Sensibilisierung für das, was das Leben verlangt, erfolgt über die Eltern, sie kann aber auch unterrichtlich inszeniert werden, indem die Schülerinnen und Schüler immer wieder in dilemmahaltige Situationen in den verschiedenen Feldern verwoben werden und hier den Möglichkeitssinn schärfen, den sie in konkreten Situationen in Handlungsoptionen umsetzen können, oder indem sie konkret Zivilcourage trainieren (vgl. Meyer u. a. 2004; Meyer/Frech 2012). „Es kommt darauf an, dass Menschen lernen, Handlungsspielräume zu sehen und zu wissen, für welchen Bereich bin ich verantwortlich?" meint Harald Welzer (Schreiber 2011b, 70). Dabei ist es gemäß den oben skizzierten lernpsychologischen Modellen legitim, wenn Schülerinnen und Schüler zugeben, sie würden in ähnlichen Situationen nicht ihr Leben riskieren und bei Prozessen der Güterabwägung dem Eigenwohl den Vorrang geben. Eine didaktische Schulung der Aufmerksamkeit kann über Impulse gefördert werden, die zur Empathie und zum Perspektivenwechsel einladen, indem man sich beispielsweise in die Situation der von Dominik Brunner beschützten Kinder versetzt, Zettel liest, die an der Gedenkstelle für ihn niedergelegt wurden („Unsere Familie ist sehr betroffen, haben wir doch auch Kinder in diesem Alter, die mit dieser S-Bahn fahren", stand in einem Zeitungsbeitrag zu lesen) oder selber fiktive Texte für einen *Local hero* verfasst („An der S-Bahn-Haltestelle soll eine Gedenkplakette für Dominik Brunner angebracht werden, der sein zivilcouragiertes Verhalten mit dem Leben bezahlen musste. Verfasst den Text für diese Gedenkplakette und gestaltet sie!", Mendl 2011b, 66) oder den Entwurf für ein Denkmal gestaltet.

Es sind nicht immer die hehren religiösen Ideale, die ein altruistisches Handeln auslösen, es ist häufig sogar umgekehrt: Die bekannte Legende des hl. Martin von Tours kann in diesem Sinne ertragreich für das gesamte *Local-heroes*-Projekt ausgewertet werden: In der Nacht nach der Begegnung mit dem Bettler erscheint Christus dem römischen Soldaten, bekleidet mit dem Stück von seinem Mantel. Daraufhin lässt sich der Heide Martin taufen. Das bedeutet: Martin kommt von der Ethik her zum Glauben. Ästhetik, achtsame Wahrnehmung, das ist also die Mutter ethischen Verhaltens; beides steht offen für eine religiöse Deutung. Martin beschenkt den Bettler nicht aus reflektiert christlichen Motiven heraus; nach der Legende ist es erst Christus, der im Traum mit der Anspielung auf Mt 25,38 das Handeln Martins deutet: „Martinus, der noch nicht getauft ist, hat mich bekleidet" (Melchers 1999, 460). Nach christlichem Verständnis sind

Gottes- und Nächstenliebe die zwei Seiten derselben Münze; man sollte beides nicht gegeneinander ausspielen.

3.1.2 Lernchancen

Worin bestehen nun die spezifischen Lernchancen dieser „Helden auf Augenhöhe"?

Alltagsheiligung
Wie schon theologisch erläutert wurde (Kapitel 2.1.4), entspricht diese Suche nach nahen Vorbildern der Zieloption einer Heiligung des Alltags: Schülerinnen und Schüler sollen an Alltagsmenschen sehen und lernen können, dass auch in unserer Lebenswelt ethisch und religiös motiviertes Verhalten lebbar ist: „Heilige der Unscheinbarkeit" (Romano Guardini) zeichnet nicht die Planung des völlig Außergewöhnlichen aus, sondern die Bereitschaft, das zu tun, „was von Mal zu Mal die Stunde von ihm verlange" (Guardini 1977, 677).

Es wäre allerdings nichts gewonnen, wenn man das Handeln dieser Alltagshelden wieder nur nach einfachen lernpsychologischen Mustern präsentieren würde: „Seht, wie toll dieser Mensch ist!" Vielmehr gilt es gemäß den skizzierten modell- und diskursethischen Schritten, die Schülerinnen und Schüler in eine produktive Auseinandersetzung mit diesen „Helden auf Augenhöhe" zu bringen, wie im Folgenden gezeigt werden soll.

In moralpsychologischer Hinsicht sind für Kinder diejenigen Helden besonders attraktiv, die gut sind und gleichzeitig Erfolg haben. Das Argument lautet nach dem klassischen Stufenschema von Lawrence Kohlberg (vgl. Kohlberg 1995) (Stufe 2): Gut sein bringt etwas! Dies entspricht dem Modell der stellvertretenden Verstärkung: Das Vorbild erfährt eine Belohnung für sein gutes Verhalten – und das mag beim einen in der Überreichung eines Preises, beim anderen in der Aufnahme ins „Guinessbuch der Rekorde" oder in den Heiligenkalender der katholischen Kirche, bei wieder anderen in der Überreichung des „Rings der Menschlichkeit" oder des XY-Preises für Zivilcourage in einer Fernsehshow bestehen.

Bereits die Publicity eines Zeitungsartikels entspricht dieser Erwartung und stellt einen adäquaten Lohn im Medienzeitalter dar. Es ist legitim, wenn Jugendliche auch ein Sozialprojekt unter utilitaristischen Gesichtspunkten bewerten: „Das hat es mir gebracht" (Kuld 1997; Kuld/Gönnheimer 2000), und sich über die öffentliche Darstellung in den Medien freuen.

Ausflüge in gute Welten
Was viele dieser Beispiele so geeignet erscheinen lässt für ein Lernen nach dem Prinzip der Gradualität, ist die Punktualität des Handelns: Meist sind es Erwachsene mit ganz normalen Berufen oder Kinder und Jugendliche, die auch in der Parallelklasse sein könnten, die „Ausflüge in gute Welten" wagen. Sie werden herausgefordert durch die Konfrontation mit der Welt, verfolgen ihre Ideale und Vorstellungen von einer guten Welt und entwickeln manchmal auch entsprechende Berufsziele, ansonsten aber leben sie „wie du und ich":

Da wird von einer 20-Jährigen berichtet, die bei einem Aufenthalt in Brasilien

„Ein Herz für Brasiliens Straßenkinder" (Fuchs 2003) entdeckt. Der Aufenthalt wurde über das Missionsreferat vermittelt. Ihr Ziel: Studieren und später in einem Straßenkinderprojekt arbeiten.

Ein junger Ingolstädter arbeitet bei MUTTER TERESAS „Missionarinnen der Nächstenliebe" in Kalkutta mit, fährt aber gelegentlich auch in die Heimat, um sein kleines Aktienpaket zu verwalten und Freunde zu besuchen.

Auch für die jungen Männer, die früher Zivildienst geleistet haben, oder die jungen Frauen, die sich für ein Freiwilliges Soziales Jahr entscheiden, oder für die Jugendlichen, die heute einen Bundesfreiwilligendienst („BUFDI") in sozialen, ökologischen oder anderen gesellschaftlichen Feldern ableisten, sind dies Aktionen auf Zeit, die meist aber entscheidende persönliche Weichenstellungen darstellen. Sie motivieren andere Jugendliche, für die solche Entscheidungen noch bevorstehen, ebenfalls ungewöhnliche Lebenswege zu beschreiten und von den üblichen geradlinigen Wegen vom Hotel Mama in die traute Zweisamkeit oder von der Schule zum Studium in den Beruf abzuweichen.

Das Ziel: Unterbrechung jugendlicher Gleichgültigkeit

Das Spektrum der Aktionsformen und die Personenvielfalt belegt die These: „Jeder Mensch als Bild Gottes und jeder Mensch als Bild der Menschlichkeit … ist ein ‚würdiger Gegenstand der Anschauung' in seinem Versuch, Leben zu lernen" (Frost 1996, 123). Ursula Frost mahnt die Unplanbarkeit der Gesinnungsbildung beim Schüler an und plädiert für die Dignität der Begegnung und dem „Befreunden mit dem Fremden" (ebd. 121–126) in gegenseitiger Anerkennung. Nimmt man diese dialog-ethischen Impulse ernst, dann braucht man auch nicht von einem „Ende der pädagogischen Vorbilder" sprechen, sondern kann gerade aus pädagogischen Gründen eine Renaissance möglichst konkreter und erlebbarer Vorbilder im Nahbereich einfordern.

Die Ausweitung des Horizonts auf ein breiteres Feld von potenziellen Vorbildern und besonders auf alltagsnahe interessante, provozierende, kantige, sympathische, verwirrende … Personen hin ist nicht nur theologisch, sondern auch didaktisch ein Gewinn. Matthias Scharer meint, eine Unterbrechung jugendlicher Gleichgültigkeit oder Gottesablehnung könne am ehesten „durch überzeugende, authentisch greifbare Menschen ermöglicht werden, die eine glaubwürdige Alternative zu herkömmlicher bürgerlicher, marktwirtschaftlicher oder konsumistischer Lebenspraxis verdeutlichen. Dabei geht es nicht nur um das glaubwürdige Zeugnis von Einzelmenschen, sondern auch von Gruppen und Kirchengemeinden" (Scharer 1999, 21).

Von diesem Zielhorizont aus kann man nun genauer beschreiben, welche Personengruppen didaktisch eingespielt werden können – Jugendliche, Erwachsene, historische Personen, Menschen, die globale Horizonte eröffnen, Menschen mit Beeinträchtigungen und Antihelden. Im Anschluss werden noch einige didaktische Perspektiven erläutert, die sich gerade bei den *Local heroes* ergeben – Möglichkeiten der realen und virtuellen Begegnung. Abschließend erfolgen kurze Reflexionen über die Balance zwischen Stolz und Bescheidenheit bei der Präsentation von guten Taten und über die Chance, die gerade nicht perfekte Helden bilden, bevor dann ausgewählte Porträts didaktisch erschlossen werden.

Religiöse Deutungsmuster
Jugendliche reden nicht gern über Religion. Allerdings sind sie durchaus in der Lage, wenn sie in Fremdtexten religiöse Motive erkennen, argumentativ damit umzugehen, so eine Beobachtung aus der Studie von Karolin Kuhn (Kuhn 2010, 182f.). In der Datenbank *Local heroes* finden sich auch Handlungen und Berufungsgeschichten von Menschen, die ihr Handeln oder den radikalen Schritt hinein in eine Ordensgemeinschaft oder zum Priestertum explizit religiös begründen. Der Zugang zu solchen Lebensentscheidungen wird erleichtert, wenn auch das Sperrige und Kantige in diesen Biografien deutlich wird: So erzählt beispielsweise Sr. HELENE BINDER davon, dass die Eltern durchaus Vorbehalte gegen ihre Entscheidung für ein Klosterleben hatten und ihr Weg ins Kloster für sie persönlich auch „mit ganz vielen Ängsten" verbunden gewesen sei (Mendl 2011b, 64f.). Aus der Perspektive von Jugendlichen ist sicher auch das Bekenntnis von Sr. MIRJAM MÜLLER, Provinzoberin der Deutsch-Ordensschwestern, die auf sympathische Weise ihren Lebens- und Berufungsweg unter dem Motto „Verliebt in Jesus" vorstellt, „krass"!

MARGARETE FISCHER, eine pensionierte Realschullehrerin, die unermüdlich in Indien und in anderen Ländern soziale Projekte in die Wege geleitet hat, begründet ihr Engagement ganz selbstverständlich religiös (*Local-heroes*-Datenbank, Stichwort: „Armenhilfe"): „Wenn man für den Willen Gottes offen ist, dann geschehen mit den Menschen Dinge, die man sich nicht erträumen kann. Das klingt sehr religiös, aber ich sehe das wirklich so. Ich wäre sonst mit meinen Hilfsprojekten niemals so weit gekommen." Und in einem Brief an den Verfasser dieses Buchs (ebenfalls dokumentiert auf unserer Homepage) schreibt sie: „Von ‚Heiligen der Unscheinbarkeit' sprechen Sie. Unscheinbar – das mag auf mich zutreffen. Eine Heilige – oh ja – die möchte ich einmal werden! Heiligkeit ist all jenen Menschen sicher, die sich ganz auf Gott einlassen, die alles von Gott erwarten und bereit sind, ihr Ego abzubauen, um dem Sein in Gottes Geborgenheit und Liebe Raum zu schenken. Für mich persönlich ist es ganz, ganz wichtig, nicht am Willen Gottes vorbeizugehen. Eigentlich wollte ich selber ganz etwas anderes. Aber statt der Kontemplation fiel mir die Aktion zu. Ich selber muss nun den Mittelweg finden, um ja nicht in Aktion und Hektik auf- und unterzugehen. Sie sehen: Mein Herz gehört Gott – und seinen Armen. Durch das ‚Ja' zu seinem Willen fiel mir eine ungeheure innere Freiheit zu." – In der Datenbank finden sich zahlreiche Beispiele von Menschen, die ihr außergewöhnliches Tun als Berufung ergreifen:

- GEORG WAGNER, ein Pfarrmesner, der bereits seit 1994 für die Ärmsten der Armen in Rumänien Hilfsgüter organisiert (siehe unten noch ausführlicher).
- TATJANA MAYER, die als ehrenamtliche Hospizhelferin im Glauben Kraft für die psychisch anstrengende Tätigkeit erhält.
- Die vielen Aktiven bei den örtlichen „Tafeln", bei denen Lebensmittel an Bedürftige verteilt werden, oder bei Krankenbetreuungsdiensten.

Insgesamt gilt, dass eine Annäherung von Kindern und Jugendlichen an die für sie mehrheitlich „fremde Heimat Kirche" nicht abstrakt verlaufen kann, sondern über die Auseinandersetzung mit Menschen, die als Christen erkennbar sind. Religiöses Lernen ist sozial gebunden und kommunikativ gestaltet; deshalb muss es das Ziel sein, dass Kindern und Jugendlichen Erlebnisräume dargeboten werden, in denen

Begegnungen mit Menschen stattfinden, die aus christlicher Überzeugung heraus handeln – allein und gemeinsam mit anderen (Mendl 2013a, 107–134). In der Auseinandersetzung mit Menschen, die ihr Handeln auch religiös begründen, erkennen die Kinder und Jugendlichen die Konsequenzen, die sich für christlich orientierte Menschen aus dem Doppelgebot der Liebe und einer christlichen Ethik insgesamt ergeben. „Wo lernt man Christsein? Doch vermutlich bei Menschen, die Christen sind, somit gewöhnlich in direktem Umgang mit Christenmenschen, mögen diese ihre Adepten ausdrücklich lenken und belehren oder einfach an ihrem Leben teilnehmen lassen. Lernorte des Christseins sind demnach soziale Gebilde, Formen mitmenschlichen Umgangs. Wo man über ‚Christsein lernen' nachdenkt, muß man somit über diese zuerst nachdenken" (Paul 1978, 208).

3.1.3 Lernfelder – Personengruppen

Jugendliche lernen an Jugendlichen

Am überzeugendsten sind für Jugendliche Personen aus dem eigenen Lebensumfeld, auch solche, denen sie „so etwas" gar nicht zutrauen würden; dies entspricht dem oben genannten moralpädagogischen Prinzip der „+1-Stimulierung".

Man findet viele Beispiele von Jugendlichen, die sich auf irgendeine Weise engagieren, wenn man erst einmal gelernt hat, den Blick dafür zu öffnen (Mendl 2011e). Um im unmittelbaren alltäglichen Umfeld zu beginnen: Zu denken ist beispielsweise an diejenigen Jugendlichen, die auf klassische Weise regelmäßig in einer Organisation tätig sind: in der kirchlichen oder nichtkirchlichen Jugendarbeit, als ehrenamtliche Übungsleiter im Sport, in der Jugendfeuerwehr, als Ministranten – oder auch im schulischen Sektor als Tutoren, in der Schülerzeitschrift oder bei anderen freiwilligen Projekten.

- In der Datenbank der *Local heroes* wurden auch zahlreiche ehrliche Finder aufgenommen (Stichwort „Ehrlichkeit") – ein vermeintlich einfaches und eindeutiges Beispiel, das aber für Kinder durchaus eine Herausforderung darstellt: Was alles könnte man sich mit gefundenen 100 Euro leisten? JAKOB KELSCH hat die Geldbörse zurückgegeben (Mendl 2011b, 48f.).
- Russlanddeutschen traut man in unseren Regionen häufig wenig Gutes zu: Umso eindringlicher wirkt die Geschichte von jungen Deutschen mit Migrationshintergrund, die vor einigen Jahren zwei Kinder aus der reißenden Alz gerettet hatten und dafür ausgezeichnet wurden (Stichwort: „Lebensretter" und dann „Vier Helden").
- Man findet Beispiele von Jugendlichen und Jugendgruppen, die sich für alte Menschen engagieren (z. B. das Projekt „Papperlapapp") oder Solidaritätsläufe durchführen.
- Zum Nachdenken regen auch Jugendliche an, die trotz einer Behinderung ihr Leben meistern.

Gerade solche Personen eignen sich auf besondere Weise für ein orientierendes Lernen, weil sie in ihrer Normalität zum nächsten Schritt auf der Stufenleiter zur persönlichen Heiligung einladen. Und was noch für sie spricht: Man kann sie dann auch tatsächlich in den Unterricht oder in die Gruppe einladen.

- Kinder und Jugendliche erzählen, wieso sie Ministranten oder Übungsleiter sind oder in einer Jugendgruppe verantwortlich mitarbeiten.

- Klassen und Gruppen berichten, wieso sie Krankenhausbesuchsdienste, Solidaritätsläufe und andere Sozialaktionen organisiert haben.
- Eine junge Studentin beschreibt ihre Erfahrungen im sozialen Jahr im Kongo (*Local-heroes*-Homepage, Stichwort „Eine Welt", ANNA-LEA KRONPAß).
- Studentinnen und Studenten geben in Interviews Auskunft darüber, wieso sie sich ehrenamtlich engagieren (vgl. Forum Kirche und Hochschule e.V. 2011, 10–19; weitere Beispiele für ein ehrenamtliches Engagement von Jugendlichen siehe auch Deutscher Caritasverband 2010; siehe auch Mendl 2011b, 46f.).

Aus welchen Motiven heraus handeln all diese Jugendlichen? Wie begründen sie ihre Entscheidungen? Häufig geschieht das Handeln, gerade in Notsituationen, spontan; oft sind es Kleinigkeiten, die ein Engagement auslösen (zum Beispiel derselbe Vorname wie eine kranke oder behinderte Person, was daran erinnert, dass man selber auch betroffen sein könnte). Manchmal erfolgt der Hinweis auf eine Erziehung, die zu Achtsamkeit und Solidarität ermutigte. Dass Jugendliche, die laut Karl Ernst Nipkow über alle Gruppierungen hinweg von einem „noch nicht gegebenen Einverständnis" zu Religion und Glaube charakterisiert werden können, mit der Benennung von religiösen Motiven zurückhaltend sind, versteht sich von selbst; viel wichtiger ist es, unkonventionelle Spuren von Religion und von religiös unterfütterten Handlungsmotiven zu entdecken, die von einem weiten Religionsbegriff aus ihre Berechtigung erfahren. Dass aber religiös sozialisierte Jugendliche, die dezidiert religiös argumentieren, zu „BotInnen für ihre Altersgenossen werden können", belegt die Untersuchung von Karolin Kuhn (Kuhn 2010, 285). Dies gilt sowohl für die jugendlichen *Local heroes* selbst als auch für diejenigen Jugendlichen in der Lerngemeinschaft, die bei der Beschäftigung mit (jugendlichen) *Local heroes* dezidiert religiöse Deutungshorizonte herstellen, da solche „religiöse Schüleräußerungen die Gleichaltrigen potenziell dazu anregen können, mit derartigen Sprachformen und somit mit den betreffenden Inhalten zu experimentieren" (Kuhn 2010, 285).

Unmittelbare Impulse zum Nachdenken gehen auf besondere Weise von jungen Frauen und Männern aus, die die Zeit nach dem Abitur für ein halbes oder ein ganzes Jahr mit einem Freiwilligen Sozialen Jahr, in der Entwicklungshilfe, als Missionarin auf Zeit (MAZ) oder an anderen Orten kontemplativen und sozialen Lebens nutzen. Sie leisten einen ganz persönlichen Widerstand gegen die Beschleunigungstendenzen, die die Wirtschaft unseren Bildungssystemen aufzwingt, und investieren eigene Lebenszeit. Einige Beispiele aus der Datenbank und der Ausstellung:

- Über das Missionsprojekt der Diözese Passau bekommt der Abiturient HANS KRIEGL die Möglichkeit (Stichwort: „Eine Welt"), als Missionar auf Zeit in Brasilien zu arbeiten; er wird feierlich ausgesandt und hält über E-Mail und Briefe Kontakt zu den Freunden daheim, die auf diese Weise eindrucksvoll Einblick in seine Arbeit im Kinderdorf erhalten.
- Auch KATHARINA METZL kommt aus der kirchlichen Jugendarbeit; durch Begegnungen auf dem Weltjugendtag wurde sie zur Entscheidung inspiriert, ebenfalls als Missionarin auf Zeit in Brasilien zu arbeiten (Mendl 2011b, 44f.).
- Die Datenbank enthält weitere Jugendliche, die als Missionare auf Zeit, im Entwicklungsdienst oder in einem Freiwilligen Sozialen Jahr Lebenszeit einsetzen, was sich rückblickend betrachtet immer auch als persönliche Wachstums- und Entfaltungszeit herausstellt.

- Aber auch Jugendliche wie meine Tochter HANNAH MENDL, die nach dem Abitur nicht sofort mit dem Studium beginnen, sondern für ein halbes Jahr nach Taizé gehen und als Permanent mithelfen, sind authentische Zeugen und können durch ihre Innenansichten zum Nachdenken anregen (Mendl, Hannah 2012).

Wie bringt man solche Jugendliche als Vorbilder didaktisch ins Spiel? Im Sinne eines orientierenden Lernens wäre es kontraproduktiv, diese jungen Leute als strahlende Vorbilder hinzustellen. Das entspräche dem lerntheoretischen Modell einer Wertübertragung.

Werden ihre Aktivitäten als Missionare auf Zeit mit Schulklassen und Jugendgruppen besprochen, dann geht es vielmehr um ein Sicheinklinken in die biografischen Entscheidungen (siehe den entsprechenden Unterrichtsentwurf zu KATHARINA METZL in der *Local-heroes*-Homepage, z. B. unter „Eine Welt", aber auch unter den „Schulprojekten" sowie in Mendl 2011b, 44f.): „Wie würde ich mich entscheiden, wenn ich die Wahl zwischen Urlaub und einem freiwilligen sozialen Jahr hätte? Was würden mir meine Freunde und Familienangehörigen raten?" Wenn ein Jugendlicher dann nach einer intensiven Auseinandersetzung mit dem Sozialeinsatz von Katharina schreibt: „Ich schätze diese Arbeit, aber ich würde sie trotzdem wegen meiner Familie und meinen Freunden nicht machen", dann verdient dieses begründete Urteil Respekt; dennoch kann unter ethikdidaktischen Gesichtspunkten ein Lernprozess festgestellt werden, weil durchgängig in der Lerngruppe eine Horizonterweiterung erfolgte und das Engagement von Katharina als sinnvoll und wertvoll angesehen wurde.

Religion ist zwar, wie Soziologen immer wieder betonen und Religionspädagogen bestätigen, eine Privatsache, und Jugendliche sind sehr zurückhaltend mit dem Offenlegen religiöser Denkweisen (vgl. Kuhn 2010, 182). Trotzdem sind gerade Fundstücke, in denen sich Jugendliche über ihre Einstellungen bezüglich Glaube, Religion und Kirche äußern, besonders wertvoll als Spiegelungsfolien für Jugendliche. Die Aussagen der Gleichaltrigen können Nachdenkprozesse und Gespräche auslösen; so z. B. die schönen Fotoimpulse mit selbst verfassten Texten Jugendlicher aus dem Projekt von Martin Lechner (Lechner/Gabriel 2009; vgl. auch das Projekt „Wie hältst du's mit deiner Religion", Mendl 1998), oder die „Ansichten vom Göttlichen" von Schweizer Jugendlichen (Demont/Schenker 2009), die unterschiedlichen Religionen angehören (vgl. das Projekt im Rahmen einer Zulassungsarbeit „Interreligiöses Lernen an fremden Biografien" von Christina Wagner). Die Auseinandersetzung einer Mädchenklasse mit diesen biografischen Skizzen, z. B. einer jungen Jüdin, einer Muslima, einer Buddhistin, führt zu erstaunten Beobachtungen, aber auch zur Thematisierung ähnlicher Einstellungen beispielsweise im kritischen Umgang mit der eigenen Religion (Wagner 2012, 66–69): „Ich finde, dass die Arbeit mit fremden Biografien eine gute Methode ist, da man sich selbst ein Bild von den Anderen machen kann und mehr über diese kennenlernen kann. Man kann sich selbst auch mit anderen vergleichen", meint eine Schülerin bei der Abschlussreflexion.

Konkrete Projektideen

1. Porträts engagierter Schülerinnen und Schüler (evtl. auch der Lehrerinnen und Lehrer und weiterer Personen aus dem Umkreis) der eigenen Schule erstellen und in einer Ausstellung präsentieren.
2. Ehemalige Schüler einladen, die zwischen Abitur/Ausbildung und Studium/Beruf einen Freiwilligendienst (Freiwilliges soziales Jahr; Zivildienst bzw. Bundeswehr; Friedensdienst; Missionar auf Zeit; Bundesfreiwilligendienst) eingeschoben haben.
3. Spurensuche vor Ort: kirchliche und nichtkirchliche Jugendorganisationen ermitteln, besuchen, nach einer selbst erstellten Checkliste (Aktionsfelder, zeitlicher Umfang des Engagements, Ziele, Motive, Erfolge ...) interviewen.
4. Generationenübergreifendes Lernen: Kirchliche Bildungs- und Sozial-Einrichtungen, Kirchengemeinden, Initiativgruppen auf- und untersuchen bzw. Mitarbeiter einladen; mit den Mitarbeitern ins Gespräch kommen über ihr Tun, die Motive und Ziele ihres Handelns.

Lebensgeschichtliche Ausblicke: Orientierung an Erwachsenen

Es sprechen gute Gründe für das Orientierungspotenzial gleichaltriger Kinder und Jugendlicher. Allerdings muss dieser Blickwinkel auch relativiert und geweitet werden: Zum einen sind auch manche der bis hierher angeführten *Local heroes* aus der Perspektive von Schuljugendlichen bereits „steinalt“, weil sie sich in einer völlig anderen Lebenssituation (Studium, Beruf) befinden. Zum anderen wäre es ein problematisch einschränkender erfahrungsbezogener Ansatz, würde man die Grenze des Lernens an den Biografien anderer Menschen bezogen auf Alter, Problemlage und kulturelle Situation etc. zu eng ziehen. Ein möglicher diesbezüglicher Verdacht wird in den folgenden Kapiteln ausgeräumt, wo das Lernpotenzial der großen und zeitlich in der Vergangenheit angesiedelten fremden Biografien fokussiert wird.

Der biografische Ansatz in der Religionspädagogik (Biehl 1991) sollte möglichst weit verstanden werden. Er bezieht sich in einem ersten Verständnis auf die Reflexion und Entwicklung der eigenen Biografie. Jenseits subjektivistischer Vorstellungen von Wachstumsprozessen („mich selbst entwickeln, wie ich bin“) kann man den biografischen Ansatz aber auch als Pendelbewegung verstehen: In der Auseinandersetzung mit den Widerfahrnissen anderer Menschen, ihrer Entscheidungen und Lebensdeutungen, reift auch die eigene Persönlichkeit. Dies entspricht dem dargestellten Modell der Wertentwicklung. Mit dem Prinzip der Personalisierung weist man in der Religionspädagogik außerdem darauf hin, dass es bei der Auseinandersetzung mit fremden (politischen, geschichtlichen, religiösen, kulturellen) Themen nie um erfahrungsabgelöste abstrakte Sachverhalte geht, sondern um die Erfahrungen von Menschen mit anderen Menschen in ihren jeweiligen Zeitläufen. Insofern ist der in diesem Buch vorgestellte Ansatz eines Lernens an (außer-)gewöhnlichen Biografien auch geeignet im Rahmen des interreligiösen Lernens, des Lernens in der Einen Welt (vgl. Mendl 2004), des (kirchen-)geschichtlichen Lernens (vgl. Gruber/Mendl 2000; Mendl 2002b; 2007; 2008b; 2009; 2012a; 2013f), des biblischen Lernens (vgl. Mendl 2013b) oder im

Rahmen der Friedenserziehung (vgl. Gerster/Gleich 2005; Mendl 2006b) und hat somit eine eminente politische Bedeutung vgl. Grümme 2009; 2014).

Nicht nur das glaubwürdige Zeugnis von Gleichaltrigen, sondern auch von Erwachsenen und kirchlichen und nichtkirchlichen Gruppierungen (Mendl 2013a, 121–134) kann dazu dienen, jugendliche Gleichgültigkeit zu durchbrechen (Scharer 1999): Indem

- Probleme dieser Welt veranschaulicht werden
- verdeutlicht wird, dass es Menschen gibt, die im Rahmen ihrer Möglichkeiten diese Problemfelder angehen
- die Jugendlichen zu einer diskursethischen oder realen Auseinandersetzung mit diesen Personen verleitet werden.

In der Begegnung mit einer lebensgeschichtlich weiter fortgeschrittenen Person eröffnen sich für Kinder und Jugendliche Möglichkeitsräume für eigene Lebensvorstellungen:

Es tun sich für Kinder und Jugendliche Welthorizonte auf, wenn der Pfarrmesner Georg Wagner von seinen Hilfsfahrten nach Rumänien und den Lebensbedingungen dort erzählt, die ehemalige Realschullehrerin Margarete Fischer eindringlich ihre Schulprojekte in Indien schildert oder der Oberarzt Matthias Haun von seinen Einsätzen als „Arzt in der Dritten Welt“ berichtet.

Das zivilcouragierte Handeln von Jugendlichen (z. B. der beiden Internatsschülerinnen Nicky und Conny, die einen Mann aus dem eiskalten Chiemsee gezogen haben, oder des Schülers Johannes Knoblach, der bei einem Brandanschlag auf ein Ansbacher Gymnasium mutig eingriff) und Erwachsenen wie Dominik Brunner, der sein Leben bei der Verteidigung von angepöbelten Kindern an einer S-Bahn-Haltestelle verlor, oder dem Lehrer Matthias Vogel, der einen Schulbus zum Stehen brachte, nachdem der Fahrer einen Schwächeanfall erlitten hatte, verdeutlicht, dass die Welt nicht völlig aus den Fugen gerät und regt zum Nachdenken darüber an, wie man selber handeln würde.

Die Bedeutung historischer Local heroes

Als weiteren Schritt einer Horizontweitung möchte ich noch zu einer historischen Spurensuche nach *Local heroes* motivieren. Zugleich dient die Gegenüberstellung verschiedener Personengruppen aber nochmals der Reflexion bezüglich besonderer Eignung und Lebensnähe, ohne dass jedoch die „großen“ und „kleinen“ Heiligen apodiktisch gegeneinander ausgespielt werden. Sie ergänzen sich vielmehr gegenseitig. Die Forderung nach einer ausgewogenen Auswahl von großen und kleinen historischen Gestalten ergibt sich zudem aufgrund allgemeiner geschichtsdidaktischer Überlegungen (Multiperspektivität). Didaktisch eröffnet sich hier die Möglichkeit, reale oder fiktiv konstruierte Wertkontexte breiter auszugestalten, indem beispielsweise Personen aus dem Umfeld großer Gestalten einbezogen werden (siehe auch Kap. 3.2).

Erläutert werden soll dies an der Frage, an welchen Personen aus der Zeit des Nationalsozialismus ertragreich gelernt werden kann. Unbestritten bedeutsam sind die Biografien von P. Rupert Mayer, P. Alfred Delp oder Edith Stein. Hierzu gibt es auch bereits genügend Veröffentlichungen. Weit weniger bekannt sind beispielsweise folgende Personen und Personengruppen, die aber eine wertvolle Ergänzung darstellen und neue Blickwinkel ermöglichen:

- Der Allgäuer Bauernsohn MICHAEL LERPSCHER (1905–1940) hat im Dritten Reich aus religiösen Gründen den Kriegsdienst verweigert und wurde hingerichtet (vgl. Gruber/Mendl 2000; Mader/Knab 1987).
- Auch der österreichische Familienvater FRANZ JÄGERSTÄTTER (1907–1943) wurde wegen der Verweigerung des Kriegsdienstes inhaftiert und hingerichtet.
- NIKOLAUS GROß, der KAB-Gewerkschaftler (1898–1945), schrieb vor seiner Ermordung durch das NS-Regime seiner Familie einen ergreifenden Abschiedsbrief (vgl. Beaugrand 1991b);
- Der Anstaltsleiter von Bethel, FRITZ VON BODELSCHWINGH (1877–1946), und seine Frau (Gruber/Mendl 2000, 42–49; Büchner 1991), stellten sich mutig und klug dem Euthanasieprogramm der Nazis entgegen.
- Der Schweizer Polizeioffizier PAUL GRÜNINGER (1891–1972) rettete hunderten Juden das Leben, indem er ihnen gefälschte Papiere ausstellte und die Flucht in die Schweiz ermöglichte. Er wurde seines Amtes enthoben, wurde erst im Jahre 1995 posthum rehabilitiert und findet seitdem schrittweise Anerkennung (Keller 1994; 2006; Gruber/Mendl 2000, 35–37. 56–62).
- 1941 demonstrierten Passauer Frauen öffentlich gegen das Abhängen von Kreuzen an Schulen. Ihre Töchter berichten als Zeitzeuginnen davon (Kutzschenbach/Sporer 1999, 53f.).
- Jugendliche nahmen am 13. Juni 1937 in Passau an so genannten Gottesbekenntnis-Stunden teil, um gegen die Unterdrückung der Kirchen durch den Nationalsozialismus zu demonstrieren; Bundespräsident JOHANNES RAU verwies bei seiner Rede zur Eröffnung der Europäischen Wochen auf einen entsprechenden Eintrag im Passauer Stadtarchiv vom 13. Juni 1937 (Rabenstein 2002).
- ANNE FRANK ist als Zeit- und Vorbild gerade deshalb so geeignet, weil ihre Gedanken und Gefühle mit denen eines „normalen" Mädchens in der Pubertät korrelieren. Ähnliches gilt für die Geschwister Scholl bzgl. höherer Altersstufen.

Trotz aller exemplarischen Größe können sich Jugendliche aus ihrer Lebenswelt heraus diesen Persönlichkeiten noch annähern, was bei einer hochgeschätzten und doch alltagsfernen Persönlichkeit wie EDITH STEIN schon schwerer möglich ist (vgl. Pittruff/Siener 1987).

Worin liegt die besondere Bedeutung dieser Personen im Prozess eines orientierenden Lernens? Die genannten Personenkreise bieten stärker alltags- und familienbezogene Wertdilemmata, in die sich Jugendliche mit ihren eigenen Vorstellungen von Zukunft, Familie (vgl. Deutsche Shell 2000, 13–15), Glück und Moral einbringen können. Die Verantwortung für die eigene Familie spielte auch bei den Familienvätern unter den oben genannten Personen eine wichtige ethische Rolle, wie aus den verschiedenen Briefen aus der Haft an die Familienangehörigen deutlich wurde (vgl. dazu auch „Heilige Männer und ihre Frauen", in: Themenhefte Gemeinde 2/2006, 42f.). Man muss dieses Argument auch vor dem Hintergrund einer gestiegenen Wertschätzung für die didaktische Bedeutung der Alltagsgeschichte im Religionsunterricht betrachten (vgl. Lindner/Riegel/Hoffmann 2013).

Insofern sollte man gerade bei historischen Fragestellungen immer auch die Perspektive hin auf die „kleinen Leute" öffnen, z. B. neben dem Widerstand der Bischöfe auch den Widerstand der „kleinen" Leute im Dritten Reich thematisieren. Eine entsprechende regionale Spurensuche, wie ich sie in den obigen Beispielen für den Raum Passau angedeutet habe, eröffnet bezüglich dieses Themenfeldes (noch) die Möglichkeit, direkt (oral history) mit Zeitzeugen in Kontakt zu kommen (vgl. Hagedorn 1999; Schmid 1999; Steinbach/Tuchel 1994). Es ist begrüßenswert, dass in den letzten Jahren entsprechende lokale Projekte in die Wege gebracht wurden und somit auch unbekanntere Personen der regionalen Geschichte präsentiert werden konnten:

- So z. B. in einem Augsburger Diözesanprojekt „Schrittmacher im Glauben“, in dem neben St. Ulrich und St. Afra auch der bereits genannte Kriegsdienstverweigerer im Dritten Reich, Michael Lerpscher (1905–1940), der christliche Gewerkschaftsfunktionär Johann Adlhoch (1884–1945) aus der NS-Zeit, der Erneuerer von Kirche und Theologie im 19. Jahrhundert, Johann Michael Sailer (1751–1832) oder die kluge und entschiedene hl. Crescentia Höß (1682–1744) aus Kaufbeuren, die Gewerkschaftlerin Therese Studer (1862–1931) oder der unermüdliche Gründer von sozialen Einrichtungen Johann Evangelist Wagner (1807–1886) vorgestellt werden (vgl. Bauer u. a. 2007).
- In einem ähnlichen Projekt der „Glaubenszeugen des Nordens“ werden dann beispielsweise so unterschiedliche Personen wie der Bauer Gottschalk, Dag Hammerskjöld, Bernhard Lichtenberg, Emmy Ball-Hennings, Emil Nolde oder die vier Lübecker Märtyrer skizziert (vgl. Überzeugt! Glaubenszeuginnen und Glaubenszeugen des Nordens, 2008).
- Letztere, die Lübecker Märtyrer, wurden anlässlich der Seligsprechung der drei katholischen Geistlichen im Jahre 2011 mehrfach porträtiert; ein großartiges ökumenisches Zeichen besteht darin, dass die drei katholischen Geistlichen Hermann Lange (1812–1943), Eduard Müller (1911–1943) und Johannes Prassek (1911–1943) immer gemeinsam mit dem evangelischen Pastor Karl Friedrich Stellbrink (1894–1943) als die vier Lübecker Märtyrer präsentiert wurden (vgl. Erzbistum Hamburg, Bistum Osnabrück 2011; Erzbistum Hamburg - Generalvikariat, Jugendreferat der Pastoralen Dienststelle/Bund der Deutschen Katholischen Jugend, Diözesanverband Hamburg (Hg.) 2011).
- Die Diözese Würzburg stellt die beiden „Christuszeugen in schwerer Zeit“, Pfarrer Georg Häfner (1900–1942) und Pater Engelmar Unzeitig CMM (1911–1945) vor (Christuszeugen in schwerer Zeit 2009).
- Schließlich bekommen auch zahlreiche „Akteure der Friedlichen Revolution“ (Käbisch/Käbisch 2010) ein Gesicht.

Trotzdem darf man sich nichts vormachen: Auch diese *Local heroes* der Geschichte sind noch weit weg vom Leben heutiger Kinder und Jugendlichen, allein schon durch die zeitliche Distanz, aber auch häufig durch die Radikalität ihres Denkens und Handelns!

Den Horizont weiten: „Peace Counts“

Dem Prinzip der Gradualität entsprechend wird nach der historisch-diachronen Ausweitung des Blicks nun der Horizont synchron erweitert: Es werden Menschen betrachtet, die auf globaler Weltebene handeln. Ähnlich, wie die oben skizzierten erwachsenen *Local heroes*, die beispielsweise als Ärzte ohne Grenzen tätig sind und bei der Beschreibung ihres Tuns heutigen Kindern und Jugendlichen eine Weltperspektive ermöglichen, zielt auch das Projekt „Peace Counts“, das hier exemplarisch vorgestellt werden soll, auf die Erweiterung der individuellen Wahrnehmung und der Eröffnung einer gesellschaftlich globalen Problemsicht.

Der Journalist MICHAEL GLEICH (geb. 1960), der als Initiator und Motor hinter dem Projekt „Peace Counts" steht, stellt fest: Das Interesse am Krieg ist groß – das am Frieden schon weit weniger! Selbst Friedensinstitute machen sich mehr Gedanken darüber, wie es zum Krieg kommt, als darüber, was nach einem Krieg geschehen kann, um Frieden zu schaffen! Deshalb hat MICHAEL GLEICH ein Netzwerk von namhaften Journalisten und Fotografen begründet, das hochwertige Friedensreportagen über Projekte in der ganzen Welt verfasst. „Peace Counts stellt die Arbeit erfolgreicher Friedensmacher in aller Welt in den Mittelpunkt. Sie sind das Thema von Texten, Fotos und Beiträgen für Funk und Fernsehen. Sie fließen ein in Ausstellungen, in Konfliktregionen und in Deutschland, begleitet von friedenspädagogischen Seminaren und Journalistentrainings. Träger von Peace Counts sind die Berghof Foundation, Zeitenspiegel Reportagen und Advanced Journalism Academy" (www.peace-counts.org, siehe: „über uns"). Das Projekt wurde mit vielen Preisen ausgezeichnet und konnte zahlreiche Sponsoren und Kooperationspartner gewinnen. Auf vielen crossmedialen Ebenen ist „Peace Counts" zugänglich – über eine eigene Ausstellung, die beim Institut für Friedenspädagogik in Tübingen ausgeliehen werden kann und zu der es ein hervorragendes pädagogisches Begleitprogramm gibt (Gugel 2007; 2009), über ein Buch mit dem Titel „Die Friedensmacher" (Gerster/Gleich 2005), über weitere Darstellungen in der wissenschaftlichen Literatur (z. B. Jäger u. a. 2010), über Reportagen im „Stern" (Gleich 2005) oder in anderen Journalen und natürlich auch über die entsprechenden Internetadressen (www.peace-counts.org; www.friedenspaedagogik.de).

Die Nähe zum *Local-heroes*-Projekt ist evident: „Wer sich engagiert, muss nicht GANDHI oder MUTTER TERESA sein. Ganz normale Menschen mit Mut und Durchhaltevermögen arbeiten daran, zerstörte Regionen wieder aufzubauen, das Trauma des Krieges zu heilen und ehemalige Feinde zu versöhnen. Sie haben Erfolg, wie die Beispiele und Biografien aus über 20 Ländern zeigen. Ein globales Netzwerk von Friedensstiftern ist im Entstehen", so formuliert dies Michael Gleich (Gerster/Gleich 2005, 197). Petra Gerster fügt hinzu: „Friedensmacher sind normale Menschen. Von anderen unterscheidet sie vor allem, dass sie über einen starken Willen und eine Vielzahl von Kompetenzen verfügen, die man erwerben, zumindest aber verfeinern kann. Besonders Kinder und Jugendliche brauchen solche lebensnahen, anfassbaren Vorbilder. An ihnen können sie sich orientieren, um angesichts von gesellschaftlichen Problemen nicht zu verzagen, um Zuversicht zu fassen, dass Lösungen möglich sind – wenn man danach sucht" (Gerster/Gleich 2005, 10f.).

In der Ausstellung und im Buch findet man eindrucksvolle Reportagen:

- ABT BENEDIKT LINDEMANN lebt und vermittelt in Palästina zwischen israelischen Juden und palästinensischen Muslimen (Gerster/Gleich 2005, 12–27).
- Zwei ehemalige Terroristen in Nord-Irland, PETER MCGUIRE (Protestant) und JOE DOHERTY (Katholik) sind nun als Sozialarbeiter tätig (ebd. 28–41).
- ELENA GULMADOVA vermittelt zwischen muslimischen Albanern und christlichen Mazedoniern (ebd. 42–57).
- PADRE GIOVANI ist in Kolumbien zwischen Paramilitärs, Guerilleros und Soldaten unterwegs (ebd. 58–73).
- Ein Tamile mit deutschem Pass, SINGHAM NASARINGHAM beteiligt sich am Aufbau im zerstörten Sri Lanka (ebd. 74–89).

Die Reportagen fokussieren sich jeweils auf wenige Gesichtspunkte – geschildert werden der Konflikt und die Wege einer Problemlösung; die Personen werden nicht als Heilige dargestellt, aber durchaus als Bekehrte! Ein biografischer Ansatz wird also mit einer Best-Practice-Orientierung verbunden (Jäger u. a. 2010, 76); gefördert werden sollen eine konstruktive Konfliktbearbeitung, die Einsicht in die Chancen eines Gewaltverzichts, Zivilcourage, Altruismus und Versöhnung (Mendl 2006b, 200f.). Das didaktische Begleitmaterial zur Ausstellung (Gugel 2009) lädt zu einer produktiven Auseinandersetzung mit den dargestellten Personen und Situationen ein.

Die Homepage (www.peace-counts.org) wird ständig aktualisiert. „Peace Counts on tour" bringt die Ausstellung auch in aktuelle Konfliktregionen und möchte dort Menschen inspirieren, eine eigene Kultur des Friedens zu kreieren: so z. B. im Jahr 2013 in den Kaukasus und nach Indien oder im Jahr 2011 nach Afghanistan und Jordanien (Jäger u. a. 2010).

Besonders hervorzuheben sind sowohl im Buch wie auch in der Ausstellung die Bilder (herzlichen Dank an Uli Reinhardt für die Abdruckgenehmigung des Plakats „Die Rückkehr der Wüstenritter"), die gerade vom Gedanken der Anschauung und der Spiegelung didaktisch äußerst wertvoll sind und auch konzeptionell durchdacht sind: „Was bedeutet Friedensfotografie? Man muss viel genauer hinsehen. Die Dramatik des Krieges ist evident. Aber es herrscht auch eine Dramatik im Geschehen nach dem Krieg. Der Versuch, wieder aufzubauen, Sisyphusarbeit, immer wieder neu anzufangen, sich nicht entmutigen zu lassen. Für die Leute ist es schon dramatisch, unter welchen Umständen sie da leben müssen. Und diese Dramatik zu beobachten, da bedarf es schon einer Geduld und genauen Beobachtung, um das auch für den Betrachter sichtbar zu machen", meint der Fotograf Uli Reinhardt (Gugel 2009, 37).

Ziel einer Auseinandersetzung mit den Friedensprojekten und vor allem mit den Menschen, die sie initiieren, ist es, den Blick der Kinder und Jugendlichen zu weiten und sie für den hohen Wert des Friedens zu sensibilisieren – individuell aber auch politisch und weltweit: „Der Friede ist ein Baum, der eines langen Wachstums bedarf", sagt Antoine de Saint-Exupéry. In diesem Sinne verstärkt der Einbezug von „Friedensmachern" (Gerster/Gleich 2005) die politische Dimension des Religionsunterrichts (vgl. das entsprechende Desiderat von Bernhard Grümme), da die Ebene der interpersonellen Auseinandersetzung bei diesen Biografien sinnvoll nur über den Einbezug der gesellschaftlichen, sozialen und politischen Dimension sowie einer ideologiekritischem Reflexion angegangen werden kann (vgl. Grümme 2009, 92).

Lernen an Menschen mit Beeinträchtigungen
Eine besondere Gruppe von *Local heroes* stellen Menschen dar, die trotz gravierender Behinderungen und Krankheiten ihr Leben meistern oder gemeistert haben. Es handelt sich also nicht um Menschen, die sozial-karitativ für andere tätig sind, sondern die in der Art und Weise, wie sie mit Aids (vgl. Mendl 2005a, 120f.), Blindheit oder anderen körperlichen Erkrankungen umgehen, Menschlichkeit, Würde und Größe zeigen. Die Grenze ist hier freilich fließend: Auch Personen, die mit diesen Menschen zusammenleben oder sich für sie einsetzen, rücken hier in das Blickfeld. Auf der *Local-heroes*-Homepage findet man Berichte über einige solcher Menschen, z. B.:

- Petra Asenbauer, eine 25-jährige Spastikerin, berichtet, mit welchem Optimismus sie ihr Leben meistert.
- Realschülerinnen und Realschüler sind sichtlich bewegt beim Besuch von Manuela Giltner mit ihrer behinderten Tochter Samira (vgl. Mendl 2011b, 56f.).
- Andrej Chirides sitzt im Rollstuhl, macht gerade das Abitur und erzählt, wie die Menschen um ihn herum mit seiner Behinderung umgehen.
- Walter Bichlmeier ist seit einem Unfall völlig erblindet; er steht Studierenden Rede und Antwort.
- Die Grenze zur Gruppe der „gebrochenen Biografien" (siehe Kap. 3.8; dort auch ausführlicher zur manchmal missverständlichen Begrifflichkeit) ist fließend; hierzu zählen auch Berichte über Menschen, die eine schwere Krankheit, die dann manchmal in den Tod hineinführte, mit Würde getragen haben, wie z. B. die 12-jährige Julia Straub (vgl. Brunner 2014).

Wenn sich Schülerinnen und Schüler mit solchen anschaulichen Erzählungen beschäftigen, so verfolgt man damit ein doppeltes Ziel: Sie sollen sich natürlich zunächst in die alltäglichen und grundsätzlichen Probleme eines gehandicapten Menschen einfühlen. Neben der Entwicklung von Empathie zielen diese Beispiele aber auch auf die Positionierung behinderter Menschen auf gleicher Augenhöhe – nicht als verhärmte Menschen, die Mitleid verdienen, sondern als Menschen mit eigener Würde, denen Respekt und Hochachtung zukommt wegen der Art und Weise, wie sie ihr Schicksal meistern.

Gerade die reportageartig gestalteten breiteren Darstellungsformen ermöglichen Innenansichten, die weit mehr Empathie hervorrufen können als kurzfristige „Einfühlübungen": So findet man unter dem Begriff der „Identifikation" (den ich für falsch halte, da er ein hohes Maß an Vertrautheit und Empathiefähigkeit voraussetzt) gerade im Bereich der Bibeldidaktik immer wieder Anleitungen zu kleinen Übungen, um den blinden Bartimäus (die Augen verbinden) oder die gekrümmte Frau (gekrümmt im Raum herumgehen) zu verstehen. Erzählungen über oder noch besser von Personen, die die mit der Beeinträchtigung verbundenen Alltagsprobleme zeigen, sind hier sicher weitaus geeigneter. Und wenn man schon intensive Erfahrungen mit einem Leben mit Handicaps eröffnen will, so eignen sich hier inklusive Lerngruppen, Projekte zwischen Behinderten und Nichtbehinderten (vgl. Sabinsky/Silbernagl 2013) oder ausgeprägtere Projektformen wie z. B. der Aufenthalt in einem „Dunkelcafé" unter Anleitung einer blinden Person.

Da die unmittelbare Begegnung gerade im Umgang mit Menschen mit Behinderungen unersetzbar ist, soll in der ersten didaktischen Perspektive, die im Folgenden dargestellt wird, dieser personale Ansatz nochmals an einem Beispiel aufgegriffen werden. Die neuen Medien bieten darüber hinaus Chancen einer virtuellen Begegnung, wenn eine reale nicht möglich ist.

3.1.4 *Didaktische Perspektiven*

Bevor einige Personen ausführlicher porträtiert werden, sollen noch zwei didaktische (bezogen auf die Lernwege) und zwei grundsätzliche habituelle Lernmodalitäten (bezogen auf die *Local heroes* selber) angesprochen werden: die Bedeutung eines Begegnungslernens, die Chancen der neuen Medien, das Austarieren der *Local heroes* zwischen Stolz und Bescheidenheit und die Frage nach der Perfektibilität von Helden des Alltags.

Im Kontakt mit den Local heroes: *Bill Pucas Projektidee*
Will man Menschen, die Ausflüge in gute Welten wagen, ins Klassenzimmer einladen, so ist dies bei den *Local heroes* in vielerlei Hinsicht leichter, als wenn man darauf spekuliert, Malala Yousafzai, Rupert Neudeck oder Ruth Pfau einzuladen.

Wie viele der grundsätzlichen moralpsychologischen Erwägungen verdanke ich auch hier die entsprechenden Anregungen der Schule des amerikanischen Psychologen Lawrence Kohlberg (1927–1987). Kohlbergs Schüler Bill Puca hat ein Modell entwickelt, bei dem die Förderung von moralischer Urteilsfähigkeit und moralischem Handeln integriert angegangen wird. Neben dem „Reden über Ethik" soll auch das konkrete soziale Tun eingeübt werden (Oser/Althof 1992, 496–472; Puca 1990). Junge Menschen sollen direkt und persönlich mit Menschen und deren Leben konfrontiert werden, die unter gesellschaftlichem Druck altruistisch und moralisch richtig gehandelt haben. Zu diesem Zweck hat Puca in seiner Heimatregion eine Datenbank mit 600 Personen zusammengestellt, die man als soziale Helden, *Local heroes*, bezeichnen könnte. Sie erklärten sich bereit, mit jungen Leuten über ihr Leben und ihre Entscheidungen zu sprechen. Außerdem sollen sich Jugendliche in ihrer eigenen sozialen Umwelt konkret sozial engagieren und an den Arbeitsplätzen der örtlichen Helden mithelfen können.

Man erkennt unschwer, dass die Idee, eine Datenbank mit *Local heroes* aufzubauen, von Pucas Projekt inspiriert ist: „Alles nur geklaut!"

Der Wert eines Begegnungslernens wird deutlich, wenn man eine unterrichtliche Auseinandersetzung mit *Local heroes* aus der Datenbank selbstkritisch betrachtet: Diese ist zunächst dem Feld des diskursiven Lernens zuzurechnen, dessen Reichweite wie oben erwähnt begrenzt ist. Ausgeweitet werden kann es durch stärker handlungsorientiert angelegte Lernformen. Dazu zählt auch die unmittelbare Begegnung mit einem *Local hero* – sei es im Rahmen eines Sozialprojekts oder in Form einer Einladung einer Person in die Schule.

An einem Beispiel, das thematisch die zuletzt beschriebene personale Perspektive, ein Lernen an Menschen mit Handicaps, aufgreift, soll die Reichweite eines interpersonellen Begegnungslernens aufgezeigt werden.

„Ich kann den Augenblick besser machen" (Walter Bichlmeier)
Der Mensch des 21. Jahrhunderts ist ein „Augenmensch", für den es unvorstellbar ist, nicht mehr sehen zu können. Blickt man von dieser dominanten Bedeutung des Visuellen aus auf diejenigen, die die Fähigkeit zu sehen nicht besitzen, dann entsteht sehr leicht eine Haltung des Mitleids.

Umso wichtiger sind Menschen wie WALTER BICHLMEIER. Er ist seit einem schweren Motorradunfall als 23-Jähriger erblindet. Wenn er von seinem Leben erzählt, wird sehr schnell deutlich: Dieser Mensch erwartet kein Mitleid, er verdient vielmehr Respekt. Denn er verdeutlicht, dass man würdevoll und lebensfroh auch mit einer Behinderung zurechtkommen kann. Und er kreist nicht um sich selber, sondern engagiert sich seit Jahren für den Bayerischen Blinden- und Sehbehindertenbund (BBSB). Er hilft anderen Menschen mit Sehbehinderungen, betreibt aber auch Lobbyarbeit, indem er Schulen und andere Bildungseinrichten besucht. Wir haben ihn in ein Uni-Seminar zum Thema „Lernen an fremden Biografien" eingeladen; selten wurde in einer universitären Veranstaltung so viel gelacht! Aus Mitleid wird Respekt, die Haltung der Überlegenheit in der Lebensbewältigung schlägt um in ein Gespräch auf gleicher Augenhöhe (vgl. dazu ausführlicher Mendl 2011b, 50f.; *Local-heroes*-Homepage unter „Schulprojekt" bzw. „Behinderung").

Diese Wahrnehmungs- und Einstellungsänderung wird auch in den nachfolgenden Reflexionen der SeminarteilnehmerInnen deutlich (vollständig nachzulesen auf der *Local-heroes*-Homepage):

> *„Ich war sehr gespannt auf den Besuch von Herrn Bichlmeier. Zuvor kannte ich Blinde nur von der Straße und bewunderte dort deren Orientierung. Doch Herr Bichlmeier begeisterte mich mit seinen Erzählungen, angefangen bei den alltäglichen Kleinigkeiten im Haushalt über den Umgang mit seinen Kindern hin zur Büroorganisation. Es scheint als könnte ihn nichts aus der Bahn werfen. Die lockere, unkomplizierte, angenehme und entspannte Erzählweise von Herrn Bichlmeier ließ alle Hemmung und Anspannung fallen, wodurch ein tolles Gespräch zu Stande kam. Mit seinen Geschichten hat mir Herr Bichlmeier Mut gemacht jeden noch so großen Stein, der im Weg liegt, zu überwinden, mit den Worten von Herrn Bichlmeier, ‚der is dazu da ihn wegzuräumen'. Ich bin sehr dankbar für diese tolle Erfahrung." (Karin Weber)*
> *„Er hat mir gezeigt, das vieles im Leben von einer positiven Einstellung abhängt. Manchmal verzweifelt man selbst schon daran, wenn einem ein kleiner Stein in den Weg gelegt wird und man spontan keinen Ausweg weiß. Wenn man allerdings in eine solch ausweglose Situation wie Herr Bichlmeier gerät und trotzdem so positiv eingestellt ist, ist das schon bewundernswert." (Christina Wagner)*

Bei allen bisherigen Projekten eines Begegnungslernens mit *Local heroes* wurde der Mehrwert einer solchen unmittelbaren interpersonellen Wahrnehmungs- und Lernebene deutlich: Personen wie GEORG WAGNER, die für ein Hilfsprojekt geradestehen, beeindrucken sowohl durch ihr Engagement und ihre Zielstrebigkeit als auch durch die Selbstverständlichkeit, mit der sie von ihrem Tun berichten. Menschen, die mit einer Behinderung leben müssen wie Walter Bichlmeier oder sich um behinderte Familienangehörige kümmern wie Manuela Giltner (Mendl 2011b, 56f.; siehe auch die Dokumentation in der *Local-heroes*-Homepage unter „Schulprojekte" 7/2009) erfahren Respekt und Wertschätzung: „Liebe Frau Manuela Giltner, Sie verdienen sich zu Recht eine Urkunde, da Sie jeden Tag rund um die Uhr für Ihre Tochter Samira und ihre Geschwister da sind. Sie sind die beste Mutter der Welt", lautet die Reaktion einer Schülerin im Rahmen eines Besuchsprojekts, das Kristina Falter durchgeführt hat.

Es versteht sich von selbst, dass der Besuch eines *Local heroes* den Rahmen des normalen Unterrichts sprengt und aufwändig zu organisieren ist; das reicht von der Genehmigung durch die Schulleitung über die Vorbereitung in der Klasse und die vorauslaufenden Absprachen mit dem *Local hero* bis hin zur Nacharbeit (Checkliste für den Besuch eines *Local hero*: Mendl 2011b, 26; auf der *Local-heroes*-Homepage unter „Behinderung", „Walter Bichlmeier").

Die Chance neuer Medien: Skype & Co.

Wenn der Besuch eines *Local heroes* im Klassenzimmer organisatorisch schwer zu bewerkstelligen oder nicht möglich ist, dann bieten die neuen Medien die Möglichkeit, zumindest virtuelle Begegnungsräume zu schaffen. Zwei solcher Projekte sollen kurz skizziert werden:

Über Plattformen wie Facebook und Skype (und übermorgen werden es wieder andere sein!), kann man einen Kontakt zwischen den jugendlichen Helden des Alltags, die sich gerade im Ausland befinden, und den Kindern und Jugendlichen in Deutschland herstellen. Elisabeth Raith hat ein interessantes Projekt konzipiert, bei dem eine junge Frau, Kathrin Baumann, die derzeit in Nicaragua als Entwicklungshelferin tätig ist, über die modernen Kommunikationsmittel mittelbar in Kontakt mit einer Schulklasse kommen kann. Die Schülerinnen und Schüler sollen solche virtuellen Begegnungen dann nach allen Regeln der Kunst reflektieren, von einer Frage wie „Wie wirkte Kathrin auf dich, als du mit ihr gesprochen bzw. gechattet hast?" über „Glaubst du, dass dieses Jahr in Nicaragua Kathrins Lebens beeinflussen wird und wenn ja, inwiefern?" bis hin zu „Was meinst du, wie deine Eltern reagieren würden, wenn du ein Jahr als Freiwilliger im Ausland verbringen möchtest?" (Projektskizze: *Local-heroes*-Homepage „Schulprojekte", „Projekt Elisabeth Raith" 6/2011)

Marion Wagner hat ausgelotet, inwiefern man mit dem Medium Whiteboard auf unterschiedliche Weise biografisches Lernen fördern kann (dokumentiert auf der *Local-heroes*-Homepage unter „Schulprojekte" „Unterrichtsprojekt Marion Wagner" 1/2014; vgl. Wagner 2013). Das Projekt mündete in eine Skypekonferenz mit einer jungen Frau, Andrea Krallinger, die seit ihrem 13. Jahr an Epilepsie, einer Schilddrüsenunterfunktion und an einer Nahrungsmittelunverträglichkeit leidet. Trotz ihrer schweren Erkrankung hat sie das Fotoprojekt „Ganz schön krank" ins Leben gerufen; porträtiert werden kranke Menschen – ästhetisch anspruchsvoll in Szene gesetzt. Den Schülerinnen wurde zunächst ein dreiminütiger Film über Andrea Krallinger vorgestellt. Im Anschluss erfolgte eine mehrperspektivische inhaltliche Vorbereitung (zum Krankheitsbild, zum gesellschaftlichen

Umgang mit Krankheit, zum Fotoprojekt). Die anschließende Skypekonferenz, auf die sich die Schülerinnen mit gezielten Fragen vorbereiteten, bot sich auch deshalb an, weil ANDREA KRALLINGER, aufgrund ihrer Krankheit nicht Auto fahren darf. „Skype" ermöglichte dann eine nachhaltige synchrone Kommunikation von Andrea Krallinger, mit der Klasse. Abschließend erhielten die Schülerinnen ein Foto von Andrea und durften in eine vorgegebene Sprechblase einen Satz von ihr hineinschreiben, den sie besonders beeindruckend fanden. Sie formulierten Aussagen wie: „Ich weiß, wie es ist, krank und ein Außenseiter zu sein, deshalb helfe ich anderen Menschen, die mit dieser Situation schlechter zurechtkommen als ich", „Dadurch, dass ich andern Menschen helfe, helfe ich auch mir selber", „Helfen tut gut."

Die Balance zwischen Stolz und Bescheidenheit

Abschließend sollen noch zwei habituelle Fragen zum Status eines *Local heroes* gestellt werden: Darf man als *Local hero* auf sein Tun stolz sein? Und müssen Helden des Alltags perfekt sein?

Was in Amerika selbstverständlich ist, die Präsentation eines Helden in der Öffentlichkeit, muss in der westeuropäischen Kultur zumindest kritisch angefragt werden. Ist es nicht peinlich, vor fremden Menschen über das eigene Leben, die Entscheidungen für den Beginn einer Sozialaktion und die Motive dafür zu reden? Wir wissen nicht erst seit PISA, dass es markante kulturelle Unterschiede in der Wertigkeit von schulischen Leistungen und damit auch in der Art und Weise, das eigene Tun zu präsentieren, gibt. Während es in Ländern wie Amerika „in" ist, ein guter und strebsamer Schüler zu sein, herrscht an unseren Schulen erwiesenermaßen leider eine andere Lernkultur: Wer auf irgendeine Weise aus der Masse herausragt, wird allzu leicht als Streber verschrien. Der Sozialforscher Klaus Boehnke ermittelte: „Anders als in Nordamerika, wo gute Schulleistungen die Anerkennung in der Klasse erhöhen, werden gute Schulleistungen in deutschen Klassen eher vermieden, um die Anerkennung in der Klasse zu erhalten" („Sozialforscher: Viele Schüler haben Angst vor guten Noten", in: Passauer Neue Presse 2001). Insofern ist es alles andere als selbstverständlich, in einer Gesellschaft, in der Diskotheken schon mal mit einem Preis für das schlechteste Zeugnis werben (Maier 2003), selber als Schüler vor eine Klasse zu treten und als *Local hero* von eigenen Aktivitäten für andere zu erzählen.

Der zweite mögliche Einwand betrifft die *Local heroes*, die von außerhalb der Schule eingeladen werden: Darf man überhaupt mit guten Taten „angeben"? Dass dieses Argument nicht an den Haaren herbeigezogen ist, belegt eine Passage aus einem Brief aus der Chefredaktion einer Kirchenzeitung, als dort routinemäßig angefragt wurde, ob ein Beitrag in die *Local-heroes*-Homepage aufgenommen werden dürfe: „Meines Erachtens sollte auch mehr das ‚gute' Tun im Mittelpunkt stehen als der ‚gute Mensch'."

In Amerika versteht man vermutlich eine solche Argumentation überhaupt nicht. Dort sind der Stolz auf die Gründerväter, auf die Helden der Geschichte und Gegenwart und überhaupt ein stark personalistischer Ansatz mit allen Vor- und Nachteilen (wenn man beispielsweise an politische Entscheidungsprozesse denkt) stärker ausgeprägt als bei uns.

Tut Gutes und redet darüber! Diesen Leitspruch halte ich aber auch bei dem *Local-heroes*-Projekt für anwendbar. Schließlich verfolgt die Präsentation des eigenen Tuns vor einer Schulklasse keinen Selbstzweck, sondern dient der Wertentwicklung junger Menschen.

Biblisch betrachtet sind beide Argumentationsstränge gedeckt und sollten deshalb nicht gegeneinander ausgespielt werden: sowohl die Absicht, christlich motiviertes Tun zu präsentieren, als auch die Warnung vor selbstgerechter Angeberei.

> *„Hütet euch, eure Gerechtigkeit vor den Menschen zur Schau zu stellen, sonst habt ihr keinen Lohn zu erwarten. Wenn du Almosen gibst, lass es also nicht vor dir herposaunen, wie es die Heuchler in den Synagogen tun, um von den Leuten gelobt zu werden. Amen, das sage ich euch: Sie haben ihren Lohn bereits erhalten." (Mt 6,1–2)*
> *„Ihr seid das Licht der Welt. Eine Stadt, die auf dem Berg liegt, kann nicht verborgen werden. Man zündet auch nicht ein Licht an und stülpt ein Gefäß darüber, sondern man stellt es auf den Leuchter; dann leuchtet es allen im Haus. So soll euer Licht vor den Menschen leuchten, damit sie eure guten Werke sehen und euren Vater im Himmel preisen." (Mt 5,14–16)*

In der Bergpredigt des Matthäusevangeliums jedenfalls sind in zwei aufeinander folgenden Kapiteln beide Handlungsanweisungen formuliert, wie die Bibelbelege zeigen.

Aber bezeichnend für unsere Kultur ist es schon, dass die Begriffe fehlen, um das Handeln solcher Personen zu charakterisieren. Das schlägt sich auch im Selbstbewusstsein der *Local heroes* nieder: Die Helden selbst sind zwar einerseits schon auch stolz auf ihr Handeln und die erfahrene Resonanz, wollen andererseits aber gar nicht Held genannt werden; das wird in der beschriebenen Reportage von Stephan Ozsváth deutlich („Naja – sollte halt was Normales sein, da zu helfen. Kann ich nicht sagen, dass ich superstolz bin"; Mendl 2005a, 112–114), ist aber auch bei Georg Wagner oder Leah Spitzenpfeil nicht anders, denen die Bezeichnung Held peinlich ist. „Vorbild" klingt antiquiert, „Heilige des Alltags" klingt so fromm, ein „Held" will man nicht sein – vielleicht ist doch die fast schon „denglische" Bezeichnung „*Local hero*" am geeignetsten.

Ich gestehe es: Wenn Personen sich und ihr Projekt selber für die Datenbank vorschlagen, frag ich immer genau nach. Doch bei den meisten *Local heroes* gilt: Sie sind bescheiden und stellen die eigene Person hinter ihrem Tun zurück. Das macht sie sympathisch, wie folgender anekdotische Hinweis verdeutlicht: Für die Präsentation im Rahmen der Wanderausstellung „Helden auf Augenhöhe" (siehe Kap. 4.4) war eine großformatige Aufnahme von Georg Wagner nötig; unter all den hunderten Fotografien, mit denen er die Not in Rumänien und seine Hilfsaktionen dokumentierte, fand sich keines. Er wurde gebeten, sich beim nächsten Hilfstransport selber fotografieren zu lassen; herauskam ein Bild, das ihn inmitten anderer Helfer am Rand stehend zeigt – mehr war nicht „drin" (vgl. Mendl 2011b, 60; siehe das Bild in diesem Buch im folgenden Kap. 3.1.5)!

Entsprechend der eingangs formulierten Zielangabe, man müsse auf dem Markt unterschiedlicher Sinnoptionen und Lebensentwürfe auch einen Stand platzieren, an dem Modelle altruistischen und religiös motivierten Lebens feilgeboten werden, plädiere ich für das Ende einer falschen Bescheidenheit und verweise auf das Motto des Mainzer Katholikentags: „Gebt Zeugnis von Eurer Hoffnung!" Auch „Christ werden braucht Vorbilder" (Biemer/Biesinger 1983; vgl. entsprechende Projektvorschläge für die Gemeinde: Themenheft Gemeinde 2006, 23–26)! Dieser Spur wird weiter unten noch nachgegangen, wenn es um das Lernpotenzial an Eltern und Lehrern geht. Bei den *Local heroes*, mit denen ich bisher Gespräche führte, bemerke ich eine unkomplizierte Bereitschaft, authentisch für das eigene Handeln geradezustehen und eher zu viel als zu wenig Bescheidenheit.

Eventuellen Befürchtungen bezüglich problematischer Präsentationen, z. B. im Einzelfall eines Hangs zur übertriebenen Selbstdarstellung, kann man ja über die auf jeden Fall erforderliche Vorbesprechung entgegentreten.

Was allerdings auch möglich ist: Dass aus nachvollziehbaren biografischen Gründen *Local heroes* nach einigen Jahren nicht mehr mit ihrem Tun in Verbindung gebracht werden, weil sie andere Lebensentscheidungen getroffen haben. So musste vor einigen Jahren ein Bericht über eine sympathisch wirkende Ordensfrau aus der Datenbank entfernt werden, weil die junge Frau den Orden verlassen hatte.

Auch kommt es vor, dass *Local heroes* des Rummels bezüglich ihres Tuns überdrüssig werden. Dies war der Fall bei einem Spielertrainer, der einen ungerechtfertigten Vorteil seiner Mannschaft mit einem Eigentor wettgemacht hatte und vom Deutschen Fußballbund geehrt wurde (siehe auch entsprechende weitere Beispiele auf der Homepage des DFB unter „Nachhaltigkeit" und „Aktion ‚Fair ist mehr'"). Ein wunderbares Beispiel, das gerade unter fußballbegeisterten Kindern und Jugendlichen kontrovers und hitzig diskutiert werden kann! Gleichzeitig nötigt die Entscheidung des fairen Sportlers, einen Schlussstrich zu ziehen und nicht weiter auf die vorbildliche Aktion angesprochen zu werden, Respekt auf; wir haben auf der Homepage (Stichwort „Fairness") den Namen und die weiteren Daten anonymisiert und auch bei der Erweiterung der Ausstellung „Helden auf Augenhöhe" einen fiktiven Namen („Kai Unger"; Mendl 2011b, Erweiterung 72f.) gewählt. – Hätte der Leverkusener Fußballprofi Stephan Kießling am 9. Bundesligaspieltag der Saison 2013/14 ähnlich fair reagiert und sein „Phantomtor" zugegeben, hätte er auch zum Helden werden können!

Helden müssen nicht perfekt sein!

Dominik Brunner hatte sich am 12.9.2009 an einer Münchner S-Bahn-Station schützend vor vier Schüler gestellt, die von Jugendlichen angepöbelt worden waren; er wurde von ihnen zu Tode geprügelt. Beim Prozess gegen die Jugendlichen hatte die Verteidigung argumentiert, Brunner habe zuerst zugeschlagen. In Zeitschriften wurde getitelt: „Kratzen am Denkmal" (Süddeutsche Zeitung 156 vom 10./11.7.2010, 53), und auch Radiosender fragten nach „Ist Dominik Brunner noch ein Held?" Damit wird nochmals das typisch deutsche Problem im Umgang mit vorbildhaften Gestalten deutlich. Ein Held muss auf einem Sockel stehen und vollkommen sein, so dass man aus gehöriger Distanz zu ihm aufschauen kann. Nochmals, weil so treffend: Siegfried Lenz lässt seine Romanfigur Janpeter Heller sagen, die traditionellen Vorbilder veranlassten ihn dazu, den Blick zu heben und eine Hab-Acht-Stellung einzunehmen und folgert dann: „Horizontaler, alles muss horizontaler werden, das heißt: irdischer" (Lenz 1973, 49).

Konkret bedeutet dies: Weder Dominik Brunner noch ein anderer „Held des Alltags" muss eine perfekte Persönlichkeit sein. Es genügt, dass er gemäß der Maxime von Romano Guardini einmal in seinem Leben das getan hat, was die Stunde von ihm verlangt hat. Dass diese Unterscheidung von einzelner guter Tat und Gesamtpersönlichkeit nicht so einfach ist, wird an einem anderen *Local hero* deutlich, den man in der *Local-heroes*-Datenbank findet (Stichwort „Zivilcourage): Peter Meding hatte sich ähnlich wie Brunner bereits 2008 schützend vor zwei Kinder gestellt, die von zwei jungen Männern bedroht worden waren, und wurde dabei selber schwer verletzt. Weil sich im Nachhinein herausstellte, dass er wegen Drogenhandels vorbestraft war, nahm das Bayerische Innenministerium die Einladung Medings zum „Helden des Alltags" wieder zurück. In der Datenbank wird dieses Grundproblem auch thematisiert, die Nutzer werden bei den didaktischen Impulsen dazu eingeladen, sich über die Frage „Muss ein Held perfekt sein?" Gedanken zu machen.

Wie wäre unsere Welt, wenn es nicht zivilcouragierte Menschen wie Dominik Brunner, Peter Meding und andere geben würde? In der Datenbank finden sich viele solcher Beispiele von Menschen, die Ausflüge in gute Welten gewagt haben und nicht selten deswegen auch persönliche Nachteile in Kauf nehmen: Paul van Buitenen, ein Beamter der EU, deckt Korruption im Amt auf – und wird von den Kollegen gemobbt (Stichwort: „Korruption"). Josef Bamesreiter rettet einer Frau das Leben, die von ihrem geschiedenen Mann verfolgt wird (Stichwort: „Lebensretter"). Christian Bachl bringt mit Lichtsignalen einen Zug zum Stehen und rettet den Insassen eines auf den Gleisen liegengebliebenen PKW das Leben (vgl. Mendl 2011b, Erweiterung, 68f.). Christoph Eibl (8 Jahre) bewahrt ein Kleinkind vor dem Ertrinken – ähnlich, wie das Ehepaar Birndorfer und weitere Lebensretter (Stichwort: „Lebensretter"). Was zählt, ist ihre gute Tat; sie sind ansonsten normale Menschen mit Stärken und Schwächen.

3.1.5 *Projektideen: Beispiele in Hülle und Fülle*

Anhand ausgewählter Porträts sollen nun die Bedeutung solcher altersnaher Helden des Alltags und exemplarische Lernwege genauer erläutert werden.

Porträt Leah – Kontakt mit leukämiekranken Kindern über das Internet
„Leah Spitzenpfeil aus Heining ist erst 14 Jahre alt und doch so etwas wie eine Heldin. Sie ist zwar ein ganz normales Mädchen …", so beginnt eine Zeitungsreportage (Schmidt-Rellstab 2002) über die 14-jährige Leah. Anlass für den Bericht ist die aktuelle José-Carreras-Leukämie-Gala, an der auch Leah teilnimmt. Die Journalistin arbeitet sehr anschaulich beide Seiten, den „normalen" Teenager und den besonderen Akzent von Leahs Tun, heraus: Leah nimmt über thematische Internetportale Kontakt mit krebskranken Kindern auf. Mit der 15-jährigen leukämiekranken Noréen aus der Gegend von Münster hat sie ein halbes Jahr lang korrespondiert – bis Noréen starb. Nun unterhält sich Leah über E-Mails mit einer 4-jährigen Julia und ihrer Mutter sowie mit einem 15-jährigen Mädchen, das die Krankheit bereits überstanden hat.

Angesichts der Tatsache, dass der Tod immer noch ein Tabuthema ist, beeindruckt das Engagement der 14-Jährigen. Schließlich muss es in einem Alter, in dem die Tragweite des Sterbens auch als das eigene Selbst betreffend verstanden werden kann, auch emotional belastend sein, Beziehungen aufzubauen, die von den Themen Krankheit und Tod

Abb.: Leah (rechts) und ihre Freundin Julia

geprägt sind. Bezeichnenderweise kann Leah selbst keine direkte Antwort darauf geben, was sie zu dieser doch für eine 14-Jährige sehr ungewöhnlichen Aktion motiviert hat, oder, wie die Journalistin fragt, woher sie „ihre soziale Ader hat": „Vielleicht von meinen Eltern." Da scheint etwas dran zu sein, wie weiter unten noch genauer untersucht werden soll: Das Vorbild der Eltern ist für die Entwicklung prosozialen Verhaltens ganz entscheidend. Aber auch kleine Ereignisse verbinden sich mit einer grundlegenden Achtsamkeit im Leben: Ein mit der Familie befreundeter Arzt erzählt auf der José-Carreras-Gala von einem leukämiekranken Kind, das auch Leah hieß: Leah Spitzenpfeil fühlte sich irgendwie ergriffen, mit dem Kind verbunden, und dachte: „Das könnte auch ich sein."

Leahs Mutter, eine Religionslehrerin, berichtet, dass ihre Tochter ganz von selbst auf die Idee kam, dieses Projekt in Angriff zu nehmen und auch keine Scheu hat, davon in Schulklassen und vor Fremden zu erzählen. Das ermutigt mich dazu, Leah zu einem Studientag zum Thema einzuladen. Per E-Mail nehme ich Kontakt mit ihr auf. Sie sagt zu, bittet aber: „Ach ja, und bitte siezen Sie mich nicht länger, ich bin erst 15, da komme ich mir schon so alt vor."

In den Gesprächen mit Leah bin ich beeindruckt von der Entschiedenheit und Selbstverständlichkeit, mit der sie ihr Projekt kontinuierlich verfolgt. Sie überlässt mir Material, z. B. Auszüge aus dem E-Mail-Wechsel mit der inzwischen 5-jährigen Julia und deren Mutter oder einen Beitrag, den sie für die Schülerzeitschrift geschrieben hat, und zeigt mir Bilder von einem Treffen mit Julia an der Nordsee (Leah leitete den familiären Urlaub in England bei der Heimfahrt um, damit das Treffen mit Julia möglich wurde). Leah stimmt der Veröffentlichung des Materials auf der *Local-Heroes*-Homepage zu (Stichworte „Kinder", „Tod", „Nächstenhilfe"; siehe auch die Wandtafel in der Ausstellung „Helden auf Augenhöhe", Mendl 2011b, 52f.).

Ich frage nach. Was motiviert sie, was bringt ihr das alles? Sie antwortet: Sie hat den Eindruck, dass sie konkrete Hilfe leisten kann. Das erfährt sie über die Rückmeldung der kranken Kinder und deren Angehörigen. Die Konfrontation mit Leid und Tod nimmt sie freilich mit, und das jedes Mal aufs Neue. Aufgewogen wird dies aber durch die vielen schönen Augenblicke, den intensiven Austausch mit den Kindern und Jugendlichen und die positiven Rückmeldungen. Ihr Berufsziel steht fest: Sie möchte Ärztin werden, und zwar Kinderonkologin. Das gibt ihr Kraft und Motivation für die Schule – sogar für das ungeliebte Fach Latein. Im Laufe des Heranwachsens hat sich die Berufswahl verändert – Leah studierte Sprachtherapie in München, sie hat inzwischen ihr Studium abgeschlossen und arbeitet in einer Rehaklinik. Die Zeit, in der sie leukämiekranke Kinder betreut hat, möchte sie nicht missen: Durch ihr damaliges Engagement ist ihr eigenen Angaben zufolge die Endlichkeit des Lebens um einiges bewusster geworden. Sie hat gelernt, Dankbarkeit dafür zu entwickeln, einfach nur gesund zu sein.

Methodische Impulse:
1. Ausgewählte Briefe von Leah sichten.
2. Den Zeitungsbeitrag und den Schülerzeitungsbeitrag von Leah selbst lesen, Fragen an Leah sammeln.
3. Eine Liste erstellen: Was „gibt" Leah, was „gewinnt" sie durch ihre Aktion?
4. Die Homepage www.onko-kids.de aufsuchen und selbst einen Brief an ein krankes Kind schreiben.
5. Kontakt zu einem Kinderkrankenhaus aufnehmen.

Eine Schulklasse hat Leah beispielsweise folgende Fragen gestellt:

- Konntest du mit deiner Familie über den Tod deiner Freundin sprechen?
- Wie fühlst du dich, wenn du jetzt an deine Freundin denkst?
- Musst du oft an sie denken?
- Hast du keine Angst, dass wieder jemand stirbt, den du ins Herz geschlossen hast?
- Kann es passieren, dass andere Jugendliche vielleicht denken, du tust das nur, um dich in den Mittelpunkt zu stellen?
- Wie reagiert deine Schule auf deine Arbeit?
- Hattest du noch mal Kontakt zu Noréens Eltern oder Geschwistern?
- Was würdest du uns raten, wenn wir selbst einem kranken Kind schreiben wollten?

Porträt Andreas & Co. – ehrliche Finder
Eine kurze Meldung aus der Tagespresse (*Local-heroes*-Homepage: Stichwort: Ehrlichkeit), die es allerdings in sich hat: Der 11-jährige ANDREAS WOLFGRUBER fand auf der Straße in Bad Reichenhall 20.000 DM – und gab das Geld bei der Polizei ab! Aus dem Zeitungsbericht geht hervor, dass ein Ehepaar aus Südkorea auf seiner Hochzeitsreise durch Europa das Geld verloren hatte. Andreas entdeckte die Handtasche der Frau mit dem Geld sowie Hochzeitsfotos, als er gerade auf dem Weg zum Fußballtraining war. Er nahm die Tasche mit zum Training und dann mit nach Hause. Zusammen mit seiner Mutter fuhr Andreas zur Polizei und gab das Geld ab. Er erhielt 5 % der Summe als Finderlohn.

Die kurze Begebenheit eignet sich, auch für jüngere Schülerinnen und Schüler, ausgezeichnet als Dilemmageschichte. Sie ist in ihrer Struktur einfach nachvollziehbar und ermöglicht verschiedene Verhaltensoptionen, in die sich Kinder und Jugendliche einfühlen können. Was die Beschäftigung mit der Geschichte im Grundschulalter spannend und zugleich schwierig macht, ist die anzunehmende entwicklungsgemäße Moralvorstellung der Kinder. Nach den bekannten Stufen der Moralentwicklung argumentieren Kinder in der Regel vom eigenen Blickwinkel und der eigenen Interessenlage aus. Die Fähigkeit, moralische Dilemmata von den Positionen anderer aus zu betrachten, ist noch eingeschränkt und muss deshalb immer wieder geübt werden. Dabei kann das Erlebnis des ANDREAS WOLFGRUBER helfen! In der Datenbank *Local heroes* findet man weitere erstaunliche Beispiele von ehrlichen Findern – z. B. JAKOB KELSCH (vgl. auch Mendl 2011b, 28f.), der eine Geldbörse findet und zum Fundamt bringt: „Ich will ja auch, dass man mir Dinge, die ich verliere, zurückgibt!"; ein anonymer Finder liefert 4000 Euro ab, die auf einem Autodach liegen geblieben sind; der Taxifahrer THOMAS GÜNTHER gibt 250.000 Euro zurück, das ein Ehepaar auf der Rückbank seines Wagens vergessen hatte. Es gibt aber auch Antibeispiele: Ein Mann lässt in einer Bäckerei eine Tasche mit 13.000 Euro liegen, die für das Bezahlen einer Operation seiner Frau gedacht waren, das Geld ist weg! Auch hier tragen entsprechende empathiefördernde Aufgabenstellungen („Versetzt euch in die Lage des 60-Jährigen!") dazu bei, ein Wertebewusstsein zu entwickeln!

Methodische Impulse:

1. Was würdest du mit 20.000 DM/10.000 Euro machen?
2. Was würdest du tun, wenn du 10.000 Euro finden würdest?
3. Perspektivenwechsel: Was würdest du dir wünschen, wenn du 10.000 Euro verlieren würdest? (evtl. weil realistischer: ..., wenn dein Vater 10.000 Euro verlieren würde?)
4. Rollenspiel: Die verschiedenen Entscheidungssituationen werden nachgestellt: Andreas und seine Freunde/Andreas und seine Mutter/Andreas und seine Mutter auf dem Polizeipräsidium.
5. Testspiel (evtl. auch als Aufgabe für eine kleine Gruppe): Bei einer Exkursion in die Stadt verliert man absichtlich einen Geldbeutel und beobachtet, was geschieht. Die Personen werden über ihr Verhalten befragt.
6. Multiperspektivische Annäherung: Eine Gruppe erschließt die Situation von Andreas' Perspektive aus, eine andere aus der Perspektive seiner Mutter, eine dritte fühlt sich in das koreanische Ehepaar ein. Jede Gruppe formuliert „Herzenswünsche".
7. Dilemmapositionen (vgl. dazu auch Kap. 4.1) werden vorgegeben und bearbeitet (vgl. auch Mendl 2011b, 48), z. B.:

   - Christiane meint: „Es bringt nichts, den Geldbeutel im Fundbüro abzugeben. Der Besitzer weiß ja nicht, wo er ihn verloren hat."
   - Andreas: „Gib den Geldbeutel beim Fundbüro ab! Ich würde mich auch freuen, wenn ich etwas verlieren würde und dort abholen könnte."
   - Miriam: „Meine Mutter sagt immer, man soll Gefundenes zurückgeben."
   - Maximilian: „Schau mal, wenn du die Brieftasche zurückgibst, bekommst du eine Belohnung und kommst vielleicht sogar noch in die Zeitung!"
   - Verena: „So viel Geld ist ja eh nicht drin. Ich würde den Geldbeutel behalten."
   - Bianca: „Der Besitzer wollte mit dem Geld vielleicht seinen Kindern etwas Schönes kaufen. Gib's im Fundbüro ab!"
   - Julian: „Du hättest uns gar nichts von der Sache erzählen sollen! Dann hättest du das Geld behalten und den Geldbeutel verschwinden lassen können."

Projekt Wendelstein: „Unsere tollen Typen“ – „Wir als kleine Helden“
Als Beispiel für ein Projekt, bei dem *Local heroes* auf mehrfache Weise ins Spiel kommen, kann das Kooperationsprojekt zwischen Studierenden der Universität Erlangen-Nürnberg und der Grundschule in Wendelstein (*Local-heroes*-Homepage, Rubrik Schulprojekte 12/2010) vorgestellt werden, das einen Hauptpreis beim Wettbewerb „Tolle Typen“ im Jahr 2010 gewonnen hat (Leitmeier 2011, 43f.). Folgende Frage stellte den Ausgangspunkt des Projekts dar: „Können Helden die heutigen Schüler dazu bringen, über ethische Fragestellungen nachzudenken und auch selbst ethisch zu handeln“ (Pilz-Dertwinkel 2011, 21)?

Nach einer Sensibilisierung für die Thematik durch eine Unterrichtsstunde über Don Bosco begaben sich die Schülerinnen und Schüler der dritten Klasse auf eine eigene Spurensuche nach ihren Helden des Alltags. Sie benannten eine Vorleseoma („Sie will uns die Freude am Lesen weitergeben“, berichtet Antonia), einen Leichtathletiktrainer („Er bietet kostenlos Sport für Kinder an. Das macht uns und ihm Spaß“, sagt Luis), die Mitarbeiterin eines Tafelprojekts, den Feuerwehrkommandanten, einen Heimatpfleger und einen pensionierten Schulleiter, der einen Schüleraustausch mit Polen organisiert hatte, als beeindruckende Persönlichkeiten. Diese „Helden des Alltags“ besuchten und interviewten die Kinder in den darauffolgenden Wochen. Die gesammelten Informationen bereiteten sie auf Plakaten auf und stellten diese in der Klasse gegenseitig vor. Einige Helden wurden auch ins Klassenzimmer eingeladen, dort vorgestellt und weiter befragt.

Von besonderer didaktischer Bedeutung war dann die Austauschrunde mit Studierenden: Die Schülerinnen und Schüler berichteten voll Stolz über „ihre“ Helden des Alltags. Der wechselseitige Austausch mündete in die Frage, wo auch sie selber – Studierende und Schülerinnen und Schüler – kleine Helden sein könnten: „Du hast das Zeug zum Superhelden“, singt die Band Apollo 3.

In der Folge beteiligten sich die Kinder an einer Umweltsäuberungsaktion im Wald, besuchten ein Altenheim, lasen Kindern im Kindergarten vor und frühstückten mit Erstklässlern. Auch ihre Eltern unterstützten sie engagiert bei diesen

Aktionen. Schließlich stellten die Kinder Holunderlimonade her, gestalteten im Deutschunterricht Plakate, verkauften den Saft auf dem Pausenhof und spendeten den Erlös von 200 Euro der Tafel in Wendelstein.

Die Lehrerin ist überzeugt, dass die Kinder den Sinn und Zweck des Projekts verstanden haben: „Sie haben gelernt, dass auch ihr Handeln wichtig ist, und dass auch sie kleine Helden sein können" (Pilz-Dertwinkel 2011, 21). Das Projekt habe Mut gemacht, eigene Schritte zu wagen. Begeistert seien auch die Reaktionen der Eltern auf das Kooperationsprojekt ausgefallen. „Es ist gigantisch, was unsere Kinder an Selbstbewusstsein für das Leben gewonnen haben", fasst die Pädagogin die Aussagen der Mütter und Väter zusammen.

Phasenmodell

- Sensibilisierung durch ein Fremdvorbild
- Suche nach eigenen „Helden des Alltags"
- Präsentation und Austausch
- Vorbereitung eines eigenen Projekts
- Projektgestaltung
- Austausch, Präsentation und Reflexion

In solchen regionalen Projekten wird die Grundidee des *Local-heroes*-Projekts unmittelbar umgesetzt: Die Spurensuche vor Ort dient dazu, den eigenen Blick für die Helden des Alltags zu schärfen und soziale Sensibilität im Nahbereich zu schulen; einige Beispiele, die in der Datenbank unter den Schulprojekten genauer skizziert werden:

- Ebenfalls in Wendelstein führt Johanna Buckel ein Projekt „Ethisch lernen durch *Local heroes*" in einer vierten Klasse durch; eingeladen wurden verschiedene *Local heroes*, die über ihr Handeln mit der Klasse in ein Gespräch kamen. Auch in der Grundschule St. Martin in Deggendorf begaben sich die Schülerinnen und Schüler unter der Leitung von Beate Sagmeister unter dem Motto „14-Tolle-Typen-Stationen" auf eine regionale Spurensuche und präsentierten die gefundenen Vorbilder auf äußerst kreative Weise.
- Die Schriftstellerwerkstatt (Wahlfach, Klassen 6–12) des Gymnasiums Zwiesel gestalteten zusammen mit ihrer Betreuungslehrerin Martina Kuchler einen professionell aufbereiteten Kalender mit Gedichten und Lebensläufen zu „Zwiesels Starke Frauen – Weiber G'schicht'n" aus der Geschichte der Stadt Zwiesel.
- Die Klassen 9a/c des Ruperti-Gymnasiums in Mühldorf am Inn erstellten zusammen mit ihrer Religionslehrerin Martina Auer eine Powerpoint-Präsentation zum Thema „Die Klasse 9 a/c sucht den tollsten Typen" – Barack Obama, Dominik Brunner, Lady Gaga („Es ist gut, anders zu sein!"), Greenpeace, aber auch die Müllmänner vor Ort und die netten Damen von der Schulkantine werden interviewt und beschrieben. Der Tathergang, der zum Tod von Dominik Brunner führt, wird in Standbildern nachgestellt und in der Powerpoint-Präsentation dokumentiert; sie setzen ihm ein virtuelles Denkmal, bei dem sie den Liedtitel von „Unheilig" aufgreifen: „Geboren um zu leben". Die Schüler kommen zur Erkenntnis: „Niemand ist der tollste Typ, da jeder etwas Besonderes geleistet hat, egal ob reich oder arm, berühmt oder unbekannt. Jeder kann ein toller Typ sein."
- Schülerinnen und Schüler der Klassen 7ef des Luitpold-Gymnasiums in Wasserburg gestalten, angeleitet durch Hannah Binter, einen ansprechenden und originell aufbe-

reiteten Jahreskalender mit dem Titel „Kalender & Vorbild" - hier dominierten mediale Helden.

- Schülerinnen und Schüler der Klassen 7a/b des Gymnasiums Bad Königshofen reichten über ihre Lehrerin Elisabeth Willis eine sehr ansprechende Schülerzeitung mit dem Titel „VOR-Bild" - mit einer Mischung von lokalen und globalen Helden - ein.
- Schülerinnen und Schüler der Berufsschule in Passau führten zusammen mit ihrem Lehrer Dr. Markus Seibt das Projekt „BRK Rettungshundestaffel" durch: Rettungshundestaffelführer demonstrierten mit ihren Hunden, wie eine Rettung vonstattengeht und kamen durch das Projekt mit den Schülerinnen und Schülern in ein Gespräch über ihr Tun (vgl. Seibt 2011).

Porträt Pfarrmesner Georg Wagner - ein grenzenloser Helfer

Der Pfarrmesner von Fürstenzell, GEORG WAGNER, bringt nunmehr seit fast zwanzig Jahren regelmäßig Hilfsgüter nach Ploesti in Rumänien - 1.300 km von der Heimat entfernt. Vereine, Schulen und private Spender unterstützen ihn mit Geld- und Sachspenden. Die Hilfsgüter kommen armen Familien, kranken Menschen und Waisenkindern zugute. Vor Ort wird die Hilfsaktion von italienischen und deutschen Ordensschwestern organisiert. Inzwischen hat Wagner bereits über 25 Fahrten durchgeführt, über die in der lokalen Presse immer wieder berichtet wird (*Local-Heroes*-Homepage: z. B. unter „Armenhilfe").

Wenn GEORG WAGNER vor Schulklassen von seinem Projekt erzählt, muss man bei den Lernenden zunächst von einer mehrfachen Distanz bezüglich Person und Aktion ausgehen: Es handelt sich bei ihm um einen Erwachsenen, der sich in seiner freien Zeit und in seinem Urlaub weitestgehend für sein Hilfsprojekt einsetzt. Für Kinder ist dies von ihrem Zeitverständnis und Lebensrhythmus her schwer vorstellbar. Auch die drastische Armutssituation in Rumänien übersteigt vielfach den Horizont unserer Kinder der Wohlstandsgesellschaft. Wir wissen aber auch aus Untersuchungen zu einem thematisch verwandten Bereich, dass Kinder an der Dritten Welt vor allem das Leben der Kinder dort, deren Alltag und die damit verbundenen Probleme interessieren (Schmidt-Wulffen 1997, 50). Empathie, verbunden mit der Reflexion eigener Lebenschancen, kann also nur entwickelt werden, wenn die Lebensumstände der Kinder in Rumänien veranschaulicht werden.

GEORG WAGNER tut dies mit Bildern und Videofilmen, vor allem aber mit eigenen anschaulichen Erzählungen. Das beeindruckt auch Grundschulkinder. Zugleich motiviert Wagner die Kinder aber zum eigenen Handeln. Dies entspricht dem bereits erwähnten Postulat von Fritz Oser: „Keine moralische Stimulierung zu höherer Stufe ohne Stimulierung moralischer Handlung" (Oser 1996, 87). Neben Geldspenden sind vor allem Kleidung und Spielsachen gefragt.

Es geht beim Kontakt mit einem solchen *Local hero* nicht um unmittelbare Nachahmung der Aktion. Personen wie GEORG WAGNER signalisieren vielmehr eine Doppelbotschaft: Sie weisen einerseits ungeschminkt auf die Schattenseiten dieser Welt hin und öffnen zugleich Fenster in ein moralisches Universum: Dass es auch für „einfache" Menschen und im beschränkten Rahmen möglich ist, Gutes zu tun.

Übrigens: Die spontane Reaktion GEORG WAGNERs, als ich ihn auf mein Projekt *Local heroes* hinwies und zu einem Studientag einlud, war: „Ich bin doch kein Held!"

In jedem Ort gibt es Menschen wie GEORG WAGNER. Sie arbeiten bei Eine-Welt-Vereinen, in Sozialausschüssen von Pfarrgemeinden; es sind auch Einzelpersonen, die für ein Sozialprojekt eintreten. Man muss nur die Augen offen halten und nachfragen …

Projektideen:
1. den Besuch des Pfarrmesners vorbereiten: Fragen sammeln, z. B. nach seiner Motivation, dem Zeitaufwand, den Problemen, der Situation
2. Empathieübung: „Ich wäre arm, wenn ich … nicht hätte"
3. aus Briefen der Ordensfrauen die Situation in Rumänien erarbeiten
4. Weihnachtspäckchen vorbereiten; Geschenke und persönliche Briefe (mit Zeichnungen aus dem Alltag der Kinder in Deutschland) vorbereiten
5. über den Besuch einen Beitrag für die Schülerzeitung schreiben

… und die Folgen?

Wichtige Lernprozesse ereignen sich, wenn sich Schülerinnen und Schüler aus der Distanz heraus reflektierend über die Begegnungen mit außergewöhnlichen Menschen äußern oder über die bekannten didaktischen Impulse (Brief, Ehrenurkunde, Inschrift auf einem Denkmal …) ihren Eindrücken einen bekenntnishaften Ausdruck verleihen: „Herr Bichlmeier … strahlt trotz seiner Blindheit so viel Lebensfreude und Offenheit aus. Es ist bewundernswert, wie selbstständig er sein Leben meistert", äußerte eine Studentin nach einer Begegnung mit WALTER BICHLMEIER im Seminar (*Local-heroes*-Homepage unter „Schulprojekte", 5/2009; siehe auch Mendl 2011b, 50f.). „Liebe Katharina, durch deinen Besuch habe ich einen Einblick bekommen, wie es ist, ein Jahr in Brasilien zu leben. Ich finde es gut, dass sich manche Menschen für solche Dinge einsetzen, ich jedoch würde es aber nicht tun, da mir ein Jahr ohne Freunde und Verwandte zu lange wäre", schreibt eine Jugendliche an die „Missionarin auf Zeit" KATHARINA METZL (Mendl 2011b, 44f.; Projekt von Simone Haderer: Homepage unter „Schulprojekte" 7/2009). Und eine Jugendliche reflektiert nach dem Treffen mit URSEL KRIEGER, die die Kinderkrebshilfe „Balu" gegründet hat, so: „Seit diesem Treffen denke ich öfters über das Thema Tod nach und bin dankbar, dass es meiner Familie gut geht. Oft weiß man das gar nicht zu schätzen und sieht an solchen Beispielen erst, wie ‚klein' die eigenen Probleme sind." (*Local-heroes*-Homepage unter „Schulprojekte" 7/2009, Projekt von Ursula Krieger).

Eine Lehrerin aus Berlin schreibt per E-Mail: „Hallo, ich finde Ihre Idee wundervoll. In meiner 8. Klasse erklärten mir gerade SchülerInnen, es gäbe heute sowieso keine HeldInnen mehr. Nun kann ich ihnen fundiert das Gegenteil beweisen. Tolle Materialien!"

Die Bedeutung, die der Erdung der Vorbildthematik zukommt, haben zwei

Studierende, Corinna Brand und Michaela Söldner, künstlerisch so auf den Punkt gebracht: Man schaut in einen Spiegel, erblickt sein eigenes Gesicht und darunter den Spruch: „Bist du nicht spannender als ein Heiliger?“ Auch wenn aus lernpsychologischen Gründen eine Beschäftigung mit großen und kleinen Heiligen nicht auf einen unmittelbaren Handlungsvollzug abzielt, so wurde deutlich, dass ein verantwortlicher und reflexiver Umgang mit fremden Biografien immer wieder auch von sich aus die Frage aufwirft, was man selber gut kann und wie man diese Fähigkeiten für andere einsetzen kann (vgl. das entsprechende Arbeitspapier „Sei dein eigener Held!“, Mendl 2011b, 32). Gleichzeitig steckt im Fragesatz der beiden Studierenden natürlich auch eine gewisse Provokation; im nächsten Kapitel wird zu zeigen sein, dass auch die großen Heiligen durchaus spannend sein können!

3.1.6 Lernaufgaben und Literaturhinweise

Zusammenfassung
Helden vor Ort oder *Local heroes* eignen sich wegen ihrer Nähe zum Alltag und Leben der Kinder und Jugendlichen in besonderem Maß für orientierende Lernprozesse. Sie belegen, dass auch in der Welt und inmitten des Alltags abgestuftes altruistisches Verhalten möglich ist. Reportagen in Zeitungen und Illustrierten stellen eine unerschöpfliche Fundgrube für Heilige der Unscheinbarkeit dar. An verschiedenen *Local heroes* aus unterschiedlichen Lebensbereichen und Aktionsfeldern wurde veranschaulicht, auf welche Weise an solchen Personen konsequent zu den zuvor erarbeiteten lernpsychologischen Vorstellungen das Lernen an (außer-)gewöhnlichen Biografien möglich wird.

Lernaufgaben
1. Begeben Sie sich auf eine Spurensuche nach *Local heroes* in Ihrer eigenen Umgebung!
2. In diesem Kapitel finden sich zahlreiche Projektideen, wie in Schulklassen auf ganz unterschiedliche Weise an und mit *Local heroes* gearbeitet werden kann! Erstellen Sie eine Liste dieser Projektideen und entfalten Sie zu einer dieser Projektideen eine Unterrichtsskizze für eine Ihrer Lerngruppen!

Literaturhinweise
Gerster, Petra/Gleich, Michael (2005), Die Friedensmacher, München.
Mendl, Hans (2005a), Lernen an (außer-)gewöhnlichen Biografien. Religionspädagogische Anregungen für die Unterrichtspraxis, Donauwörth, 99–134.
Meyer, Gerd/Dovermann, Ulrich/Frech, Siegfried/Gugel, Günther (Hg.) (2004), Zivilcourage lernen. Analysen, Modelle Arbeitshilfen, Tübingen.

3.2 Heilige, Helden und Heroen

Heilige besitzen einen Lebensüberschuss,
in den wir uns nur schwer hineindenken können …
Heilige sind Menschen, die sich von Gott betören ließen.

Bischof Heinz Josef Algermissen (Algermissen 2007, 124)

Zur Gruppe der „großen" Helden gehören neben den medialen Stars, die in einem eigenen Kapitel Beachtung finden, die Heroen der Geschichte, die großen Gestalten der Weltpolitik, die Staatsmänner und eindrucksvollen gesellschaftlichen Persönlichkeiten wie ALBERT SCHWEITZER, MAHATMA GANDHI, NELSON MANDELA oder MARTIN LUTHER KING. Im Kontext der katholischen Kirche fällt der Blick automatisch auf die Heiligen, die zur Ehre der Altäre erhoben wurden; diese werden auch im Mittelpunkt dieses Kapitels stehen.

Wenn ich im Folgenden von „großen Christen" oder „großen Gestalten" spreche, dann signalisiere ich mit diesen vorsichtigen Formulierungen, dass ich nicht unterscheide zwischen bereits heilig- oder seliggesprochenen und damit „offiziellen" Heiligen und den anderen großen Gestalten des Glaubens, die entweder dieses Stadium noch nicht erreicht haben oder nie erreichen werden. Man denke nur an FRIEDRICH SPEE, den unerschrockenen Kämpfer gegen den Hexenwahn, an MARIA WARD, die Gründerin der „Englischen Fräulein" (heute „Congregatio Jesu") oder an herausragende evangelische Christen wie DIETRICH BONHOEFFER, die den katholischen Heiligkeitsstatus nicht erreichen können.

Dass die Kirche die Heiligen als herausragende Repräsentanten sieht, die zeigen, was Christsein bedeutet, wurde bereits oben (2.1) dargestellt und kritisch durchleuchtet. Hier geht es nun um deren differenzierte Würdigung. Worin besteht ihr Lernpotential? Welche didaktischen Perspektiven erscheinen als besonders ertragreich? Welche Personengruppen bieten sich an? Doch zuvor müssen auch theologische und didaktische Problemanzeigen diskutiert werden.

3.2.1 Problemanzeige und Herausforderung

Die mehrfache Bedeutung „großer" Heiliger
Biografien der Christentumsgeschichte kann man theologisch unter verschiedenen Gesichtspunkten betrachten:

- Besonders interessiert der ekklesiologische Aspekt: Licht und Schatten der Kirche in den verschiedenen historischen Phasen werden gerade an Heiligen und ihren Schicksalen im Kontext ihrer Zeiten deutlich. THOMAS MORUS beispielsweise kann als Exempel dienen, um das Verhältnis von religiöser und staatlicher Autorität, von Kirche und Staat, von Gewissen und Verantwortung zu durchleuchten. Viele Heilige erscheinen zudem als Prototypen für den Grundsatz einer ständigen Reformbedürftigkeit der Kirche (ecclesia semper est reformanda) und sind während ihres Lebens mit der Kirche in Konflikt geraten: „Nur zu oft sind sie für die Kirche eine Prüfung gewesen, ehe sie ihr zur Glorie wurden" (Bernanos 1936, 84), heißt es im „Tagebuch eines Landpfarrers" von Georges Bernanos. Die Heiligen waren ihrer Kirche auch oftmals voraus! So gelten beispielweise DON BOSCO oder ADOLF KOLPING als profilierte Vertreter für das ansonsten ja durchaus zögerliche Sozialengagement der Kirche im 19. Jahrhundert. Regionale Zeitzeugen können in Gesprächen mit jungen Menschen heute Auskunft geben darüber, wie sie die vorkonziliare Liturgie erlebt haben und welche Bedeutung ein Leben im Rhythmus des Kirchenjahres für sie hatte und hat.

- Man kann Heilige auch unter einem volkskundlichen Aspekt betrachten: Gerade der Heiligenverehrung verdanken wir einen Schatz kirchlichen, zum Teil regionalen Brauchtums, welcher auf die Sinnenfälligkeit gelebten Christentums hinweist.
- Schließlich sind die Heiligen auch noch soteriologisch bedeutsam: Die vertrauensvolle Hinwendung an bestimmte Heilige im Gebet, gerade auch in Krisensituationen und Zeiten der Not, gehört zum Selbstverständnis einer katholischen Gläubigkeit. Richtig verstandene Heiligenverehrung legte schon immer den Akzent auf die sinnlich erfahrbare Transparenz der Heilszusage Gottes durch konkrete Personen. Ziel und Endpunkt ist nicht der Heilige selbst, sondern seine Fürsprache bei Gott („heiliger SEBASTIAN, bitt für uns"). An der Legende der hl. AFRA und den Stätten ihrer Verehrung lässt sich beispielsweise die Fragestellung der Heiligenverehrung und der spezifisch katholischen Form des Bittgebets studieren. Dass es im Laufe der Kirchengeschichte vielfältige grenzwertige und auch kuriose Konkretionen des Glaubens an die Wirkmächtigkeit der Heiligen gab und diese gelegentlich an die Stelle Gottes traten, ist die eine Seite. Der Respekt vor Not leidenden Menschen gebietet es andererseits, aus der Not heraus motivierte Formen der Volksfrömmigkeit nicht beckmesserisch mit den Kriterien hoher Theologie abzuqualifizieren.

Solche historische, ekklesiologische, soteriologische oder auch brauchtumsgeschichtliche Zugänge auf fremde Biografien sind durchaus legitim (vgl. Lindner 2007).

Die pädagogische Anfrage: Nachteile „großer" Christen

Wenn wir allerdings im pädagogischen Kontext fremde Biografien konnotiert mit dem Begriff des Vorbilds verbinden, ergibt sich eine deutlich andere Zielrichtung: Gefragt ist das Orientierungswissen, das solche Personen für heutige Kinder und Jugendliche bieten. Damit verschiebt sich aber auch das Erkenntnisinteresse: Im Zentrum stehen nicht mehr die fremden Biografien an sich, sondern vielmehr die lernenden Subjekte. Dies ist an sich nicht neu: Denn die anthropologische Wende in der Theologie, die mit dem II. Vatikanischen Konzil verbunden ist, mündet in eine empirisch gewendete Religionspädagogik, die jegliche Form religiösen Lernens vom lernenden Subjekt aus erschließt. Es gilt also den Bildungswert fremder Biografien für Lernprozesse in Fragen der Religion zu erheben, so dass Kinder und Jugendliche in ihren persönlichen Bildungs- und Wachstumsprozessen unterstützt werden können. Dieser Paradigmenwechsel weg vom Lerngegenstand und hin zum lernenden Subjekt führt zu der Frage, welches Personal für ein orientierendes Lernen als geeignet erscheint und wie mit diesen Personen gearbeitet werden kann. Wenn im Katholischen Erwachsenenkatechismus formuliert ist, dass die „zur Ehre der Altäre erhobenen Heiligen die schöpferischen Vorbilder für das

Streben nach Heiligkeit" (Deutsche Bischofskonferenz 1995, 194) werden könnten, dann muss das von den lernenden Subjekten her in mehrfacher Hinsicht kritisch hinterfragt werden. Denn die Nachteile „großer" Vorbilder liegen zunächst auf der Hand:

- Sie werden oft überhöht gezeichnet, einseitig mit ihren positiven Eigenschaften und Handlungen vorgestellt und mit reichlich Patina ausgestattet dargeboten. Das muss im Folgenden noch genauer beschrieben werden. Die meisten Heiligen sind aber „ganz anders, als wir sie uns gewöhnlich vorstellen" (Algermissen u. a. 2007, 7) bzw. wie sie uns die Tradition vorstellt.
- Sie stammen aus fremden und zeitlich fernen Lebenskontexten. Um Menschen ferner Zeiten im Ansatz zu verstehen, muss man sie im Zusammenhang ihrer jeweiligen Kultur und Lebensweise erschließen. Das kostet Zeit, die man im Unterricht meist nicht hat. Und so bleiben die Gestalten in den Andeutungen fern. „LEONIDAS, der in den Thermopylen die Stellung hält, ist uns ferner als ein Bankangestellter, der Bankräubern widersteht" (Mayer 1983, 52). Zudem deuten alle aktuellen empirischen Daten darauf hin, dass historische Lerngegenstände im Religionsunterricht nicht gerade der didaktische „Hit" sind (vgl. Mendl 2007).
- Die Alltagsferne gilt besonders für die katholischen Heiligen, die fast ausschließlich aus der Gruppe der zölibatär lebenden Personen der Vergangenheit stammen – das Problem wurde bereits in Kapitel 2.1 thematisiert.
- Die Großgestalten demotivieren, weil sich von ihrem Lebensganzen aus betrachtet folgender Eindruck festigt: „So kann ich nie werden!"
- Die Variationsbreite beim Einsatz vorbildlicher Großgestalten ist nicht besonders groß: Es gibt einige wenige (FRANZ VON ASSISI, MUTTER TERESA, P. MAXIMILIAN KOLBE), die immer wieder als „religiös-moralische Allzweckwaffe" eingesetzt werden. Aus der Bibeldidaktik ist das Phänomen bekannt: Irgendwie glaubt man beim zweiten, dritten oder vierten Mal die Person schon zu kennen, sie ist „overfamiliar" (Horst Klaus Berg) – und man will sich nicht mehr näher mit ihr beschäftigen.

Von diesen Nachteilen abgeleitet müssen aber noch weitere grundsätzliche theologische und psychologische Anfragen skizziert werden.

Die theologische Anfrage: Überhöhung legendarischer Darstellungen

Die Heiligen wirken in vielen legendarischen Darstellungen eigentümlich entrückt und weltfremd, gelegentlich auch in figürlichen und bildlichen Präsentationen „süßlich-gequält" (Zöhrer 2000, 64): Die Darstellung ist frisiert, die Gestalt stilisiert, die Persönlichkeit idealisiert", beschreibt dies Josef Imbach (Imbach 1999, 13). Diese geschönten Lebensbeschreibungen werden motiviert durch eine mangelhafte Quellenlage in Verbindung mit der Modell-Vorstellung des asketischen, weltdistanzierten und weltüberwindenden Heiligen. Die Biografen taten ihr Übriges, um die beschriebenen Heroen im strahlenden Licht erscheinen zu lassen. Josef Imbach präsentiert in seinem schönen Buch „Der Heiligen Schein" eine ganze Reihe solcher erbaulicher Verkürzungen. So schreibt beispielsweise SULPICIUS SEVERUS in seiner „Vita Martini" über den hl. Martin von Tours Ende des 4. Jahrhunderts:

„Ja, er war wahrhaft ein Heiliger, ein Mann ohne Falschheit! Über niemanden fällt er ein Urteil, niemanden verdammte er, niemandem vergalt er Böses mit Bösem. Denn gegen alles Unrecht hatte er sich mit solcher Geduld gewappnet, dass er, obwohl Bischof, auch von niedrigsten Geistlichen verletzende Worte hinnahm, ohne jene zu bestraften oder deswegen jemals eines Postens zu entheben oder gar aus seiner Liebe auszuschließen, soweit es an ihm lag. Niemand sah ihn je erzürnt, niemand je aufgeregt, niemand je bekümmert, niemand je lachend: Sein Gemütszustand war stets ein und derselbe. Mit einem Ausdruck himmlischer Freude auf seinem Antlitz schien er jenseits der Menschennatur zu stehen. Nie führte er anderes im Mund als Christus, nie trug er anderes im Herzen als Gottesliebe, Frieden und Erbarmen. Oftmals pflegte er sogar unter Tränen um Vergebung der Sünden seiner offenkundigen Widersacher zu flehen, die ihn, der in stiller Zurückgezogenheit lebte, mit ihren Giftzungen und Schlangenmäulern zu zerreißen suchten." (Severus 1997, 111f.; vgl. Imbach 1999, 12)

Was für ein himmlischer Langweiler! Ähnlich geht es Josef Imbach, der nachfragt: „Was hat der heilige Martin wohl in seinem Herzen verspürt, als die Neidhammel unter den Klerikern ihn angifteten? Wie hat er sich verhalten, wenn ihm ein heulender Junge über den Weg lief? Was hat er beim Anblick einer schönen Frau empfunden, vor allem wenn diese ihm auch noch sympathisch erschien?" (Imbach 1999, 13)

Als fast schon kriminalistisch erscheint der Versuch, sich der Biografie des FRANZ VON ASSISI anzunähern, weil deutlich wird, wie sehr die kirchlich gesteuerten ersten Biografien interessegeleitet ausgestaltet wurden und von daher auch unter Franziskus-Spezialisten bis heute über die Qualität der einzelnen Quellen gestritten wird (vgl. Dieterich 2011; KatBl 3/2014: Franziskus).

Auch bei der Schrift der faszinierenden THERESIA VON LISIEUX unter dem Namen „Geschichten einer Seele", die bald ein Bestseller wurde, kann man eine solche „Manipulation mit frommen Hintergedanken" (Imbach 1999, 18) entdecken: Vergleicht man diese von ihrer Schwester Agnes herausgegebene erbauliche Schrift mit dem Originalmanuskript, so wird deutlich, dass die fromme Redakteurin nur diejenigen Seiten stehen ließ, die die Berufung und Entschiedenheit der „kleinen Blume" Therese von Kindheit an zeigten. Denn das entsprach der Vorstellung des Klosters als Ankerplatz in den Stürmen der Zeit und letztlich als vorweggenommenes Paradies. Getilgt wurden die furchtbaren Erinnerungen der Theresia, die Depressionen, die Beschreibung des dunklen Tunnels, den Jesus sie durchschreiten ließ, ihr Zweifel an der Existenz Gottes: „Von dieser ‚Nacht des Nichts' haben viele große Mystiker erzählt", meint Josef Imbach; wie sie Zeiten der inneren Dürre und Trostlosigkeit als Abwesenheit Gottes erfuhren, das macht sie so menschlich, intensiv und interessant (Imbach 1999, 18–21). Das zweifelnde Ringen der Mystikerin, wie es das Originalmanuskript belegt, inmitten dieser „Nacht des Nichts" ist wesentlich plastischer und vielleicht auch plausibler angesichts heutiger Anfragen des modernen Menschen an die „dunklen Seiten Gottes". Ähnliches lässt sich übrigens auch bei MUTTER TERESA feststellen: Ihre Briefe, veröffentlicht im Jahre 2007, geben tiefen Einblick in ihr Inneres: „Sie spricht von einem Gefühl der Verlorenheit, von Einsamkeit, von innerer Eiseskälte, einem beständigen unerfüllten Verlangen nach Gott" (Bernhardt 2010, 190) und bezeichnet sich selbst als „Heilige der Dunkelheit".

Diese Übertünchung menschlicher Seiten und die Überhöhung jeder Aktion und Reaktion des Heiligen in übermenschliche Sphären lässt diese Heiligen letztlich zur Karikatur des Frömmlerischen und Bigotten verkommen.

Problematisch ist es, wenn solche Heiligen auch noch als moralische Vorbilder präsentiert werden. Diese pädagogische Absicht ist seit der bürgerlichen Neuzeit verstärkt zu beobachten und bedient die Intentionen des Moralismus eines bürgerlichen Milieus, wie sie sich in den mannigfaltigen Tugendspiegeln und erbaulichen Erzählungen des 18. und 19. Jahrhunderts niederschlugen (Mendl 1995b).

Ein letztes Beispiel aus Josef Imbachs Buch, welches zeigt, dass schon vorher ähnliche Tendenzen festzustellen sind: So findet sich im „Tridentinischen Brevier" am Festtag des hl. NIKOLAUS (6. Dezember) folgende beeindruckende Passage: „Daß der Bischof von Myra schon im Kleinkindesalter das Fasten übte, indem er sich jeweils am Mittwoch und am Freitag weigerte, mehr als einmal die Mutterbrust zu nehmen" (Imbach 1999, 44). – Geht hin und tut dergleichen?

Auch in der Liturgie werden biblische Gestalten und Heilige immer wieder einseitig positiv, von einem problematischen Vorbilddenken her, präsentiert; die entsprechenden Gebete verbleiben auf den beiden Ebenen einer Darstellung der positiven Eigenschaften und Werte und eines Appells zur Nachahmung.

Kein Wunder ist es, wenn solche Heilige – oder genauer gesagt auf diese Weise als Stereotypen präsentierte Heilige – für einen Brückenschlag aufs Leben von normalen Christen hin nichts taugen.

Die psychologische Anfrage: Fehlgeleitete Heiligkeitsideale

Nur am Rande soll eine weitere Problematik angesprochen werden, die aber durchaus auch zum Streit um Wesen und Art christlicher Heiligung gehört: Nicht alle Heiligen sind unumstritten. Die Gottsuche nahm gelegentlich Formen an, die schlichtweg als masochistisch und selbstzerstörerisch zu bewerten sind, und bei den Selig- und Heiligsprechungsprozessen scheinen durchaus auch Gruppeninteressen auf. Kasteiungen, Geißelungen und andere Arten extremer Leibfeindlichkeit sind die herausragendsten Phänomene für „fehlgeleitete Heiligkeitsideale", wie dies Josef Imbach bezeichnet und an verschiedenen Heiligen veranschaulicht (Imbach 1999, 24; vgl. auch den kritischn Blick auf die Funktionalisierung von Personen wie z. B. MARIA GORETTI: Berlis 2010, 178). Besonders problematisch ist es, wenn diese Personen mit ihrer Weise der Gottsuche auch andere Menschen „beglücken" wollen und sie das eigene Heiligkeitsideal militant der eigenen Fangemeinde und der ganzen Welt gegenüber vertreten. Und noch fragwürdiger erscheint es, wenn die Kirche auch heute noch solche Personen heilig spricht, wie zum Beispiel den Opus-Dei-Gründer JOSEMARÍA ESCRIVÁ DE BALAGUER. Statt auf Mündigkeit im Glauben zielte dessen Ideologie auf Entmündigung und Infantilisierung (vgl. insgesamt kritisch hierzu: Bucher 1997). Das hat mit den in diesem Buch vertretenen Vorstellungen von Erziehung und Heiligung des Lebens nichts zu tun.

Die verständliche Folgerung: „Bitte mach keinen Heiligen aus mir!"

Der Bühnenheilige einer ganz anderen Szene, Alt-Rocker MICK JAGGER von den Rolling Stones, bringt diese Skepsis großen Heiligen gegenüber im Song „Saint of me" (The Rolling Stones 1997) treffend auf den Punkt. Im Liedtext ist die Rede vom Schicksal des PAULUS, AUGUSTINUS und JOHANNES DES TÄUFERS. „Könntest du die Qualen aushalten, könntest du die Schmerzen ertragen? Könntest du auf Jesus vertrauen, wenn du in den Flammen brennst?" Und der Kehrvers lautet: „Du wirst niemals einen Heiligen aus mir machen!" („You'll never make a saint of me!"). Das erinnert an Äsops Fabel vom Fuchs und den Trauben: „Der Fuchs, den es hungerte, sah an einem Weinstock Trauben hängen. Wollte er sie sich verschaffen und konnte es doch nicht! Schließlich machte er sich davon und sagte zu sich selbst: ‚Sie sind sauer'." (Irmscher 1987, 19). Ähnlich, wie der Fuchs in Äsops Fabeln, dem die Trauben zu hoch hängen, argumentieren Jugendliche häufig auch angesichts der großen Helden und Heiligen: „So kann und will ich nicht werden!"

Es verwundert nicht, dass parallel zur beschriebenen Krise des Vorbilds seit den 60er-Jahren auch die großen Heiligen ins Abseits gerieten, wie die oben skizzierten Studien belegen. Dies schlägt sich beispielsweise auch in der religiösen Belletristik und in der Kinder- und Jugendliteratur nieder. Mögen auch die Heiligenbiografien eines Wilhelm Hünermann immer noch aufgelegt werden oder nostalgisch anmutende Reprints von religiösen Biografien für Kinder und Jugendliche aus der ersten Hälfte des 20. Jahrhunderts in kirchlichen Buchhandlungen käuflich zu erwerben sein – in der Breite konstatierte man schon seit den 1960er-Jahren eine Krise des religiösen Kinder- und Jugendbuchs „zwischen Verkündigung und Kitsch" (Hahn 1968; siehe auch Dinges 1983).

Nach dem Zweiten Weltkrieg hatte man zunächst auf Missionserzählungen und Heiligengeschichten zurückgegriffen, die auf einem ungebrochenen christlichen Selbstverständnis inmitten einer feindlichen heidnischen Umwelt beruhten. Das gängige Konzept einer Darstellung religiöser Sonderwelten in Abgrenzung zum profanen Sektor und die Präsentation von moralisch-christlichen Eliten mit ihren missionarischen und moralisierenden Ansprüchen, das alles in Verbindung mit konfessionellen Verengungen und eindeutigen literarischen Schwächen, erwiesen sich dann aber als nicht länger tragfähig. Hinzu kam, wie oben beschrieben wurde, dass wirkungsästhetisch die damaligen Heiligenbiografien und legendären Darstellungen letztlich doch vom Modell eines Nachahmungslernens geprägt waren: Sie sollten als Spiegel für christliches Leben dienen. Solch einfache Wirkmechanismen wurden aber in dieser Form zunehmend fragwürdig.

In der Folge scheute man sich, explizit religiöse Lebensläufe und Vollzüge zu schildern, und entwickelte ein völlig neues Konzept dessen, was religiöse Kinder- und Jugendliteratur sein könne und wolle (Rabl 1982). Das klassische religiöse Vorzeigeporträt hingegen war „out". Erst in den letzten Jahren ist wieder verstärkt der Trend hin zu Heiligenbiografien und Legendensammlungen zu beobachten – allerdings auch hier unter veränderter Darstellungsweise und Wirkabsicht. Motiviert ist der neue Trend auch durch das qualitätsvolle Projekt des Katholischen Kinder- und Jugendbuchpreises, der seit 1979 verliehen wird.

Man könnte nun folgern: Wenn Kinder und Jugendliche sich nicht für Heilige interessieren, dann muss man auf sie verzichten. Damit würde man das Kind mit dem Bade ausschütten! Die Sachlage ist komplexer. Schuld am negativen Image der Heiligen ist neben der skizzierten problematisch überhöhten und patinierten Darstellung auch eine häufig wenig durchdachte didaktische Präsentation (die Darlegung von umfassenden datengespickten Lebensbildern, die Einforderung einfacher Transfers unter dem Motto „Bedeutung fürs heutige Leben"), die leider nach wie vor auch im schulischen Religionsunterricht zu beobachten ist. Ein richtiger Brückenschlag zum Schüler hin wird auf diese Weise nicht vollzogen.

Die Gegenthese lautet: Wenn es didaktisch gelingt, große Gestalten des Glaubens ins Gespräch zu bringen, dann werden sie wieder interessant!

3.2.2 Lernchancen

Verschiedene Argumentationsstränge sollen im Folgenden zur Rehabilitation großer Christen und außergewöhnlicher Personen und Lebensläufe beitragen – die dann freilich in einem nächsten Schritt entsprechend dem bisher Erarbeiteten didaktisch aufbereitet werden müssen, um als Vorbilder für ethische Entwicklung taugen zu können. Unter welchen Perspektiven große Gestalten des Glaubens für Kinder und Jugendliche interessant werden können, soll im Folgenden erläutert werden.

Zwischen Weltflucht und Weltgestaltung
Der Himmel der Heiligen ist derart gefüllt mit den unterschiedlichsten Gestalten, dass eine eindeutige Bestimmung eines Grundtypen des Heiligen schlechthin kaum möglich ist. Dies muss auch bei den folgenden Ausführungen mitschwingen, die jeweils bestimmte Akzente setzen und positive hervorheben bzw. negative problematisieren. Überblickt man die Entwicklung christlicher Heiligenverehrung, so lassen sich ab dem Mittelalter zwei Grundlinien und damit auch zwei Personengruppen feststellen. Da gibt es zum einen die großen Führergestalten, die Welt und Kirche auch politisch prägten, und zum anderen die großen Asketen und Mystiker. Zur ersten Gruppe gehören beispielsweise der erste offiziell mit päpstlicher Bewilligung Heiliggesprochene (Hausberger 1985, 652), BISCHOF ULRICH VON AUGSBURG (+973; heiliggesprochen 993), die richtungsweisenden Päpste (z. B. GREGOR DER GROSSE), Missionare (z. B. BONIFATIUS) oder große Fürsten (z. B. KARL DER GROSSE). Zur zweiten Gruppe sind die großen Mystiker und Asketen (Brixner 1987) zu zählen, angefangen von den Wüstenvätern (z. B. ANTONIUS aus Ägypten) bis hin zu MEISTER ECKART, TERESA VON AVILA und EDITH STEIN, wobei die Übergänge von der einen zur anderen Zuordnung bei einigen der genannten Personen fließend sind. Weltgestaltung und Weltflucht – so könnte man diese beiden Grundlinien auf den Punkt bringen (Hausberger 1985, 651).

Diese Tendenzen schließen selbstverständlich einander nicht aus – es gibt genügend große Christen, die Mystiker und Politiker zugleich waren (man denke nur an BENEDIKT VON NURSIA oder HILDEGARD VON BINGEN) oder durch die Art ihrer Spiritualität auch prophetisch Zeichen setzten und setzen (z. B. BERNHARD VON CLAIRVEAUX oder ROGER SCHUTZ IN TAIZÉ). Man wird vor allem solche Heilige als geeignet betrachten, die „die Spannung zwischen Weltdistanz und Weltgestaltung beispielhaft realisieren und die Einheit von Gottesliebe und Nächstenliebe praktizieren" (Fuchs 2001, 798).

Beide Perspektiven erscheinen als didaktisch ertragreich, weil sowohl der Wille zur Weltgestaltung und -veränderung als auch die Suche nach innerem

Reichtum eine Grundfrage ist, die bei Kindern und Jugendlichen lebensbedeutsam ist.

„Abenteurer Gottes" als Repräsentanten einer guten Welt
Aber brauchen Kinder und Jugendliche „große" Heilige? Das erste Argument dafür ist ein bereits genanntes entwicklungspsychologisches: Kinder brauchen für die Entwicklung ihres moralischen Universums „starke Typen", die dafür sorgen, dass die Welt nicht aus den Fugen gerät bzw. die entstehenden Risse in der Welt gekittet werden. Werner Ritter meint zu Recht: Man dürfe das Feld nicht den säkularen Heilsmythen überlassen, den KNIGHT RIDERS, SUPERMÄNNERN und POWER RANGERS (Ritter 1995) und plädiert für den Einsatz biblischer Wundergeschichten im Religionsunterricht. Das Gleiche gilt auch für die großen Abenteurer Gottes: Diese können, attraktiv präsentiert, als herausragende Modelle gelingenden christlichen Lebens dargeboten werden. Sie signalisieren Hochleistungsmarken, die auch innerhalb eines Gradualitätskonzepts bedeutend sind, weil sie für die Ausbildung von Idealen förderlich sein können.

Diese Hochform wird vermutlich niemals im Leben erreicht; die Ideale transformieren sich aber und bilden die Mutterstruktur für religiöse und ethisch motivierte Lebensentscheidungen. Deshalb: Solche großen Gestalten des Glaubens dürfen Kinder ruhig bewundern! Schon in der Grundschule sollte jedoch in lerntheoretischer Hinsicht der Weg von der Bewunderung über die Nachahmung zur Eigenständigkeit angebahnt werden. Dies bedeutet eine Didaktik, die sich an einer dialogisch-interaktiven Grundbewegung orientiert.

Dabei sind die großen Heiligen letztlich Symbolgestalten für christliche Tugenden: der hl. MARTIN steht für das Grundprinzip des Teiles mit Bedürftigen, der hl. NIKOLAUS für die Prinzipien der Menschenfreundlichkeit und des Schenkens, die hl. ELISABETH für die praktische Zuwendung zu den Bedürftigen, der hl. FRANZ VON ASSISI für den sorgsamen Umgang mit der Natur und den Tieren (vgl. Langenhorst 2014a, 11f.).

Gegentrends zur „in"- und „out"-Gesellschaft
Das nächste Argument ist ein theologisches: Man muss nicht in eine dualistische Weltsicht verfallen, um die Symbolkraft der fernen Persönlichkeiten zu würdigen: Gerade die visionären Gestalten aus den Reihen der weltfernen Heiligen und großen religiösen Vorbildgestalten symbolisieren die Relativierung gesellschaftlicher Absolutheitsansprüche. Sie stellen „Gegentrends" zu einer „in"- und „out"-Gesellschaft dar. Für eine Gesellschaft, in der es schick ist, jung, sportlich und erfolgreich zu sein und jeder eine Ich-AG sein soll, sind gegenläufige Lebensentwürfe Provokationen: Personen wie P. MAXIMILIAN KOLBE, EDITH STEIN oder auch visionäre selige Langzeit-Kranke wie ANNA SCHÄFFER und RESL VON KONNERSREUTH, die aufgeklärten Theologen wegen der mysteriösen interessegeleiteten Begleitumstände in ihrem Umfeld suspekt sein müssen, trafen exotische Lebensentscheidungen bzw. nahmen ihre Lebensschicksale auf eine Art an, die für „normale" Zeitgenossen kaum nachvollziehbar ist. Der 80-jährigen Oma, die in der Tageszeitung wegen ihres regelmäßigen Besuchs im Fitnessstudio „fit wie ein Turnschuh" präsentiert wird, steht ein gebrechlicher PAPST JOHANNES PAUL II. gegenüber, dessen

Altern, Leiden und Sterben öffentlich wahrgenommen und medial begleitet wurde.

Solche Personen ermöglichen ein Lernen am Kontrast; ihnen gegenüber lassen sich Standpunkte einnehmen, die Distanz zu aktuellen Trends und Moden ermöglichen. Hinzu kommt, dass gerade über markante kleine und große Gestalten des Christentums die Eine-Welt-Dimension von Kirche in all ihrer Größe und ihren Brechungen thematisiert werden kann – um nur einige Personen zu nennen: Dom Helder Camara, Bartholomé de Las Casas, Rigoberta Menchú, Mutter Teresa oder Ruth Pfau (Langenhorst 2002a; 2014a).

Sie sind in ihrer Radikalität, das Christentum zu leben, für heutige Kinder und Jugendliche in der westeuropäischen Wohlstandsgesellschaft weniger Vor- als vielmehr Gegenbilder. Aber auch das ist für die Horizontweitung und Entwicklung nötig!

Transzendierung des Alltags – heilige Scheu

Viele große Christen wirken exotisch, verrückt, abgedreht. Sie verwirren, weil sie normale menschliche Werthierarchien nicht einhalten. Die Märtyrerlegenden sind hier beredte Beispiele; man findet sie nach wie vor in bildlichen Darstellungen, die Interesse, Erstaunen, Entsetzen hervorrufen. In einer Zeit, in der Gewalt und Elend in den Medien allgegenwärtig ist, sollte man nicht gerade für diesen Bereich das bewahrpädagogische Argument anführen, Kinder müssten davor bewahrt werden. Nicht erst seit Bruno Bettelheims „Kinder brauchen Märchen" (Bettelheim 1980) wissen wir um die Notwendigkeit einer Thematisierung von Gewalt, weil sie auch nur so reflektiert und bewältigt werden kann.

Das gilt auch für Heiligendarstellungen, die eine phänomenologische Didaktik geradezu evozieren: Ausgehend von entsprechenden Darstellungen z. B. eines von Pfeilen durchbohrten Sebastian oder einer am Pfahl gefesselten und brennenden Afra kann man auf die Biografien bzw. Legenden dieser Personen zugehen. Das durchgängige Grundmotiv lautet: Sein Leben für den Glauben verlieren und gewinnen.

Die radikale Frage „Wofür lohnt es sich zu sterben?" bedeutet eine kritische Anfrage an die eigenen Lebensoptionen: Gibt es so starke Ideen, Überzeugungen, Motive, dass sie angesichts des drohenden Todes das eigene Leben als den geringeren Wert erscheinen lassen (Mendl 2009, 9)? Man kann die Frage dann auch wenden: „Wofür lohnt es sich zu leben?" – „Was will ich werden?"

Ein weiteres Argument kommt hinzu: Gerade die spirituelle Dimension kann bei einem alltags- und weltverwobenen Blick auf „kleine" Heilige zu kurz kommen. Das ambivalente Erleben von Religion als zugleich faszinierend und furchteinflößend (fascinosum et tremendum), jedenfalls als etwas, was dem Raum des Alltäglichen auch entzogen ist und diesen überbietet, kann exemplifiziert werden an den großen und kleinen Mystikern des Abendlandes, wie z. B. Therese von Lisieux, Hildegard von Bingen, Franz von Assisi oder Roger Schutz.

Die häufig skeptische bis geringschätzige Einstellung der hohen Theologie zu volkskirchlichen Phänomenen, wie sie sich in Wallfahrtsorten wie Medjugorje, Fatima oder Lourdes manifestiert, ist zwar nachvollziehbar, weil man nicht genug vor regressiven und infantilisierenden religiösen Strukturen warnen kann, sie verstellt aber andererseits den Blick für die doppelte Wirkmacht solcher heiligen Orte in Verbindung mit visionären Gestalten: Entgegen letztlich deistischer Reduktionen eines „Gott macht lediglich, dass sich die Dinge machen" verdeutlichen die Visionen die Transparenz der Welt auf Gott hin: Der Himmel ist offen – nach beiden Richtungen hin.

Heilige personifizieren auf radikale Weise den Mehr-Wert christlicher Weltsicht; sie signalisieren den Anteil der gesamten Schöpfung an der Heiligkeit Gottes als dynamische Größe, „die alle Kreatur, Menschen und Dinge, Orte und Zeiten erfassen und aus dem umgebenden Profanen aussondern kann" (Hausberger 1985, 647).

Aber auch der Umgang der Gläubigen mit den Heiligen der Vergangenheit trägt zum Entstehen einer „heiligen Scheu" bei und sollte bei aller Kritik zunächst einmal auch mit dieser Intention positiv gewertet werden, wenn wir an die makaberen Produkte der Reliquienverehrung vergangener Zeiten denken, die zu den entsprechenden Ausstellungen drapierter Skelette oder nur Körperteile in Kirchen führte.

Heilige als Spiegelfolien und Hoffnungszeichen
Als letztes Argument für die Rolle der exotischen fernen Gestalten möchte ich Folgendes anführen: Menschen und Orte, an denen sich eine Gotteserfahrung konkretisiert hat, haben eine höchst humanisierende Bedeutung, wo es um Tröstung, Stärkung und Umgang mit eigenem Leid geht. An einer ANNA SCHÄFFER, die Jahrzehnte ans Krankenbett gefesselt war, interessiert dann weniger die Frage, ob sie sich tatsächlich nur von der Hostie in der Eucharistiefeier ernährt hat; sie dient vielmehr als Spiegelfolie und Hoffnungszeichen für die Annahme eigener Krankheiten und die damit verbundene Einstellung zur eigenen Wertigkeit oder Wertlosigkeit als Mensch (Mödl 1999). Falsch wäre freilich der Umkehrschluss: Nur der körperlich leidende Mensch kann ein guter Christ sein.

Lernperspektiven: kulturgeschichtlich, gesellschaftlich, anthropologisch
Es eröffnen sich weite Lernperspektiven im Umgang mit Heiligen und Heroen. In Ausdifferenzierung zur eingangs skizzierten Subjektorientierung und zum Ausgang vom lernenden Subjekt sollte man diese Lernebene nicht auf das unmittelbare Feld eines existenziellen Lernens an fremden Biografien beschränken. Von einer breiteren Begründung einer Kirchengeschichtsdidaktik aus (vgl. Mendl 2014a, 105f.) und in Anlehnung an das Konvergenzmodell der Würzburger Synode ist es zunächst einmal durchaus auch legitim, große (und auch kleine!) Heilige unter einer kulturgeschichtlichen Perspektive anzugehen und über individualistische Lernoptiken eines Lernens an fremden Biografien hinaus auch deren gesellschaftliche und politische Bedeutung in den Blick zu nehmen, wobei der Ausgangspunkt für einen Zugriff auf historische Personen und Fragestellungen gemäß dem geschichtsdidaktischen Prinzip der Reziprozität immer die Gegenwart darstellt.

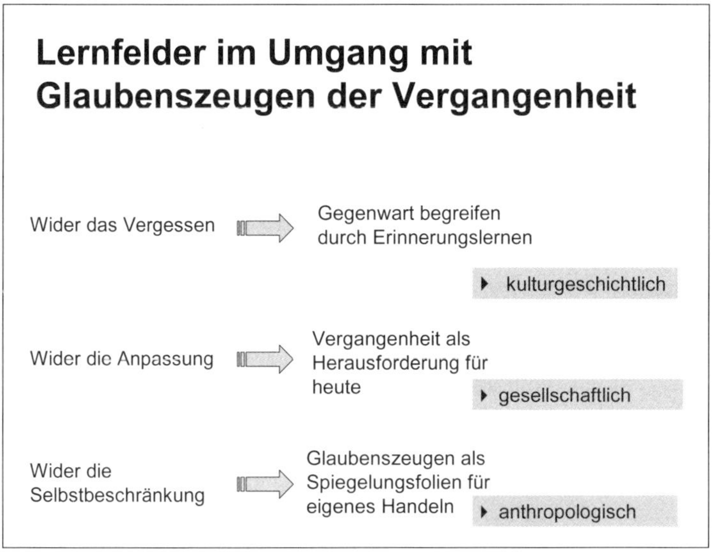

(vgl. Mendl 2007; 2008b; 2009; 2014a, 105f.)

- Kulturgeschichtlich: Ein kulturhermeneutisch-phänomenologischer Ansatz beginnt bei gegenwärtigen Wahrnehmungen, beispielsweise im Rahmen einer lokalen Spurensuche: So findet man beispielsweise in der Kiliansgruft der Neumünsterkirche in Würzburg die Urne von Pfarrer Georg Häfner, und vor der Kirche „stolpert" man über den Stolperstein, der zur Erinnerung an ihn angebracht wurde. Beides motiviert zur historischen Rückfrage und führt in die Zeit des Nationalsozialismus (vgl. Mendl 2009).
- Gesellschaftlich: Der Rückgriff auf die Vergangenheit bleibt nicht bei oberflächlichen historischen Rekonstruktionen stehen, Vergangenheit dient immer als gesellschaftliche Herausforderung „wider die Anpassung". Um es an derselben Person aufzuzeigen: Deutlich wird an Pfarrer Georg Häfner, der auf seine Art Widerstand gegen die Nationalsozialisten leistete, dass das Christentum immer verwoben ist mit der Welt, dass Widerstand gegen Unrecht möglich war und ist.
- Anthropologisch-individuell: Eine solche Sichtweise legt aber den Finger nicht nur in die Wunden der Kirche, wo sie ihrem Anspruch, Salz der Erde zu sein, in der Geschichte nicht gerecht geworden ist, sondern fordert wider einer Tendenz zur Selbstbeschränkung und Selbstgenügsamkeit jeden einzelnen heraus, über Wertoptionen und Handlungsbereitschaften nachzudenken.

3.2.3 Lernfelder und Personengruppen

In Anlehnung an Konstantin Lindner (Lindner 2007, 287–301) können nun folgende Personengruppen benannt werden, durch die biografisch akzentuierte Zugänge als sinnvoll erscheinen; sie werden ergänzt durch die besonders exotisch wirkende Gruppe der Märtyer.

Die großen Heiligen

Entsprechend zu den bisherigen Ausführungen gilt es, die großen Heiligen nicht erbaulich geglättet zu thematisieren, sondern im Sinne einer „gefährlichen Erinnerung“ (Mendl 2013f). Es handelt sich um Menschen, „die auf besondere (kirchen-)geschichtliche Zeitumstände in charakteristisch-christlicher Weise reagierten“ (Lindner 2007, 283). Wie weiter unten noch didaktisch ausgeführt wird: Man sollte sie „erden“ und von ihren Lebenskontexten aus erschließen, als Menschen, die in Beziehung lebten, die vor markanten Lebensentscheidungen standen, die aber als radikale Gottsucher (Lindner 2007, 287) vor allem von ihrer Zieloption gelungenen Lebens her durchaus auch provozieren.

Vor allem die Märtyrer als „Exoten Christi“ stellen eine besondere Herausforderung dar, weil die Symbolgestalten als Antwortgeber für die oben bereits angedeuteten Fragen dienen können: „Wofür lohnt es sich zu sterben?“ – „Wofür lohnt es sich zu leben?“ (vgl. auch Albrecht 2008). Dabei erscheinen folgende Perspektiven als besonders ertragreich (vgl. Mendl 2006c):

- Der faszinierende Märtyrer: Märtyrer bieten gerade in einer Gesellschaft der „Ich-AGs“ einen Gegentrend dar. Weil sie mit gesellschaftlichen Ansprüchen gemessen in ihren Lebensentscheidungen „out“ sind, provozieren sie Selbstverständlichkeiten. Korrelationsdidaktisch gesprochen: Sie entziehen sich einer einfachen Annäherung vom eigenen Erfahrungshorizont aus. Die Märtyrer müssen als radikale Gegenerfahrung ins didaktische Spiel eingebracht werden. Gerade ihr gewaltsames Lebensende, die Qualen, die ihnen aufgezwungen wurden und/oder die sie freilich ertrugen, lassen erschaudern. Vielleicht besteht genau darin die Chance der weltabgewandten Märtyrer, dass man bei ihnen gar nicht in die didaktische Gefahr einfacher Wertübertragungsmuster kommt. Ihr pädagogischer Wert liegt auf anderen Ebenen, die im Einklang mit den oben skizzierten lernpsychologischen und gesellschaftlichen Erkenntnissen stehen: Erstens gelten Menschen, die ihr Leben für die Gemeinschaft aufopfern auch außerhalb eines christlichen Märtyrerverständnisses als gesellschaftliche Garanten dafür, dass die Welt nicht völlig aus dem Lot gerät. Zweitens sind große Gestalten, die für andere Menschen ihr Leben einsetzen und sich aufopfern, für die Moralentwicklung von Kindern äußerst bedeutsam: Kinder brauchen Heilsgestalten, die die Welt in Ordnung bringen. Nicht nur der hl. SEBASTIAN, auch WINNETOU und OLD SHATTERHAND mussten in meiner Kindheit am Marterpfahl wegen ihres Einsatzes für das Gute leiden. Solche Heilsgestalten gibt es auch heute noch – für heutige Kinder sind es SPIDERMAN und immer noch JAMES BOND. Und drittens zielen solche Lernprozesse nicht auf eine unmittelbare Nachahmung des Heroischen, sondern zunächst einmal auf die emotional bedeutsame Bewunderung der großen Gestalten des Glaubens, auch in der Exotik ihrer Lebensführung und in ihren Lebensgängen mit vielen ungewöhnlichen Drehungen und Wendungen. Die manchmal in unseren Augen übertriebene Ausgestaltung von Leidensberichten der Märtyrer gerade der alten Kirche – eine Gattung, in der es von heldenhaft ertragenem Leiden nur so wimmelt – wird von dieser pädagogischen Wirkung her verständlich. Wenn sich diese Faszination mit einem heiligen Schaudern verbindet, dann wird damit die Grundstruktur des Umgangs mit den Heiligen und mit dem Heiligen und damit von Religion überhaupt grundgelegt.

- Der herausfordernde Märtyrer: Märtyrer fordern in ihrer Entschiedenheit heraus. Dies gilt es didaktisch zu inszenieren: Ein Einklinken in deren Lebensentscheidungen ermöglicht „Als-ob"-Überlegungen, ein sich Hineinbegeben in fremde Situationen, Entscheidungen und Handlungen. So können Schülerinnen und Schüler anhand verschiedener didaktischer Verfahren (Tagebucheintrag, Briefe, Fragen, Nachrufe ...) über „Weichenstellungen im Leben" des P. ENGELMAR UNZEITIG nachdenken und Empathie entwickeln (vgl. Christuszeugen in schwerer Zeit 2009, 77. 81. 105), oder sich mit den Wesenszügen des Pfarrer GEORG HÄFNERS und über Formen und Kraft des Gebets (ebd. 42–46; 50–55) nachdenken. Die Leitfrage lautet: „Wie hätte ich in dieser Situation gehandelt?" Bei Märtyrern wird es immer auch um diejenigen Situationen gehen, in denen die Lebensfrage existentiell virulent wurde: Wofür sein Leben geben? Nach dem moralpädagogischen Modell der Werterhellung muss eine solche Entscheidungsfrage so vorbereitet werden, dass die zur Disposition stehenden Werte und die Handlungsalternativen mit ihren Folgen für den einzelnen und die Gesellschaft deutlich werden. Die getroffenen Lebensentscheidungen werden in ihrer realistischen Drastik für Kinder und Jugendliche von heute aber dann besonders markant, wenn Erfahrungsebenen mit hineinspielen, die in ihrer Wertbehaftung auch von heutigen Menschen mit ihren Wertoptionen nachempfunden werden können. Beispielsweise geht aus „Heiligen Männern und ihren Frauen" (Themenhefte Gemeinde 2/2006, 42f.) beim Prozess der Werterhellung hervor, dass es durchaus legitime Gründe (der Wert des eigenen Lebens, das Wohl der Familie) gegeben hätte, sich auch anders zu entscheiden, was an Märtyrern des 20. Jahrhunderts wie NIKOLAUS GROß, PATER ENGELMAR UNZEITIG und Pfarrer GEORG HÄFNER, die wegen ihrer Überzeugung vom Naziregime ermordet wurden, veranschaulicht werden kann. Man sollte aber die klerikalen Persönlichkeiten mit Beispielen aus dem Laienstand erweitern, weil gerade hier ein Bezug zu den heutigen Lebensoptionen von Jugendlichen, die Familie und Beruf miteinander verbinden wollen, möglich wird: „Darf ein Vater von sieben Kindern sich so weit vorwagen?", wurde die Tochter von NIKOLAUS GROß als Jugendliche immer wieder gefragt (Themenhefte Gemeinde 2/2006, 43). Bei solchen diskursethischen Verfahren, die methodisch auf vielfältige Weise (Diskussion von Dilemmasituationen, Einschätzübungen, Briefe, Gedenktafel ...) durchgeführt werden können, werden Schülerinnen und Schüler durchaus auch zur gegenteiligen Entscheidung kommen: „Ich hätte in einer solchen Situation meiner Familie zuliebe den Kriegsdienst nicht verweigert wie FRANZ JÄGERSTÄTTER!" Darin liegt gerade der paradoxe Sinn eines solchen Ansatzes: Man verzichtet auf unmittelbare Lerneffekte in eine bestimmte optionale Richtung und hofft darauf, dass über eine häufige Auseinandersetzung mit ethisch aufgeladenen Situationen Kinder und Jugendliche sensibel für die Bedeutung von Lebensentscheidungen werden und in ihrer Wertentwicklung vorwärts schreiten. Die Lehrpersonen brauchen bei solchen Prozessen zweierlei: zum einen die Fähigkeit, Positionsbestimmungen zu akzeptieren, die der eigenen widersprechen („Ambiguitätstoleranz") und zum anderen die Überprüfung, worin denn die sie selbst betreffende persönliche Wahrheit bei einer Auseinandersetzung mit diesen „Zeugen für Christus" besteht. Was hätte ich denn getan?

- Der mit sich ringende Märtyrer: Auch wenn bei den Märtyrern qua Begriffsbestimmung der Ausgang des Entscheidungsprozesses bereits feststeht, erscheint es als besonders ertragreich, Selbstzeugnisse von Märtyrer-Personen aufzuspüren und didaktisch zu nutzen, die das persönliche Ringen um die richtige Entscheidung verdeutlichen: THOMAS MORUS beispielsweise war eben nicht der ausschließlich prinzipientreue Bekenner, wie er in der Oscar-prämierten Verfilmung dargestellt wird – der Briefwechsel mit seiner Tochter Margaret zeichnet ein weit differenzierteres Bild (Marius 1987, 587). Die hl. PERPETUA quälte im Kerker die Sorge um ihr Kind. OSCAR ROMERO entwickelte sich erst nach und nach vom farblosen Kompromisskandidaten zum entschiedenen Vertreter der Menschenrechte. Die vielfältigen Zeugnisse der Märtyrer aus dem Dritten Reich enthalten durchaus auch zweifelnde Passagen oder zeichnen Personen, die völlig unauffällig lebten und durch eine plötzliche zivilcouragierte Äußerung oder Handlung ins Visier des Regimes gerieten, wie z. B. der Lagerarbeiter JOSEF ZIRKL, dem sein mutiges Eintreten für den Regensburger Domprediger DR. JOHANN MAIER sein Leben kostete (Moll 2010, Bd. 1, 552–555). Die Achtung vor den Entscheidungen dieser Märtyrer wird durch differenzierte Darstellungen einerseits noch größer, und andererseits rücken sie in ihrem Zweifeln und Abwägen als menschliche Heilige näher an Kinder und Jugendliche unseres Jahrhunderts heran. Werden Heilige also nicht nur vom Endpunkt ihres Entscheidungsprozesses vorgestellt, sondern mit ihren alltäglichen Sorgen und Emotionen, Widerständen und auch Schwächen, dann gewinnen sie an Menschlichkeit. Auch FRANZ VON ASSISI (Mendl 2014b, 176) und DAMIAN DE VEUSTER (Englert 1993, 113) grausten sich anfänglich vor den Aussätzigen; FRIEDRICH VON BODELSCHWINGH haderte verständlicherweise mit Gott, als seine vier Kinder gestorben waren (ebd. 100).
- Der verweisende Märtyrer: „Es muss im Leben mehr als alles geben", lautet der Titel eines Kinderbuchs von Maurice Sendak. Die Märtyrer transzendieren über ihr eigenes Schicksal weltimmanente Heilserfüllungen. Sie wissen sich eingebunden in eine Heilsgemeinschaft und in einen Heilsplan. Gerade als gequälte „Heilige im Scheitern" stellen sie eine provozierende Alternative zur derzeitigen „In- und out-Gesellschaft" dar: Nicht Schönheit, Reichtum und ewige Jugend, sondern Verachtung, Misshandlung und Todesqualen zeichnen sie aus. Nicht persönlicher Erfolg, Macht und privates Glück, sondern Verantwortlichkeit für andere, Handeln aus Überzeugung und ein tiefer Glaube (manchmal auch gepaart mit ebenso tiefem Zweifeln!) stellten Basis und Ziel ihres Lebens dar. Und gerade deshalb faszinieren sie: Denn sie haben eine je eigene Antwort auf die Frage „wofür sein Leben geben?" gefunden (vgl. Religionsunterricht an höheren Schulen 2003, Heft 3: Wofür sein Leben geben?). Auf dem Marktplatz des postmodernen Pluralismus muss auch ein Stand platziert werden, auf dem christliche Lebensoptionen dargeboten werden. Wenn schon in Medien wie der Beilage der „Süddeutschen Zeitung", „Jetzt", nach Gründen, wieso es sich zu leben lohnt, gefragt wird, kann man auch entsprechende kleine und große Gestalten des Glaubens hierzu zu Wort kommen lassen. Das kann z. B. über eine Stunde zur hl. BARBARA (für welche große Ideen würden wir einen ernsten Konflikt mit den Eltern riskieren) geschehen. Die

gelassene Haltung, die nicht mit einer für die eigenen Bedürfnisse und die Erwartungen des Umfelds unsensiblen Gleichgültigkeit verwechselt werden darf, findet man auch in vielen Abschiedsdokumenten, z. B. im Brief von NIKOLAUS GROß an seine Familie (Kühnen/Bernartzki/Klemp 2003, 163; :in Religion 3/2014, 26f.), im Briefwechsel zwischen THOMAS MORUS und seiner Lieblingstochter Margaret (Mendl 2005a, 149), in den Todesahnungen von MARTIN LUTHER KING und OSCAR ROMERO oder in DIETRICH BONHOEFFERS Weihnachtsgruß „Von guten Mächten wunderbar geborgen, erwarten wir getrost, was kommen mag". Diese Heiligen personifizieren auf radikale Weise den Mehr-Wert christlicher Weltsicht. Gerade diesen personal verorteten Verweischarakter kann man auch didaktisch nutzen. „Mourir pour des idées" (Sterben für Ideen), singt Georges Brassens in einem Chanson. Für welche Ideen lohnt es sich zu leben, sein Leben aufs Spiel zu setzen, zu sterben? „Alles für Christus den König!", deutete GEORG HÄFNER die Leidenszeit im KZ für sich. Für welche großen Ideen würden Schüler einen ernsthaften Konflikt mit den Eltern riskieren? Wie sähe die Welt aus, wenn es keine Verrückten vor Gott gäbe? Und – ein vielleicht fragwürdig anmutendes, lernpsychologisch aber durchaus bedeutsames Argument, weil hier die Bedeutung einer stellvertretenden Verstärkung zum Tragen kommt: Wieso sind die vielen Mitläufer der Geschichte in Vergessenheit geraten, die markanten Großkaräter des Glaubens aber ins kollektive Gedächtnis der Geschichte eingebrannt? Auf dem Marktplatz des postmodernen Pluralismus muss auch ein Stand platziert werden, auf dem solche exotischen Heiligen präsentiert werden, weil sich gerade aus deren Andersartigkeit Potential für wertorientierte und lebensgestaltende Fragestellungen ableiten lässt. Von diesem Blickwinkel aus erhält auch das unermesslich große Leid der Märtyrer seine höhere Bestimmung; gerade in den Todesbildern der Legenden formuliert sich – so Mircea Eliade – der „Ausdruck der ewigen Sehnsucht des Menschen, einen positiven Sinn für den Tod zu finden, den Tod anzunehmen als einen Übergangsritus zu einer höheren Seinsweise …, die der zerstörenden Wirkung der Zeit entzogen ist" (Ströter-Bender 1996, 125).

Kirchengeschichte in der eigenen Region begegnen: Local Christians

„Unter ‚local Christians' sollen Personen verstanden werden, die in der unmittelbaren Region (‚local') agiert und gelebt haben, die auch den regionalen – subjektiven erlebten – Lebenskontext der Lernenden konstituiert. Mit der Klassifizierung ‚Christians' wird die Beziehung zum kirchengeschichtlichen Kontext hergestellt: Wie haben Christen in verschiedensten Zeiten in der den Schülern nahen Region gelebt und gehandelt?" (Lindner 2007, 289). Entsprechend der Intention dieses Buchs, keine geschönten oder abgeklärten Vorbilder zu präsentierten, gilt auch bei den „local Christians", dass sie nicht als große regionale Heroen dargestellt werden sollen, sondern als Menschen mit Alltagsnöten, Beziehungsgeschichten, Stärken und Schwächen.

Als Beispiel für einen „local Christian" führt Lindner den Regensburger Domprediger JOHANN MAIER an, der auf einer Demonstration in den letzten Kriegstagen für die kampflose Übergabe Regensburgs eintrat und dafür von einem NS-Gericht noch zum Tode verurteilt wurde (Lindner 2007, 290). Ausgangspunkt für eine regionale Spurensuche können die bereits erwähnten „Stolperstein-Projekte" genannt werden, mit denen auf herausragende Personen der regionalen Vergangenheit hingewiesen wird, aber auch Straßennamen, Gedenkplaketten, Denkmäler oder Schulnamen, die Bezeichnung von Bildungshäusern (z. B. das „Marcel-Callo"-Haus in Heiligenstadt). Pfarr- und Diözesanarchive oder Stadtchroniken bieten Material für eine vertiefte Recherche.

Fiktive Biografien
Als Ergänzung zu den großen und auch kleinen realen Personen bietet sich auch an, fiktive Personen aus dem Umfeld einer Person zu Wort kommen zu lassen; in der Geschichtsdidaktik ist die Hinzufügung solcher fiktiver Personen durchaus legitim, wenn sie repräsentativ für Überindividuelles dargeboten und realistisch entfaltet werden (Gruber 1995, 35; Lindner 2007, 290–293). Ebenso legitim ist es, ausgehend von historischen Andeutungen, Personen aus dem Umfeld eines großen Heiligen ausführlicher auszugestalten.

Didaktisch ist das insofern raffiniert, als man die erwünschte Dialog-Struktur „sich mit großen Gestalten auseinandersetzen" im Zeit- und Lebenskontext der Person exemplarisch inszeniert und zugleich eine Distanzierungsmöglichkeit bietet. Gezeigt werden reale oder fiktive „kleine" Gestalten, die auf irgendeine Weise mit dem Leben und den ethischen Impulsen der „großen" Person verwoben waren. Diese Personen dienen zudem, wie oben bereits erläutert wurde, als Puffer zwischen vorbildhafter Person und heutigen Kindern und Jugendlichen: Man kann in Rollen schlüpfen, ohne sich mit einem direkten Bekenntnis selbst zu outen. Einige Beispiele:

- So lässt sich als weiteres Element bei der Besprechung von Formen des kirchlichen Widerstands im Dritten Reich und der ethischen Entscheidung BISCHOF VON GALENS eine Dilemmageschichte „Galens Protestpredigt verteilen?" anfügen: Ein Ministrant überlegt, ob er der Bitte seines Gruppenführers nachkommen und bei der Verteilung von Galens Anti-Euthanasie-Predigten mitmachen soll (Gruber/Mendl 2000, 52; vgl. ähnlich: Lindner 2011b, 93).
- Menschen im Umfeld des hl. FRANZ VON ASSISI beziehen Stellung zu seiner Entscheidung, das Erbe auszuschlagen und das Vaterhaus zu verlassen.
- Die Tochter von THOMAS MORUS mischt sich ein: Soll ihr Vater den Eid ablegen oder nicht?
- In einem Unterrichtsentwurf zu KATHARINA VON SIENA werden (fiktive) von der Pest betroffene Zeitgenossen interviewt, um die Bedeutung von Katharinas Hilfe für die Pestkranken und ihre Motivation für ihr Handeln zu ermitteln (Krapf 2001, 11).
- Die Kinder des NIKLAUS VON FLÜE beziehen Position zur Entscheidung des Vaters, die Familie zu verlassen.

Dabei spielt es zunächst keine Rolle, ob authentische Meinungsäußerungen dieser Personen vorliegen; die Aussagen und Verhaltensweisen sollten nur im jeweiligen Zeitkontext plausibel und wahrscheinlich sein.

3.2.4 *Besondere Lernmodalitäten*

Problematik und Notwendigkeit großer Heiliger wurden nun hinreichend beschrieben. Was bedeutet das aber nun für ein Lernen an diesen fernen Biografien?

Die Notwendigkeit: Große Christen „erden“

„‚Ferne‘ Vorbilder müssen im Unterricht zu ‚nahen‘ Vorbildern werden“, meint Robert Ebner (Ebner 1988, 291). Die von ihm geforderte Suche nach korrelativen Entsprechungen zwischen Vorbild und Schüler, nach möglichen Identifikationsansätzen und nach menschlichen Zügen ist nun bei den großen Gestalten wegen des beschriebenen garstigen Grabens nicht so einfach.

Die Großgestalten des Glaubens und der Geschichte sind allerdings meist tatsächlich viel „menschlicher“ als die mit Patina bedeckten und bereinigten biografischen und legendären Darstellungen. Man wird sich also zunächst einmal um die Beseitigung jeglicher Überhöhungen bemühen müssen. Das ist auch mit dem provozierenden Untertitel „Heilige und andere ganz normale Menschen“ (Christmann 1990) eines Materialhefts gemeint: Eine „Heiligendidaktik von unten“ setzt in der Alltäglichkeit der Person an und spürt darin Momente auf, die die Person auszeichnen (zur Bedeutung der Alltagsgeschichte im Religionsunterricht insgesamt vgl. Lindner/Riegel/Hoffmann 2013).

Konflikt- und Entscheidungssituationen thematisieren

Interessant sind dann auch bei den großen Gestalten des Glaubens die entscheidenden Konflikt- und Entscheidungssituationen, in die Kinder und Jugendliche verwoben werden können. Nicht der unnahbare, vollendete Heilige als Utopie gelingenden radikalen Christseins ist gefragt. Auch an „großen“ Heiligen interessiert vielmehr, wie sie ihre menschlichen Konflikte gemeistert haben, welchen Herausforderungen sie sich stellen mussten und welche Dilemmasituationen in ihrem Leben anstanden.

Entscheidungssituationen stellen Kristallisationspunkte der Kirchengeschichte dar (Lindner 2007, 298). Hürden und Chancen, vor allem aber didaktische Möglichkeiten sollen an folgenden Beispielen aufgezeigt werden:

- Die mit einem Oscar prämierte Filmbiografie „Ein Mann zu jeder Jahreszeit“ zeichnet THOMAS MORUS von Anfang an als ausschließlich prinzipientreu; Fragen einer Fürsorge- oder Beziehungsmoral, wie er beispielsweise seine Verantwortlichkeit für seine Familie sieht, sind dem untergeordnet. Thomas wird in seiner unumstößlichen Entschiedenheit, kaum aber im ernsthaft zweifelnden und abwägenden Reflektieren charakterisiert. Die Thomas-Morus-Biografien und besonders die Briefe zeichnen ein wesentlich differenzierteres und profilierteres Bild vom familiären Ringen um Lösungsmöglichkeiten! So bat ihn beispielsweise seine Lieblingstochter Margaret, als er bereits im Tower gefangengehalten wurde, in einem Briefwechsel mehrmals und mit verschiedenen Argumentationsstrategien, er solle doch den Eid ablegen (Marius 1987, 578). – Das lässt sich, entsprechend dem beschriebenen diskursethischen Ansatz, auch didaktisch inszenieren!
- Wenn man schon über das Medium Film an einem „großen“ Heiligen die Wirkweise eines wachen Gewissens herausarbeiten will, dann eignet sich dafür besser die Filmbiografie „Romero“ aus dem Jahre 1989. Hier wird wesentlich dynamischer beschrieben, wie der einstmals unauffällige Bischof OSCAR ROMERO, durch gesellschaftliche und staatliche Missstände herausgefordert, allmählich und schließlich radikal seine Position verändert und zum unerschrockenen Sprecher für die Unterdrückten seines Volkes wird: Nicht Prinzipienorientierung führt in der filmischen Darstellung zu Romeros Umkehr, sondern die Tötung eines befreundeten Priesters, also ein moralischer Verstoß gegen die eigene Peergroup. Das können auch Jugendliche nachvollziehen.

- An KARDINAL VON GALEN interessieren nicht nur die „Endprodukte" seines moralischen Dilemmas, die Predigten gegen das Euthanasieprogramm der Nazis, sondern zunächst einmal die vorausgegangenen Gütererwägungen: Was hat ihn dazu bewogen, mutig gegen das Euthanasieprogramm der Nazis vorzugehen? Welche Argumente lagen in der anderen Waagschale?
- Große Gestalten werden dann interessant, wenn sie sich in ihren Entscheidungen auch anfragen lassen. Paradebeispiel aus der Minderheit der verheirateten Heiligen ist der hl. NIKLAUS VON FLÜE: Seine Entscheidung, die Familie (seine Frau und zehn Kinder) zu verlassen und Einsiedler zu werden, wird in Schulklassen, Frauenbünden und bei Pfarrgemeindeabenden meist heftig diskutiert – was seiner Popularität und Faszination allerdings keinen Abbruch tut. Bedeutete seine Entscheidung tatsächlich eine Abqualifizierung des (eigenen) Ehestands? Provoziert sein Handeln nicht auch deswegen so, weil angesichts des Stellenwerts der „letzten Heimat Familie" in postmoderner Unübersichtlichkeit und des hohen Werts der Ehe als vertrauensvoller, nicht selten überfordernder Bund in Gesellschaft und Kirche das Verlassen der Ehefrau und Kinder als besonders verantwortungslos erscheint? Motiviert NIKLAUS VON FLÜE nicht vielmehr auch Frauen dazu, mehr Eigenständigkeit in Partnerschaftlichkeit zu entwickeln? Wie würde eine moderne Analogiegeschichte einer 35-jährigen Claudia bewertet, die ihre Berufung für ein kontemplatives Leben in einem Meditationshaus entdeckt und ihren Mann und die „nur" zwei Kinder zurücklässt? Wie würden die Schülerinnen und Schüler aus der Sicht der jugendlichen und erwachsenen Kinder (die erwachsenen Söhne schämten sich für ihren Vater! – Gubler 2000, 8) von Niklaus/Claudia bzw. der Ehefrau Dorothee (die nach verständlichen Widerständen schließlich ausdrücklich ihr Einverständnis erklärt hat!) reagieren? Die Frauen heiliger Männer hatten es nicht leicht (vgl. Themenheft Gemeindearbeit 2006, 42f.: Heilige Männer und ihre Frauen)! Gerade von dieser Schlüsselsituation im Leben des Bruders Klaus her lassen sich facettenreiche, geschichtlich belegte Positionsbestimmungen der beteiligten Personen vornehmen. Die Entwicklung hin zum Bruder Klaus war keine einfache fromme und weltfremde Entscheidung. Sie war Produkt eines langen Ringens und begleitet von Gegenstimmen und Kontroversen (Kranz 1975, 280).
- Auch bei KATHARINA VON SIENA handelt es sich um eine Heilige fern der Lebenswelt der Schüler. Bei der Präsentation ihres Porträts aus San Domenico in Siena werden in keiner Schulkasse Begeisterungsstürme ausbrechen. Und trotzdem: Nimmt man sich die Zeit, sich dieser großartigen und mutigen Frau aus ihrem Lebens- und Zeitkontext her anzunähern, so ergeben sich Momente, die den Brückenschlag zum Jugendlichen hin ermöglichen. Sabine Krapf schlägt vor, nach der Erarbeitung ausgewählter Briefe Katharinas an den Papst, in denen ihre Kritik an kirchlichen Missständen deutlich wird, die Schüler zu animieren, selbst einen Brief, „an einen zuständigen Verantwortlichen in der Kirche, in dem du deine Gedanken mitteilst, was in der Kirche zu verbessern wäre" (Krapf 2001, 14–15. 29) zu verfassen. Sie stellt allerdings fest: Kirchlich engagierte Jugendliche greifen gerne hier zur Feder, andere, kirchendistanzierte, wussten in ihren Briefen nichts zu schreiben.
- Die symbolträchtige Legende zur hl. BARBARA (die aufblühenden Zweige stehen für das Aufblühen des Glaubens, die drei Fenster im Turm für den Glauben an den dreieinen Gott) enthält eine entscheidende drastische familiäre Konfliktsituation: Der Vater stellt seine Tochter vor die Wahl, entweder dem neuen Glauben zu entsagen oder in den Tod zu gehen. Obgleich die Sympathien der Schüler eindeutig verteilt sein werden (wie kann ein Vater so etwas fordern?) werden sie vermutlich je eigene Grenzen ziehen, wenn es um die Frage geht „Wie weit würde ich gehen, um meine Überzeugung auch gegen Widerstände zu leben?".
- Es gibt viel zu viel ödes, meist aus ausschließlich historischer Perspektive verfasstes Unterrichtsmaterial zu MARTIN LUTHER – wenn möglich mit vielen Lebensstationen, Orten und Buchtiteln angefüttert. Gerade von den Anforderungen der heutigen Leis-

tungsgesellschaft aus, die sich auch im Schüleralltag manifestiert (z. B. im Sportverein, in der Schule, aber auch in der medialen Welt bis hin zur TV-Sendung „Deutschland sucht den Superstar"), lassen sich durchaus stimmige Parallelen zu Luthers Grundfrage „Wie bekomme ich einen gnädigen Gott?" herstellen und didaktisch inszenieren. So steckt in der Erfahrung eines Jungen, der sich nach Kräften um einen Stammplatz in der Mannschaft bemüht, vom Trainer aber nicht aufgestellt wird, dasselbe Grundgefühl, welches auch Luther bei der Frage bewegte, wie er den Anforderungen seines Gottes gerecht werden könne. Beides – die fiktive Lebensbeschreibung eines Jungen und ein nach historischen Quellen erstellter Briefwechsel zwischen MARTIN LUTHER und seiner Mutter – kann im Sinne eines dekonstruktiven Ansatzes (Kropac 2002) zur wechselseitigen Erhellung beitragen und zugleich das oft als langweilig empfundene geschichtliche Thema von einer existentiellen Frage aus einführen.

Personen mit allzu großer Distanz zur Lebenswelt der Schülerinnen und Schüler hingegen verhindern die Bereitschaft, an ihnen exemplarische Verhaltensweisen zu erlernen. So sollte z. B. immer bedacht werden, dass Kinder über das nötige Geschichtsbewusstsein verfügen müssen, um das Leben und Handeln bestimmter Menschen nachvollziehen und begreifen zu können. So scheint z. B. EDITH STEIN für das unmittelbare orientierende Lernen in einer 5. Klasse nicht geeignet zu sein. Wenn große Gestalten des Glaubens als Menschen mit Fleisch und Blut, mit Fehlern und Schwächen in ihren Lebensherausforderungen und Ängsten geschildert werden, dann wird eine profilierte Menschlichkeit ihr Ansehen nicht herabsetzen. Im Gegenteil: Ihre Stärke zeigt sich gerade in ihrer Menschlichkeit und ermöglicht von da aus korrespondierende Lernprozesse.

Freilich wird es zunächst auch enttäuschen, wenn Jugendliche an großen Gestalten Verstörendes entdecken, wie es eine 16-Jährige ausdrückt:

> *„Da denkt man, jetzt hat man jemanden gefunden, der einen begeistern kann, LUTHER etwa in seinem unerschütterlichen Glaubensmut, den man sich zum Vorbild nehmen könnte. Und dann entdeckt man da auch ganz dunkle Seiten, z. B. seine bösen Ausfälle gegen die Juden." (Stephan 1988, 171)*

Solche Verunsicherungen sind aber notwendig, weil die Entdeckung der Differenz zwischen Anspruch und Wirklichkeit, Idealbild und Realbild gerade im Jugendalter nie eine Frage ist, die sich ausschließlich an die fremde Biografie richtet, sondern immer als bedeutsam für einen selbst erachtet wird.

Wechselseitige Anfragen: Didaktik des Dialogs

Liest man Walter Niggs Buch „Heilige des Alltags" genau, so entdeckt man, wie sich die Fragestellung seit Erscheinen des Buches im Jahre 1976 weiterentwickelt hat. Auch Nigg überlegt, was die Heiligen der Jugend zu sagen haben (Nigg 1976, 44):

> *„Lässt sich das Gespräch der Heiligen mit der Jugend auch in unsere Zeit übertragen? In veränderter Form gewiss. Was käme alles zutage, wenn die jungen Menschen von heute wieder auf die Heiligen hören und mit der ganzen Intensität zum Beispiel Franziskus bestürmen würden? Wenn sie ihn fragten: ‚Was hast du in jenem Moment empfunden, als du dein Kleiderbündel in aller Öffentlichkeit deinem Vater vor die Füße legtest? Warst du nachher befreit und hattest du keine bedrückenden Gefühle? Sollten wir unsere Siebensachen auch so hinwerfen und ohne einen Blick zurück in die religiöse Freiheit hineinschreiten? Wie können wir in der modernen Zeit die radikale Christusnachfolge verwirklichen? Gib uns doch eine Antwort darauf!' Ich glaube,*

Franziskus würde unheimlich lebendig auf uns zuschreiten; etwas Neues würde damit aufbrechen und die Dinge verwandeln."

Im Unterschied zu Niggs Didaktik der Frage, bei der die Schülerinnen und Schüler die Fragenden und bei diesem Beispiel Franz von Assisi der Antwortende ist, geht es bei einer Didaktik des Dialogs um eine wechselseitige Anfrage, um ein Sich-Einklinken in die Lebensentscheidungen einer fremden Biografie und um das Übertragen von Entscheidungssituationen auf eigene Lebensumstände. Die Antwort der Schüler kann dann, einem echten diskursethischen Ansatz entsprechend, wie oben gezeigt wurde, durchaus auch gegenläufig zur Entscheidung des Heiligen ausfallen: „Ich hätte meine Sachen nicht hingeworfen wie Franziskus!" – „Wenn ich Dorothee von Flüe gewesen wäre, hätte ich meinem Klaus kräftig meine Meinung gesagt!" Das hängt freilich auch mit einer veränderten Perspektive bezüglich des Leistungsspektrums eines Religionsunterrichts zusammen, welcher sich nicht mehr als Katechese („Christusnachfolge") versteht, sondern als diakonisches Angebot an eine Schülerschaft mit einem „noch-nicht-gegebenen Einverständnis" (Nipkow 1998, 215–263) zur Sache Jesu und der Kirche.

Oral history – im Gespräch mit Zeitzeugen

„Oral history" ist in der Geschichtswissenschaft inzwischen eine anerkannte Forschungsmethode und auch in der Geschichtsdidaktik etabliert (vgl. Lindner 2007, 294–298). Zeitzeugen werden über historische Ereignisse befragt und interviewt; die transkribierten Interviews können weiterverarbeitet werden. Dabei verschränken sich thematische und biografische Perspektiven: Wie hat ein Mensch die Herausforderungen seiner Zeit wahrgenommen, wie hat er emotional reagiert, wie hat er gehandelt, welche Folgen musste er (er-)tragen? Geschichte erscheint hier mit dem Leben von Menschen verwoben. Lange Zeit stellte die Zeit des Nationalsozialismus den Dreh- und Angelpunkt für eine Befragung von Zeitzeugen dar – Menschen, die sich zivilcouragiert verhalten haben, in der Jugendarbeit (vgl. Gruber/Mendl 2000, 15), Politik, Kirche und Öffentlichkeit, und die dann berufliche Nachteile erleiden mussten. Inzwischen ist die Zahl der noch lebenden Zeitzeugen aus dieser Zeit spärlich; auch die Einladung von Juden, die über die Zeit der Verfolgung und Misshandlung erzählten können, wird schwieriger, da die meisten Personen wie z. B. Mietek Pemper, einem Mitarbeiter von Oskar Schindler, die hier regelmäßig Schulklassen Rede und Antwort gestanden haben, inzwischen verstorben sind.

Blickt man in die neuere Geschichte, so kommen als Zeitzeugen heute Menschen in Betracht, die beispielsweise in der Friedensbewegung der 60er und 70er Jahre aktiv waren, Christen, die von der Aufbruchsstimmung im Zuge des II. Vatikanischen Konzils und den vielen Neuerungen in der Kirche der 70er Jahre erzählen können (z. B.: Religion vernetzt 9, 70), Bischöfe oder Missionare, die in Krisengebieten dieser Welt aktiv waren oder sind (vgl. Religion vernetzt 9, 68f.), oder „Akteure der friedlichen Revolution" im Jahre 1989 (Käbisch/Käbisch 2010).

Renaissance der christlichen Namenspatrone

Noch in meiner Kindheit bedeutete der Namenstag die erste Differenzerfahrung bezüglich konfessioneller Ungleichheit: Da gab es doch Kinder, die ihren Namenstag nicht feierten – und auch keine Geschenke bekamen! Das war die erste bewusste Wahrnehmung der konfessionellen Trennung des Christentums. Die religiösen und profanen Traditionen und Bräuche des Namenspatronats waren tatsächlich auch eine Frucht gegenreformatorischer Bemühungen, als man gegen die Ablehnung der Heiligenverehrung durch die reformatorischen Kirchen Stellung bezog und den Gläubigen empfahl, den Täuflingen Heiligennamen beizugeben (Dürig 1962, 784). So heißt es im „Catechismus Romanus" von 1566 zur Bedeutung des Taufnamens, „dass der Getaufte durch die Gleichheit mit dem Namen eines Heiligen zur Nachahmung der Tugend und Heiligkeit angeregt werde und dass er gewiss auch seinen Namenspatron anruft und durch dessen Fürbitte hofft, er möge ihm bei der Verwirklichung eines gottgefälligen Lebens beistehen" (zitiert bei Läpple 1996, 170). Die Namenspatrone haben also eine Doppelfunktion: Sie sollen Vorbild und Fürsprecher sein (Harnoncourt 1998, 631).

Wenn in den letzten Jahrzehnten dieses katholische Fest in die Krise geriet und von Kindergeburtstagen und Geburtstagspartys verdrängt wurde, so spielen neben dem allgemeinen Säkularisierungsschub ökumenische Gründe und eine Verunsicherung bezüglich der Bedeutung und Funktion des „Namenspatrons" eine Rolle. Denn auch hier lässt sich eine Ethisierung feststellen: Als zentral erscheint nicht mehr der Aspekt des Namensgebers als persönlicher „Schutzpatron" im Himmel; dieser Blickwinkel erschien in Analogie zur Aufteilung von Zuständigkeiten und Zuordnung einzelner Heiliger für bestimmte Berufsgruppen oder Lebensbereiche (Heinz 1998, 1481) (z. B. SANKT FLORIAN für die Feuerwehr, der hl. JOHANNES NEPOMUK für Brücken, der hl. JUDAS THADDÄUS als Helfer in aussichtslosen Situationen) als suspekt. Bereits auf dem Weg zur Reformation war ja das Phänomen festzustellen, dass statt eines Verständnisses des Heiligen als Zeuge und Vorbild für das eigene Leben eine übersteigerte Quantifizierung der Heiligenverehrung (möglichst viele Heilige für möglichst konkrete Situationen anrufen) und ein subjektiver Magismus (Heilige als wundersame Helfer nach dem „Do ut des"-Prinzip) dominierten. Dies führte dann zur reformatorischen Kritik.

In der „aufgeklärten" Gesellschaft heute wird dies irgendwo zwischen Ernst und Ironie aufgegriffen, wie ein „Praxistest" im „Magazin" der „Süddeutschen Zeitung" unter dem Titel „Vertrauen ist gut, Kontrolle ist besser. Wie gut sind unsere Schutzheiligen wirklich?" (Cornelius 2000) zeigt; dass auch die BILD-Zeitung eine Reihe „Weihnachten mit den Heiligen" publiziert (im Buchformat herausgegeben von Nyáry 2010) erstaunt dann doch. Heute kommt eher der Aspekt der Lebensorientierung zum Tragen (vgl. etwa Muldoon 2011: „100 Heilige für alle Fälle"): Alfred Läpple sieht Zusammenhänge mit einer existentiellen Orientierung und Sinnsuche heutiger Menschen, um Heiligen als „Menschen ‚mit Fleisch und Blut' zu begegnen, die nicht selten aus großer Drangsal kommen (Offb 7,14) und doch zu einem glücklichen, weil geglückten Leben fähig waren" (Läpple 1996, 170f.).

Nun sind für die Namensgebung von Kindern kaum die Biografien bestimmter Heiliger und auch nicht mehr der Tag der Geburt (und damit der Name des Tagesheiligen) ausschlaggebend, sondern familiäre Traditionen und ästhetische Vorlieben und Trends, wie die jeweiligen Hitlisten der bevorzugten Namen erkennen lassen – was dann bei der konkreten Suche nach dem eigenen Namenspatron Schwierigkeiten bereitet (vgl. List 2012, 7–12): Wann darf Saskia ihren Namenstag feiern und welchen Namenspatron hat Jörn? Für die Lehrenden stellt dies insofern eine Herausforderung dar, da es gerade in jüngeren Jahrgangsstufen sinnvoll ist, ausgehend von den faktischen Namen der Schülerinnen und Schüler die Namenspatrone zu ermitteln und zielgruppenspezifisch aufzubereiten (vgl. mustergültig vorbereitete Heiligenbiografien zu einer 9. Klasse: List 2012, 107–121).

Trotzdem sind auch heute Annäherungsprozesse an die Patrone vergangener Zeiten als „unzeitgemäß Gleichzeitige" (Läpple 1996, 171) möglich. Bei der Taufe den Namen eines Heiligen zu erhalten, bringt ja zunächst die Grundbedeutung des Sakraments nochmals auf besondere Weise zum Ausdruck: Der Täufling wird in die Kirche und damit in die Gemeinschaft der Heiligen aufgenommen. Damit kann er immer wieder im Laufe seiner Lebensgeschichte an diesem Pool großer Geschichten und faszinierender Persönlichkeiten partizipieren. Wenn die Kirche den Heiligen jeweilige Festtage im Jahreskreis zuweist, so ergeben sich auch im Kirchenjahreszyklus durch den Namenstagskalender und entsprechende Handbücher (z. B. Quadflieg 1999, Melchers 1999, Rode 2008) regelmäßig Möglichkeiten, auf diesen Schatz zurückzugreifen und sich mit den entsprechenden Persönlichkeiten auseinanderzusetzen und sich von ihnen inspirieren zu lassen. Von da aus sind auch neue Zugänge zum Heiligen als Schutzpatron möglich: nicht als Vollkasko-Lebensschutz (wie die Christophorusplakette im Auto manchmal missverstanden wird), sondern als Suche nach Gemeinsamkeiten zwischen dem Leben und Tun der Heiligen und den Lebenssituationen und Bedürfnissen heutiger Menschen unter dem gemeinsamen Dach „aller Heiligen Gottes".

Das Vertrauen auf die Wirkmächtigkeit einzelner Heiliger geschieht dann als konkrete Manifestation der allgemeinen Heilszusage Gottes an die Menschen.

Die Legenden und Biografien besonders des eigenen Namenspatrons sollen zum Nachdenken einladen, zur Spurensuche und zum punktuellen Transfer: Was gefällt mir an meinem Namenspatron, inwiefern fordert er mich heraus? Was bedeutet die Aussage „Ich habe dich beim Namen gerufen, du gehörst mir?" (Jes 43,1b) im Zusammenhang mit dem, was mir an meinem Namenspatron wichtig ist? Diese Begegnung zwischen heutigen Schülerinnen und Schülern und ihrem Namenspatron kann dann mit den entsprechenden Methoden (vgl. Kap. 4.2) entsprechend didaktisch inszeniert werden, indem an den eigenen Namenspatron eine fiktive E-Mail oder ein Tagebucheintrag geschrieben, ein Dialog zwischen dem Namenspatron und einem seiner Zeitgenossen verfasst wird oder dann verschiedene Steckbriefe zum Namenspatron kritisch diskutiert werden (vgl. List 2012, 72–78). Dabei ereignen sich sowohl perturbierende Lernerfolge, wenn sich Jugendliche von ihren Namenspatronen abgrenzen („Ich kann nichts daraus lernen, weil ich nicht Krankenschwester werden will. Trotzdem war sie ein guter Mensch und ein Vorbild"), als auch unmittelbar orientierte Lernprozesse, wenn Jugendliche die eigene Lebenseinstellung bestätigt sehen („Ja, da man sich im Leben durchkämpfen soll und nicht gleich aufgeben sollte") oder vom Namenspatron beeindruckt sind („Was mich sehr beeindruckt hat, dass er seine körperliche und geistige Größe hergenommen hat, um bedürftigen Menschen zu helfen") (List 2012, 90).

In neueren Lehrplänen und Religionsbüchern (z. B. Religion vernetzt 5, 14–17) wird dem Thema wieder mehr Aufmerksamkeit geschenkt. Die Schülerinnen und Schüler werden zur kreativen Auseinandersetzung mit dem eigenen Namenspatron angeregt. Der Austausch darüber ermöglicht es, in den reichhaltigen Schatz von Erfahrungen, Abenteuern, sicher auch Kuriositäten, Abschreckendem und Faszinierendem aus der Welt der Heiligen einzutauchen.

Zum Schluss: Ein kleiner Eignungs-Check

Die Heiligen wurden von verschiedenen Blickwinkeln aus betrachtet, gewürdigt und auf ihre Eignung für orientierendes Lernen hin untersucht. Abschließend sollen nun kurz und bündig die zentralen Kriterien für einen Eignungs-Check benannt werden, denn die Antwort auf die häufig gestellte Frage „Wen können Sie nun denn empfehlen?“ kann wie immer nicht so einfach und direkt erfolgen:

1. Wenn man als Lehrer, Erzieher, Vater oder Mutter mit der jeweiligen Person oder Zielgruppe über eine große Gestalt ins Gespräch kommen will, gilt eine altbekannte pädagogische Grundregel: Man muss selber vom Lerngegenstand fasziniert sein. Handelt es sich beim Lerngegenstand um eine Person, so ist diese erste Regel umso wichtiger: Sympathie und emotional-wertende Deutungsebenen werden auch über die Art der Präsentation vermittelt. Eine spannende Person kirchlichen Engagements im Dritten Reich, NIKOLAUS GROß, wird nicht ankommen, wenn er langweilig vorgestellt wird. Die fromme und kluge Ordensfrau CRESCENTIA HÖß aus Kaufbeuren (1682–1744) (Pörnbacher 1991), kenntnisreich, engagiert und vielleicht provozierend didaktisch inszeniert (z. B. ihre These, in allem eine Fügung Gottes zu sehen; Auszüge aus ihren zahlreichen jeweils situationsbezogenen Briefen an Menschen aller Stände; ihre bodenständige Frömmigkeit; das negative Urteil ihrer ersten Oberin über sie ...), könnte so auch bei Schülerinnen und Schülern in einer völlig säkularen Lebenswelt auf Resonanz stoßen.
2. Das zweite Kriterium, mögliche Berührungspunkte mit der Lebenswelt der Schülerinnen und Schüler im Leben der großen Gestalt aufzufinden, ist zentral und zugleich problematisch. Zentral deshalb, weil orientierendes Lernen ohne den berühmten Brückenschlag nach dem beschriebenen „Prinzip der Gradualität“ nicht möglich ist. Um im Bild zu bleiben: Wenn die Strecke zwischen den beiden Ufern zu weit und die Brücke zu kurz ist, kommt es in der Regel zu keinem Dialog. Andererseits darf aber auch nicht von vornherein die Möglichkeit außer Acht gelassen werden, dass emergente Lernprozesse entstehen und Neugier geweckt wird, wenn gerade das Widerspenstige, Exotische, im Kontrast zur Lebenswelt heutiger Jugendlicher Stehende thematisiert wird. Problematisch ist es aber, wenn der provozierende Kontrast dann der einzige Fokus ist, unter dem große Gestalten präsentiert werden, weil sich dann folgende Einstellung festsetzen kann: Die Heiligen sind doch „ganz andere“ und „so kann ich ja eh nicht werden“.
3. Eine dritte Regel: Große und kleine Gestalten können, wie beschrieben, durchaus auch „nur“ als Zeugen, Repräsentanten und Gestalter ihrer Zeit eingeführt werden. Nicht alle Elemente im Religionsunterricht müssen korrelativ-existenziell angelegt sein. Der Religionsunterricht ist auch kulturgeschichtlich be-

gründet (siehe oben). Nur sollte man ehrlich sein und bei einem kultur-, brauchtums- oder allgemeingeschichtlichen Zusammenhang auf aufgesetzte Transfers („was hat das für heute zu bedeuten?") verzichten.

4. Ich empfehle einen Zugriff auf „neue", unverbrauchte große Gestalten. Sie sorgen dafür, dass die Hütte mit den Heiligen Gottes tatsächlich „g'steckt voll" (Stecher 1995, 33) wird. Empfehlungen in Lehrplänen sind exemplarisch angelegt und führen meist nur die bekannten Hochkaräter (z. B. FRANZISKUS, MUTTER TERESA, MARTIN LUTHER KING, P. MAXIMILIAN KOLBE) an. Sie motivieren inzwischen aber Gott sei Dank sowohl zur Suche nach *Local heroes* als auch zur Ergänzung durch weitere große und kleine exemplarische Gestalten, die themenbezogen eingeführt werden können. Biografische Literatur, in der bekannte und auch gänzlich unbekannte Personen porträtiert werden, gibt es dazu genügend – mit entsprechend kräftigen Titeln und Untertiteln:

   „Gottes sanfte Rebellen" (Feldmann 1987), „Große Christen unseres Jahrhunderts" (Feldmann 1991), „Menschen im Gegenwind unserer Zeit" (Feldmann 1995), „Die neuen Heiligen" (Beaugrand 1991a), „Große Gestalten des Glaubens" (Moser 1982), „Grenzgänger des Glaubens" (Marz 1995), „Gewaltfreie Vorkämpfer für Gerechtigkeit" (Oberle 1994), „unbeirrbare Frauen und Männer des 20. Jahrhunderts" (Steinwede/Schupp 1991), „Menschen, die Mut machen" (Publik Forum extra 1996), „Mütter der Christenheit – von Frauen neu entdeckt" (Walter 1990), „Ketzer und Mystiker" als „Extremisten des Glaubens" (Läpple 1988), „Helden, Heilige und Halunken" (Quadflieg 1995), „Lebensbilder unserer Zeit" (Quadflieg 2000), „Mutige Menschen, Frauen und Männer mit Zivilcourage" (Kühne 2006), „Vorbilder. Berühmte Deutsche erzählen, wer ihnen wichtig ist" (Horáková 2007), „Mutige Menschen für Frieden, Freiheit und Menschenrechte" (Nürnberger 2008), „Schicksalsmomente. Entscheidende Augenblicke im Leben großer Persönlichkeiten" (Fröhling/Reuß 2013).

   Das interessante Projekt „Woran sie glaubten – wofür sie lebten. 365 Wegbegleiter für die Tage des Jahres" (Englert 1993), bei dem jeweils ein Theologe eine für ihn besonders wichtige große und kleine Gestalt des Christentums oder der Pädagogik präsentiert, könnte inspirieren: Wieso nicht für die jeweilige Zielgruppe (Schulklasse, Jugendgruppe, Pfarrgemeinde, geistliche Gemeinschaft, Firmgruppe …) und gemeinsam mit ihr einen eigenen Heiligenkalender gestalten?

5. Ansonsten gelten die oben in Kapitel 2.3.5 vorgestellten allgemeinen Kriterien, die Personen für ein orientierendes Lernen tauglich erscheinen lassen: gelebtes Ethos, biografische Prägnanz, das Aufspüren dilemmatauglicher Entscheidungssituationen, Motivtransparenz, Lernen an Gegensätzen.

3.2.5 Lernaufgaben und Literaturhinweise

Zusammenfassung
Die großen Heiligen und Helden der Geschichte sind vom Lebensalltag der Kinder und Jugendlichen weit entfernt und werden in ihren Biografien und Legenden häufig überhöht und patiniert als „fromme Langeweiler" dargestellt. Dennoch ergeben sich vielfältige Lernchancen und Felder einer produktiven

Auseinandersetzung: Die „Abenteurer Gottes“ als Repräsentanten einer guten Welt dienen als Gegenfolie zur „in“- und „out“-Gesellschaft und so als Spiegelungsfolien und Hoffnungszeichen, die kulturgeschichtliche, gesellschaftliche und anthropologische Lernperspektiven implizieren.
Insgesamt müssen aber auch die großen Christen und Helden nach den beschriebenen diskursethischen Modellen „geerdet“ werden. Orientierendes Lernen gelingt am ehesten über die Thematisierung von Konflikt- und Entscheidungssituationen aus dem Leben dieser Personen und über den Einbezug von „kleinen“ und fiktiven Personen aus dem Umfeld der „großen“ Gestalt.

Lernaufgaben

1. Nehmen Sie sich nochmals einen Heiligen vor, der in Ihrer Biografie eine Rolle gespielt hat (und falls in Ihrer Auflistung ein solcher fehlt: Wählen Sie einen beliebig anderen, mit dem Sie vertraut sind!): Halten Sie die verschiedenen Entscheidungssituationen fest, in denen er gestanden hatte!
2. Überlegen Sie, welche Personen im nahen Umfeld als Zeitzeugen („oral history“) für ein geschichtliches Ereignis der jüngeren Vergangenheit dienen könnten!
3. Begeben Sie sich auf eine Spurensuche in der eigenen Region: Von welchen Zuschreibungen aus (Straßennamen, Schulnamen, Gedenktafeln, Stolpersteine ...) lassen sich biografisch-historische Lernwege beschreiten?

Literaturhinweise

Imbach, Josef (1999), Der Heiligen Schein. Heiligenverehrung zwischen Frömmigkeit und Folklore, Würzburg.

Jahrbuch der Religionspädagogik (JRP) 24: Sehnsucht nach Orientierung. Vorbilder im Religionsunterricht (bes. 135–209).

Lindner, Konstantin (2007), In Kirchengeschichte verstrickt. Zur Bedeutung biographischer Zugänge für die Thematisierung kirchengeschichtlicher Inhalte im Religionsunterricht, Göttingen.

Rothgangel, Martin/Schwarz, Hans (Hg.) (2011), Götter, Heroen, Heilige. Von römischen Göttern bis zu Heiligen des Alltags, Frankfurt u. a.

3.3 Lernen an biblischen Personen

Wer erreichen will, dass Leser angerührt und verändert werden, der muss Geschichten erzählen, die mit den eigenen Erzählungen der Leser ins Gespräch kommen.

Franz Wendel Niehl (Niehl 2006, 16)

Für die Bibel gilt Ähnliches wie für die Heiligen: Sie kann unter verschiedenen Perspektiven thematisiert werden. Das traditionelle Begründungsmuster lautete: Die Bibel ist als Geschichts-, Sprach- und Glaubensdokument bedeutsam. Deshalb erscheint eine Beschäftigung mit ihr als unverzichtbar – egal ob im Religionsunterricht, in der Gemeindekatechese, überhaupt auf dem Weg des Christ-Werdens und -Seins und auch für jeden bildungsbeflissenen Menschen. Allerdings laufen solche bildungstheoretisch angelegten Argumente immer Gefahr, sich kritischen Anfragen über die Sinnhaftigkeit des Einsatzes bestimmter biblischer Texte oder Bücher gegenüber zu verschließen. Würde man beispielsweise tatsächlich auf alle je möglichen kultur- oder literaturgeschichtlichen Anspielungen biblischer Szenen, Personen oder Aussagen (vom Kainsmal bis zu den Judasküssen) in der Alltagssprache, Literatur und im Theater vorbereiten wollen, so bräuchte man im Unterricht nichts anderes als Bibelarbeit zu betreiben. Auch Theologen werden deshalb bei etwas abseitigeren Anspielungen auf Lexika zurückgreifen!

3.3.1 Herausforderung und Problemanzeige

Der garstige Graben zwischen Bibel und Heute

Zunächst müssen jedoch auch hier mögliche Einwände gegen eine fruchtbare Auseinandersetzung mit der Bibel im Kontext orientierenden Lernens thematisiert werden. Zwei gegenläufige lauten:

- Die Bibel ist kein Buch für Kinder! Ist nicht der garstige Graben zwischen den Lebenswelten der biblischen Personen und heutiger Kinder und Jugendlichen so groß, dass kein Brückenschlag möglich erscheint? Dieser Einwand bewahrt vor unangemessenen Bezügen zwischen biblischer und heutiger Zeit, wie an drei Beispielen veranschaulicht werden soll: Der entschiedene Aufbruch ABRAHAMs in das Land, das ihm sein Gott verheißt, wird mit der Umzugserfahrung eines Kindes verglichen. Ist beides tatsächlich vergleichbar – das bewusste Ja zu einem vagen Versprechen eines Gottes und die fremdbestimmte Situation eines familiären Umzugs? MARIA gilt als Vorbild des Glaubens, weil sie im jugendlichen Alter das Wagnis einer eigenartigen Begegnung mit Gott und die damit verbundenen konkreten Folgen auf sich nahm. Übersieht man die soziokulturellen Voraussetzungen einer jungen Semitin und heutiger junger Mädchen und will man sich nicht auf das gefährliche Eis einer unmittelbaren Korrelation begeben (die Engel-Ausrede für ungewollte Schwangerschaften gilt wiederum in unserer Gesellschaft nur als Karikatur), so bleibt lediglich die rein formale Beziehungssetzung „offen sein für", wie man sie in verschiedenen Handreichungen vorfinden kann. Auf dieser Ebene kann man freilich dann alle biblischen Personen didaktisch einsetzen, die irgendwie offen für irgendwas waren. Und sogar eine vertraute und liebgewonnene Parabel wie die vom GÜTIGEN VATER ist sperriger als man meint: Falls man Kinder einmal tatsächlich danach fragt, welches Verhalten sie denn vom „Vater" erwarten würden: Wie aus moralpsychologischen Gründen nicht anders zu erwarten war, plädieren die meisten für das Prinzip „ein bisschen Strafe für den Sohn müsste eigentlich schon sein!" und schließen sich der verständlichen Perspektive des beleidigten älteren Sohnes an.

  Dieser erste Einwand mündet in die vielleicht provozierende, aber durchaus treffende These: Die Bibel ist kein Buch für Kinder. Weder das erste noch das zweite Testament wurde für Kinder geschrieben. Das bedeutet: Bibelarbeit mit

Kindern und Jugendlichen nötigt zur begründeten Auswahl. Heißt das in letzter Konsequenz dann auch, auf ABRAHAM, MARIA und das Gleichnis vom GÜTIGEN VATER zu verzichten?

- Beschränkung auf passgenaue Korrelationen: Von dieser nahe liegenden Folgerung aus ergibt sich der gegenläufige Blickwinkel. Führt andererseits die Reduktion auf lebensweltlich korrelierbare Zuschnitte nicht zu einer Verkürzung der biblischen Botschaft, wie Thomas Ruster (Ruster 2000a; 2000b) gegen das Korrelationsmodell und ein arg glattes Verständnis von Korrelation kritisch einwendete? Wenn nur das ausgewählt werden darf, was mit der Erfahrungswelt heutiger Kinder und Jugendlicher in Beziehung gesetzt werden kann, bleibt man letztlich auf der Ebene der eigenen Erfahrungswelt. Kinder müssten doch auch mit der „fremden Welt der Bibel" konfrontiert werden, weil sie nur so den eigenen Horizont durchstoßen und ihr Erfahrungsspektrum erweitern könnten.

Von beiden widersprüchlichen und in ihrer je eigenen Argumentationsstruktur durchaus berechtigten Anfragen her muss deshalb ein Modell des Dialogs entwickelt werden, welches von beiden Aspekten – Fremdheit und Nähe – geprägt ist (Porzelt 2012, 22–25).

In der Religionsdidaktik wurden in den letzten Jahren verschiedene Modelle vorgestellt, die die Integration der beiden Perspektiven thematisieren und im Kern letztlich je unterschiedlich gelagerte Präzisierungen dessen darstellen, was das Korrelationsmodell immer schon wollte: Leben und Glauben auf verschiedenen Ebenen und mit verschiedenen wechselseitigen, gegenläufigen, integrativen und konfrontativen Bezügen zusammenzubringen. Zu nennen wären hier das Modell einer „dekonstruktiven Bibelarbeit" (Ulrich Kropac; Kropac 2001) sowie der „abduktiven Korrelation" (Hans-Georg Ziebertz; Ziebertz/Heil/Prokopf 2003) oder der „bibeltheologischen Didaktik" (Mirjam Schambeck; Schambeck 2009) (vgl. Mendl 2005a, 170–172).

Biblische Personen – nachahmenswert?

Aussagen der Weisheitsliteratur oder der Bergpredigt Jesu regen an, sie provozieren vielleicht und sind gerade deshalb „in". Zum Dekalog gibt es zahlreiche ernst zu nehmende Transformationen in unsere Alltagskultur (vgl. einen Titel der Zeitschrift „Stern" 52/2001: Die neuen zehn Gebote) hinein, aber auch Funktionalisierungen im Rahmen der Werbung („Citroën" warb einmal mit „Zehn (An-)Geboten zum Leben"). Diese Texte werden meist sehr unmittelbar gelesen. Die Gattung Psalmworte erlebt in den letzten Jahren einen Boom; als „Sprache der Seele" erscheinen sie für einen direkten erfahrungsbezogenen Zugriff bereits für Grundschulkinder geeignet.

Biblische Personen hingegen bereiten größere Schwierigkeiten (vgl. dazu von Stosch 2010; Leutzsch 2010; Kampling 2010; Höppner 2010). Eignen sie sich wirklich als Vorbilder? Es sind nicht einmal die abseitigen, sondern auch die zentralen bekannten Personen, die man im Lebensganzen bzw. in Einzelhandlungen nicht unbedingt als vorbildlich und nachahmenswert bezeichnen würde – es wäre einmal einen Versuch wert, sie in Rom zur Heiligsprechung einzureichen!

Wir würden nicht empfehlen

- wie KAIN seinen Bruder zu erschlagen,
- wie SARA die Nebenfrau ihres Mannes mit ihrem Sohn in die Wüste zu schicken,
- wie JAKOB durch einige üble Tricks an die Macht zu kommen,
- wie HOSEA Hurenkinder zu zeugen (oder zumindest das so darstellen), um drastisch auf eine religiöse Krise hinzuweisen,
- wie JUDITH einen Tyrannen zu köpfen,
- wie PETRUS davonlaufen, wenn's brenzling wird,
- wie JUDAS sein Idol zu verraten.

Schon von dieser zugespitzten Perspektive aus verbietet sich das einfache Modell der Wertvermittlung und des Nachahmungslernens; biblische Personen eignen sich selten als unmittelbar, linear gedachte Vorbilder! Aber auch theologisch betrachtet werden in der biblischen Tradition nicht einfach „gute" und „perfekte" Menschen als Vorbilder vorgeführt. Vielmehr wird von Menschen erzählt, die in ihrer Menschlichkeit mit ihrem Gott gerungen haben, an ihm verzweifelten, von ihm abfielen und doch wieder von ihm aufgefangen wurden (Stephan 1988, 173). „Man könnte vielleicht sagen, dass das Schöne an biblischen Geschichten gerade ist, dass die Figuren in ihnen schillern und dass ihre Narrative nicht einfach nur ethisch beruhigende Aufklärungsgeschichten sind" (von Stosch 2010, 83).

Biblische Personen – reduziert und kaschiert

Wer die Bibel beim Wort nimmt, entdeckt eine Fülle problematischer Handlungen und Beziehungskonstellationen – und eine gute Portion „sex and crime". Ähnlich wie bei den großen Heiligen lässt sich aber auch hier die Tendenz zum Kaschieren und Patinisieren feststellen: Negative Aspekte werden ausgeblendet, geglättet, getilgt. Was im normalen Alltag ein Skandal wäre und sich nicht gerade als Karriere fördernd erweisen würde, fällt bei der Präsentation biblischer Gestalten und Geschichten unter den Tisch:

- dass ABRAHAM, der Vater des Glaubens, in Ägypten aus Furcht seine Frau als Schwester ausgibt und dem Pharao „überlässt" (Gen 12,13);
- dass die Karriere des MOSE mit einem Mord (oder zumindest Totschlag im Affekt) beginnt (vgl. Höppner 2010, 63);
- dass der liebe JOSEF nach seinem Erfolg als rechte Hand des Pharao schließlich an seinen Brüdern eine sadistische Ader auslebt, meist fromm als „Prüfung der Brüder" kaschiert;
- dass der umsichtige und kluge König DAVID ein Ehebrecher und Anstifter zum Mord war (vgl. Leutzsch 2010);
- oder dass die Jünger Jesu frühzeitig um Macht und Ränge streiten, als wären sie der Bezirksverband einer Partei, bei der noch vor dem Ableben des Vorsitzenden Pfründe und Ämter verteilt werden sollen.

Die Folge: Auch bei biblischen Personen hat man manchmal den Eindruck, sie wären „religiös geklonte Menschen" (Imbach 1999, 13). Dabei bietet gerade die Bibel ein Kaleidoskop menschlicher Situationen und Konflikte, differenzierter Charaktere und Beziehungsgeschichten. Diese gilt es herauszufiltern und für orientierendes Lernen aufzubereiten, wie an einem ersten ausführlichen Beispiel verdeutlicht werden soll (vgl. auch Themenhefte Gemeindearbeit 2/2006, 38–40).

Petrus – ein frommer Fels in der Brandung – oder ein Mensch wie wir?
Glättung und Reduzierung – das ist leider auch bei den Schriftlesungen in der Liturgie nicht anders; übrigens galten manche Texte, z. B. 2 Sam 11f (David und Batseba) bereits im rabbinischen Judentum als problematisch beim öffentlichen Einsatz im Synagogengottesdienst (vgl. Leutzsch 2010, 97). Bei der Vorbereitung eines Gottesdienstes am Festtag PETRUS und PAULUS (29. Juni) stolperte ich über die liturgischen Texte – übrigens über alle drei Lesejahre hin identisch: Als erste Lesung wird die wunderbare Befreiung des PETRUS aus dem Gefängnis (Apg 12,6–11) vorgeschlagen, als zweite – in Korrespondenz zur ersten – sein „Aufruf zu unerschrockenem Einsatz“ (2 Tim 4,6–8), welcher im heroischen Bekenntnis mündet: „Ich habe den guten Kampf gekämpft, den Lauf vollendet, die Treue gehalten. Schon jetzt liegt für mich der Kranz der Gerechtigkeit bereit ...“ Und wie nicht anders zu erwarten und in der Grundaussage ja auch stimmig ist, wird im Evangelium (Mt 16,13–19) das Messiasbekenntnis des SIMON PETRUS und die darauf folgende Auszeichnung durch Jesu („Du bist PETRUS, und auf diesen Felsen werde ich meine Kirche bauen ...“) dargeboten.

Was hier durchschimmert, ist die in diesem Buch bereits mehrfach beschriebene problematische Darstellung: ein entrückter, entschiedener, unmenschlicher Mann – „bitte mach keinen solchen Heiligen aus mir“, meint nicht nur MICK JAGGER.

Hier wird, wie ich meine, die Chance vertan, ein differenziertes, menschlich anschauliches und spannendes PETRUS-Bild nahe zu bringen. Ein Blick ins Neue Testament ergibt: Dort wird PETRUS weit farbenfroher beschrieben! Abgesehen von den Erzählungen, die dem Bild des Felsen entsprechen, so z. B. die Berufungsgeschichte (Mt 4,18–22), die Aufnahme in den Kreis der zwölf Jünger (Mk 3,16), natürlich zentral das genannte Messiasbekenntnis (Mt 16,18) und das Zeugnis der Auferstehung (z. B. Lk 24,12) sowie die Pfingstpredigt (Apg 2,14–36), überwiegen in den neutestamentlichen Texten Passagen, in denen ein weit differenzierteres Bild von PETRUS gezeichnet wird:

- Intellektuell war er nicht gerade eine Leuchte, wie seine Rückfragen verdeutlichen: Bei der Fußwaschung will er – wenn schon, denn schon – auch Hände und Haupt von Jesus gewaschen bekommen (Joh 13,8–9), den Hinweis Jesu, dort, wo er nun hinginge, könne er ihm nicht folgen, versteht er nicht (Joh 13,36f.). – Fähigkeit zur Abstrahierung und Symbolbildung?
- Vielmehr protzt er, er würde sein Leben für ihn geben – und schläft kurz darauf am Ölberg prompt ein (Mk 14,37). – Selbstüberschätzung?
- Er erweist sich als spontaner Pragmatiker – mit einer Neigung zu Übersprungshandlungen: Verwirrt von der Verklärung Jesu (Mk 9,5f.) und der Erscheinung von ELIJA und MOSE schlägt er vor, drei Hütten zu bauen: „Er wusste nämlich nicht, was er sagen sollte; denn sie waren vor Furcht ganz benommen.“ Jesus vertraute auf seine organisatorischen Stärken und ließ ihn und JOHANNES (namentlich genannt nur bei Lk 22,8) das Paschamahl vorbereiten.
- Bekanntlich outet er sich mehrmals als labiler Feigling: beim Sturm auf dem See Genesareth (Mt 14,28–31; Jesus zu ihm: „Du Kleingläubiger!“) und bei der Verleugnung Jesu während der Gerichtsverhandlung (Mk 14,66).
- Später, nach Tod und Auferstehung Jesu und im Zuge der Ausbreitung der Christengemeinden, aß er vergnügt mit den Heiden (Gal 2,11–14), zog sich aber vor ihnen zurück, als die Leute aus dem fundamentalistischen Jakobus-Kreis kamen, was PAULUS süffisant

kommentierte: „Weil er die Beschnittenen fürchtete“. Paulus tritt Petrus offen entgegen, bezeichnet dessen Handeln als Unrecht, unaufrichtig und Heuchelei.

- Er neigt zur Gewalt. So schlägt er nach Joh 18,10 dem Diener des Hohenpriesters das Ohr ab.
- Und schließlich: Er ist der einzige Jünger, von dem namentlich berichtet wird, dass er verheiratet ist (1 Kor 9,5)!
- Es wäre nun freilich eine völlig unkorrekte biblizistische Argumentation, ein Papst in der Nachfolge Petri müsse alle diese Eigenschaften aufweisen oder gar verheiratet sein!

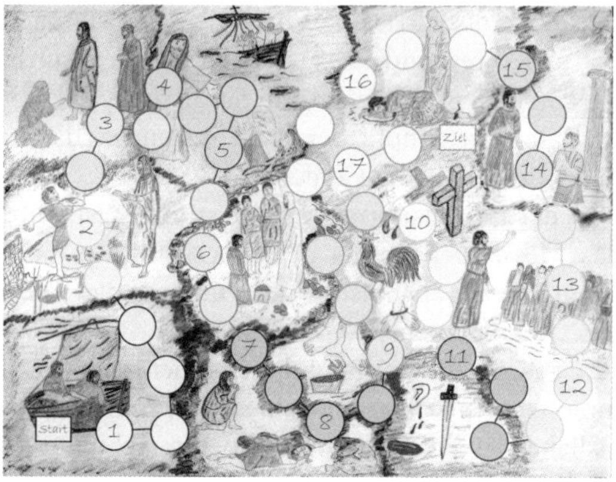

Allerdings wirft dieses vielfältige Spektrum an Charakterisierungen ein ganz anderes Licht auf „Petrus, den Felsen“: Die Kirche gründet nicht auf einem unnahbaren Helden, sondern auf einem ganz normalen Menschen mit sehr durchwachsenen Charaktereigenschaften. Was ihn auszeichnet, ist sein intuitives Erspüren und Erkennen der Bedeutung Jesu. Man sollte ihn aber nicht darauf reduzieren: Nicht trotz seiner sonstigen Eigenschaften, sondern wegen seiner menschlichen Stärken und Schwächen eignet er sich als Orientierungsanker für das, was Christ-Sein ausmacht! Von dieser differenzierten Wertschätzung aus lassen sich sowohl Momente des Versagens (Mk 14,66–72: Petrus verleugnet Jesus, als dieser vor dem Hohenpriester steht) als auch des mutigen Bekennens (Apg 4,1–22: Petrus verteidigt vor dem Hohen Rat mutig seinen Glauben an Jesus Christus) benennen. In unserer Passauer „Lernwerkstatt Religionsunterricht“ (gestaltet von Manuela Lang) haben wir ein interaktives Brettspiel entwickelt, das sich bemüht, Petrus in all seinen Facetten gerecht zu werden!

Ein didaktischer Vorschlag besteht nun darin, ein zentrales Dilemma aus dem Leben des Petrus ausführlicher zu bearbeiten:

Ein Dilemma: Petrus in Antiochia
Hintergrund:
Allmählich breitete sich das Christentum über judenchristliche Kreise hinaus aus: Auch Heiden wurden Christen. Das führte aber zum Streit innerhalb der etablierten Gemeinden: Sollte man nicht alle Neuchristen dazu verpflichten, die traditionellen jüdischen Gebote wie die Beschneidung und die Speisevorschriften zu beachten? Man einigte sich nach langem Ringen darauf, dass Heidenchristen nicht die jüdischen Gesetze einhalten müssten. Das war ein wichtiger Schritt auf dem Weg zur weltweiten Ausbreitung des Christentums. Unklar war jedoch noch, ob sich Judenchristen, die für sich die strengen Speisegebote hielten, mit Heidenchristen bei der Mahlzeit an einen gemeinsamen Tisch setzen dürften.

Situation:
Petrus, ein Judenchrist, war mit Barnabas und anderen Freunden zu Besuch in der jungen Christengemeinde von Antiochia. Die Gemeinde lud die Glaubensfreunde aus Jerusalem selbstverständlich ein, mit ihnen zu speisen. Ein gemeinsames Essen mit Heiden war Petrus und den anderen geborenen Juden, die nach wie vor die Riten ihrer Väter und Mütter einhielten, eigentlich verboten. Was sollte Petrus tun?

Didaktische Impulse:

1. Was würdest du PETRUS raten? Wie würdest du deinen Rat begründen?
2. Perspektivenwechsel: Betrachte die Situation aus der Sicht der Heidenchristen in Antiochia: Was würden sie sich wünschen? Betrachte die Situation aus der Sicht der Judenchristen in Jerusalem: Welchen Rat würden sie PETRUS geben?
3. Rollenspiel: Die Entscheidungssituation wird nachgestellt. PETRUS ist im Gespräch mit den Gastgebern.
4. Multiperspektivische Annäherung: Eine Gruppe erschließt die Situation von PETRUS aus, die andere aus der Sicht der Heidenchristen, die andere aus der Sicht der Judenchristen. Jede Gruppe formuliert „Herzenswünsche".
5. Aktualisierung: Sucht nach vergleichbaren Situationen heute: Ein muslimischer Schulfreund, der seinen Glauben sehr ernst nimmt, besucht dich; du lädst ihn zum Mittagessen ein. Es gibt Schnitzel mit Pommes frites. Diskutiert die Bedeutung von Speisevorschriften bzw. Fastengeboten der verschiedenen Religionen!
6. Die Situation geht weiter: PETRUS und seine Freunde nehmen die Einladung an und essen in den nächsten Tagen immer gemeinsam mit den Heidenchristen. Wie begründen sie dies? Dann aber kommt ein weiterer Besucher aus Jerusalem: JAKOBUS, der als strikter Vertreter der Trennung zwischen Juden- und Heidenchristen beim Essen gilt und einigen Einfluss ausübt. Das Abendessen steht bevor: Was sollen PETRUS und seine Freunde tun? Wie begründen sie ihre Meinung Jakobus gegenüber?
7. Dilemmapositionen von biblischen und fiktiven Personen, in denen Kohlbergs Stufen der Moralentwicklung mitschwingen (vgl. hierzu Kap. 4.1), vorgeben und bearbeiten, z. B.:

   PETRUS: *„Die Heidenchristen wären beleidigt, wenn wir nicht mit ihnen essen würden! Schließlich sagt doch auch PAULUS: Für Christen ist die Freiheit vom Gesetz etwas Wertvolles. Das gilt nicht nur für die Heiden, sondern auch für uns Juden!"*
   BARNABAS: *„Wir zwingen zwar die Heidenchristen nicht dazu, unsere Gesetze einzuhalten. Aber ich hab das so von meinen Eltern gelernt und möchte die Riten einhalten. Die Heidenchristen sollen dies respektieren."*
   MIRIAM: *„Wehe, JAKOBUS hört davon! Dem traue ich zu, dass er uns deswegen aus der Christengemeinde ausschließen lässt! Ich bin dagegen, dass wir mitessen!*
   BENJAMIN: *„Wir essen einfach mit. Das wird schon niemand aus Jerusalem spitzkriegen. Und wenn, dann sagen wir: Dass das verboten ist, haben wir nicht gewusst!"*
   VERENA: *„So schlimm ist das doch auch nicht. Wir achten beim Essen darauf, dass wir nur koschere Speisen nehmen und ein getrenntes Besteck benutzen!"*
   ANDREAS: *„Versetzt euch in die Lage der Heidenchristen! Sie laden uns höflich ein – und wir geben ihnen eine Abfuhr. Das ist nicht fair!"*
   JONATHAN: *„Nein, ich bin dagegen! Meine Frau in Jerusalem versucht die Kinder nach unseren altehrwürdigen Traditionen zu erziehen. Wie stehe ich vor meiner Familie da, wenn rauskommt, dass sich gerade der Vater nicht daran hält, wenn er in der Fremde ist?"*
8. Vergleich der eigenen Position mit der Darstellung des Apostels PAULUS; dieser beschreibt im Galaterbrief (Gal 2,11–14), wie sich PETRUS (=Kephas, der Fels) entschied. Und er hält sich mit seiner Meinung nicht zurück:

   „Als KEPHAS aber nach Antiochia gekommen war, bin ich ihm offen entgegengetreten, weil er sich ins Unrecht gesetzt hatte. Bevor nämlich Leute aus dem Kreis um Jakobus eintrafen, pflegte er zusammen mit den Heiden zu essen. Nach ihrer Ankunft aber zog er sich von den Heiden zurück und trennte sich von ihnen, weil er die Beschnittenen fürchtete. Ebenso unaufrichtig wie er verhielten sich die anderen Juden, so dass auch BARNABAS durch ihre Heuchelei verführt wurde. Als ich aber sah, dass sie von der Wahrheit des Evangeliums abwichen, sagte ich zu KEPHAS in Gegenwart aller: Wenn du als Jude nach Art der Heiden lebst, wie kannst du dann die Heiden zwingen, wie Juden zu leben?"

In der Liturgie der Kirche stößt man leider immer wieder auf solche problematischen einseitigen Darstellungen und auf brav zugeschnittene Bibeltexte – um nur ein weiteres Beispiel zu benennen: Wo die Begegnung zwischen MOSE und seinem Gott vor dem brennenden Dornbusch spannend wird, weil MOSE mehrfach nach Entschuldigungen sucht (Ex 3–4), bricht der Lesungstext ab.

3.3.2 Lernchancen

Dialogische Bibelarbeit

Für die Bibel gilt wie für andere Bereiche des christlichen Glaubens: Beheimatet wird man darin nicht durch philologische Klugheit und distanzierte Sachkenntnis, sondern durch die immer neue persönliche Annäherung und Verstrickung mit biblischen Personen und Geschichten in verschiedenen Lebenszusammenhängen. Alle aktuellen Religionsdidaktiken plädieren deshalb für eine dialogisch gestaltete Bibelarbeit.

Eine auf die Adressaten hin orientierte kommunikative Exegese hat heute die lange Zeit dominierende Einleitungswissenschaft abgelöst. Nicht mehr Entstehung der Bibel, Sach- und Gattungskunde, die synoptische Frage oder das Memorieren der neutestamentlichen Briefe in der richtigen Reihenfolge (Merkvers: rokokogalephiko…) stehen im Vordergrund, sondern die Überzeugung, dass die Bibel auch den Menschen im 3. Jahrtausend etwas zu sagen hat. Die Arbeiten von Ingo Baldermann (Baldermann 1996, bes. 24–68) mit den Psalmen, die Thematisierung von biblischen Grundbescheiden durch Horst Klaus Berg (Berg 1993) oder die Umsetzung einer dialogischen Bibeldidaktik in der neuen Grundschulbibel durch Franz W. Niehl (Niehl 2003; vgl. auch Niehl 2006) u. a. seien für diesen Ansatz einer existentiell bedeutsamen Bibeldidaktik exemplarisch genannt.

Dies eröffnet nun eine Vielzahl thematischer Perspektiven, unter denen die Bibel interessant erscheint: die großen Urmythen der Menschheit, die Beziehungs- und Staatsgeschichten des Alten Testaments, die Fülle an Lebensweisheiten und inspirierenden Worten, die ethischen und religiösen Maßstäbe und nicht zuletzt die gute Nachricht des Jesus von Nazareth.

Biblische Geschichten sind beziehungsintensiv, konfliktreich und alles andere als glatte Erzählungen. Sie spiegeln Lebenswelten wider und enthalten moralische Vorstellungen, die zum Teil weit entfernt von den Welten und Vorstellungen der modernen Westeuropäer im 21. Jahrhundert sind. Vom Blickwinkel eines pädagogischen Konstruktivismus (Büttner 2006; Mendl 2005b; Stimpfle 2001; Büttner u. a. 2010) aus erfolgt Lernen immer aktiv, subjektgesteuert und individuell. Fremde Bildungsgehalte (also auch die Fremdheit der biblisch-christlichen Botschaft) stellen nach diesem Denkmuster Informationen dar, die bei Lernprozessen zu einer „Perturbation“ (Verstörung) des Lernenden führen kann. So stellt eine 11-Jährige bei der Beschäftigung mit ABRAHAM und seinem Gott, wie er sich in der Prüfung des ABRAHAMS zeigt (Gen 22) erstaunt fest, dass sich nun auch ihr Gottesbild verändert habe: Er sei ein „bisschen strenger“ geworden (Mendl 1997b, 76).

Biblische Personen als Resonanzräume für eigene Erfahrungen
Schüler sind nicht passive Konsumenten der Lerngegenstände, sie bringen vielmehr bereits eigene Deutungskonstrukte der Welt mit und in die thematische Auseinandersetzung ein (vgl. Bitter 1996). Beides gilt es aufzudecken und produktiv aufeinander zu beziehen: die Überzeugungen, Lebensformen und -einstellungen der Schülerinnen und Schüler und die Lebenseinsichten biblischer Personen. Wenn dies gelingt, dann könnten Kinder und Jugendliche einfühlsamer und sicherer in ihrer Wahrnehmung und in ihrem Verhalten werden, meint Franz W. Niehl: „So also wächst Christen eine ‚zweite Welt' zu: ein Resonanzraum von Erzählungen und Bildern. In ihnen kann ein Christ die eigenen Erfahrungen – auch die deprimierenden und sperrigen – wiederfinden und bearbeiten. An ihnen können Christen auch Maß nehmen; sie können prüfen, was Leben wertvoll macht" (Niehl 1996, 230).

Eine dialogisch ausgerichtete Thematisierung biblischer Personen kann also dazu führen, dass die Bibel zum „Resonanzraum für eigene Erfahrungen" wird. Vor dem Hintergrund einer interaktionalen Bibeldidaktik, bei der biblische Texte und Lebenswelt heutiger Rezipienten in einem Prozess „umkreisenden Verstehens" (Niehl 1993) gleichermaßen Geltung erlangen, kann man mit dem entsprechenden methodischen Arsenal kommentierend, wertend, vergleichend, auf jeden Fall mit eigenen Emotionen in die Geschichten eintauchen. Es gilt also, Schlüsselerfahrungen zu ermitteln, in denen sich die Erfahrungen biblischer Personen mit denen heutiger Kinder und Jugendlicher überschneiden. So kommt biografisches Lernen in Gang (vgl. Biewald/Husmann 2009, 11)!

Narrative Identität
Gerade von den biografisch angelegten Erzählzusammenhängen der herausragenden biblischen Gestalten aus lässt sich ein Bezug zum postmodernen Konzept einer narrativen Identität herstellen: Die Frage „Wer bin ich?" wird heute im Zeitstrahl des eigenen Lebens geklärt; sie spielt sich zwischen Wirklichkeit und Möglichkeit ab (Mendl 2014a, 72; 2013d). Die Lebensgeschichten der biblischen Personen in ihrem oft wenig geradlinigen Verlauf zwischen Anspruch, Berufung, Versagen und Neuanfang können als Spiegelungsfolien für eigene Entwicklungspotenziale und somit der eigenen Lebenshermeneutik dienen. Von besonderer Bedeutung sind hier hermeneutische Wege einer affektiven Aneignung, so z. B. die Substitution („bei dieser Identifikationsform fällt der jugendliche Leser geradezu ins Buch"), Spiegelung („das eigene Erleben, das eigene Schicksal wird in einer literarischen Figur wiedererkannt"), die Antizipation („erhoffte oder befürchtete Möglichkeiten des eigenen Lebens werden in einer literarischen Gestalt und in der Handlung der Erzählung durchlebt"), die Übertragung und Gegenübertragung (Personen, Szenen, Bilder rufen eigene Erinnerungen und Verhaltensmuster wach) und die Empathie („der Leser versetzt sich in die für ihn fremde Welt einer literarischen Person") (Niehl 2006, 59–62).

Affektive Aneignung eines literarischen Textes	
Substitution	Identifikation mit einer literarischen Figur, die Personen der erzählten Welt ersetzt die eigene soziale Welt
Spiegelung	das eigene Leben in einer Figur wiedererkennen
Antizipation	erhoffte / befürchtete Möglichkeiten des eigenen Lebens in einer Gestalt und Erzählung miterleben
Übertragung	Personen / Szenen / Bilder rufen eigene Erinnerungen und Verhaltensmuster wach
Empathie	sich in die fremde Welt einer biblischen Person versetzen

(nach Niehl 2006, 59–62)

Ermutigende Lebensentwürfe und Handlungen
Die Bibel spielt den Rezipienten eine Fülle an ermutigenden Lebensentwürfen, -entscheidungen und Handlungen von biblischen Personen zu, die in ihrer existenziellen Tiefendimension auch eine Appellfunktion enthalten: ABRAHAM wagt den Aufbruch ins Unbekannte. Die Erzählung des biblischen JOSEF, seiner Brüder und seines Vaters kann als Familiendrama mit gutem Ausgang gelesen werden. Der kleine DAVID besiegt den mächtigen GOLIATH, IJOB durchlebt und bewältigt grundlegende Leiderfahrungen. MARIA und MARTA stehen exemplarisch für unterschiedliche Einstellungen dem Leben gegenüber. Einige von Jesus Geheilte erweisen sich dankbar, andere nicht. Jesus speist mit Sündern und wendet sich den Kindern zu. PAULUS stellt sein Leben für die Verbreitung einer großartigen Idee, der Christusbotschaft, zur Verfügung … Über diese großen biblischen Erzählungen werden den Kindern und Jugendlichen ungeschminkte Spiegelungsangebote zugespielt, die durchaus allgemein menschlich bearbeitet werden können. Ihre besondere Tiefenschärfe erhalten sie aber dadurch, dass sie vor dem Hintergrund einer Gottesbegegnung und -reflexion entstanden sind. Von dieser Perspektive aus können sie auch auf die im eigenen Leben wahrnehmbaren Herausforderungen und Ansprüche nach einem „Mehr“ im Sinne einer Ich-Transzendierung bezogen werden (vgl. Mendl 2013b, 268f.).

Die Chance von Leerstellen in biblischen Geschichten
Biblische Geschichten leben nicht zuletzt auch von den Leerstellen. Diese sind Ankerpunkte, in die sich auch heutige Rezipienten einklinken können. Im Gegensatz zu geschwätzigen Nacherzählungen biblischer Erzählungen, die selber suggestive Deutungen vorgeben und somit einen kreativen Dialog verhindern, werden aufmerksame Lehrer gerade diese Leerstellen nutzen, um Kinder und Jugendliche zu einer eigenständigen Auseinandersetzung mit Geschichten und den darin enthaltenen Konflikten und Motiven anzuregen. Je ein Beispiel aus dem Alten und Neuen Testament:

- Die Erzählung von der Opferung des ISAAK (Gen 22) ist auch in ihrer sprachlichen Gestalt eine beklemmende Geschichte. Es fehlt jede Ausschmückung, die Sätze sind kurz, auf die Schilderung der Innenperspektive der beteiligten Personen wird verzichtet: Was denkt und fühlt ABRAHAM? ISAAK? Oder SARA, nach der Heimkunft der beiden?
- Das Gleichnis vom GÜTIGEN VATER (Lk 15,11–32) endet offen mit dem Appell des Vaters an den verbitterten älteren Sohn: „Aber jetzt müssen wir uns doch freuen und ein Fest feiern; denn dein Bruder war tot und lebt wieder; er war verloren und ist wiedergefunden worden." Ein solcher kompositorischer Kunstgriff schreit direkt nach einer entsprechenden didaktischen Aufbereitung, bei der sich Kinder und Jugendliche von der Position des älteren Bruders aus mit ihrem Gerechtigkeitsempfinden in die Situation einklinken.
  Leider findet man immer wieder Unterrichtsentwürfe oder szenische Spiele, in denen ein harmonisierender Schluss aufgesetzt wird („und der ältere Sohn feierte mit") oder die Schlussszene völlig ausgeblendet wird, damit der Hefteintrag passt: „Gott ist barmherzig."

3.3.3 Lernfelder und Personengruppen

Die Bedeutung biblischer Beziehungsgeschichten

Weil das Thema Geschwisterbeziehung sowohl in der Erfahrung heutiger Kinder und Jugendlicher als auch in der christlichen Tradition verankert ist, bietet es sich in besonderem Maße für ein dialogisches Lernen mit und an der Bibel an (Schiefer Ferrari 2001). Die Geschwisterforschung innerhalb der Psychologie liefert inzwischen prägnante Daten zur Erklärung von Geschwisterbeziehungen in ihrer ambivalenten Ausprägung über die verschiedenen Entwicklungsphasen hinweg. So beeinflussen beispielsweise in der frühen Kindheit sowohl Unterschiede wie Ähnlichkeiten unter Geschwistern die Identitätsbildung; in der Pubertät führen die notwendigen Abgrenzungs- und Ablösungsprozesse zur Krise in der Geschwisterbeziehung: „Vergleichende Wertungen der eigenen Intelligenz, Begabung oder Attraktivität und der Druck elterlicher Erwartungen und Rollenzuschreibungen können Ursache für Verunsicherungen und Ängste sein und zum Auslöser von Rivalität, Neid und Eifersucht unter den Geschwistern werden" (Schiefer Ferrari 2001, 342).

Auch die Bibel enthält zahlreiche Beziehungsgeschichten, die vor dem Hintergrund eigener Geschwisterdynamiken gelesen werden können. Das Buch Genesis eignet sich hierfür in besonderem Maße, weil es sich gleichsam über Geschwistergeschichten aufbaut – so Markus Schiefer Ferrari: „Der Bogen reicht von KAIN und ABEL über ISAAK und ISMAEL, JAKOB und ESAU, LEA und RACHEL bis hin zu JOSEF und seinen Geschwistern, um nur die wichtigsten Geschwisterbeziehungen zu nennen. Was alle Erzählungen auf den ersten Blick zu bestimmen scheint, ist der offene oder latente Streit unter den Geschwistern" (Schiefer Ferrari 2001, 334).

Was bedeutet dies nun für die Thematisierung biblischer Beziehungsgeschichten im Sinne orientierenden Lernens?

1. Die biblischen Beziehungsgeschichten dürfen nicht als Präsentationsflächen für entwicklungsbedingte Minderwertigkeitsgefühle dargeboten werden. Dies geschieht beispielsweise dann, wenn Personen dualistisch skizziert werden: die „schöne" RACHEL und die „hässliche" LEA, der „fromme" ABEL und der „böse"

KAIN. Damit wird man weder den biblischen Geschichten noch ihrem Entwicklungspotential hin auf Kinder und Jugendliche gerecht.

2. Da Geschwisterbeziehungen ambivalent zwischen Liebe und Rivalität angesiedelt sind, muss man bei der Inszenierung biblischer Beziehungsgeschichten auch ambivalente Strukturen aufspüren, darf die Beziehung nicht auf die Ebene des Streits zwischen den Geschwistern reduzieren und kann über die entsprechenden methodischen Verfahren Empathie ermöglichen: z. B. Spiegelung an den Geschwistern über bibliodramatische Elemente inkl. Rollenwechsel, kreative Schreibmethoden (Briefe der Geschwister untereinander).
3. Die Schuldfrage bei Geschwisterkonflikten muss nicht bei den Geschwistern selbst liegen; auch das Umfeld kann konfliktauslösend oder (mit)verantwortlich für die Krise sein – oder Gott, wie bei der Erzählung um KAIN. und ABEL deutlich wird! Das Bemühen um eine differenzierte Wahrnehmung biblischer Geschwistergeschichten und eine dementsprechende diskursethische Inszenierung steht im Einklang mit einem „Lernen aus Widersprüchen“ (Kuld/Schmid 2001, 115f.): Ziel ist es, in komplexen Lebensverhältnissen dem Einzelfall gerecht zu werden und spielerisch das Abwägen von Handlungsfolgen und Aushandeln von Lösungen einzuüben.
4. Es „menschelt“ in biblischen Beziehungsgeschichten. Dazu gehört auch die subjektive Wahrnehmung, von den Eltern oder von Gott benachteiligt zu werden. Dies entspricht dem kindlichen Verständnis einer Verteilungsgerechtigkeit (jeder muss dasselbe erhalten) und ist regelmäßiges Thema in jeder Familie mit mehreren Kindern. Man sollte es aber im Interesse eines forcierten Entwicklungsprozesses vermeiden, eine bereits als problematisch beschriebene dualistische Grundstruktur („gute“ und „böse“ Geschwister) noch mit dem dazu passenden vermeintlichen Verhalten der Eltern oder Gottes zu verstärken, die ein Geschwisterteil bevorzugen: Deutlich werden sollte, dass sich beispielsweise die biblischen Eltern im Rahmen ihrer kulturellen Möglichkeiten (z. B. ISAAK zu JAKOB und ESAU), aber auch Gott (z. B. zu ABEL und KAIN. oder zu RACHEL und LEA) über den gesamten Erzählduktus betrachtet beiden Geschwistern gegenüber als wohlwollend und begleitend erweisen.
5. „Sich wie Schwester und Bruder zu verhalten“ sollte nicht als konfliktfreie Idylle oder als einseitiger moralisierender Anspruch verkauft werden – weder bei biblischen Erzählungen noch bezogen auf alltägliche Geschwisterbeziehungen von Kindern, Jugendlichen und Erwachsenen. Die Personal-Relationship-Forschung legt es nahe, „Geschwisterlichkeit vielmehr als die (lebenslange) Bewältigung einer spannungsreichen Beziehungsgeschichte“ (Schiefer Ferrari 2001, 347) zu verstehen. Dies gilt auch für die differenzierte Darstellung biblischer Geschichten, in denen die Aspekte von Beziehung, Nähe, Liebe, Konflikt und Distanz verbunden sind.
6. Von biblischen Beziehungsgeschichten aus gelangt man häufig recht unvermittelt und zwanglos zur Frage nach Gott. In ihnen verdichten sich zwischenmenschliche Beziehungserfahrungen und Erfahrungen mit Gott: Wieso bevorzugt Gott das Opfer ABELS? Wieso lässt er den Betrug an ESAU zu? Ist Gott tatsächlich so „gerecht“ wie der GÜTIGE VATER – aus der Perspektive des älteren Bruders gefragt?

Was hier am Spezialfall der Geschwisterbeziehungen ausgebreitet wurde, trifft in der beziehungsdynamischen Grundstruktur auch auf andere Personenkonstellationen biblischer Erzählungen zu. Es erscheint als lohnenswert, Erzählungen von verschiedenen Perspektiven aus zu betrachten, unterschiedliche Motive der beteiligten Personen, ihre Verstrickungen und Konflikte zu betrachten – durchaus auf verschiedenen Ebenen und damit passend für unterschiedliche Altersstufen.

Die andere Stimme: Frauengestalten der Bibel

Altes und Neues Testament entstanden in patriarchalisch geprägten Kulturen und wurden auch in solchen Kulturen überliefert; und wie man weiß, wird auch in der katholischen Kirche die grundsätzliche Gleichberechtigung von Mann und Frau nach wie vor recht eigentümlich ausgelegt. So verwundert es nicht, dass in solchen Milieus Frauengestalten in den Hintergrund treten bzw. dorthin geschoben werden. Das ist auch bei der Präsentation und Rezeption biblischer Personen nicht anders. Selten wird auch „die andere Stimme" (Gilligan 1984) wahrgenommen und dargestellt. Für PHOEBE (Röm 16,1) wird das Amt der Diakonissin entwickelt – damit sie ja nicht zu sehr an das Diakonats- und Priesteramt heranrückt, das den Männern vorbehalten bleibt; und aus der Apostelin JUNIA (Röm 17,7) wird dann schon mal ein Mann – weil anfangs doch nicht sein konnte, was bald nicht mehr sein durfte.

Es ist das Verdienst der feministischen Theologie, auf dieses Problem nicht nur hingewiesen, sondern als Gegenpol viele Frauengestalten der Bibel neu zum Leben erweckt zu haben (z. B. Hintersberger/Spendel 1997; Kruse 2000; Motté 2003): SARA, LEA und RACHEL, BATSEBA, TAMAR, SCHIFRA und PUA, MIRIAM, RUTH, MARIA MAGDALENA, PHOEBE oder JUNIA – Frauen, von denen häufig ein besonderer Mut gefordert war. Diese Wiederentdeckungen sind meist von einer dialogischen Exegese geprägt: Die biblischen Frauengestalten werden Spiegelungsfiguren für eigene Erfahrungen heutiger Frauen (vgl. Biewald/Husmann 2009, 15; siehe auch Werner 2005). Dies kommt nicht von ungefähr.

Die Orientierung an anderen Personen ist in beträchtlichem Maße vom Faktor Geschlecht geprägt, wie weiter oben (Kap. 1.3) bereits gezeigt wurde: Mädchen nennen eher weibliche und Jungen eher männliche Personen als Vorbild. So ist das auch bei der Rezeption biblischer Texte: Jungs interessieren sich eher für die Männer-, Mädchen für die Frauengestalten (vgl. Kohler-Spiegel 2013, 684). Wenn nun aus einer bereits im Grundbestand des Personenangebots reduzierten Palette biblischer Gestalten im Unterricht nochmals in erster Linie männliche Protagonisten dargeboten werden, wie dies anhand der Lehrpläne bis in die jüngste Zeit hinein belegt werden kann, verdoppelt sich die Problematik: Mädchen finden dann im Bibelunterricht kaum adäquate Identifikationsangebote. Es ist begrüßenswert, dass in neueren Lehrplänen diesem Defizit Rechnung getragen wird und beispielsweise auch SARA, MIRIAM oder vermehrt Frauengestalten des neuen Testaments berücksichtigt werden.

Silvia Arzt belegt dieses Desiderat mit einer interessanten empirischen Untersuchung und arbeitet dabei zugleich eine gänzlich unbekannte Frauengestalt des Alten Testaments heraus (Arzt 1999a; 1999b): Königin WASCHTI, von der im ersten Kapitel des Buchs Ester erzählt wird; das Thema ist der Umgang mit ungerechter Autorität.

WASCHTI ist die Frau des persischen Königs ARTAXERXES. Der König lädt anlässlich seines dritten Thronjubiläums zum Gastmahl ein; parallel zum Fest für die Männer gibt Königin WASCHTI ein Gastmahl für die Frauen. Am siebten Festtag nun „als der König vom Wein angeheitert war", befiehlt er, dass die Königin zu ihm gebracht würde: „damit das Volk und die Fürsten ihre Schönheit bewunderten; denn sie war sehr schön". Die Königin weigert sich – der Skandal ist perfekt. ARTAXERXES befragt seine Weisen. Diese ziehen den Fall ins Grundsätzliche: „Denn das Verhalten wird allen Frauen bekannt werden, und sie werden die Achtung vor ihren Ehemännern verlieren …" Sie raten dem König, die widerspenstige WASCHTI ihrer königlichen Stellung zu berauben und dies öffentlich mitzuteilen, „dann werden alle Frauen ihren Ehemännern, den vornehmsten wie den geringsten, die gebührende Achtung erweisen". Schließlich verstößt der König seine Frau WASCHTI und nimmt an ihrer Stelle ESTER zur Frau.

Unter dem Motto „Bibellesen hat ein Geschlecht" referiert Silvia Arzt zunächst eine Studie von Stuart Z. Charme zur Erzählung von ADAM und EVA: Auf die Frage, wer sie sein möchten, identifizierten sich 2/3 der 4- bis 11-jährigen Mädchen mit EVA und vier von fünf Jungen mit ADAM (Arzt 1999a, 84f.). Ein ähnliches Ergebnis erbringt dann auch die eigene Studie von Arzt zur WASCHTI-Erzählung: Ebenfalls 2/3 der 10- bis 15-jährigen Mädchen wählen über alle Altersstufen hinweg WASCHTI als Identifikationsfigur, während sich die Jungen signifikant häufiger für eine der männlichen Gestalten entscheiden (Arzt 1999a, 98f.). Die Mädchen nehmen WASCHTI als attraktive und selbstbewusste Leitfigur wahr. Auch bei der Deutung der Geschichte werden geschlechtsspezifische Unterschiede deutlich. Mädchen bringen weit mehr als Jungen Sexualität als Thema und gegenwärtige Beispiele für Diskriminierung von Frauen in ihre Deutung ein. Insgesamt eignet sich die autonome und selbstbewusste WASCHTI als Spiegelfolie für junge Mädchen. Dies schlägt sich auch im Buchtitel nieder: „Frauenwiderstand macht Mädchen Mut."

An diesem Beispiel wird deutlich, welche Chancen neue Zugänge zu wenig bekannten biblischen Texten bieten. Gerade das Buch ESTER bietet über die beiden Frauengestalten WASCHTI und ESTER Modelle, wie mit ungerechter Autorität umgegangen werden kann; die aktive WASCHTI wählt die direkte Methode, die passivere ESTER geht subtiler vor. Offener Widerstand oder Diplomatie – beide personal ausgestalteten Modelle eröffnen Ebenen der Auseinandersetzung, Identifikation und Konfrontation auch für heutige Mädchen und Frauen. Und die Jungen? Denen „bringt" auf den ersten Blick die Perspektive der WASCHTI-Erzählung wenig. Gilt die These von der Tendenz zur gleichgeschlechtlichen Identifikation mit biblischen Gestalten jedoch, muss man weit stärker nachfragen: Welche Angebote zur Identifikation finden Mädchen bei vielen anderen biblischen Erzählungen, wenn dort die mehr oder weniger starken Männer (NOAH, ABRAHAM, JOSEF, MOSE, DAVID …) im Vordergrund stehen, während die Frauengestalten nur am Rande thematisiert werden? Insofern ist der Forderung zuzustimmen, dass wo immer möglich auch die „andere Stimme" zu Wort kommen soll und beispielsweise beim Thema Freundschaft nicht nur auf die Jungenfreundschaft zwischen DAVID und JONATHAN, sondern auch auf die Frauenfreundschaft von RUTH und NOOMI zugegriffen werden sollte, weil auch diese eine „Geschichte von Freundschaft, Solidarität und Nähe Gottes" (Jürgens 2011) darstellt. Und schließlich profitieren beide – Jungen und Mädchen – davon, wenn biblische Geschichten auch vor dem Hintergrund der Geschlechterthematik angegangen werden.

Vor dem Hintergrund der aktuellen Diskussion um die Tendenz, dass die Jungen immer mehr zu Bildungsverlierern werden, stellt sich aber gleichzeitig die kritische Frage nach geeigneten biblischen Themen und Personen, an denen das Bildungsinteresse der Jungs und ihre methodischen Vorlieben besser bedient werden können, indem beispielsweise auch die kraftvollen und körperbetonten Beziehungsgeschichten angeboten werden (vgl. Mendl/Sabinsky/Stinglhammer 2010).

Frauen und Männer am Rande

Auch um der Beschränkung auf wenige große biblische Gestalten und damit dem Phänomen des „Übervertrauten" (overfamiliar) zu entgehen, sollte der Blick geöffnet werden fur die Frauen und Männer am Rande, wie an einigen Beispielen verdeutlich werden soll:

- Bei den Vätergeschichten spielen auch die Frauen eine wichtige Rolle: SARA sollte gleichrangig neben ABRAHAM ausgestaltet werden. SARA wiederum kann HAGAR an die Seite gestellt werden – beide sind „von Gott gesegnete Mütter", so die Überschrift in einem Religionsbuch (Religion vernetzt 5, 46f.). ISMAEL kann auch im Interesse eines interreligiösen Dialogs mit dem Islam als Halbbruder ISAAKs thematisiert werden.
- MIRIAM und AARON, die Geschwister des MOSE, können deshalb spannend dargeboten werden, weil sie wie so viele andere biblische Personen durchaus gemischte Charaktere sind und sowohl an der gelungenen Flucht des Volkes aus Ägypten als auch am Volksaufstand gegen Gott Anteil haben.
- DAVIDs Machtmissbrauch und Ehebruch wird, aus der Sicht der BATSEBA geschildert, um einige Facetten erweitert werden müssen (vgl. dazu das ansprechende Musical von Martin Ströber: „David & Batseba. Die nackte Wahrheit").
- ESTER und JUDITH sind zwei weitere Frauengestalten, die zur differenzierten Auseinandersetzung über Ohnmacht, Macht und Variationen von Machtausübungen einladen.
- RUTH erweist sich als mutige, selbstständige und solidarische Frau. Sie kann einladen zum Ausloten eigener Grenzen: Was würde ich für wen investieren?
- Der Prophet HOSEA provoziert im Namen seines Gottes recht kräftig. Mit welchen Mitteln kann man in unserer Gesellschaft oder Kirche auf Missstände aufmerksam machen – wo sind die Grenzen (um die sich HOSEA anscheinend wenig geschert hat!)?

Auch im Neuen Testament lassen sich Personen aus dem Umfeld Jesu bzw. die eindeutig fiktiven aus den Erzähl- und Beispielstücken in den Vordergrund rücken und von ihrer Perspektive aus erzählen, wie sie das Handeln Jesu empfunden haben (z. B. als literarisches Vorbild: Wiemer 1979): Die Jüngerinnen und Jünger in ihrer Vielfalt; die Personen, die im Mainstream der Katechese und Homilien schlecht wegkommen (z. B. MARTA, JUDAS, die Zolleintreiber und Pharisäer, der ältere Bruder) oder nur eine Nebenrolle spielen (JOSEF AUS NAZARETH, JOSEF AUS ARIMATÄA); die dankbaren und die undankbaren Geheilten; in der Bibel namentlich genannte und andere Menschen in der Umgebung Jesu, die von Jesus fasziniert oder über ihn empört sind.

Konkrete Impulse für einen Dialog mit biblischen Personen
(vgl. dazu auch das Methodenspektrum in Kap. 4.2)

1. SARA hält nach der Rückkehr ABRAHAMS und ISAAKS vom Berg Moria ihrem Mann eine Standpauke: „Was ist das für ein Gott, der unser Liebstes, unseren einzigen Sohn, fordert?“ (vgl. dazu Zitelmann 1993, 214f.).
2. JAKOB schreibt nach seiner Flucht seinem Bruder ESAU einen Brief und unterbreitet ihm ein Friedensangebot.
3. LEA und RACHEL schreiben sich – nacheinander, in verschiedenen Lebensphasen – gegenseitig Glückwunschkarten anlässlich der Geburt ihrer Söhne RUBEN und JOSEF (Schiefer Ferrari 2001, Diamant 2001).
4. DAVID schreibt nach seiner Zurechtweisung durch den Propheten NATHAN einen Brief an BATSEBA; die Ergebnisse werden mit Psalm 51 verglichen (vgl. Ströber o.J. 12–13).
5. Der ältere Sohn verklagt seinen Vater. Oder er verfasst eine unkonventionelle Familienanzeige für die „Jerusalemer Tagespost“.
6. Der Priester schreibt eine Gegendarstellung zum BARMHERZIGEN SAMARITER.
7. Die Geheilten entschuldigen sich per SMS/E-Mail bei Jesus.
8. MARTA erstellt ein Thesenpapier, in dem sie ihre Lebenseinstellung verteidigt.
9. Die Jünger, von Jesus ausgesandt, bedienen sich der modernen Massenmedien und erstellen einen „Flyer für das Reich Gottes“, den sie an alle Haushalte verteilen.
10. Der BARMHERZIGE SAMARITER erhält den „Bundesverdienst-Davidsstern“. Ein Pharisäer wird dazu ausersehen, eine Dankesrede für diesen Helden, der doch eigentlich ein irrender Bruder aus dem Stamm der Samariter ist, zu verfassen.
11. MARIA berichtet in der Sprache eines Menschen des 21. Jahrhunderts, was sich ereignete, als sie hohen Besuch von oben erhielt.
12. Die junge Gemeinde überlegt, ob PETRUS nach der mehrfachen Verleugnung Jesu noch ihr Führer sein darf.
13. EUTYCHUS aus Troas, der bei einer langen Predigt des PAULUS eingeschlafen und aus dem Fenster gefallen war, benennt in einem Brief an die Ausbilder im Priesterseminar die sieben Hauptsünden einer für ihn wahrlich todlangweiligen Predigt.
14. Schüler erstellen Personencharakteristiken. Sie schreiben Briefe an biblische Personen, in denen sie konkrete Anfragen/Kritikpunkte/Lob und Hochachtung formulieren; sie überlegen sich Interviewfragen; sie wählen sich eine biblische Lieblingsperson aus und eine, mit der sie gar nichts anfangen können (z. B. aus einer Liste wie unten angefügt, etwa erstellt am Ende eines Schuljahres), und begründen beides.

3.3.4 Beispiele und besondere Lernmodalitäten

Tipps für den Dialog mit biblischen Personen

1. die Bibel neu, unverstellt lesen – sich von alten „Sehbrillen“ lösen
2. sich in die Personen, ihre Interessen und Motive hineinversetzen
3. die Beziehungen und Konflikte betrachten
4. verschiedene Blickwinkel gelten lassen
5. nicht vorschnell Gott ins Spiel bringen
6. mit den Personen einen Dialog führen (ihnen etwas sagen, einen Brief schreiben, ein E-Mail …)
7. die Perspektive umkehren: die biblische Person liest das eigene Leben des Betrachters

Im Folgenden soll nun an einigen ausgewählten Personen und Beziehungsgeschichten aus dem Alten und aus dem Neuen Testament ausgelotet werden, wo Chancen für ein orientierendes Lernen im Dialog vorhanden sind.

Kain und Abel – vom Lohn der Arbeit

Die biblischen Urgeschichten vermitteln zentrale Einsichten über den Menschen, seine Bestimmung und sein Verhältnis zu Gott. Schon von diesem Ansatz aus wird die Frage nach der Historizität dieser Erzählungen obsolet; nicht, ob sie wirklich geschehen sind, interessiert, sondern ihr Wahrheitsgehalt: Was sie uns zu sagen haben!

> *Die dramatische Auseinandersetzung zwischen KAIN und ABEL (Gen 4,1–16) gehört zu diesen Urgeschichten der Menschheit: KAIN, der Ackerbauer, und ABEL, der Viehzüchter, bringen beide ein Opfer dar. Gott nimmt nur das von ABEL an; KAIN überläuft es heiß. Er tötet seinen Bruder. Auf die Frage Gottes „Wo ist dein Bruder ABEL?" entgegnet er: „Ich weiß es nicht. Bin ich der Hüter meines Bruders?" Er wird von Gott „verbannt vom Ackerboden". Seine Bestimmung ist es, rastlos und ruhelos zu leben. Gleichzeitig aber spricht ihm Gott mit dem „Kainsmal" Schutz zu: „Darum soll jeder, der KAIN erschlägt, siebenfacher Rache verfallen."*

Ein sperriger Text, dessen Potenzial aber gerade in den Leerstellen und unverständlichen Handlungen und Aussagen besteht!

Leider gibt es aus der Geschichte viele Beispiele, in denen gegen die oben skizzierten Grundlinien eines differenzierten Umgangs mit biblischen Beziehungsgeschichten verstoßen wird (Schiefer Ferrari 2001, 335–337): So wird häufig bis in Einzelszenen hinein KAIN als der missratene, ABEL hingegen als der vorbildhafte Bruder dargestellt – in theologischen Texten, Kinderbibeln und in der Kunst. Damit konstruiert man einen Grundkonflikt, welcher das Verhalten Gottes motiviert und entschuldigt (vgl. Jaquemoth 1993). Tatsächlich steht davon nichts im biblischen Text: Wieso Gott das Opfer ABELs annimmt, wird nicht gesagt. Diese Tendenz einer Auffüllung der für die Theodizeefrage so produktiven Leerstelle reicht bis in Kinderbibeln der Gegenwart:

> *„Gott, der Herr, schaute auf die schönen Geschenke und betrachtete dann die beiden Brüder. Er sah, was für Menschen sie waren: ABEL liebte ihn und vertraute ihm. Deshalb nahm Gott ABEL und sein Opfer an. KAINS Opfer wies Gott zurück, denn KAIN war hartherzig, stolz und selbstsüchtig." (Gruber 1986, 15)*

Auch wenn man der folgenden Darstellung derselben Szene das Bemühen um eine vorsichtigere Personencharakteristik anmerkt, so ist dennoch schade, dass die mögliche Innensicht des KAIN im Text vorgegeben wird und nicht als Leerstelle verbleibt, die für eigene Interpretationsanstrengungen offen ist:

> *„Wenn aber KAIN opferte, dann legte er auf den Altar Körner und Früchte, die er geerntet hatte. Auch er zündete sein Opfer an und betete zu Gott. Aber es schien, als sähe Gott sein Opfer nicht. Da dachte KAIN bei sich: Jetzt weiß ich es sicher! Gott liebt nur ABEL, mich hat er nicht lieb. Sein Gesicht wurde ganz finster." (Weth 1988, 18f.)*

Beispiele aus einem kindertheologisch angelegten Religionsunterricht zeigen, dass aber bereits Grundschulkinder im Dialog mit dieser Erzählung differenzierte eigene Gedankengänge entwickeln, die – selbstverständlich in der je eigenen Sprach-

und Denkform – argumentative Strukturen enthalten, die im Laufe der Theologiegeschichte zu dieser theologisch schwierigen Stelle geäußert wurden (Bischof 2000). Deutlich wird freilich auch: Kinder rekonstruieren die Erzählung so, dass es mit ihrem Gerechtigkeitsempfinden übereinstimmt, und spekulieren über handlungsauslösende Motive: „weil Gott treuer ist und so, und KAIN nicht so" (Bischof 2000, 17). Es macht aber einen Unterschied, ob solche Argumentationsstrukturen vom Lehrer über die beschriebenen problematischen Textdeutungen bereits vorgegeben oder von den Schülerinnen und Schülern selbst ermittelt werden. Im zweiten Fall ermöglicht dann der Hinweis darauf, dass die Bibel über die Frage, wieso Gott das Opfer des einen anschaut und das des anderen nicht, keine Antwort gibt, im Sinne dekonstruktiver Bibelarbeit eine tiefergehende Reflexion über die Gerechtigkeit Gottes. Damit wird deutlich, dass diese sehr anspruchsvolle Geschichte an der Nahtstelle zwischen einer „Do-ut-des"-Gläubigkeit und höheren Stufen des religiösen Reflektierens frühestens am Ende der Grundschulzeit eingesetzt werden kann, wenn man damit einen Abschied vom Gott des Kinderglaubens forcieren will.

Insofern sollten auch hier didaktisch alle Möglichkeiten genutzt werden, um Kinder mit ihren Ansichten von Gerechtigkeit, ihren Erwartungen an Gott und ihrem Erfahrungswissen, was den Umgang mit Freunden und Geschwistern betrifft, hineinzunehmen. Die Erzählung lädt geradezu ein zum multiperspektivischen Nacherzählen aus der Position ABELS, KAINS oder sogar von Gott. So könnte man aus der Perspektive des KAINS eine Klageschrift an Gott formulieren oder – in höheren Altersstufen – im Sinne eines intertextuellen Verfahrens beispielsweise Gedichte wie das von Christine Busta „ABEL verteidigt KAIN" (Langenhorst 2001, 54–58) und selbstverständlich auch andere (kultursoziologische, tiefenpsychologische) Erklärungsmodelle einbeziehen.

Josef – ein Spiegel für das, was Mensch-Sein ausmacht

Es ist schade, dass die Josefsgeschichte häufig nur als Erzählung für Kinder aufgefasst wird, in höheren Jahrgangsstufen aber ausgespart wird. Dabei bietet sie gerade für Jugendliche vielfältige Perspektiven und Themen, die sich für ein dialogisches Spiegeln eignen.

Die Josefserzählung enthält eine konfliktreiche familiäre Beziehungsgeschichte (JAKOB und JOSEF, JOSEF und seine Brüder, JAKOB und die Brüder, die umgekehrten Machtverhältnisse nach JOSEFS Aufstieg), aber auch vielfältige weitere Beziehungskonstellationen (JOSEF und die Frau des POTIPHAR, POTIPHAR und seine Frau, POTIPHAR und JOSEF, JOSEF, Bäcker und Mundschenk, JOSEF und der Pharao). Sie ist zudem als politische Legende deutbar, welche von den drei abrahamitischen Religionen aus zur Völkerverständigung, Versöhnung und internationaler Solidarität aufruft (Religion vernetzt 5, 64f.). Die Geschichte um den Träumer JOSEF kann letztlich als Spiegel für das, was Mensch-Sein ausmacht, bezeichnet werden: In ihr geht es um Familienbande und Neid, Liebe und Eifersucht, Hunger und Überfluss, menschliche Reifung, Zukunftsangst und traumwandlerisches Vertrauen, unsensibles Miteinander-Umgehen, gestörte Kommunikation und Beziehungsstärke – über alle Zeit- und Ländergrenzen hinweg. Und sie ist letztlich eine „Erfolgsstory" – aus dem naiven Träumer wird ein zupackender

Visionär, Planer und Friedensstifter. Das erklärt auch die Beliebtheit dieser Erzählung in der Schule.

Wie ein „Einklinken“ in die Josefsgeschichte mit einfachen Mitteln vonstattengehen kann, zeigt eine schöne Unterrichtsidee im Rahmen eines Freiarbeitsmaterials von Lena Kuhl (Kuhl 1994). Mit einfachen Impulsen wird der Identifikationsprozess angeregt, z. B.:

1. Nenne etwas, was du dir von deinen Eltern wünschst und was besser ist als teure Geschenke!
2. Welche Angebereien kennt ihr? Womit kann man angeben? Spiele drei Angebereien in deiner Gruppe vor!
3. Josef meint, er sei der Größte. Steige auf den Tisch. Du bist jetzt Josef!

Abb.: Ein Spiel mit interaktiv-korrelativen Arbeitsaufträgen aus der Passauer „Lernwerkstatt Religionsunterricht“ (gezeichnet von Elisabeth Schiefer)

In älteren Lehrplanen wurde die Josefserzählung unter der Überschrift „Gott wen det Böses zum Guten“ eingeführt. Diese Fokussierung auf Gott hin ist nicht unproblematisch. Denn die biblische Josefserzählung verbleibt fast durchgängig auf der zwischenmenschlichen Ebene und verzichtet auf theologische Überhöhungen. Die religiösen Deuteworte in Gen 45 und 50 wurden vermutlich später hinzugefügt. An Josef ergeht keine direkte Offenbarung, wie an die drei Stammväter Abraham, Isaak und Jakob. Die Josefserzählung steht vielmehr an der Schwelle zu einem aufgeklärten Verständnis von Religion. Nicht mehr das direkte Eingreifen Gottes stellt die Verbindung zwischen Gott und Mensch her, diese erfolgt vielmehr über die Interpretation einer wechselhaften Lebensgeschichte als Heilsgeschichte unter dem Schutz Gottes. Damit werden aber auch menschliche Allmachtsfantasien relativiert (Westermann 1982, 295–290). Der diesbezügliche Lernprozess des zuvor noch unsensiblen Träumers bei der Ausdeutung der Träume seinen Brüdern gegenüber wird im Gefängnis (Gen 40) und beim Pharao (Gen 41) deutlich: „Nicht ich bin es, der eure Träume deutet, sondern Gott.“ Das eröffnet Perspektiven der Selbstrelativierung, zieht eine Grenze zu Konzepten der autistischen Selbstentfaltung („du schaffst alles, wenn du nur an dich glaubst“) und bietet sich an für den Vergleich mit anderen großen Persönlichkeiten: Wie erklären diese ihren Erfolg? Wem danken sie am Gipfel ihres Ruhmes? Hier lassen sich durchaus selbst in unserer Medienwelt viele Beispiele (freilich auch Klischees) entdecken, wo auch im Erfolg Dankbarkeit (den Eltern, der Ehefrau, der Familie, den Freunden, dem Geschäftspartner, gelegentlich sogar Gott gegenüber) gezeigt wird.

Der barmherzige Outlaw

Die Beispielerzählung vom BARMHERZIGEN SAMARITER (Lk 10,25–37) wird leider häufig verkürzt auf ein allgemeines „dem Nächsten helfen". Sie bekommt aber ihre provozierende Schärfe und aktuelle Herausforderung für heutige Schülerinnen und Schüler erst, wenn man erkennt, wen Jesus als Beispiel sozialverantwortlichen Verhaltens hernimmt: den verfemten SAMARITER, den Volksfeind aus Samaria, also ein Mitglied des verhassten Stammes. Ein Teil der Bevölkerung hatte sich nach der Eroberung des Nordreiches mit den assyrischen Neuansiedlern eingelassen; sie galten seitdem als Angehörige eines „Mischvolks" und durften nach der Rückkehr aus dem Exil nicht am Tempel mitbauen. Dort in Samaria wurde Jesus noch kurz zuvor auf dem Weg nach Jerusalem eine Herberge verweigert (Lk 9,51–55) – trotzdem wählt er gerade den SAMARITER als Vorbild – eine Provokation für gläubige Juden! Nicht nur, dass er auf die Frage „Wer ist dein Nächster?" mit dem Modell einer volks- und ständeüberschreitenden Solidarität antwortet, nein, er verdeutlicht dies auch noch an einer Negativ-Gestalt. Wen würde er heute wählen? Den Rechtsradikalen, den Türken, den Versicherungsvertreter, den Showstar? Jeder möge sich sein persönliches Feindbild wählen und vor diesem Hintergrund den „barmherzigen Samariter" als provozierendes Beispiel grenzüberschreitender Nächstenliebe lesen!

Die geringe Tragfähigkeit des oben skizzierten Wertvermittlungsansatzes wurde am Beispiel des Umgangs mit dieser Bibelstelle übrigens bereits zu Beginn des 20. Jahrhunderts durch das „Gute-Samariter-Experiment", das John M. Darley und C. Daniel Batson 1973 an der Universität Princeton durchführten, in Frage gestellt (vgl. Schnabel 2008, 116–119; Mendl 2012b, 12): Vierzig Theologiestudenten beschäftigten sich in unterschiedlicher Weise mit dem Gleichnis vom Barmherzigen Samariter (Lk 10,39–37); in ein anderes Gebäude geschickt halfen nur 14 angehende Theologen einer auf dem Weg platzierten darniederliegenden und hustenden Versuchsperson: „Tatsächlich kam es mehrfach vor, ... dass ein Seminarist auf dem Weg zu seinem Vortrag über die Parabel vom guten Samariter buchstäblich das Opfer über den Haufen rannte", zitiert Schnabel die Verfasser der Studie (Schnabel 2008, 118).

Der reich gedeckte Tisch

Tatsächlich bietet die Bibel einen reich gedeckten Tisch mit vielfältigen Deutungsangeboten für gefährdetes und gelingendes Leben. Wer sich von einem dialogischen Ansatz aus mit biblischen Personen beschäftigt, wird sie als Spiegel oder Resonanzraum für eigene Erfahrungen begreifen. Dazu soll abschließend quer durch das Alte und Neue Testament hindurch die folgende Liste dienen, die von Theresia Glück stammt und von mir weiterentwickelt wurde:

Biblische Personen – Resonanzräume für eigene Erfahrungen und Bedürfnisse:

- mit ADAM und EVA vom Paradies träumen
- mit ABRAHAM einen anderen Gott finden
- mit ISAAK einen Brunnen finden
- mit JAKOB von Gott gesegnet werden
- mit JOSEF Träume deuten
- mit MOSE durch die Wüste ziehen
- mit MIRIAM die Pauke schlagen
- mit JOSUA in das versprochene Land kommen
- mit dem Psalmisten die Schönheit der Schöpfung besingen
- mit dem Psalmisten vor Gott klagen
- mit AMOS Missstände anprangern
- mit JEREMIA Freiheit verkünden
- mit HIOB keine Erklärung für das Leid finden
- mit ELIJA alles hinwerfen wollen
- mit HOSEA im Namen Gottes provozieren
- mit JUDITH Tyrannen aus dem Weg räumen
- mit JOHANNES in die Wüste gehen
- mit ANDREAS berufen werden
- mit PETRUS sich auf das Wort Jesu verlassen können
- mit der kranken Frau Jesu Gewand berühren
- mit einem Zöllner wieder neu anfangen können
- mit der Sünderin sich nicht kümmern um das Gerede der Leute
- mit dem Brautpaar Wasser in Wein verwandelt bekommen
- mit dem Gelähmten wieder ungehindert gehen können
- mit der Samariterin zum Brunnen kommen
- mit MARIA VON MAGDALA neue Wege finden
- mit dem Taubstummen von Jesus hören: Effata!
- mit THOMAS zweifeln
- mit KLEOPAS aus der eigenen Blindheit gerissen werden
- mit PAULUS die frohe Botschaft weitersagen
- mit PHÖBE als Diakonin Verantwortung übernehmen

3.3.5 *Lernaufgaben und Literaturhinweise*

Zusammenfassung

Ein Lernen an biblischen Personen ist dann ertragreich, wenn diese nicht auf Frömmigkeit reduziert und jeglicher menschlicher Kanten bereinigt präsentiert, sondern in ihrer Menschlichkeit und Fragwürdigkeit dialogisch inszeniert werden. In besonderem Maße eignen sich biblische Familien- und andere Beziehungsgeschichten als „Resonanzräume für eigene Erfahrungen".

Als unabdingbar erscheint es auch, „der anderen Stimme" mehr Platz als bisher einzuräumen und jungen Mädchen und Frauen verstärkt biblische Frauengestalten für Prozesse orientierenden Lernens anzubieten. Bedeutsam sind Leerstellen in biblischen Geschichten, in die sich die Kinder und Jugendlichen mit ihren Wertoptionen und je eigenen theologischen Deutungsmustern einklinken können. Empfohlen wurde auch, entgegen dem Problem der geglätteten Vertrautheit (overfamiliar) mit immer wieder thematisierten biblischen Gestalten auch auf weniger bekannte Personen am Rande zuzugreifen.

Lernaufgaben

1. Entscheiden Sie sich für eine Person auf der Seite zuvor, die Sie spontan anspricht. Denken Sie darüber nach, wieso diese Person für Sie gerade einen „Resonanzraum" darstellt. Tauschen Sie sich darüber aus!
2. Erstellen Sie eine Altersliste von 6 bis 20 Jahren! Ordnen Sie jedem Lebensalter (genauer natürlich müsste es heißen: jeder Entwicklungsphase!) eine Person zu, die als Spiegelungsfolie für aktuelle Befindlichkeiten dienen könnte. Vergleichen und diskutieren Sie Ihre jeweiligen Listen!
3. Bearbeiten Sie eine biblische Person mit einer der im Anhang (Kap. 4.2) angefügten kreativen didaktischen Methoden!

Literaturhinweise

Büttner, Gerhard/Mendl, Hans/Reis, Oliver/Roose, Hanna (Hg.) (2010), Religion lernen. Jahrbuch für konstruktivistische Religionsdidaktik, Bd. 1: Lernen mit der Bibel, Hannover.

Niehl, Franz W. (2006), Bibel verstehen. Zugänge und Auslegungswege. Impulse für die Praxis der Bibelarbeit, München.

Porzelt, Burkard (2012), Grundlinien biblischer Didaktik, Bad Heilbrunn.

Schiefer Ferrari, Markus (2001), Geschwisterbeziehungen von Kindern und Jugendlichen auf dem Hintergrund biblischer Erzählungen, in: *Mendl, Hans/Schiefer Ferrari, Markus* (Hg.), Tradition – Korrelation – Innovation. Trends der Religionsdidaktik in Vergangenheit und Gegenwart, Donauwörth, 327–353.

Zimmermann, Mirjam/Zimmermann, Ruben (Hg.) (2013), Handbuch Bibeldidaktik, Tübingen (bes. Kap. 3: Im Fokus: Gestalten, 267–371).

3.4 Jesus Christus

Mir nach! spricht Christus, unser Held, mir nach, ihr Christen alle!
Verleugnet euch, verlasst die Welt, folgt meinem Ruf und Schalle!
Nehmt euer Kreuz und Ungemach auf euch, folgt meinem Wandel nach!

Angelus Silesius, Gotteslob (2013) Nr. 461

3.4.1 Herausforderung und Problemanzeigen

Jesus Christus – ein Vorbild?

Das Fragezeichen ist durchaus berechtigt. Ein Lernen an außergewöhnlichen Biografien bezieht sich auf den dialogischen Prozess einer Auseinandersetzung zwischen Menschen. Die Menschlichkeit Jesu hingegen ist nur mittelbar zugänglich, weil die Grunddokumente zu Jesus Christus, die Schriften des Neuen Testaments, als nachösterliche Zeugnisse Jesus den Christus verkünden. Die Evangelien sind keine Berichte über das Leben eines besonderen Menschen, sondern Bekenntnisschriften von Menschen, die von Jesus, dem Christus und seiner Botschaft begeistert waren und diese frohe Nachricht (eu-angelion) anderen Menschen weitervermitteln wollten. Beredtes Indiz für den tradierten „Christus des Glaubens" ist die

Leerstelle im christlichen Credo, auf die weiter unten unter didaktischem Blickwinkel zurückzukommen sein wird: Zwischen „geboren von der Jungfrau Maria" und „gelitten unter Pontius Pilatus" klafft eine biografische Lücke von ungefähr 33 Jahren. Welche authentischen Züge, Situationen, Sprüche des Menschen Jesus kann man aus den Evangelien herausfiltern? Ohne auf das exegetische Problem des „historischen Jesus" genauer einzugehen, soll dennoch mit einem Beispiel einleitend die Problematik der Fragestellung aufgezeigt werden:

Die Verfilmung von Nikos Kazantsakis Buch „Die letzte Versuchung" durch Martin Scorcese (1988) schlug in der Öffentlichkeit hohe Wogen. Vor den Kinos wurden Mahnwachen abgehalten und Sühnerosenkränze gebetet. Protestiert wurde gegen die filmische Inszenierung eines Gedankenexperiments, welches letztlich die Menschlichkeit Jesu radikal ernst nahm: Hätte Jesus die Handlungsalternative besessen, vom Kreuz herabzusteigen und mit MARIA MAGDALENA als Gattin weiterleben zu können? Abgesehen von diesem spannenden Gedankenexperiment war der Film in ästhetischer Hinsicht wirklich nicht gut; er verblieb auf der Ebene einer kitschigen Historienbibel. Die heftige Diskussion zeigt aber, dass es auch heute noch nicht selbstverständlich ist, sich dem Christus-Geheimnis vom Menschen Jesus aus anzunähern.

Der differenzierten Definition des Vorbilds, welche diesem Buch zugrunde gelegt wird, entspricht aber gerade eine solche „Christologie von unten" (Kessler 1995, 384). Eine knappe historische Problemstudie (ausführlicher: Mendl 1995a, 184–188) führt in diese Perspektive ein. Mit empirischen Daten zum Jesus-Christus-Bild von Kindern und Jugendlichen wird dann herauskristallisiert, unter welchen Blickwinkeln Jesus Christus heute zugänglich ist. Dies mündet schließlich in die didaktische Fragestellung und einige didaktischen Möglichkeiten, wie nun ein „Lernen an Jesus Christus" inszeniert werden kann.

Die Nachfolge Christi – Christus als Leitbild

Jesus – ein Vorbild für Menschen, besonders für solche, die sich Christen nennen: In der Geschichte der Frömmigkeit gab es unterschiedliche Ausformungen des Gedankens einer Nachfolge Christi (Feifel 1968):

- als monastisch-elitäre Ausnahmesituation für Mönche und Märtyrer (AUGUSTINUS, Neuplatonismus)
- in historisierender Gestalt (THOMAS VON AQUIN, philosophischer Realismus und Symbolismus), indem man „betrachtend und verehrend den Spuren des irdischen Lebensweges" Jesu folgte: so waren beispielsweise FRANZ VON ASSISI, BERNHARD VON CLAIRVEAUX oder die Kreuzritter um ein Ähnlichwerden mit dem historischen Leben Jesu bemüht, weil diese höchste Form der Nachfolge „Garant der darin enthaltenen Erlösung" (Feifel 1968, 21) sei
- als mystische Christuseinigung (Aszese, Mystik): Diese findet auch heute noch ihren Widerhall in der Exerzitienarbeit sowie in der volksfrommen Herz-Jesu-Verehrung
- im Verständnis von Nachfolge als ethischem Vollkommenheitsstreben (Scholastik), so dass die gesamte katholische Sittenlehre als wissenschaftliche Darstellung der Nachfolge Christi im Einzel- wie im Gemeinschaftsleben entfaltet wurde (z. B. Fritz Tillmann)
- Im letzten Jahrhundert wurde die Idee der Nachfolge Christi vor allem im Bildungshorizont der Wertpädagogik entfaltet. Der Grundgedanke war freilich eine recht statisch gedachte Dynamik von außen nach innen – letztlich ein Modell der Wertvermittlung (vgl. Kap. 2.2): Der Mensch begegnet in der Umwelt, in der Gemeinschaft der

Mitmenschen und mit Gott Werten, die als Forderungen verstanden werden müssen, welche er annehmen oder ablehnen könne. Nur durch den Akt der Zustimmung entwickelt sich nach diesem Modell die reife, werterfüllte Persönlichkeit.

Die Rezeption der Wertpädagogik in der Religionspädagogik und die Suche nach dem katholischen Bildungsideal schlechthin führte zum unmittelbarsten Vorbild: Jesus Christus. „Seinem Bild muss der Mensch in der Christusnachfolge gleichförmig werden. Christus mit seiner Ur- und Vorbildlichkeit wird zu ‚Norm und Form, Muster und Meister, lebendiger Idee und lichtdurchflutetem Ideal der Erziehung'" (Feifel 1970, 554). Diese Deutung von „Christus als Erzieher" (Franz Xaver Eggersdorfer) wurde allerdings schon zeitgenössisch von der Theologie aus als „Pädagogisierung des Evangeliums" und von der Pädagogik her in ihrer einseitigen Engführung von Katechese kritisiert (Feifel 1968, 65–73). Erich Feifel folgert: „Wo dieserart Gottesebenbildlichkeit und Christusförmigkeit als objektive Leitbilder die Zielgestalt der Erziehung abgeben, da gewinnt diese selbst fast zwangsläufig mit der Heilsintention einen Hang zum Supranaturalismus" (Feifel 1970, 554). In der Religionspädagogik gibt es immer wieder solche (misslingenden) „Eis-Egesen", das Hineinlesen von Wünschenswertem in die biblische Botschaft, wenn beispielsweise versucht wird, „die bildende Kraft im Evangelium" zu entdecken (Sekretariat der Deutschen Bischofskonferenz 1996, 30–36, hier 31):

> *„Deshalb kann an Jesus Christus die christliche Antwort gewonnen werden auf die Fragen: Wer will ich werden? und: Was muß ich lernen? Er zeigt das Ziel bei der Suche nach dem eigenen Lebensweg (Nachfolge, vgl. Mk 2,14) und bei der Frage nach dem Sinn von Wirklichkeit (Nähe der Gottesherrschaft, vgl. Mk 1,14f.). Er gibt Orientierung für die Beantwortung auch dieser Fragen."*

Die Trauben hängen reichlich hoch!

Jesus, das vorbildliche Kind?

Dieser wertorientierte Ansatz einer Nachfolge und Nachahmung Christi schlägt sich in Büchern nieder, mit denen die Kinder der Nachkriegstära im Glauben unterwiesen wurden. Die zeitgenössischen Beispiele veranschaulichen zwei problematische Tendenzen: zum einen die ethische Engführung des Nachfolgegedankens und zum anderen die moralinsaure (Um-)Deutung der biblischen Botschaft.

- So wird im Religionsbüchlein für das erste Schuljahr in Rottenburg-Stuttgart mit dem Titel „Laßt die Kinder zu mir kommen" der Vorbildcharakter des Lebens Jesus anhand der Szene „Jesus im Tempel" (nach Lk 2,41–51) – als Jesus plötzlich zum Entsetzen seiner Eltern auf dem Rückweg von der Wallfahrt nach Jerusalem verschwunden war – vom Ende her (um)gedeutet: „Jesus ist mit nach Nazareth gegangen. Jesus ist seinen Eltern folgsam gewesen. Jesus hat ihnen Freude gemacht. – Laß mich immer sein wie du, lieber Jesus, hilf dazu" (zitiert bei Feifel 1968, 74). Na ja, so kann man das auch sehen!
- Dreißig Jahre später wird unter den Vorzeichen eines veränderten familiären Beziehungsgefüges („vom Befehls- zum Verhandlungshaushalt") das Kind Jesus eher als selbstständig und cool beschrieben; bezogen auf die Tempelszene ist schlicht vom „Ausreißer" Jesus die Rede (Bucher 1997, 65).
- Und wieder einige Jahre später wird in einem Kinder- und Jugendbuch der familiäre Konflikt aus der Sicht der besorgten Eltern Maria und Josef eindringlich geschildert; sie kommen rückblickend zur Erkenntnis: „Wir haben das Kind Gott überlassen, und es ist

nun unsere Pflicht, es jeden Tag ein wenig mehr loszulassen.“ (Mayer-Skumanz 2002, 115).

Allein an dieser Aneinanderreihung von Deutungen einer unscheinbaren Passage aus der Jugend Jesu wird deutlich, wie sehr die Rezeption zeitabhängig ist und zum Konstrukt des folgsamen Kindes, des selbstbewussten Ausreißers Jesus oder eines elterlichen Problems des Loslassens wird.

Die moralisierende Engführung einer imitatio Christi im Dienste bürgerlicher Sittsamkeit, Häuslichkeit und Untertänigkeit allerdings hat lange Tradition und trieb vor allem im bürgerlichen Zeitalter Blüten, wie an einem eindrucksvollen Beispiel gezeigt werden kann:

Elisabeth Horster greift für ihren prächtigen Bildband „Vom lieben Jesuskind. Legenden aus seiner Jugendzeit“ (Horster 1905) Szenen aus den apokryphen Evangelien (z. B. Jesus beseelt einen Lehmvogel, heilt einen kranken Buben …) (vgl. Schindler 1988; besonders ergiebig: das Thomasevangelium, ebd. 437–460) auf und gestaltet sie moralisierend um, wie auch die Einleitung verdeutlicht: „Will euch schöne Bilder zeigen, wie es [das Christkind] spielte kindlich froh, wie es dankbar, gut und hülfreich – schaut, erwägt, tut ebenso.“ So hilft Jesus „Sankt Josef in großer Not“ in der Werkstatt – mit Unterstützung einer Schar „viel lichter Engel“. Und die Moral von der Geschichte: „Wie Christkindlein die Eltern ehrt', hat dieses Beispiel dich gelehrt. Drum mög'st auch du den Eltern dein ein gutes, braves Kind stets sein.“

Man könnte zahlreiche weitere Beispiele für eine moralisierende Interpretation des Vorbilds Jesu anführen, vor allem für seine Rolle als kindliches Modell der gelingenden Erfüllung des vierten Gebots. Jesus wurde hier in den Dienst einer Pädagogik gezerrt, die von Erziehungszielen wie Gehorsam und Unterordnung geprägt war. Dies entsprach einer Katechetik, die nicht auf religiöse Reifung, sondern vielmehr auf kirchliche Infantilisierung abzielte (Bucher 1997).

Wie die biblischen Leerstellen der Kindheit Jesu ausgefüllt wurden, sagt mehr über die je zeitgemäßen Interpreten und ihre pädagogischen Vorstellungen aus als über seine uns letztlich verborgene faktische Kindheit. „Lernen an Jesus“ heute muss unter anderen Vorzeichen vonstattengehen; die Kindheit Jesu jedenfalls bietet dazu wenig Anhaltspunkte. Problematisch freilich ist, wenn solche fiktionalen Interpretationen der „alltäglichen Unterwerfung Jesus unter Josef und Maria“, „seiner Unterordnung unter seine Mutter und seinen Pflegevater“ als „irdisches Bild seines Sohnesgehorsams gegenüber seinem himmlischen Vater“ auch heute noch in einem zentralen kirchlichen Dokument, dem sogenannten Weltkatechismus (Ecclesia catholika 1993, Nr. 532; Libreria Editrice Vaticana 2003, Nr. 532) zu finden sind.

Jesus und die Kinder
Unter den Vorzeichen einer „Kinderphilosophie" und „Kindertheologie" entstanden wertvolle empirische Studien zum Jesusbild von Kindern und Jugendlichen (Büttner/Thierfelder 2001a; Büttner 2002; Hanisch 2002; Schiefer Ferrari 2003). Diesen Rezeptionsrahmen muss man kennen, bevor man über die Möglichkeiten einer Orientierung an Jesus nachdenkt.

Das Jesusbild der Kinder hängt mit ihrem Weltbild und Denkvermögen zusammen. In den ersten Grundschulklassen sehen die Kinder durchaus Jesus als „Hyperzauberer"; ihre Erwartung ist, dass Jesus hilft und alles gut ausgeht. Jesu bzw. Gottes Eingreifen wird sehr konkret verstanden. Das bedeutet nicht, dass Kinder nicht auch schon, bedingt durch das öffentlichkeitswirksame naturwissenschaftliche Paradigma, Zweifel an der Wundertätigkeit Jesu hätten (Liebold 2001, 80f.). Zudem stehen die Fähigkeiten Jesu auf derselben Ebene wie die der Helden aus den säkularen Heilsmythen. Beides belegt folgende Anekdote des Exegeten Alois Stimpfle anschaulich:

> *„In der Vorbereitung eines Wunderseminars zeigte ich meinen Kindern den ‚Gang Jesu über das Wasser' in einer naturalistischen Darstellung einer alten Bilderbibel und erzählte die Geschichte in der johanneischen Version. Auf die Frage, was sie davon hielten, sagte der Vierjährige: ‚Die Geschichte, wo David mit Goliath kämpft, ist besser!' Auf mein Insistieren hin meinte er: ‚Diese Geschichte ist ein bisschen unglaublich!' Wieso unglaublich? ‚Na ja, ein Mensch kann doch gar nicht übers Wasser gehen!' In diesem Augenblick schaltete sich sein siebenjähriger, Pippi-Langstrumpf-versierter Bruder ein: ‚Das kann nicht mal* Pippi Langstrumpf*!' Die argumentative Situation war damit eindeutig. Sämtliche Zweifel waren beseitigt. Auf die Frage, warum denn dann Menschen solche Jesus-Geschichten überhaupt erzählt haben, antwortete er lakonisch: ‚Ach, die hatten vielleicht ein bisschen zu viel Fantasie.'" (Stimpfle 2001, 266)*

Was bedeutet das für die Eignung Jesu als Vorbild in einer Phase, in der es vor allem um die Entwicklung eines „moralischen Universums" geht? Zunächst: Wir sollten Kindern die starken biblischen Jesus-Erzählungen nicht vorenthalten und dürfen dieses Feld nicht den säkularen Heilsmythen überlassen. Das ganze Panorama der Geburt, der Worte und Taten, des Kreuzes und der Auferstehung bietet eine Fülle an Lebensherausforderungen und Orientierungsmarken. Man sollte auch keine Scheu davor haben, die kindliche Verstehenslogik (Jesus als Hyperzauberer) und Grenzen symbolischen Verstehens („Wir haben heute von einem Hirten gehört, der Jesus heißt") zu akzeptieren.

Entscheidend ist allerdings, wie Jesus im Kindesalter präsentiert wird. Vorsicht ist in zweierlei Hinsicht geboten: Der Verzicht auf eine moralinsaure direkte Übertragung („Lernen an Jesus") verbietet sich ebenso wie die einseitige Darstellung des „guten" und „lieben" Jesus, weil dies nicht tragfähig ist für die Weiterentwicklung des Jesusbildes im Jugendalter. Vielmehr sollte ein differenziertes Jesusbild entfaltet werden, welches auch den unschuldig Leidenden, mit Gott Ringenden thematisiert (Ziegler 2001, 118). Und die Kinder sollten bereits von klein an daran gewöhnt werden, dass es selbstverständlich ist, mit eigenen Gedanken, Positionen und Interpretationen in die Jesus-Geschichten hineinzugehen, über seine Verhaltensweisen und die seiner Mitmenschen genauso nachzudenken wie über seine Absichten und Fähigkeiten, sein Mensch- und Gottsein. Die zitierte Literatur enthält zahlreiche Beispiele für die exegetische Kompetenz von Kindern als Theologen eigener Art! „Christologie von unten" zu betreiben bedeutet hier nochmals etwas anderes, als vom Menschen Jesus auszugehen: Es meint die Re-Konstruktion einer plausiblen Vorstellung von Jesus Christus im Rahmen der je eigenen Denk- und Lebenswelten.

In Fortsetzung zum bibeldidaktischen Ansatz, biblische Geschichten von ihren Beziehungsdimensionen als Geschwister- und Freundschaftsbeziehungen aus zu erschließen, schlägt Markus Schiefer Ferrari vor, sich über Freundschaftskonzepte altersgemäß auch Jesus anzunähern. In den neutestamentlichen Texten wird „Jesus als Freund" mehrfach ausgestaltet:

(1) Jesus als Mensch, der Anteil hat an der Freude des Lebens und mit den Menschen lebt und feiert.
(2) Die Ausweitung des Freundschaftskonzepts gerade auf die hin, die der Freundschaft bedürfen.
(3) Die Nähe Jesu zu Gott, der wiederum „dem Menschen Freund ist" (Schiefer Ferrari 2003, 245–251).

Hier wäre eine Entwicklungsdynamik anzustreben, die am nahbereichsorientierten Freundschaftskonzept von Kindern ansetzt, dieses aber sprengt hin auf eine zunehmende Entgrenzung von Beziehung und Freundschaft ganz im Sinne der solidarischen weltverändernden Kraft des Christentums.

Jesus und die Jugendlichen

Das Jesusbild von Jugendlichen ist ambivalent und alles andere als fraglos. Im Unterschied zum Kindesalter scheint für viele Jugendliche Jesus Christus keine zentrale Bedeutung mehr zu haben. Tobias Ziegler stellt folgende sechs „Einbruchsstellen und Konfliktfelder im Glaubens- und Jesusverständnis Jugendlicher" heraus (vgl. Ziegler 2001, 111–137):

(1) Die Erwartung an Jesus als Helfer und Wundertäter im Kontrast zum Leid in der Welt
(2) Die Göttlichkeit Jesu, seine idealisierte Vorbildlichkeit im Gegensatz zum menschlich-nahen Jesus
(3) Jesus als Moralprediger und weltfremder Asket und dessen Pädagogisierung
(4) Die Existenz bzw. Fiktionalität Jesu
(5) Fehlende bzw. negative Beispiele für die Relevanz des Christus-Glaubens in der Gegenwart
(6) Der soteriologische Exklusivitätsanspruch Jesu

Das markante Zitat eines Jugendlichen lautet (Ziegler 2001, 124):

> *„Ich fand den Religionsunterricht in der Grundschule noch witzig. Altes Testament, Gott lässt mal wieder den Rauch rein, Schlachten und Geschichten, das war interessant. Dann kam Jesus, und plötzlich war alles wie im Blumen-Sonne-Lutscherland. Keine Gewalt, Nächstenliebe, wenn dir einer die Jacke klaut, gib ihm die Hose auch noch – Ja, ja, ganz klasse." (Sven, 17 Jahre)*

Solche empirischen Studien liefern wertvolle Hinweise sowohl auf das, was im Grundschulalter zu lassen ist, wenn man sich mit Jesus Christus beschäftigt, als auch auf das, was im Jugendalter ansteht. Es gibt auch so etwas wie eine zwar gut gemeinte, aber schlecht gemachte Bibeldidaktik in der Grundschule (Mendl

2003a). Wie bereits erwähnt: Schon im Kindesalter sollten jenseits des „Blumen-Sonne-Lutscherlands"-Jesus differenzierte, durchaus auch sperrige Vorstellungen von Jesus thematisiert werden.

Gerhard Büttner und Jörg Thierfelder folgern fürs Jugendalter: „Die Vorbildfunktion Jesu wird nur dann akzeptiert, wenn er als Mensch mit Fehlern und Schwächen verstanden wird" (Büttner/Thierfelder 2001b, 17). Nur dann wird eine dialogische Auseinandersetzung als ertragreich erachtet. Jugendliche halten Jesus für attraktiv, wenn seine Ethik als zugleich befreiend und realistisch thematisiert wird. Und: Die Bedeutsamkeit des Christus-Glaubens muss an Menschen, die an diesen Jesus glauben, plausibel werden.

Dies alles lässt sich auf einen Nenner bringen: Der nahe Jesus interessiert. Man sollte hier nicht vorschnell argwöhnen, es handle sich um die Nivellierung und Banalisierung der Botschaft von Jesus, dem Christus. Nein, vielmehr gilt es, das Anliegen ernst zu nehmen: Nicht ein patinierter, abgehobener Jesus Christus, sondern der Mensch Jesus in seinen Begegnungen, Beziehungen und Herausforderungen ist für Jugendliche spannend und bietet gerade in diesen Dimensionen zahlreiche Lernfelder orientierenden Lernens. In der Religionsdidaktik des Jugendalters wird eine solche Christologie von unten präferiert und entsprechend, über alle Lehrpläne für die Sekundarstufe hinweg, in erster Linie Jesus als Verkündiger der Reich-Gottes-Botschaft thematisiert (Rieder 2003). Ingo Baldermann verteidigt diesen Ansatz auch theologisch, indem er darauf hinweist, dass die Formel von Chalzedon von Christus als „wahrem Menschen und wahrem Gott" als didaktische Formel zu verstehen sei: Jesus Christus ist kein Halbgott und Übermensch und unterscheidet sich von den problematischen Übermenschen unserer jüngeren deutschen Geschichte gerade durch sein radikales Menschsein: „Gott redet zu uns konsequent auf menschliche Weise und durch Menschen; nur indem wir Jesus in gleicher Konsequenz wahrhaftig als Mensch begreifen, nehmen wir wahr, dass und wie in ihm wahrhaftig Gott redet" (Baldermann 2002, 18).

Die Thematisierung subjektiver Jesus-Vorstellungen von Jugendlichen eröffnet deshalb Lernchancen, weil nur so auch die mitgebrachten Konstrukte, Enttäuschungen und Zugangsmöglichkeiten aufgedeckt werden können. Was als empirische Methodik gedacht ist, lässt sich in Didaktik überführen: Thomas Ziegler (Ziegler 2001, 100f.) regte Jugendliche mit gezielten Fragen an, einen Aufsatz zu schreiben, in dem sie gegenüber einem fiktiven Freund oder eine Freundin anhand folgender Fragen ihr persönliches Bild von Jesus darstellen:

- „Wer war Jesus? Was wollte er?
- Warum glauben Menschen an Jesus Christus?
- Was haben Leben und Tod Jesu mit dem Glauben an Gott zu tun?
- Was kann uns Jesus heute sagen?
- Was bedeutet Jesus für mich?"

Es geht um die Förderung subjektiver Jesus-Konstruktionen; dass dies im religionsdidaktischen Setting immer auch mit der Orientierung an zentralen dogmatisch und exegetisch gedeckten Grundaussagen über Jesus einhergeht, versteht sich eigentlich von selbst, muss aber eigens betont werden, um nicht auch hier den Eindruck eines reinen Subjektivismus zu wecken.

Auf den Impuls, die biografische Lücke im christlichen Credo zu füllen, entstanden beispielsweise bei meinen Studierenden folgende Texte (vgl. Arbeitsvorlage in: Religion vernetzt 10. Lehrerkommentar, 140):

geboren von der Jungfrau Maria
„befreiender Verkünder des Glaubens, fairer Richter und Sohn der Armen, furchtloser Freund neuer Wege"
„hinausgetragen die frohe Botschaft in die Welt, keinen Unterschied gemacht zwischen arm & reich, gesund & krank, der sich nicht bedienen ließ, sondern bediente"
„gesandt von Gott, um die Menschen zu retten/half den Armen, Kranken und Aussätzigen/hatte eigene Prinzipien und blieb ihnen treu/befand sich oft im Zwiespalt zwischen Schriftgelehrten und den menschlichen Bedürfnissen und Schicksalen"
gelitten unter Pontius Pilatus

Bei solchen Prozessen einer Auseinandersetzung mit Jesus Christus kommen auch irritierende und provozierende Momente ins Spiel. Das sind beispielsweise die ethischen Forderungen der Bergpredigt (z. B. der Gewaltverzicht; verbunden mit inneren Widersprüchen im Handeln Jesu selbst, wenn man die Tempelaustreibung hinzunimmt), das Weltbild der Seligpreisungen („selig die Armen" in einer mammongläubigen Welt), die permanente Verunsicherung des „Frommen" in den Gleichnissen und Wundern Jesu, die Entgrenzung des Liebesgebots, die Konsequenz eines Lebens bis zum Tod oder die Frage nach der Göttlichkeit im Menschen Jesu. Unter den Vorzeichen einer Debatte um Inklusion und eine inklusionssensible Didaktik darf man dann auch kritisch nachfragen, wie denn die Wunder Jesu im Kontext der Reich-Gottes-Botschaft von Menschen mit Behinderungen gelesen werden (vgl. Schiefer Ferrari 2012) und die provozierende Frage stellen, ob Jesus (bzw. die Evangelisten!) nicht zunächst durchaus inklusionsfeindlich und dann lernfähig war, wenn man beispielsweise an die Begegnung mit der kanaanäischen Frau denkt: Jesus weigert sich zunächst, sie zu heilen (Mt 15,21–28)!

Josef Imbach weist darauf hin, dass bereits eine recht verstandene Nachfolge Jesu etwas anderes meint als bloße Nachahmung:

> *„Nachfolge bedeutet vielmehr persönliche Betroffenheit angesichts ganz konkreter Situationen, die immer neu aus dem Glauben heraus zu bewältigen sind. Anders ausgedrückt: es geht um die Anstrengung, die eigene individuelle und soziale Lebenswirklichkeit entsprechend der Weisung und dem Beispiel Jesu zu gestalten. Solche Nachfolge hat stets schöpferischen Charakter. Sie unterscheidet sich von der bloßen Nachahmung gerade dadurch, dass die Botschaft Jesu unter den jeweiligen Lebensumständen zum Tragen kommen muß" (Imbach 1999, 238).*

Umso mehr gilt das für diejenigen, die sich nicht mit der Intention, Jesus nachzufolgen, mit ihm beschäftigen, sondern sich beispielsweise unter den Modalitäten eines schulischen Religionsunterrichts mit ihm auseinanderzusetzen haben. Verwerfungen, Gegenargumente, Provokationen müssen hier an der Tagesordnung sein. Im Gegensatz zu einem Nachahmungskonzept wird man solche Irritationen aber als produktives Material verstehen im Ringen um plausible verpflichtende Wahrheiten.

Gerade in der Phase des Übergangs vom Kindes- ins Jugendalter benötigen Kinder perspektivische Jesuskonzepte (z. B. Jesus als Freund), die mit den Jugendlichen mitwachsen können (vgl. Mendl 2014a, 101f.). Sie eröffnen Beziehungsmöglichkeiten zu Jesus Christus, die an den eigenen Erfahrungen anknüpfen und diese zugleich radikal sprengen. Jugendliche, die die Relevanz Jesu für ihr Leben bejahen, sehen in Jesus (1) ein Leit- und Vorbild, (2) eine Bezugsperson, der man im Gebet alles anvertrauen kann, (3) einen Tröster, Beistand und Beschützer und (4) einen Helfer und Ratgeber (vgl. Ziegler 2006, 320f.; Schiefer Ferrari 2009, 128). Didaktisch empfiehlt es sich, die Pluralität verschiedener christologischer Zugänge bei Jugendlichen und das Angebot biblischer Texte und deren Interpretation als Herausforderung zu entdecken, die zu einer persönlichen Positionierung führen sollte.

3.4.2 Lernchancen

„Nehmt mich zum Vorbild, wie ich Christus zum Vorbild nehme", schreibt der Apostel Paulus an die Korinther (1 Kor 11,1; vgl. dazu auch Kothmann 2011, 172–175). Georg Langenhorst stellt fest (Langenhorst 2002b, 297): Zielpunkt einer Orientierung an Jesus Christus ist Jesus, der Mensch. Die Evangelien, die wie oben skizziert rückblickend vom Christus-Ereignis des Tods und der Auferstehung aus geschrieben sind, bieten aber ein recht disparates Bild des Menschen Jesus, sie enthalten Lücken und setzen spezifische theologische Schwerpunkte. Gerade die Vielzahl medialer Zugänge, die Jesus-Filme und Jesus-Romane, versuchen, dieses Bedürfnis nach einer Präzisierung und Ausgestaltung des Menschen Jesu zu stillen. Man wird aber, wenn es um das menschliche Lernpotenzial im Leben Jesu geht, auf jeden Fall Abstriche von einem Gesamtporträt machen müssen. Bestimmte biblische Aspekte, die zwar im Rahmen einer „Biografie Jesu Christi" bedeutsam sind, wird man ausblenden, weil sich nicht so recht Bezüge zu einem dialogisch-orientierenden Lernen an der Person Jesus herstellen lassen: Georg Langenhorst nennt die Kindheitsgeschichte Jesu, die Wundergeschichten, in denen Jesus als Gottessohn aufscheint, die apokalyptischen und eschatologischen Reden Jesu sowie die bereits österlich gedeuteten Aussagen über Passion, Tod und Auferweckung.

Vielmehr erscheinen die folgend entfalteten Themenfelder der Worte und Taten Jesu als besonders ertragreich für orientierendes Lernen (vgl. Langenhorst 2002b, 299–301; Religion vernetzt 10, 67); Nachfolge Jesu bedeutet hier eine „kreative Transformation" ins eigene Leben hinein – produktiv und kontrastiv.

Jesus als Lehrer diakonischer Liebe
Jesus predigt und lebt seine vorbehaltlose Solidarität mit den Ausgegrenzten und den am Rande der Gesellschaft Stehenden. Die Entsprechung beider Ebenen – der Worte und Taten – verleiht diesem Lernfeld seine besondere Spitze. Es geht nicht nur um die theoretische Zustimmung zu einem Konzept grenzüberschreitender Zuwendung zum Nächsten, sondern auch um die konsequente Anwendung dieser

Ethik in der Lebenspraxis, wie sich dies in den Mahlgemeinschaften Jesu mit Zöllnern, Dirnen und Kranken widerspiegelt. Dies ist innerhalb eines diskursethischen Ansatzes insofern besonders bedeutsam, als damit die Ebene des Kognitiven und der Gesinnung gesprengt wird zugunsten einer Ethik der Konsequenz und der Handlung.

- Diese doppelte Perspektive einer Gesinnungs- und Handlungsethik enthält viel Sprengkraft, welche unweigerlich zu kritischen Reflexionen und Diskursen in einer Lerngruppe führen wird: Bereits im letzten Kapitel wurde – noch auf der Diskursebene – die erwähnte Beispielerzählung vom BARMHERZIGEN SAMARITER angesprochen. Jesus erzählt es, um eine Antwort zu geben auf die Frage: „Wer ist dein Nächster?" Über diese Frage und über das Gleichnis lässt sich treffend streiten; mit guten Gründen lassen sich die Grenzen auch enger ziehen, als dies Jesus mit seiner Erzählung tut. Wenn dann allerdings deutlich wird, dass Jesus konsequent zu seiner Lehre auch lebt und mit den underdogs selbst Beziehungen eingeht, dann fordert dies auf neue Weise heraus zur Reflexion auch der eigenen Grenzziehungen der Jugendlichen, zum Infragestellen einer unbarmherzigen Peergroup-Moral gleichermaßen wie zur faktischen Überschreitung einer konsequenzenlosen theoretischen Toleranz.
- Auch für dieses Themenfeld gilt das oben beschriebene Prinzip der Gradualität: Man kann und darf von Kindern nicht die Hochform der Ethik und des Altruismus Jesu einfordern. Vielmehr sind Spielräume der Zuwendung im Konkreten zu eröffnen. Dies beginnt bei Kindern zunächst im unmittelbaren Umfeld. Noch wichtiger ist es allerdings aus moralpsychologischen Gründen, dass Kinder vorbehaltlose Zuwendung und Liebe am eigenen Leib erfahren, noch bevor der Aufruf zum sozialkaritativen Verhalten gemäß dem Beispiel Jesu an sie ergeht. Empathie für Menschen am Rande kann nicht belehrend entwickelt werden, sondern über konkrete Kontaktzonen mit Menschen, die am Rande stehen, bzw. mit sozialkaritativ tätigen Menschen, die im Sinne Jesu in ihren jeweiligen Berufsfeldern oder Ehrenämtern aktiv sind.
- Eine stimmige Fortführung im Sinne des Prinzips der Gradualität und zum Ineinander von Lehre und Leben Jesu findet diese Ausbildung von Empathie im bereits erwähnten Compassion-Projekt (vgl. Kap. 2.2).

Jesus als Prophet

„An einen Gott glauben heißt sehen, dass es mit den Tatsachen der Welt noch nicht abgetan ist", sagt Ludwig Wittgenstein (Gutmann/Mette 2000, 21f.). Die Geschichte des Lebens Jesu ist auch die Geschichte eines unerbittlich konsequenten Mahners – wiederum in Wort und Tat. „Weil er auf Seiten der Unterdrückten und Opfer steht, protestiert er – in guter alttestamentlicher Tradition – im Namen Gottes gegen Unterdrückung, Ausbeutung, Missbrauch von Macht", meint Georg Langenhorst (Langenhorst 2002b, 299). Dieser Protest ist gefährlich, provoziert Widerstand und führt letztlich zum Tod am Kreuz.

- Verzichtet man auf Katastrophentheorien des Jugendalters, so kann man auch bei der heutigen Jugend nach wie vor viel prophetisches Potential wahrnehmen. Friedrich Schweitzer stellt fest, dass Jugendliche Zukunftsherausforderungen oft rascher erkennen als Erwachsene, und spricht deshalb vom „Jugendprotest als ‚Prophetie'" (Schweitzer 1996a, 162f.). Solche Prophetien gilt es wahrzunehmen und in Beziehung mit dem Propheten Jesu zu setzen. Die (selbst-)kritische Spitze erhält der Vergleich allerdings wiederum durch die konsequente Frage nach den Folgen eigener Prophetien fürs Leben und Handeln Jugendlicher heute. Auch die kritische Rückfrage bezüglich pflegeleichter Patchwork-Konstrukte von Jesus, die unangenehme Aspekte ausblenden, sind hier passend verortet.

- Das bedeutet auch, sich mit Jugendlichen Gedanken zu machen über eine plausible Kriteriologie für das Aufspüren von Unrechtssituationen in der Welt als auch über mögliche Formen des Protests und ihre jeweiligen Folgen. Ziel wäre es, „im Blick auf das Vorbild Jesu Verantwortungsgefühl für soziale und politische Formen zu entwickeln und anzuwenden, Handlungsmuster politischer Tätigkeit einzuüben" (Langenhorst 2002b, 201). In den Blick kommen hier neue soziale und gesellschaftliche Bewegungen, die für Verantwortung und Nachhaltigkeit in einer globalisierten Welt eintreten: GREENPEACE, ATTAC, aber auch die kirchlichen Hilfswerke wie MISEREOR, ADVENIAT oder BROT FÜR DIE WELT und lokale Aktionsgruppen wären hier zu nennen.
- Beide Aspekte gehören zusammen: diakonischer Dienst am Nächsten und prophetischer Protest für bessere Lebensbedingungen. Aber genauso, wie es eine Verkürzung darstellen würde, auf die Impulse des Christentums nur für eine individuelle Heilssuche zurückzugreifen und die soziale Dimension auszublenden, wäre es zu wenig, nur den Sozialrevolutionär und Weltgestalter Jesus zu thematisieren. Hinzukommen muss die Frage, woher Jesus seine spirituelle Kraft bezieht.

Jesus als Mahner des Gotteswichtigen

Bevor diese Thematik erläutert wird, ist ein Einwand angebracht: Sind Jugendliche überhaupt zugänglich für diese anspruchsvolle Ethik und Spiritualität Jesu? Sind sie nicht vielmehr als Kinder dieser Wohlstandsgesellschaft mammongläubig, materialistisch und egozentrisch orientiert, wie ihnen vorgeworfen wird (Ruster 2000a)? Wir sollten differenzieren, auch weil diese einseitige Fixierung und Abwertung von „der Jugend" nicht mit den empirischen Befunden übereinstimmt (Deutsche Shell 2000, 93–156). Wenn auch mit unterschiedlichen Ausprägungen: Jugendliche schauen über ihren Tellerrand und verfügen über globale Weltsichten, sind gesellschaftlich organisiert, tolerant und hilfsbereit. Auch Jugendliche leiden an der Hektik und Künstlichkeit ihrer Lebenswelt und empfinden sich selber als Rädchenexistenz inmitten einer lähmend-bedrückenden Dschungelwelt (Berg 1993). Insofern kann die Auseinandersetzung mit der Lebenskraft Jesu und seiner „Umwertung der Werte" im Sinne einer Konzentration auf das Lebenswichtige neben aller Provokation einen positiven Widerhall finden und Sehnsüchte wecken und Suchbewegungen auslösen. Auch hier beeindruckt die Konsequenz des Predigers Jesus („Seht euch die Vögel des Himmels an!"), der sich immer wieder in die Einsamkeit und ins Gebet zurückzieht und dessen Entscheidung für das Lebenswichtige für ihn lebensgefährlich wird. Imitieren aber kann man Jesus nicht. Er lädt vielmehr zum Innehalten ein.

Folgende Fragen drängen sich auf:

- Was sind meine Ressourcen, aus denen ich lebe, die Kräfte, von denen ich zehre?
- Was bedeutet die Transformation einer Konzentration auf das Lebenswichtige, wenn man sich dafür entschieden hat, inmitten dieser Leistungs- und Konsumgesellschaft sich an der Botschaft Jesu vom Lebenswichtigen und damit am Gotteswichtigen zu orientieren (und das ist vermutlich die Mehrzahl der Leser dieses Buchs!)?
- Was sind die Ziele meines Lebens (vgl. :in Religion 2014, Heft 3, 13)? Hier können dann auch wieder Beispiele aus dem Fundus der *Local heroes* als Spiegelungsfolein eingebracht werden, Jugendliche, die sich dem Beschleunigungsdiktat einer wirtschaftsgesteuerten Pädagogik entziehen und zwischen Schulzeit und Ausbildung oder Studium ein freies soziales Jahr einschieben (vgl. Mendl 2011b, 44f.).
- Aber auch die großen Heiligen und spirituellen Gemeinschaften kommen hier als Kontrastpersonen und -orte ins Spiel: FRANZ VON ASSISI, ELISABETH VON THÜRINGEN, die Gemeinschaften von TAIZÉ oder SANT' EGIDIO.

Jesus als Lehrer der Gottesbeziehung

Man kann Jesus nicht splitten in den sozialkaritativen und den frommen Menschen. Beides bedingt sich gegenseitig: Gottesbindung ohne Konsequenz im Leben ist ebenso unsinnig wie Weltgestaltung ohne Grund und Ziel. Jesus lehrt und lebt, wie mit Gott in Beziehung zu treten ist: „So sollt ihr beten!" (Mt 6,9) heißt es in der Einleitung zum Vaterunser.

- Das klingt nach Imitationslernen, ist auch so gedacht, wird aber in der Praxis orientierenden Lernens zu vielfältigen Einsprüchen, Transformationen und kreativen Selbstvergewisserungsprozessen führen, weil jeder Vers des Vaterunsers herausfordert: Was bedeutet das „im Himmel", was ist zu verstehen unter dem „Reich Gottes", welche Vorstellungen verbindet man mit dem „täglichen Brot" und der zu „vergebenden Schuld"? Und vor allem: Wie sieht es mit der inneren Zustimmung zu diesem Modell einer intimen Gottesbeziehung aus?
- Hier müssen die religionspsychologisch belegten Entwicklungsprozesse von Kindern und Jugendlichen sensibel wahrgenommen werden: Während Kinder noch in einer größeren Unmittelbarkeit zu einem bergenden und schützenden Gott stehen, wird die Gottesbeziehung für Jugendliche, die sich vom Gott des Kinderglaubens verabschieden müssen, nüchterner und distanzierter. Begreift man diese Transformationsprozesse in all ihrer Gebrochenheit aber als inneres Wachstum, so wird es tatsächlich die bleibende Aufgabe sein, über Spiegelungen auch mit dem Menschen und Gottessohn Jesus immer wieder neue Anwege und Tastversuche hin zu einer befreienden und persönlichkeitsstärkenden Gottesbeziehung von Jugendlichen zu begleiten.

Georg Langenhorst fasst seine Ausführungen zusammen: „Vorbild-Lernen heißt hier Modell-Lernen in dem Sinne, dass das Motiv, die Grundstruktur der Worte und Taten Jesu kreativ auf unsere Zeit und bezogen auf die Lebenswelt und Altersstruktur der Kinder und Jugendlichen heute übertragen werden muss. Was davon letztlich als Anregung fruchtbar und als Orientierungsmaßstab übernommen wird, entscheidet jede und jeder Einzelne selbst" (Langenhorst 2002b, 301f.). Gerade die subjektiven Konstruktionen einer Orientierung an Jesus werden innerhalb eines dialogischen Religionsunterrichts die bleibende Fremdheit der letztlich nicht auf wenige Aspekte reduzierbaren Vorstellung von Jesus Christus garantieren: Denn die Unterschiedlichkeit der Individuen in einer Lerngruppe wird auch zu unterschiedlichen Jesus-Konstruktionen führen, die sich gegenseitig provozieren und perturbieren und im Bereich blinder Flecken (der drohende, radikale, fordernde, Gott-suchende Jesus) durchaus auch vom Lehrer ergänzt werden können.

Im Folgenden füge ich zwei weitere Lernperspektiven an, die auf den ersten Blick sehr gegensätzlich wirken: die Menschenfreundlichkeit und Lebensfreude Jesu und die Tragik des Kreuzestodes Jesu – von beiden Perspektiven her lassen sich weitere Lernchancen beschreiben.

Jesus, ein menschenfreundlicher und lebensfroher Mensch

Religion gilt gemeinhin als sehr ernste Sache, und die katholische Kirche nicht selten als Spaßbremse. Dass es die Aufgabe von Kirche ist, das Evangelium Jesu Christi zu verkünden, also die frohe Botschaft dieses menschgewordenen Gottes, wird in der Praxis kirchlichen und liturgischen Handelns, in der Erscheinungsweise von Kirche und in den normativen moralischen Ansprüchen an die Gläubigen häufig überlagert. Die Sinus-Milieu-Studien haben ein realistisches Bild bezüglich einer mangelhaften Akzeptanz von Kirche in den verschiedenen gesellschaftlichen Milieus und besonders unter Jugendlichen (vgl. exemplarisch Hobelsberger 2008) gezeichnet. Aufgabe ist es deshalb, entgegen dieser faktischen Erscheinungsform und Rezeption von Kirche den Blick auf den Urgrund christlichen Handelns zu richten und die Lebensfreude und Menschlichkeit Jesu herauszuarbeiten.

Wenn sich Jesus mit dem Vorwurf auseinanderzusetzen hat, er sei ein „Fresser und Säufer, dieser Freund der Zöllner und Sünder" (Mt 11,19), so weist dies darauf hin, dass er die Verheißung des Reiches Gottes, mit der er die Fülle des Lebens (Joh 10,10) verspricht, nicht nur gepredigt, sondern auch gelebt hat: Er hat gefeiert, gegessen und getrunken; er hat sich zu Festen einladen lassen und selber eingeladen, oft die am Rande der Gesellschaft Befindlichen; er hat sich berühren lassen und andere berührt. Diese grundlegende kommunikative und sinnliche Dimension des Menschseins fasziniert und kennzeichnet die Menschenfreundlichkeit und Lebensfreude Jesu.

- Von daher muss es Aufgabe jeglicher religiösen Erziehung sein, die Geschenkhaftigkeit des Heils, die sich in vielen Jesus-Geschichten niederschlägt, als grundlegende Erfahrung auch Kindern und Jugendlichen weiterzugeben: der Indikativ, die Heilszusage, geht dem Imperativ, der Einladung zum Mittun, voraus (vgl. Mendl 2013a, 290f.)!
- Diese jesuanisch positive Einstellung zum Leben und zum Mitmenschen lässt sich auch wieder nicht über Lehrbuchtexte vermitteln, sie muss erlebt und gedeutet werden: Gemäß dem oben skizzierten handlungstheoretischen Ansatz (Kap. 2.2) sollen Kinder und Jugendliche sinnenhafte Liturgien erleben (vgl. Mendl 2013a, 179–250) können, in denen Körper, Seele und Verstand zusammenspielen und durch die die Erinnerung an den Menschensohn Jesus Christus wach gehalten wird.
- Dazu dient auch die Spiegelung an Menschen der Geschichte und Gegenwart, die sich von dieser Lebensfreude Jesus Christi haben berühren lassen (siehe das folgende Kap.) und diese auch leben. Papst FRANZISKUS hat, wie so häufig mit einem Schalk in den Augen, im September 2013 1600 Katechetinnen und Katecheten in Rom dazu ermuntert: „Verkündet das Evangelium – manchmal auch mit Worten!"
- Jeder Religionslehrer und jede Religionslehrerin sollte eine Sammlung von (laminierten) Jesus-Bildern haben, die immer wieder eingesetzt werden können, um Jesus-Bezüge zu aktivieren. Nicht selten werden von Kindern und Jugendlichen, aber auch von Erwachsenen beispielsweise im Rahmen der familienbezogenen Erstkommunionvorbereitung, Jesus-Bilder gewählt, die ihn als freundlich-lächelnden Menschen, als Feiernden und Gemeinschaft Stiftenden zeigen.

Jesus und die Torheit des Kreuzes

Auf dem Palatin, einem der sieben Hügel Roms, fand man eine Kritzelei, auf der unschwer ein gekreuzigter Esel zu sehen und die Aufschrift „Alexamenos verehrt seinen Gott" zu lesen war. Nicht nur die antike Gesellschaft hielt Jesus, den Gott der Christen, für eine eigenartige Gestalt: Ein Gott, der am Kreuz gestorben war, widersprach der Vorstellung von übernatürlicher und unsterblicher göttlicher Macht. Auch heute gibt es eine militante Form der Religionskritik, die Religion und Christentum für Unsinn hält: „Wer Gott kennt, dem fehlt etwas!", heißt es in einem üblen Kinderbuch.

Für Jesus gilt Ähnliches wie für die weiter oben skizzierten Märtyrer: Spiegelungsprozesse an ihm werden nicht linear verlaufen, sondern an verschiedenen Bruchstellen entlang: Er fasziniert und schreckt ab, fordert heraus, ist in seinem menschlichen Ringen (z. B. am Ölberg) sympathisch und weist über menschliche Glücksansprüche hinaus; auch Jesus ist eine „gebrochene Biografie" (Kap. 3. 8)!

- Wenn eine Zuwendung zu Religion gerade auch dann erfolgt, wenn das Leben brüchig wird, wenn Grenzen erfahren werden, so ist das nicht die Schwäche, sondern die Stärke einer Religion, deren Stifter radikal solidarisch mit dem Menschen ist – bis in den Tod hinein. Von daher wird auch die globale und existenzielle Leidfrage immer auch mit Blick auf den Leidensweg Jesu Christi bearbeitet werden können.
- Es verwundert nicht, dass gerade auch der Kreuzweg, der zu einer Spiegelung des eigenen Lebens an den Leiderfahrungen Jesu Christi einlädt, inzwischen gesellschaftlich, filmisch (vgl. Schrom 2014), aber auch religionsdidaktisch (Mendl 2013a, 159) eine Renaissance erfährt.
- Es ist heute insgesamt nicht mehr in unserer Gesellschaft selbstverständlich, Christ zu sein, schon gar nicht für Kinder und Jugendliche. Wenn sich Jugendliche mit der „Torheit" (12 Kor 1,23f.) des Kreuzes auseinandersetzen, so kann ein erster Schritt in einer distanzierten Bearbeitung der Frage bestehen, wieso vor diesem antiken Hintergrund das Christentum ein Erfolgsmodell werden konnte (vgl. :in Religion 2014, Heft 3, M11). Wie weit eine Lerngruppe dann auch bereit ist, sehr persönlich Antwort zu geben, wieso Jesus Christus Grund der eigenen Hoffnung ist (1 Petr 3,15b), hängt von den Beziehungen und dem Klima in der Gruppe ab.

3.4.3 Lernfelder und Beispiele

Abschließend seien drei Ebenen skizziert, auf denen eine ertragreiche Auseinandersetzung mit Jesus als Vorbild produktiv sein kann: über Jesus-Spiegelungen im Medium Film, über Fotoprojekte und die Möglichkeit indirekter Spiegelungen an Menschen, die Jesus beim Wort nahmen; man könnte diese Perspektiven noch ergänzen über Jesus-Darstellungen in der Kunst (vgl. Lange 2011) oder auch in der Literatur (vgl. exemplarisch Langenhorst 2001, 192–219; Religion vernetzt 10. Lehrerkommentar, 134f.).

Jesus-Spiegelungen in der Medienwelt

Medien, besonders Filme, können Schnittstellen zwischen der Lebenswelt der Schülerinnen und Schüler und theologischen Fragestellungen sein. Sie ermöglichen ein Wechselspiel zwischen Glaubens- und Lebensfragen. Zur Religionsproduktivität von Kinofilmen und zur Tradition und Fülle der Jesus-Verfilmungen gibt es genügend Literatur (z. B. Kirsner/Wermke 2000; Langenhorst 1998; Tiemann 2002), so dass ich mich im Folgenden auf eine zentrale Perspektive beschränken kann: Wie unter dem Stichwort Korrelation die Person Jesu Christi und das Leben der Schülerinnen und Schüler produktiv aufeinander bezogen werden können.

Problematisch erscheinen sowohl unter filmästhetischem Blickwinkel als auch in religionspädagogischer Sicht die direkten Jesus-Filme, in denen das Leben und Leiden Jesu möglichst historisch abgebildet werden. Die Inszenierungen von Jesus als „Hollywood-Erlöser" (Heil/Kumher 2003), wie beispielsweise in Roger Youngs „Die Bibel: Jesus" (1999), verbleiben filmisch meist auf der Ebene einer Evangelien-Paraphrase und verleiten didaktisch zum Modell einer Deduktion: Ein vorgegebener Erzählkontext soll verstanden und eventuell noch in Teilkonsequenzen aufs Leben der Schüler übertragen werden. Auch der heftig diskutierte Film „Die Passion Christi" von Mel Gibson ist auf dieser Ebene angesiedelt. Wie bereits eingangs geschildert: Dort, wo solche Filme von der Erzählvorlage abweichen und im Sinne eines diskursethischen Ansatzes Handlungsalternativen Jesu andeuten, also didaktisch interessant werden, schlägt die beleidigte Volksseele mit dem Blasphemie-Hammer erbarmungslos zu, wie dies bei Martin Scorseses „Letzte Versuchung" der Fall war.

Prototypen für indirekte Jesus-Filme sind „Ben Hur" oder „Quo vadis"; hier wird – freilich bei diesen beiden Filmen reichlich pathetisch und zeitbedingt monumental-schwülstig – von Menschen, die eine Beziehung zu Jesus aufbauten, erzählt. Auch die provozierende, aber nach wie vor ungebrochen in der Jugendkultur beliebte Parodie bzw. Parallelerzählung der Monthy-Python-Gruppe „Das Leben des Brian" (1979) – für Theologen nach wie vor ein lehrreiches Dokument für den Prozess der Entmythologisierung naiver und bombastischer Jesus-Vorstellungen! – oder Jean-Luc Godards „Maria und Joseph" (1984) – ebenfalls skandalträchtig und Indiz für das gebrochene Verhältnis von Kirche und moderner Kultur – gehören zu dieser Gattung. Es erstaunt, wie intensiv die Filmschaffenden immer wieder eine Auseinandersetzung mit Religion, Christus und den Folgen wagen (vgl. die eindrucksvolle Filmschau zur Berlinale 2014 von Michael Schrom; Schrom 2014).

Noch produktiver für diese Perspektive einer indirekten Annäherung an Jesus als filmische Versuche ist in diesem Fall die Vielzahl perspektivischer Erzählliteratur, wo die Geschichte Jesu oder Einzelepisoden seines Lebens aus dem Blickwinkel anderer Personen erzählt werden. Auf dem theologischen und religionspädagogischen Markt gibt es hier eine Fülle an Literatur, wie z. B. Gerd Theißens „Der Schatten des Galiläers" (1986) oder Rainer M. Schroeders „Der geheime Auftrag des Jona von Judäa" (2007), und auch im Bereich der Literatur (vgl. dazu die unerschöpflichen Funde in den Büchern von Georg Langenhorst) und Belletristik ist das Interesse an der Jesus-Geschichte nach wie vor ungebrochen: Luise Rinsers „Mirjam" (1983) gehört beispielsweise dazu, äußerst eindrucksvoll auch „Das Evangelium nach Pilatus" (2007) von Eric-Emmanuel Schmitt. Auch auf dem trivialeren Sektor wird man fündig: So enthält der leider in der Verfilmung weitgehend auf die Aktionebene reduzierte Science-Fiktion-Thriller „Jesus Video" (Andreas Eschbach, 1998) interessante und anregende Gespräche über die Bedeutung von Religion und Jesus – anlässlich des Fundes eines Videos aus der Zeit Jesu und der Frage, was darauf zu sehen sei und was es für Welt und Kirche zu bedeuten habe. Und Michael Cordy thematisiert in „Das Nazareth-Gen" (1997) die Frage von Selbst- oder Fremderlösung auf originelle Weise im Kontext der modernen Gentechnologie. Auch wenn Filme wie „Jesus liebt mich" (2012) in ihrer Qualität umstritten sind, so enthält doch die Perspektive, was geschähe, wenn Jesus heute in die Welt einer jungen Frau eintreten würde, durchaus das Potenzial für eine ernst zu nehmende Auseinandersetzung über Ethos, Menschlichkeit und Transzendenz von Jesus Christus für Menschen von heute.

So motiviert der Fund des Jesus-Videos die Hauptfigur Stephen zur autobiografischen Reflexion, wie er selber Gott „gedacht" hatte, als sein Freund ums Leben gekommen war:

> *„Damals als er von einem Tag auf den anderen allein dagestanden hatte, zurückgelassen, da hatte er zu Gott gebetet, er solle Nick wieder lebendig machen. Wenn Jesus von den Toten auferstehen konnte, warum nicht Nick? Aber Gott erhörte ihn nicht. Heute musste er über sich selber lächeln, wenn er daran zurückdachte. Er hatte seine Eltern imitiert. Gott war eine Instanz, an die man sich wandte, wenn man allein nicht zurechtkam. Eine Instanz, die einem dann auch nicht half." (Eschbach 1998, 250)*

An der Grenze zwischen Kitsch und beeindruckender perspektivischer Darstellung ist die Schilderung, was in Stephen vorgeht, als es ihm schließlich gelingt, das Jesus-Video abzuspielen. Die Szene endet so:

> *„Plötzlich wusste er, warum sie diesen Mann hatten kreuzigen müssen. Er musste ihnen abgrundtiefe Angst gemacht haben. Vor seiner Lebendigkeit mussten sie sich wie tot gefühlt haben, und sie mussten ihn gehasst haben dafür. Vor seiner natürlichen Autorität mussten sie sich lächerlich vorgekommen sein mit ihren Ämtern und Würden und Rangabzeichen, und das musste sie zutiefst verletzt haben." (Eschbach 1998, 617)*

Beide Szenen bieten sich an zum „Einklinken":

- Wie hat sich mein eigenes Jesus-Bild verändert? Welche Ereignisse, Situationen, Erkenntnisse waren dafür verantwortlich?
- Was würde man deiner Meinung nach auf einem Jesus-Video sehen? Oder indirekter: Was hat wohl Stephen gesehen (was dann einen Textvergleich zwischen Schülermeinungen und dem Eschbach-Text ermöglicht).

Noch ertragreicher sind aber die transformatorischen Jesus-Filme, die die Geschichte des Jesus von Nazareth völlig neu erzählen und dazu alle filmästhetischen Darstellungsweisen, perspektivischen Verschränkungen und Verfremdungs- und Kontrastierungsmethoden nutzen. „Besser kann ein Jesus Film nicht sein!" (Langenhorst 1998, 206). Diesem Urteil Georg Langenhorsts bezüglich Denys Arcands „Jesus von Montreal" (1989) kann ich mich vorbehaltlos anschließen, zumal dieser Film x-mal unterrichtlich erprobt ist (Mack/Ramsperger/Volpert 1993). Hier werden verschiedene Erzählebenen raffiniert miteinander verschränkt: Ein junger Schauspieler erhält den Auftrag, ein Passionsspiel neu zu inszenieren. Der Film erzählt davon und spielt gleichzeitig auf verschiedenen Ebenen: Kontrastiert und komponiert werden die Lebensgeschichten der Schauspielertruppe mit dem Passionsspiel und der Glitzerwelt des Film- und Kulturbetriebs, wodurch vielfältige gegenseitige Bezüge hergestellt und Deutungsmuster evoziert werden. Letztlich entspricht der Film dem Modell einer induktiven Korrelation: Inmitten ihrer Lebenswelt erfahren die Schauspieler, besonders der Hauptdarsteller, die befreiende, aber auch provozierende und lebensbedrohliche Wirkung des Menschen aus Nazareth.

Neben diesen drei Mustern einer Auseinandersetzung mit Jesus – direkte, indirekte und transformatorische Jesus-Filme – gibt es zahlreiche Kinofilme, die traditionelle religiöse Codes verwenden und transformieren. Stefan Heil und Ulrich Kumher veranschaulichen dies am Kassenschlager „Matrix" und erläutern, wie nach dem Modell einer „abduktiven Korrelation" die in „Matrix" vorhandenen religiösen Zeichen durch den ungewöhnlichen Kontext in neue Deutungszusammenhänge überführt werden (Heil/Kumher 2003). Hier lassen sich unter der Erlöserthematik vielfältige Bezüge mit Jesus Christus herstellen (Futterlieb 2001; Burkhart 2000).

Gerade diese letzten filmischen Beispiele zeigen, dass durch intelligente Filme die einfache Ebene einer Orientierung am ethischen und religiösen Vorbild Jesu im Detail überschritten werden kann und man plötzlich bei zentralen theologischen Fragen, wer denn dieses Jesus Christus (für mich!) ist und was er bedeutet, angelangen kann.

Auch in der Pop- und Rockmusik wird Jesus Christus erstaunlich häufig thematisiert – naiv, provozierend, aber durchaus auch hintergründig und produktiv. Wenn auch die Halbwertszeit der Songs beschränkt ist, so haben doch zahlreiche Stücke inzwischen Kultstatus und gehören zu den Klassikern; attraktiver und didaktisch ergiebiger als die sentimentale Jesus-Lyrik vieler Gottesdienstlieder sind sie für Jugendliche allemal: JOAN OSBORNE, One of us (1995), ROBBIE WILLIAMS, Jesus in a camper van (1995) und Bodies (2009), QUEEN, Jesus (1973), BARCLAY JAMES HARVEST, Hymn (1977), MARIUS MÜLLER-WESTERHAGEN, Jesus (1998), NORMAN GIMBEL/ARTHUR ALTMAN u. a., I will follow him (aus dem Soundtrack zu „Sister act", 1992), MARILYN MANSON, Personal Jesus (2004), US5, Jesus (2005), XAVIER NAIDOO, Ich brauche dich (2009), LADY GAGA, Black Jesus & Amen Fashion (2011), GREENDAY, East Jesus Nowhere (2009). Auf vielfältige Weise kann mit diesen Liedern gearbeitet werden, z. B.:

- Die Schülerinnen und Schüler streichen einzelne Zeilen eines Songtexts, heben andere hervor und schaffen somit einen neuen, eigenen Text (z. B. Personal Jesus von MARILYN MANSON – vgl. Sitzberger 2007).
- Die Schülerinnen und Schüler setzen sich (symbol-)kritisch mit Präsentationsformen auseinander, bei denen Anspielungen auf Jesus Christus erkennbar sind (z. B. ließ sich MADONNA bei ihrer Confession-Tour im Jahr 2006 mit einer Dornenkrone auf ein verspiegeltes Kreuz binden, vgl. Religion vernetzt 10, 61).

Auch die neuen Medien, z. B. im Internet und besonders auf „youtube", stellen eine unerschöpfliche Fundgrube für originelle, manchmal auch provozierende, auf jeden Fall herausfordernde Belege eines Umgangs mit Jesus Christus dar (vgl. Mertin 2007), wie z. B. der nachdenklich stimmende Kurzfilm „Spin. Oder wenn Gott ein DJ wäre" (2005).

Jesus nachbilden – mit Jesus ins Bild kommen

Einen erfrischenden Gegenpol zur Klage über die Jesus-Ferne von Jugendlichen bilden Projekte, bei denen unmittelbare Identifikationen mit Jesus Christus und biblischen Situationen angeregt werden. „Jesus an der Ruhr" (Heck/Kowertz 2003), „Jesus in Burghausen" (Stinglhammer 2003), „Gott ein Gesicht geben" (Remmert 2003, 178) oder „Auferstehung lernen" (Grewe 2001), lauten die Titel der didaktischen Versuche, heutige Schülerinnen und Schüler mit Jesus Christus in einen Dialog zu bringen. Dies geschieht über die reizvolle Methode fototechnischer Dokumentation (der Segen der Digitalkamera!) in Verbindung mit bibliodramatischen Elementen. „Wie lässt sich Jesus heute darstellen, am Beginn des 21. Jahrhunderts?" fragt Herbert Fendrich (Fendrich 2001, 339). Und er wird fündig bei den Aufsehen erregenden Fotoarbeiten von Bettina Rheims und Serge Bramly unter dem Titel „I.N.R.I.“, welche neutestamentlichen Szenen durch ungewöhnliche Verfremdungen und Kontextualisierungen völlig neue Sinnhorizonte zuwachsen ließen. Die beiden Fotografen sind keine Christen; für das Thema haben sie sich entschieden, weil es für sie „die erregendste Geschichte der Welt“ (Fendrich 2001, 334) ist. Selten hat ein einzelnes Projekt sich derart produktiv auf religionsdidaktische Neuansätze ausgewirkt. Inspiriert von der Idee, Jesus-Geschichten neu in Szene zu setzen, haben Jugendliche in Oberhausen „Jesus an der Ruhr“ inszeniert. Bevor als Endprodukt eine neue Szene fotografiert werden konnte, wurde eine intensive Auseinandersetzung mit der biblischen Vorlage, heutigen Aktualisierungsmöglichkeiten und der Bedeutung dieses Jesus Christus in Gang gesetzt. Das Projekt hat inzwischen vielerorts Nachahmer gefunden (vgl. auch die didaktischen Hinweis zur Vorgehensweise: Religion vernetzt 10, 78) – konkretisiert auf Jesus Geschichten oder den Kreuzweg hin, zum Exodus oder zu Franz von Assisi (vgl. die Bebilderung in KatBl 139 (2014), Heft 3). Manuel Stinglhammer (Stinglhammer 2004) hat folgendes didaktisches Raster (S. 190) für die Vorbereitung auf ein solches Projekt entwickelt, das dafür sorgt, dass die Auseinandersetzung mit Jesus oder einer anderen Person nicht an der Oberfläche verbleibt, sondern Tiefgang bekommt; wenn dann die Schülerinnen und Schüler bewusst den Pausenhof für die Kreuzigungsszene auswählen („Na ja, in der Schule fühlen wir uns halt am meisten gekreuzigt!“) oder die Jesus-Darstellerin der johanneischen Erzählung „Jesus und die Ehebrecherin“ unmittelbar nach dem Fotoshooting meint, „Wahnsinn, der hatte echt was zu sagen, der hatte wirklich Macht!“ (Stinglhammer 2004, 18), wird deutlich, was durch diesen Zugang zu Jesus Christus ausgelöst werden kann.

Die erwähnten Jesus-Modelle verbinden die didaktischen Elemente des Spiels und eines In-Rollen-Schlüpfens mit der einer bildlichen Fixierung und Weiterverarbeitung; sie lassen sich auch auf die im vorigen Kapitel dargestellten biblischen Beziehungs-Geschichten übertragen! Die Intensität einer Auseinandersetzung mit Jesus oder einer anderen biblischen Person ist weit stärker, wenn eine Annäherung nicht nur im Gespräch, sondern mit dem eigenen Körper erfolgt: Wenn man sich einer Person körpersprachlich annähert, eine ganze Szenerie der handelnden Personen vorbereitet, überlegt, an welchem Ort (ein aktualisierendes Element!) innerhalb der eigenen Lebenswelt, des Wohnortes, der Schule die Szene dargestellt werden soll, die Szene dann stellt und fotografieren lässt und die Fotos dann mit Titeln und Kommentaren versehen für eine Ausstellung aufbereitet.

„Sie nahmen Jesus beim Wort“ (Müller 1987)

Was Tobias Ziegler als Einbruchsstelle und Konfliktstelle benennt, nämlich dass es an glaubwürdigen Christuszeugen mangelt, „die die weltverändernde Kraft und Relevanz des Christus-Glaubens“ konkretisieren, soll hier positiv als Anspruch gewendet werden: Ja, es braucht solche Zeugen! Und es gibt sie! Es sei auf ein Feld der indirekten Spiegelungen hingewiesen, das deshalb nicht genauer ausgeführt werden muss, weil hier der Querverweis zu den Kapiteln zuvor ausreicht: Wenn bei *Local heroes* und großen Heiligen Handlungsmotive erfragt werden, so stößt

Fotoprojekt: Jesus ____________ **– Phase 1: Damals –**

Überschrift der Bibelstelle: ____________________

Genaue Angabe der Bibelstelle ____________________

An welchen Ort(en) spielt die Erzählung?

____

____

Welche Gegenstände kommen in der Stelle vor (z. B. Haus, Geld, Boot, Baum)

____

____

Benenne die Personen/Gruppen, die in der Bibelstelle vorkommen.

____

____

Ordne den Personen/Gruppen entsprechende Gefühle zu!

Person/Gruppe	Gefühl

In welcher Beziehung stehen die Menschen untereinander (freundschaftlich, verfeindet, zerstritten …)?

____

____

Suche in der Bibelstelle nach den 2–3 für dich wichtigsten Worten/Ausdrücken und schreibe sie auf.

____

____

Ergänze! Die 2–3 wichtigsten Worte können dir bei der Formulierung der Kernaussage eine Hilfe sein. (Kernaussage)

Jesus will uns damit sagen, dass ______________________________

____

____

Fotoprojekt: Jesus in ________
– Phase 2: Heute –

Benenne genau den Ausschnitt aus deiner Erzählung, der dargestellt werden soll.

____

Location: An welchem Ort würde die Erzählung heute stattfinden?

____

Wieso? Begründe!

____

Welche Ausstattungsgegenstände (Requisiten) werden für die Szene gebraucht?

____

____

Wie soll Jesus heute dargestellt werden (männlich/weiblich; Wie ist er gekleidet? Hell/unauffällig/schwarz ...)?

____

____

Überlege dir eine Körperhaltung/Geste, die in deinem Ausschnitt der Erzählung zu Jesus passt.

____

Welche Personen oder Gruppen sollen noch auf dem Foto zu sehen sein? Wie sind sie gekleidet? Überlege dir jeweils eine Körperhaltung/Geste!

Person/Gruppe	Kleidung	Geste

Was soll außerdem auf dem Foto zu sehen sein? (Hintergrund ...)

____

____

Wer übernimmt welche Rolle?

Rolle	Name

Wie soll das Foto aussehen? Fertige eine grobe Skizze an!

man häufig auf eine grundlegende Orientierung an diesem faszinierenden Jesus von Nazareth. Es gibt Personen, die Jesus beim Wort nahmen und in deren Leben und Handeln sich die Botschaft Jesu vom Reich Gottes widerspiegelt, durch die also Jesus gleichsam durchscheint. Sie gelten als hoffnungsfrohe Zeichen, dass der Glaube an diesen Jesus von Nazareth keine Torheit ist, sondern plausibel auch in dieser Welt und in unserer Zeit möglich ist.

Man findet übrigens in der Belletristik bis hin zur Trivialliteratur zahlreiche Vatikan- und Christentumsromane, in denen, leider häufig stark überzeichnet-polemisch als Gegenfolie, insgesamt aber zugleich als Ausdruck des Anspruchs an das Christentum dasselbe Thema behandelt wird: Das Christentum als Ganzes, aber auch jeder einzelne Christ und jede christliche Organisation muss sich messen lassen an Jesus Christus und seiner Botschaft. Wie dies in ganz unterschiedlicher Weise geschehen kann, zeigen Personen aus verschiedenen Zeiten und Gruppen: PAULUS, der sich Jesus zum Vorbild nahm und ihn über die Grenzen des Judentums hinaus verkündete; FRANZ VON ASSISI, der in seiner Christusnachfolge Krippe, Leben und Kreuz integrierte (arm geboren, arm gelebt und arm gestorben); ELISABETH VON THÜRINGEN, die verrückt war nach Gott und den Menschen; der von den Nazis ermordete NIKOLAUS GROß, der auch in seinem Abschiedsbrief an die Familie auf die Verbundenheit mit Jesus Christus hinweist; der Ministrant KONSTANTIN KATSIKIS (vgl. *Local-heroes*-Homepage unter „Berufung"), der in seinem Dienst Jesus Christus und die Kirche den Jugendlichen näher bringen möchte; die Mitarbeiter von lokalen Tafelprojekten, die immer wieder bei ihrem Tun an die matthäische Endzeitrede erinnert werden („wann haben wir dich hungrig und durstig … gesehen", Mt 25,44). „Entscheidend für all diese Vorbilder der Glaubensgeschichte: In diesen Figuren bekommt das Urvorbild Jesu ein konkretes Gesicht" (Langenhorst 2014a, 113).

3.4.4 Lernaufgaben und Literaturhinweise

Zusammenfassung

Kann Jesus, der Christus, als ein Vorbild verstanden werden, so wie dies bisher in diesem Buch entfaltet wurde? Diese Frage wurde zunächst in einer historischen Studie bezüglich unterschiedlicher Ausformungen einer Nachfolge Christi beantwortet, die freilich in ihrer je zeitbedingten Form und vor allem in Gestalt einer moralisierenden Vorstellung vom vorbildlichen Jesus-Kind heute nicht mehr tragfähig ist. Positiv wurde die Frage vom Ansatz einer „Christologie von unten" aufgegriffen, und zwar auf zweifache Weise: Der erste Weg war ein empirischer: Wie verstehen Kinder bzw. Jugendliche Jesus, was bedeutet er ihnen? Dem Ansatz einer Kinder- bzw. Jugendtheologie verpflichtet wurde dafür plädiert, im Rahmen der jeweiligen Verstehensbedingungen beispielsweise den grenzenlos solidarischen Menschenfreund Jesus zu thematisieren. Der zweite Weg ist ein bibelhermeneutischer: Ausgehend von Jesus, dem Menschen, wurden zentrale Themenfelder vorgestellt, die Jesus als Lehrer diakonischer Liebe, als Propheten, als Mahner des Gotteswichtigen, als Lehrer der Gottesbeziehung, als lebensfrohen Menschen und als scheiternden Gekreuzigten als bedeutsam für orientierendes Lernen erscheinen lassen. Dies wurde abschließend konkretisiert mit Jesus-Spiegelungen im Film, in bibliodramatisch angelegten Fotoprojekten und über Menschen, die Jesus beim Wort nahmen.

Lernaufgaben

1. Suchen Sie über eine Internetsuchmaschine Jesus-Darstellungen. Wählen Sie eine aus, die Sie besonders anspricht, reflektieren Sie über die Gründe und biblischen Bezüge und tauschen Sie sich über Ihre individuellen Rezeptionen aus!
2. Im Kapitel wurden zahlreiche (pop)kulturelle Beispiele für die mediale Auseinandersetzung mit Jesus Christus angeführt (Film, Musik, Kunst). Denken Sie darüber nach, welche in Ihrer eigenen Biografie bedeutsam waren – und inwiefern! Und wenn Ihnen weitere Beispiele einfallen: Der Autor dieses Buchs ist für Rückmeldungen dankbar!
3. „Heilige sind wie Fenster, durch die das Licht Gottes in unsere Welt strahlt": Konkretisieren Sie dieses schöne Bild mit Bezug auf die oben (2.3.5) angeführten Kriterien, besonders auf die jesuanischen (Seligpreisungen, Werke der Barmherzigkeit) hin: Bei welche Personen – großen Heilige, aber auch *Local heroes* – scheinen Facetten der Ethik Jesu durch?

Literaturhinweise

Büttner, Gerhard/Thierfelder, Jörg (Hg.) (2001), Trug Jesus Sandalen? Kinder und Jugendliche sehen Jesus Christus, Göttingen.

Langenhorst, Georg (2002), Urvorbild Jesus: unerreichbar, abschreckend, Orientierung gebend?, in: Religionsunterricht an höheren Schulen 45, 295–302.

3.5 Medienhelden

Imaginäre Identifikationsfiguren bieten gewissermaßen geborgte, ausgeliehene Kraft, geborgten, ausgeliehenen Sinn. Beides wird gebraucht, bis die eigenen Kräfte wieder reichen.

Ekkard Liebau (Liebau 1997, 25)

„Es ist gut, anders zu sein!" So begründen 9.-Klässler ihre Entscheidung, die schräge LADY GAGA in die Liste ihrer Vorbilder aufzunehmen (siehe oben, 3.1.5). Selbst wenn sie hinzufügen, dass ihnen auch die Anstrengungsbereitschaft und der damit verbundene Erfolg imponieren („LADY GAGA steht für Perfektion"), werden manche Lehrerinnen und Lehrer entsetzt den Kopf ob einer solchen verschrobenen Idee schütteln: Die Dame sei doch ein „Idol" und kein „Vorbild"! Ähnliches dürfte für CARMEN und ROBERT GEISS (vom Tellerwäscher zum Millionär), BARNEY STINSON (von „How I met your mother"), DR. LEONARD LEAKEY HOFSTADTER (von „Bing Bang Theory") oder auch STEFAN RAAB gelten.

So kann man pointiert die pädagogische Diskussion auf den Punkt bringen, die sich in Lehrplänen und Unterrichtsmaterialien niedergeschlagen hat. Die folgenden Ausführungen sollen zu einer differenzierteren Sicht beitragen, was die Eignung von Stars aus der Medienwelt für ein orientierendes Lernen angeht.

3.5.1 *Herausforderung und Problemanzeige*

Die Wahrnehmungsbrille: Vorbild oder Idol

> *„Wo das Vorbild an intellektuelle und moralische Vorstellungen appelliert, der Star an Gefühle und Leidenschaften, da bindet das Idol ins Irrationale weisende Energien, die es zum rätselhaftesten der drei besprochenen Phänomene macht." (Janke 1997, 21)*

Diese problematische Unterscheidung war lange Zeit gang und gäbe, wie folgendes Beispiel zeigt.

„Die ROLLING STONES, Vorbilder oder Idole?", lautet der Titel eines Stundenentwurfs aus den 80er-Jahren (Grünauer 1987, 7–52; zu den ROLLING STONES 19–26). Dass die Frage tendenziös ist, verdeutlichen Aufbau und Material: Gegenüber einem schmalen Aspekt „Spendenaktion der Stones" („Hier können sie Vorbild sein") dominiert die andere Seite („Hier sind sie Idole") – Skandale, körperlicher Ruin, Medienspektakel etc. Die gesamte Unterrichtseinheit ist so aufgebaut: Nach zwei recht offenen Einheiten zur Vorbildthematik (Warum Vorbilder? Welche Vorbilder?) und der Stunde zu den ROLLING STONES werden PATER DAMIAN, der hl. ERASMUS und BRUDER KONRAD thematisiert. Man sieht die Motivation in einer 7. Klasse richtiggehend dahinschwinden.

Die Absicht freilich ist erkennbar und auch nachvollziehbar: Gewarnt werden soll vor einer blinden Nachahmung eines „eidolon" (Idols), „bei dem das Bewusstsein der Bildhaftigkeit verschwindet und die Wahlfreiheit eingeschränkt wird" (Bucher 2001, 2185). Dies stimmt zwar mit der auch in diesem Buch vertretenen Skepsis gegenüber einem Nachahmungslernen überein, bezogen auf die pejorative Thematisierung von Idolen aus der Medienkultur wird dann leider pädagogisch das Kind mit dem Bade ausgeschüttet, weil man radikal an Lebenswelten und entwicklungspsychologischen Bedingungen vorbeipädagogisiert. Das Ganze hat auch eine medienkritische Schlagseite: Die Kirchen (und auch die Pädagogen!) taten sich lange Zeit schwer mit neuen Medien, die, historisch betrachtet, als Instrumente der Meinungsfreiheit ihren Beitrag leisteten, dass Kirche seit der Aufklärung das Weltdeutungsmonopol verloren hat. Gegenüber Radio, Kino, Pop- und Rockmusik überwog anfangs Skepsis. Von diesem Blickwinkel aus ist es verständlich, dass die Ikonen der Popkultur, die ja in den Medien präsent sind, innerkirchlich und dann auch pädagogisch (eine Konkurrenz zur Konzentration der Schülerinnen und Schüler auf das Wesentliche = Schule!) kritisch beurteilt wurden.

Diese Fixierung auf einen dualistischen Blickwinkel (die „guten" Vorbilder und die „problematischen" Idole) hat sich allerdings tief in des Pädagogen (Löbbecke 2002, 61–63) und Theologen („Vorbilder ‚aus zweiter Hand", Hurth 1999, 259) Herz eingebrannt, wie an der Reaktion von Lehrenden, aber auch bei Diskussionen in Lehrplankommissionen festzustellen ist. Wie oben bereits erwähnt: Es gäbe gute theologische und pädagogische Gründe, sich auch der „Problematik von

Heiligen" zuzuwenden! Ich plädiere dafür, in beiden Fällen das gleiche Maß anzuwenden und von den jeweiligen lernenden Subjekten her zu denken: Gerade Pädagogen sollten sich aber vor einer Doppelmoral hüten: Ebenso wie Menschen in Krisensituationen oder schweren Krankheiten sich bestimmten Heiligen verschreiben, brauchen auch Kinder und Jugendliche zeitweilige Lebensbegleiter, um eigene Hoffnungen, Wünsche und Sehnsüchte darin zu spiegeln. Man sollte beides gelten lassen! Ich plädiere deshalb für den Verzicht auf die unselige Unterscheidung zwischen Idol und Vorbild und für eine unvoreingenommene Annäherung an die Stars der Medienkultur und vor allem das, was sie für Kinder und Jugendliche bedeuten. Diese schließt dann freilich auch kritische Sichtweisen nicht aus.

Getaufte Stars

Stars werden im üblichen (religions-)pädagogischen Diskurs dann in Teilaspekten akzeptiert, wenn sie außerhalb ihres Starlebens sozial karitativ tätig sind oder sich zum Glauben bekennen. Jede Generation hat solche „getauften" Stars: Früher waren es WOLFGANG OVERATH (Fußballprofi) und BERNHARD LANGER (Golfer), „Fußball-Gott" war ein Buch überschrieben, in dem sich die damals aktuellen Fußballstars wie GERALD ASAMOAH zum Glauben bekannten (Kadel 2002). Heute werden DAVID ALABA, LEWIS HOLTBY, BEYONCE, BRUCE DARNELL oder sogar JUSTIN BIEBER (z. B. in: Kosian 2012) bemüht. Das ist natürlich auch wieder ein zweischneidiges Schwert: Einerseits entspricht dieser Blickwinkel der oben skizzierten Marschroute, dass ein altruistisches Leben auch in dieser Welt möglich ist. Was man den *Local heroes* zugesteht, sollte auch für die großen Stars gelten. Sie leben zwar im medialen Rampenlicht und verdienen unanständig viel Geld. Trotzdem kann man den Bekanntheitsgrad nutzen und auf diese Weise Welthorizonte und Nachdenkprozesse eröffnen, die ansonsten für Jugendliche uninteressant werden: „Denn wenn schon diese Personen über Sinnfragen nachdenken und soziale Verantwortung an den Tag legen, dann ..." Das gilt gerade für die vielen Fußballprofis aus Südamerika und zunehmend auch aus Afrika, die in zahlreichen Projekten Kinder und Jugendliche dort unterstützen. Freilich kennen auch die Medienberater der Stars diese Mechanismen, die in das Feld der Pro-bono-Kampagnen und der eigenen Imagepflege fallen, und nutzen sie für die Vermarktung ihrer Schützlinge aus. Aber in einer medialen Welt sollte man hier nicht zimperlich sein, sondern das eher auf der Ebene des Gebens und Nehmens betrachten. Die Botschaft könnte lauten: Wenn schon gestandene Helden des Fußball-Alltags wie LIONEL MESSI, SEBASTIAN KEHL, MANUEL NEUER, JÜRGEN KLOPP, JOSE MOURINHO oder OLIVER KAHN (Kosian 2012) Gott als ernst zu nehmende Hypothese oder gar mehr ansehen, könnte eine Auseinandersetzung mit der Gottesfrage und mit Religion durchaus auch für mich als kirchendistanzierten, religiös uninteressierten oder suchenden Jugendlichen sinnvoll sein.

Plakat auf Schalke: „An Gott kommt keiner vorbei – außer STAN LIBUDA*". ZÉ* ROBERTO*: „Aus meiner Sicht hätte ich darunter schreiben müssen: ‚Auch nicht* ZÉ ROBERTO*!'" (Kadel 2002, 11)*

LENA MEYER-LANDRUT*, Gewinnerin des Eurovision Song Contest 2010, hatte lange Zeit ein Taizé-Kreuz um den Hals hängen und erzählt davon, dass sie mit einer Jugendgruppe in Taizé war: „Taizé ist eine wunderbare Sache. Aber warum ich dort* *war, gehört mir und meinem Herzen. Es ist eine Gemeinschaft, wie ich sie noch nie erlebt habe, die jedem vergönnt sein sollte.“ (Kosian 2012; vgl. auch Mendl 2012c)*

Das Spektrum der religiösen Orientierung ist auch unter medialen Stars postmodern breit. Der Schauspieler RICHARD GERE bezeichnet sich als Buddhist, die Regisseurin DORIS DÖRRIE beschäftigt sich ebenfalls schon lange mit dem Buddhismus, der Musiker CAT STEVENS (noch bekannt?) wurde Moslem, viele Fußballer gehören evangelikalen Gruppierungen an. Auch in der Jugendzeitschrift „Bravo“ spielt Religion eine stärkere Rolle, als man auf den ersten Blick meinen könnte (Klinkhammer 1996; Trimpel 1997). Es handelt sich hier zwar um eine auf wenige Blickwinkel beschränkte, funktionale und gelegentlich scheinheilige und meist klischeehafte Darstellung von Religion, auch der Religion der Stars, die allesamt an höhere Mächte glauben. Trotzdem eröffnet sich auch und gerade wegen der konformistischen Präsentation von Religion in einem nach wie vor bedeutsamen Feld der Jugendkultur eine Schnittstelle für eine auch kritische Auseinandersetzung und die Einladung zur Horizontüberschreitung.

Problematisch ist allerdings, wenn aus einem naiven Religionsverständnis heraus enge Bezüge zwischen religiösen Vollzügen und ihrer Wirksamkeit beispielsweise auf dem grünen Rasen hergestellt werden – gerade in einem Bereich, der von Ritualen, Maskottchen und Aberglauben nur so strotzt. Mit welcher Erwartung betritt ein Fußballer das Spielfeld, nachdem er sich bekreuzigt hat? Ein diskursethischer Ansatz eröffnet hier wieder ein breites Zugangsspektrum: Gerade weil eine solche Geste unter dem Verdacht steht, es handle sich entweder um eine automatisierte, floskelhafte Zeichenhandlung oder ein funktionalistisches Werkzeug für die Erfolgsgarantie, lassen sich hier kontroverse Diskussionen über die Wirksamkeit des Bittgebets, über legitim, randständig oder problematisch erscheinende Rituale führen. Die Manager der Stars achten natürlich darauf, dass entsprechende Äußerungen nicht allzu naiv klingen. Trotzdem: Auch hier eröffnen sich vielfältige Spiegelungsprozesse, wenn jemand wie OLIVER KAHN, deutlich differenziert:

> OLIVER KAHN: „Es gibt keinen Fußballgott, sondern nur einen Gott. Und der gibt uns Kraft für Siege und auch Kraft, Enttäuschungen wegzustecken“ (Kosian 2012). Und er engagiert sich mit seiner Stiftung dafür, junge Menschen mit dem Programm „Du schaffst es!“ stark zu machen.

Resümee: Man sollte den Blickwinkel nicht einengen auf das Feld von explizit Religiösem und getauften Stars, wenn man sich mit den Personen in der Medienwelt beschäftigt. Für den Religionspädagogen ist das ganze Leben bedeutsam und letztlich religionsproduktiv. Im Folgenden soll deshalb der Frage nach der Bedeutung von Stars im Kontext orientierenden Lernens von den Lebenswelten der Kinder und Jugendlichen und den Eigenheiten der modernen Medienwelt aus nachgegangen werden.

Kinder und Medienhelden: Souveräner als man meint

In der Medienforschung hat ein Paradigmenwechsel von der Medienwirkung hin zur Mediennutzung stattgefunden (Pirner 2008, 101): Es interessiert also weniger, was die Medien mit den Meschen machen, als vielmehr, wie die Menschen Medien nutzen. Vom „Deutschen Jugendinstitut" wurde im Jahre 1997 der Medienkonsum von 13- und 14-Jährigen unter die Lupe genommen (Barthelmes/Sander 1997; zu medialen Vorbildern bes. 243–259). Für unsere Fragestellung interessiert, wie diese Jugendlichen mit medialen Helden umgehen. Die klassischen Vorurteile lauten ja: Kinder konsumieren wahllos Fernsehsendungen. Sie himmeln völlig unüberlegt irgendwelche Idole und Stars an. Beides muss nach dieser Untersuchung differenzierter betrachtet werden:

- Jugendliche suchen sich diejenigen medialen Gestalten (z. B. aus Lieblingsserien) heraus, die sie in ihren Alltagserfahrungen gerade brauchen, die Antworten auf ihre Lebensthemen, Sehnsüchte und Begrenztheiten geben. Sie wählen Gestalten, die etwas für die anstehenden Entwicklungsaufgaben beisteuern können. Deswegen ziehen Jugendliche übrigens auch die Stars aus der Fernseh- und Kinowelt den musikalischen und sportlichen Helden vor: Die alltagsnäheren und beziehungsgefüllten Geschichten der Figuren aus Fernsehfilmen und Daily Soaps eignen sich eher als direkte Spiegelfolien für eigene Gefühle und Tagträume (Barthelmes/Sander 1997, 247f.). Das soll weiter unten noch genauer ausgeführt werden. Zu einem ähnlichen Ergebnis kam übrigens eine Freiburger Forschungsgruppe bezüglich der Medienrezeption von Kindern: Bereits Kinder im Alter von drei und vier Jahren selektieren Medien, suchen nach persönlich relevanten Themen und lassen das weg, was ihnen nicht gefällt (Charlton 1994, 30).
- Die in der Mediendebatte immer wieder ins Spiel gebrachte These von der gefährlichen direkten Nachahmung des Idols (gerade von gewaltverherrlichenden Gestalten) muss weitaus differenzierter betrachtet werden. Es gibt Beziehungen zwischen Mediennutzung und Gewaltbereitschaft, diese sind jedoch nicht kausal gestrickt, sondern weit komplexer, korrelativ und interdependent: Jugendliche mit einer bestimmten Persönlichkeitsstruktur und je eigenen sozialen Hintergründen neigen zu einem bestimmten Freizeitverhalten. Die Hälfte der vom Deutschen Jugendinstitut Befragten verneinte übrigens die Frage, ob Stars Vorbilder für die unmittelbare Nachahmung seien (Barthelmes/Sander 1997, 252f.). Die meisten Jugendlichen brauchen Stars eben als zeitweilige Symbole für eigene Entwicklungswünsche: „Stars dienen für Tagträume erfüllter oder unerfüllter Liebe; und Tagträume müssen mitunter so lange durchgeträumt werden, bis man genug davon hat, bzw. man in der Wirklichkeit eine andere befriedigende Lösung findet" (Barthelmes/Sander 1997, 255).
- Jugendliche unterscheiden dabei sehr wohl zwischen Bewunderung und (Teil-)Identifikation, zwischen Schauspieler-Rollen und Schauspieler-Leben, zwischen Musiker-Leistung und Künstler-Persönlichkeit: „An MICHAEL JACKSON gefällt mir seine persönliche Art überhaupt nicht … Seine Musik mag ich aber" (Barthelmes/Sander 1997, 255), meint ein 14-jähriger Hauptschüler.
- Meist handelt es sich um zeitlich begrenzte Lebensbegleiter. Dies verbalisieren die Jugendlichen rückblickend selbst: „SEAN CONNERY, das war vor fünf, sechs Jahren, damals wollt ich halt JAMES BOND werden, und jetzt eigentlich weniger" (Barthelmes/Sander 1997, 254).

Das alles beinhaltet auch Abspaltungs- und Transformationsprozesse: Die emotionale Bindung an den Star kann verklingen, die Vorliebe für ihre Musik aber anhalten. DIE ÄRZTE sind beispielsweise für einen 31-Jährigen immer noch gut: „Sie werden mich wahrscheinlich ein ganzes Leben begleiten", meint er nach einem Konzert der Punk-Rock-Gruppe (Passauer Neue Presse 2003). Das gilt auch für Schauspieler und sonstige Größen der Medienkultur: Eine lebenslange Bewunderung bleibt, die Beziehung ist jedoch abgeklärter. Freilich gibt es genügend Gegenbeispiele dafür, dass manche Erwachsene diesbezüglich retardieren – wenn

z. B. eine Fangemeinde jedes Jahr am Todestag zum Grab eines ROY BLACK, ELVIS oder einer LADY DIANA pilgert.

Hinzu kommen biografische Elemente: Die Rekonstruktion der eigenen Lebensgeschichte gelingt auch über die Erinnerung an mediale Vorlieben und personale Orientierungen. Denn in Musik verdichten sich die Lebensgeschichten der Fans. Das liest sich dann in einer Reportage unter dem Titel „Die Erinnerungsmaschine" zu einem Konzert der ROLLING STONES vor wenigen Jahren in München so (Kotteder 1998, 14):

> *„Die alten Kracher aus 36 Jahren Bandgeschichte, vom unverwüstlichen ‚Gimme Shelter' über ‚Tumblin' Dice' bis hin zu ‚Jumping Jack Flash' – wer wüßte nicht eine Geschichte dazu? Die einen sind gekommen, weil sie sich bei einem Stones-Konzert kennengelernt haben, die anderen erinnern sich an den ersten Münchner Auftritt im September 1965 im Circus Krone, für das sie damals extra aus dem Internat ausgebuxt waren, denken an den ersten Schieber mit dem kleinen rothaarigen Mädchen oder frühere Konzerte, die man zusammen mit einem besonders lieben Menschen erlebte, der bei den gleichen Liedern Gänsehaut bekam. So ist das mit den Stones."*

So ist auch das Phänomen erklärbar, dass inzwischen auch Rockkonzerte zu Familienfesten mutieren, wo Mittvierziger gemeinsam mit ihren Kindern generationenübergreifenden Stars zujubeln und Refrains mitsingen. Etwas eigenartig (lebens-)geschichtsvergessen mutet es dann freilich an, wenn gutsituierte Mittelschichtsbürger auf Bierbänken stehend „Born to be wild" mitgrölen. Aber auch das darf man vielleicht nicht so (bier)ernst sehen!

Resümee: Jugendliche gehen also mit medialen Vorbildern weit souveräner um, als ihnen dies Erwachsene meist zugestehen! Die klassische moralisierende Unterscheidung in Lehrplänen und Religionsbüchern zwischen „Idolen" und „Vorbildern" erweist sich in ihrer Ausschließlichkeit somit als unzutreffend.

3.5.2 Lernchancen

Eine andere Haut überziehen

Es sind hoffentlich nicht dieselben, die MAX SCHMELING oder FRANZ BECKENBAUER verehrten und nun skeptisch sind, wenn Jugendliche KATY PERRY oder THOMAS MÜLLER bewundern, sich die Zimmerwände mit einem Poster von SEBASTIAN VETTEL oder JUSTIN BIEBER verzieren und sich zeitweilig so (ent)kleiden und benehmen wie RIHANNA oder MILEY CYRUS. Egal ob die klassischen Vorbilder oder die medialen Stars – sie dienen beide aus kultur- und sozialisationstheoretischer Perspektive als „funktionale Äquivalente", meint Klaus Waldmann: „Sie bieten personifizierte Inszenierungen bestimmter Lebensentwürfe und sie können als Ausdruck einer praktizierten Lebenskunst begriffen werden" (Waldmann 2000, 51).

In der Jugendzeit, wo es um das Ausprobieren von Lebensentwürfen im Sinnzusammenhang geht, sind solche „bedeutsamen Anderen" („significant other") für die Entwicklung der eigenen Person fundamental wichtig. Gerade in einer Lebensphase, in der man sich von Autoritäten abnabelt, aber andererseits inmitten der postmodernen Unübersichtlichkeit eine halbwegs tragfähige und flexible eigene Identität basteln muss, brauchen Jugendliche solche personalen Orientierungen. Man zieht sich sozusagen eine „andere Haut“ über – was am augenfälligsten bei den Jungs der Fall ist, die nicht nur beim Sport, sondern am liebsten rund um die Uhr im Trikot und der Nummer ihres Fußballidols herumlaufen. Und wenn der Star am Samstag erfolgreich war, geht man am Montag mit einer ganz anderen Stimmung und Körperhaltung in die Schule.

Bevor man die pädagogische Nase rümpft, weil es einem als suspekt erscheint, wenn sich Jugendliche im wahrsten Sinne „mit Haut und Haar“ dem Idol verschreiben, sei darauf verwiesen, dass in zahlreichen Kulten der Religionsgeschichte das Anlegen eines neuen Kleides als Teil der Vereinigung mit einer heiligen Kraft inszeniert wurde und es auch im Neuen Testament heißt: „Denn ihr alle, die ihr auf Christus getauft seid, habt Christus (als Gewand) angelegt“ (Gal 3,26) oder: „Zieht den neuen Menschen an, der nach dem Bild Gottes geschaffen ist in wahrer Gerechtigkeit und Heiligkeit“ (Eph 4,24) (Rumpf 2000). Wie gesagt: Kinder und Jugendliche brauchen für ihre Entwicklung solche Orientierungsmarken, denen sie sich durchaus mit einem konfessorischen Akt der Identifikation anschließen. Das ist alles nicht so problematisch: Aus dem PHILIPP-LAHM-Dress wächst man heraus, die Armbänder à la WOLFGANG PETRY werden irgendwann dann doch zu schmuddelig – so lange die Bekenntnisse nicht in einer lebenslänglichen unaustilgbaren Tätowierung münden! Vielleicht brauchen wir im Christentum wieder mehr erkennbare Identifikationsmarken; immerhin sind nach wie vor Taizé-Tauben, Fisch-Aufkleber an Fahrzeugen („ichtys“), Assisi-Kreuze und Glaube-Hoffnung-Liebe-Anhänger (Kreuz, Anker, Herz) hoch im Kurs.

Wenngleich die empirischen Studien eindeutig belegen, dass die These, die Stars der Medienwelt hätten die Eltern als Vorbilder abgelöst oder gar entmachtet (Barthelmes/Sander 1997, 245), nicht mehr stimmt, so wird es doch im Kontext der Peergroup-Kultur von Jugendlichen als cooler gelten, von Popstars, Flügelstürmern und Action-Helden zu schwärmen als von den eigenen Eltern.

Wie im Eingangszitat gekennzeichnet, bezeichent Eckart Liebau die Pop- und Filmstars, Models oder andere Idole als „Krücken“ des Übergangs; sie bieten „gewissermaßen geborgte, ausgeliehene Kraft, geborgten, ausgeliehenen Sinn“ (Liebau 1997, 25) – und zwar solange, bis die eigenen Kräfte wieder stark genug sind.

Dabei kommt es auch zu Identifikations- und Verehrungs-Prozessen, die von außen betrachtet übersteigert und ungesund erscheinen. Alle Informationen eines Stars werden gesammelt, archiviert und an den Zimmerwänden dokumentiert, Devotionalien schmücken das Zimmer, und kein Konzert wird ausgelassen. Das mag im Einzelfall krankhafte Formen von Besessenheit und Abhängigkeit annehmen und in vielen familiären Situationen sozial unverträglich sein: Die empirischen Belege verdeutlichen, dass bei den meisten Jugendlichen der Tapetenwechsel nur eine Frage der Zeit ist. Mit pädagogischen Prozessen, gar noch im Religionsunterricht, hier steuernd eingreifen zu wollen, halte ich für eine pädagogische Illusion. Das emotionale Gefälle ist zu groß.

Filmhelden als „Spiegel“

Jugendliche brauchen Spiegel, meint James Fowler in seinem Standardwerk „Stufen des Glaubens“ (Fowler 1991, 167). Das ist wörtlich und übertragen zu verstehen. Sie brauchen Spiegel, um ihr Outfit zu überprüfen, das Anschwellen der Muskeln, das Wachstum der Brüste und das Sprießen von Pickeln. Der Jugendliche braucht aber auch „Augen und Ohren einiger Vertrauter, anderer Menschen, in denen er das Bild einer entstehenden Persönlichkeit sehen und ein Gehör ausbilden kann für die neuen Gefühle, Einsichten, Ängste und Bindungen, die sich entwickeln und nach Ausdruck suchen“ (Fowler 1991, 167f.). Das eigene Selbstbild ist nun starken Schwankungen unterzogen und von der Meinung anderer abhängig. Die Fähigkeit zur interpersonalen Perspektivenübernahme – die Betrachtung der Welt und der eigenen Person von verschiedenen Blickwinkeln aus – erschwert das Leben eher noch, weil man entweder meint, dauernd von anderen angestarrt oder beurteilt zu werden oder selber absoluter Maßstab für andere zu sein.

In dieser psychosozial schwierigen Phase bieten Filmhelden gleichsam Schutzräume für Spiegelungen, ein Feld für beobachtendes Lernen an „stellvertretenden Erfahrungen“ (1989, 11). Man kann ihre Situationen und Verhaltensweisen, aber auch die Folgen von Handlungen studieren und wird das alles auch bewerten. Immer schwingt die Ebene mit: „In eine solche Situation könnte ich auch geraten“ und „wie würde ich mich verhalten?“. „Indem wir uns handelnde Personen in ihrem situativen Kontext anschauen, machen wir uns immer wieder mit den Konventionen und Regeln des sozialen Lebens vertraut“, meint der Psychologe Michael Charlton (Charlton 1994, 29). Und dementsprechend sei die kritische Auseinandersetzung mit sozialen Handlungsweisen anderer nichts Kindisches und schon gar nicht pädagogisch verwerflich: Wir alle sind vielmehr darauf angewiesen! Man kann in diese Geschichten eintauchen und wird mit den Personen vertraut; sie werden so etwas wie ein virtueller Freundeskreis, dem man selber auch angehört. Die Beziehungen zu diesen Figuren können dann teilweise stärker sein als die zu den eigenen Eltern!

Charlton weist auf eine wichtige Bedingung hin, damit eine Medienfigur zu einem möglichen Modell für eigenes Handeln wird: Sie muss einerseits mit unserem Leben vergleichbare Parallelen aufweisen, darf uns andererseits aber nicht zu ähnlich sein. „Wir lieben es nicht, unseren eigenen, oft grauen Alltag vorgeführt zu bekommen, ein Stück Utopie oder Fremdheit muss schon dabei sein“ (Charlton 1994, 29) Daraus folgt: Es macht keinen Sinn, über die Alltagsferne, verdichtete Konstruktionen auf engem Raum oder die unrealistischen oder kitschigen Bilderwelten von „Verbotene Liebe“, „Twilight Saga“ oder „Terminator“ zu polemisieren, wenn diese gerade die Bedingungen für Akzeptanz sind!

Identitätsbildung durch (Film-)Helden

Eine Studie im Auftrag der Freiwilligen Selbstkontrolle (FSK) und des Jugendministeriums Rheinland-Pfalz ergab, dass Jugendliche durchaus von Kinofilmen profitieren. Jugendliche im Alter von 12 bis 15 Jahren sahen sich entweder den Blockbuster „Die Tribute von Panem – The Hunger Games“, das Neonazi-Drama „Die Kriegerin“, die Tragikomödie „Dirty Girl“ oder den Sciencefictionfilm „Chronicle – Wozu bist du fähig?“ an (vgl. Grimm 2014; Schwarzweller 2014; Goehlnich/Linz 2014). Das Ergebnis eines mehrschichtigen Untersuchungsdesigns mit Pre- und Postbefragung, Gruppen- und Einzeldiskussionen: Die Filme haben durchaus eine identitätsstiftende Funktion. Nach Sichtung der Filme konnte eine

Reduktion von reaktiver Aggression und von Angstneigungen festgestellt werden; ob solche Effekte nachhaltig sind, lässt sich durch die Studie freilich nicht belegen (vgl. Goehlnich/Linz 2014, 73). Auch hinterfragten die Jugendlichen danach Rollenbilder und politische Strömungen kritischer. Bedeutend war der Umgang mit den in den Filmen dargestellten Konflikten; hier scheint tatsächlich ein Lernfeld vorhanden zu sein, das dem in diesem Buch skizzierten diskursethischen Ansatz entspricht. Wenn filmische Darstellungen es schaffen eine Sogwirkung zu entwickeln, die den Rezipienten in die Geschichte hineinziehen, dann fördert dieses „narrative Engagement" (Grimm 2014, 52) die Bereitschaft, sich mit den dargestellten Konflikten auseinanderzusetzen und gedanklich nach Lösungsmöglichkeiten zu suchen („Man muss keine Gewalt anwenden, um Probleme zu lösen, sondern reden", meint der 13-jährige Johannes – Schwarzweller 2014, 62). Auch konnte nach der Filmbetrachtung ein Abbau von Vorurteilen festgestellt werden – was aber auch stark von der dramaturgischen Inszenierung der Filme abhängt („Mir hat gefallen, das sich die Hauptperson bemüht hat, auch Menschen mit Migrationshintergrund einfach zu helfen", Niklas 13 – Schwarzwellter 2014, 63). Resümee: Solche Filme sind für Jugendliche tatsächlich „eine wichtige Ressource, um modellhaft die Bewältigung von Alltagsproblemen und die Lösung von Identitätskonflikten in einem geschützten Raum nachzuvollziehen" (Goehlnich/Linz 2014, 76). Insofern bieten Kinofilme vielfältiges Material für eine eigene Orientierungssuche.

Im Vorfeld der Studie wurden die Kinder und Jugendlichen übrigens auch auf der Basis einer vorgegebenen Liste nach ihren medialen Vorbildern befragt (Grimm 2014, 50f.): Bei den Jungs waren der erstaunlich generationsübergreifende JAMES BOND, RAMBO, BATMAN und JACK SPARROW an der Spitze, ELIZABETH SWANN, CATWOMAN und PIPPI LANGSTRUMPF landeten dagegen am Ende der Liste, und auch WINNETOU ist nicht mehr der Hit. Die Mädchen nannten KATNISS EVERDEEN, BELLA SWAN, HERMINE GRANGER und ELISABETH SWANN; BATMAN, PIPPI LANGSTRUMPF (scheint auch „out" zu sein!) und CATWOMAN lagen hier am Ende der Vorbildwahl. Übrigens konnten Jugendliche durchaus zwischen „Vorbildern" und „bewundernswerten Filmfiguren" unterscheiden: Wurde die Frage nach „bewundernswerte Filmfiguren" gestellt, schnellten die Zustimmungswerte bei den führenden Figuren (JACK SPARROW, JAMES BOND, HARRY POTTER, HERMINE GRANGER und KATNISS EVERDEEN) auf 50 bis 70 % hoch (Grimm 2014, 51).

Was freilich bei der Darstellung der Studie nicht zur Sprache kam: Die Ergebnisse entstanden durch einen intensiven Diskussions- und Befragungsprozess nach der Sichtung des Films. Laufen die skizzierten Identitätskonfigurationsprozesse auch ohne einen Gesprächsimpuls von außen ab? Diskutieren Jugendliche auch abseits von inszenierten reflexiven Gesprächen in ihren Peers intensiv und differenziert über solche Filme? Für unsere Thematik erweist sich diese Anfrage insofern als zweitrangig, da das Buch auf intentionale Lernsituationen abzielt: Dann gilt aber, dass die Medienwelt von Kindern und Jugendlichen Pädagogen und Lehrern aktuelles und lebensnahes Material zuspielt, das aufgegriffen werden kann, um daran auch anstehende Identitätsfragen zu klären.

3.5.3 *Lernfelder und Beispiele*

Daily Soaps: voll das Leben!

„Man kann die Seifenopern lieben oder hassen, sich ereifern und darüber streiten. Ignorieren dürfen wir sie jedoch nicht" (Thömmes 2001, 6), meint Arthur Thömmes. Vielmehr muss es Aufgabe einer phänomenologisch orientierten Religionspädagogik sein, generative Themen inmitten des Medienalltags von Kindern und Jugendlichen zu ermitteln. Und das macht man am besten, wenn man sich an den aktuellen Sehgewohnheiten von Kindern orientiert und dort die Frage stellt, welche Situationen als relevant erachtet und welche Sehnsüchte und Lebensentwürfe thematisiert werden. Denn die Daily Soaps spiegeln „Voll das Leben" (Thömmes 2001) wider:

> *„Die Themen sind so vielfältig wie das Leben selbst: Trouble in der Schule, der Freund geht fremd, Mobbing im Büro, Essstörungen, Liebeskummer, Spielsucht, Sekten, Geldsorgen, Drogen und Homosexualität gehören zur Soap. Alltag. Kein Tabu wird verschont. Soziale Problembereiche wie Aids, Rechtsradikalismus, Homosexualität und Behinderungen werden in einer künstlich verdichteten Wirklichkeit schonungslos vorgeführt. Es wird geliebt und gehasst, Intrigen und Schicksalsschläge werden inszeniert und gemeistert. Liebe und Leid, Lachen und Weinen, Gut und Böse – nichts wird ausgelassen." (Thömmes 2001, 4)*

Was will man mehr? Medienforscher haben ermittelt: Jugendliche betrachten tatsächlich Daily Soaps als „Lehrweisheiten für das Leben" (Thömmes 2001, 4): 77 % der Jugendlichen bevorzugen solche Serien und Filme, die in Familien und Wohngemeinschaften spielen und in denen es um Gemeinschaftsleben und Liebesbeziehungen geht. Dabei sind auch ethische Fragen (z. B. was tun, wenn man sich in den Freund der Zwillingsschwester verliebt) bedeutsam. Immer wieder wird z. B. in „Verbotene Liebe" ein gesellschaftliches Thema aufgegriffen, das für junge Leute auch im realen Leben von dramatischer Relevanz ist: Die globalisierte Gesellschaft der Postmoderne verlangt vom einzelnen Flexibilität und örtliche Veränderungsbereitschaft. Wie verhält man sich, wenn der Partner ein tolles Jobangebot an einem weit entfernten Ort erhält? Welche Handlungsmöglichkeiten gibt es, um das Dilemma zwischen Karriere und Beziehung zu bewältigen? Die Protagonisten der Soaps sind dabei keine leuchtenden Vorbilder, sondern können mit ihren Ecken und Kanten, ihrem Gelingen und Scheitern dazu dienen, virtuell die Welt in ihrem Sinnzusammenhang zu erproben. Arthur Thömmes folgert (Thömmes 2001, 6):

> *„Die große Chance, die ich als Religionlehrer/in habe, besteht darin, dass die Geschichten, die ich täglich von meinen Schülerinnen und Schülern höre, wahre Geschichten aus dem Leben sind. Ich sollte mir dafür ein offenes Ohr bewahren. Und vielleicht bietet die Auseinandersetzung mit der Kunstwelt der Daily Soaps eine Möglichkeit, zu den wirklichen Lebensthemen der jungen Menschen zu finden."*

Diese Option für ein positives Aufgreifen der Medienkultur schließt kritische Elemente nicht aus: Selbstverständlich wird man auch über die Kennzeichen, Tricks, Problemfelder und Qualität von Serien und Daily Soaps reden müssen, über unglaubwürdige Inszenierung von Traummännern und Traumfrauen, über Kultmarketing und Merchandising etc. Kritisch wird man vor allem die neuen

Formate der „Scripted Reality Formate", der sogenannten „Doku-Soaps" betrachten, erfundene Geschichten, die von Laiendarstellern relativ frei umgesetzt werden – z. B. „Berlin – Tag & Nacht"; sie erfreuen sich gestiegener Beliebtheit bei Jugendlichen (vgl. Medienpädagogischer Forschungsverbund Südwest 2012, 16), werden in ihrer Machart aber nicht immer durchschaut.

Dies alles wird nur dann akzeptiert werden, wenn nicht von vornherein geargwöhnt wird, der Lehrer wolle einem die Lieblingssendung letztlich doch nur madig machen.

Methodische Impulse:
- Welche Konflikt- oder Entscheidungssituation in einer Daily Soap/einem Spielfilm fällt dir ein?
- Wie hat sich die Hauptperson verhalten?
- Was hat ihr Verhalten ausgelöst? Wie hat die Umwelt reagiert?
- Wie hättest du dich verhalten?

Notabene: Die skizzierten Sendungen zählen zu den Formaten, die offiziell niemand anschaut und doch jeder kennt. Auch die befragten Mitarbeiter und Studierenden an meinem Lehrstuhl waren äußerst zurückhaltend, sich als regelmäßige Betrachter einer Daily Soap etc. zu outen. Wegen der Kurzlebigkeit mancher Formate und Sendungen wurde hier auch auf eine zu zeitabhängige Konkretisierung verzichtet, so reizvoll es beispielsweise gewesen wäre, die Lernchancen beispielsweise an einer Reihe wie „Türkisch für Anfänger" zu konkretisieren, die aber leider auch schon wieder „out" ist. Man muss als Pädagoge nicht in allen pop- und medienkulturellen Welten beheimatet sein, man sollte aber über deren Existenz und lebensweltliche Bedeutung wissen. In der konkreten pädagogischen Praxis darf man dann auf den Erfahrungsvorsprung der Kinder und Jugendlichen setzen!

Jungs und Sportler, Mädchen und Stars
Mehrere empirische Untersuchungen belegen die Geschlechterdifferenz bei der Orientierung an fremden Biografien; dies wurde in den Kapiteln zuvor jeweils bereits angedeutet. Es versteht sich von selbst, dass auch bei der Bewunderung der medialen Stars geschlechtsspezifische Tendenzen festzustellen sind:
- Mädchen bevorzugen Filmschauspieler und Pop-Ikonen,
- Jungen entscheiden sich deutlicher häufiger für Sportler (Zinnecker 2002, 53; Bucher/Montag 1997, 70f.).

Jungen geben fast ausschließlich männliche Vorbilder an. Mädchen hingegen sind flexibler, was die Orientierung an männlichen und/oder weiblichen Personen betrifft; sie verfügen über eine höhere „Geschlechtsrollenflexibilität" (Grimm 2014, 46) und präferieren gelegentlich durchaus auch männliche Vorbilder (Barthelmes/Sander 1997, 247). Ob diese Vorliebe der Mädchen für gegengeschlechtliche Vorbilder mit der alten psychoanalytisch geprägten These von der Vatersuche begründet werden kann, darf bezweifelt werden; vielmehr scheint hier das Thema erotische und sexuelle Begegnung – fiktiv und wunschbestimmt real – angesprochen zu werden.

Kritisch anzumerken bleibt, dass auf dem Mediensektor – ähnlich wie in der Bibel! – männliche Protagonisten weit häufiger vorhanden sind als weibliche. Dies schränkt die Identifikationsmöglichkeiten für Mädchen ein, deswegen sind auch Darstellungen, die weibliche Vorbilder präsentieren, so wichtig (z. B.: Schwarzer 2003). Hinzu kommt nach wie vor bei der Darstellung die Tendenz zur Rollenfixierung von Frauen auf den familiären Privatbereich; diese schlägt dann auch auf dem Kinder- und Jugendmediensektor und auf der Spielwarenebene durch (siehe BARBIE!). Umso verständlicher ist, dass in Kindergärten diejenigen Kinderbücher mit „starken" weiblichen Heldinnen besonders zerlesen sind und neben dem Klassiker PIPPI LANGSTRUMPF modernere Heldinnen wie die kleine Hexe BIBI BLOCKSBERG hoch im Kurs sind (Mayr-Kleffel 1994).

Methodische Impulse:
- Wie werden die Rollen der weiblichen Darsteller ausgestaltet? Beschreibt ihren Charakter und ihre Verhaltensweisen mit Eigenschaftswörtern!
- Wie werden die Rollen der männlichen Darsteller ausgestaltet? Beschreibt ihren Charakter und ihre Verhaltensweisen mit Eigenschaftswörtern!
- Diskutiert über die jeweiligen geschlechtsspezifischen Rollenzuweisungen!

Altersangemessene Vorbilder wahrnehmen

Auch für das Lernen an Vorbildern gilt das bereits mehrmals erwähnte „Prinzip der Gradualität" (Sekretariat der Deutschen Bischofskonferenz 1981, Art. 34). Ethisches Lernen ist ein Entwicklungsprozess. Er verläuft in entwicklungsangemessenen Stufen und nicht als Hochgeschwindigkeitsbahn auf eine Hochform von Ethik hin. Ausgangspunkt für ein ethisches Lernen an Vorbildern sind deshalb die (moralpsychologischen) Entwicklungszustände der lernenden Subjekte und ihre lebensweltlichen Themen.

Es ist deshalb verständlich, wieso 2-Jährige die TELETUBBIES, 6-Jährige die kleine Hexe BIBI BLOCKSBERG bzw. BIBI UND TINA oder SUPERMAN bewundern, ein 8-Jähriger mit einem MARCO-REUS-Trikot herumläuft, 10-Jährige wie HARRY POTTER oder zumindest HERMINE GRANGER sein wollen, eine 12-Jährige für die respektlose MILEY CYRUS schwärmt, ein schmalbrüstiger 13-Jähriger gerade DWAYNE JOHNSON als Vorbild wählt oder eine 16-Jährige sich für KRISTEN STEWART begeistert.

Wie gezeigt werden konnte, hängt die Entscheidung für bestimmte Vorbilder auch mit entwicklungsbezogenen Lebensthemen, mit eigenen Wünschen und Sehnsüchten zusammen.

„Kinder brauchen Helden" (Czaja 1997), davon sind Medienforscher überzeugt. Kinder brauchen „überlegene Retter" als Kämpfer für Gerechtigkeit gleichermaßen wie „liebenswerte Chaoten" auf ihrem Weg zum „Groß-Werden". Solche Identifikationsfiguren sind Verarbeitungshilfen. Kinder bewundern den überlegenen Retter, weil dieser mutig ist, und sie sind fasziniert von liebenswerten Chaoten, die mit ihren Streichen die geordnete Welt der Erwachsenen auf den Kopf stellen (vgl. die Kategorisierung von Best 1994). Mediengestalten und Sendungen sind dann interessant, wenn sie mit den Lebensthemen der Kinder korrelieren und ihrem Weltbild entsprechend aufbereitet sind: Wenn die Zuordnung von „gut“ und „böse“ funktioniert, die „Guten“ im Kampf gegen die „Bösen“ letztlich siegen, wenn groß und klein, schwach und stark, Macht und Ohnmacht, Täter und Opfer, Halt und Auflösung, Spannung und Angst thematisiert werden, allzu große Spannung aber auch durch humorvolle Szenen und coole Sprüche reduziert wird (Czaja 1997, 73). Weil sie diese Bedürfnisse erfüllen, waren oder sind AVENGERS, POKÉMON, YU-GI-OH-Welten oder jeweils aktuelle Medienprodukte so erfolgreich! Das damit verbundene Merchandising ist leicht durchschaubar; man mag es beklagen, für Kinder bietet es die Möglichkeiten, auch über den Mediengenuss hinaus mit den Spielfiguren oder Karten spielerisch die genannten Themen weiterzuverarbeiten.

Für Jugendliche wiederum sind andere Themen „dran“: Beziehungsfragen, Berufsfindung, Bewältigung des komplexen Alltags. Entsprechend verändern sich auch die medialen Zugriffe.

Thematische Nähe und Altersverschiebung

Mit jedem Lebensalter verbinden sich auch spezielle Herausforderungen und Aufgaben. Die medialen Personen taugen deshalb in doppelter Hinsicht als Vorbilder für Heranwachsende: Sie verkörpern je aktuelle Lebensvorstellungen und sie sind zugleich in Distanz zum Alltag angesiedelt. Um nochmals das Bild vom Spiegel aufzugreifen: Wenn man die Nase an die Scheibe drückt, sieht man wenig; tritt man einen Schritt zurück, so wird das eigene – fremde! – Bild klarer.

Vor diesem Hintergrund wird dann die Positionierung des Helden auf den Skalen von „alltagsnah“ bis „exotisch“ und „altersnah“ bis „altersfern“ zweitrangig.

Wenn Filme thematisch genügend offen ausgelegt sind, dann kann man das Phänomen der Altersverschiebung beobachten: Jugendliche interessieren sich selbstverständlich auch für erwachsene Protagonisten und Erwachsene finden sich thematisch in Teenager-Komödien wieder, haben Medienforscher ermittelt (Blothner 1998).

Entwicklungspsychologisch verständlich ist auch folgendes Ergebnis der Medienforschung: Jugendliche greifen nicht immer auf Figuren zu, die im selben Alter oder gar jünger wie sie selbst sind; Entwicklungspotenzial für Jugendliche spiegeln häufig Filme mit Personen wider, die älter sind und somit lebensgeschichtliche Zukunft antizipieren. Jugendliche wollten also Anteil haben an den Privilegien und dem Aktionsradius Erwachsener: Und somit wäre es uncool, als Kind „nur“ Kinder- oder als Jugendlicher „nur“ Jugendfilme anzuschauen (Blothner 2000, 25–27; Blothner 2001, 43f.)! Entscheidend ist nicht das Alter der Helden, sondern der thematische Zuschnitt der Story, was entweder dazu führt, dass sich bestimmte Altersschichten angesprochen fühlen oder – natürlich der Traum von Filmemachern – mehrere Altersgruppen (auch ältere oder jüngere) erfasst werden, selbst wenn die Filme thematisch eigentlich auf ein eingeengteres Spektrum abgestimmt sind.

So entspricht auch „Amazing Spider-Man 2: Rise of Electro“, der im Frühjahr 2013 in die Kinos kam, diesem Darstellungs- und Rezeptionsmuster: Peter Parker (gespielt von Andrew Garfield) alias Spiderman ist ein schüchterner Junge, auf der Suche nach Liebe, der mit der Identitätsproblematik zu kämpfen hat, die durchaus humorvoll konkretisiert wird: Wie andere Jugendliche auch plagen ihn Kleidungsfragen – in seinem speziellen Fall der Kampf mit seinem blauroten Spiderman-Gewand! Er macht eine Entwicklung durch, und natürlich: Er steht für das Gute, will eben schnell die Welt retten und spricht den Geretteten Mut zu: „Du kannst was, du bist wer"!

Die These vom Ende der großen Erzählungen in der Postmoderne (Jean-Francois Lyotard) wird angesichts des breiten Sinnangebots der Medienkultur fragwürdig; gerade das Kino erweist sich als „Spiegel der menschlichen Seele" (Blothner 2003), als „Andachtsraum" (Graff 1996), in dem Menschheitsfragen und Phänomene des Lebens inszeniert werden (Wörther 1993). Dirk Blothner arbeitet beispielsweise folgende zentrale „Grundsituationen des Lebens" heraus, die als Spiegelungspotenzial in Kinofilmen zu entdecken sind, und belegt sie mit den entsprechenden Beispielen „großer" Filme: Entscheidung und Entwicklung; Identitätsfindung; Wahrheit und Täuschung; Liebe und Verletzbarkeit; die Unfassbarkeit des Todes; Probleme und mögliche Lösungen (Blothner 2003).

Erfolg – ein attraktives Motiv auch für „Underdogs"

Hier ist ein weiterer moralpsychologischer Gedanke anschlussfähig, der bereits oben erläutert wurde: Spiegelungsfiguren, die gut sind und gleichzeitig (und stellvertretend für einen selbst!) Erfolg haben, sind besonders attraktiv. Das klassische Argument lautet: „Gut sein bringt etwas!" Vor allem die Happyend-Struktur in Kinowelten kommt diesem Bedürfnis nach einem Lohn für gute Taten entgegen.

Gerade Jugendliche an Haupt- und Mittelschulen haben, bedingt durch ihre bisherige Bildungskarriere und in Verbindung mit trüben Berufsaussichten häufig ein geringes Selbstwertgefühl. Gleichzeitig haben sie natürlich auch das Bedürfnis nach Erfolg, Anerkennung und Ruhm. Welche Personen wären für frustrierte Jugendliche geeignet, um orientierende Lernprozesse anzuregen?

- Große Heilige mit Ausdauer, Frustrationstoleranz und Selbstlosigkeit im Handeln? Wohl kaum! Selbst der liebenswürdige hl. JOHANNES DON BOSCO, der sich im Turin des 19. Jahrhunderts um Jugendliche am Rande der Gesellschaft gekümmert hat, ist zu weit weg.
- Stars aus der Medienwelt? Bevor hier die bekannten Vorurteile abgespult werden können (Flucht in Scheinwelten …) entgegne ich mit dem Hinweis auf eine kurze Szene aus einer Reportage über eine Schulschwänzerin in der bekannten 37-Grad-Reihe des ZDF (vgl. Mendl 2005a); die Gruppe um Gina bummelt durch einen Park und singt dabei einen deutschen Rap-Song mit; die meisten kennen die durchaus sprachlich komplexen Sätze auswendig. Der Text spiegelt ihre Lebenssituation, aber auch ihre Hoffnungen wider. Das wären zumindest Ansatzpunkte für ein reflektierendes Gespräch nach dem Motto: „Wer keinen Mut zum Träumen hat, hat keine Kraft zum Kämpfen."
- Stütze für Gina und ihre Freundinnen sind die Pädagogen und Lehrer des Projekts, die tatsächlich wegen ihres Verständnisses und ihrer Geduld, aber auch wegen der Hartnäckigkeit, mit der sie an den Jugendlichen dranbleiben, Bewunderung verdienen (vgl. zur Bedeutung von Lehrerinnen und Lehrern als Vorbilder Kap. 3.7). Sie signalisieren: Du bist uns wichtig; wir geben dich nicht auf – bitte gib auch du dich nicht auf! Hier kommt das zum Tragen, was oben mit der Verschränkung der Perspektiven – die Integration von handlungstheoretischen und verhaltenstheoretischen Ansätzen eines emotional bedeutsamen Lernens am Modell – beschrieben wurde.
- Würde man Biografien suchen, die für den Stärkungs- und Motivationsprozess von

leistungs- und lebensfrustrierten Jugendlichen nach dem Prinzip der Gradualität hilfreich sein könnten, so kämen Beispiele von Jugendlichen in Betracht, die in einer ähnlichen Situation waren, die es aber „geschafft" haben, die Schule halbwegs ordentlich hinter sich gebracht und eine Lehrstelle gefunden haben, und die Alltagsstrategien vermitteln können, um das Leben in den Griff zu bekommen. Entsprechende *Local heroes*, ehemalige Schülerinnen und Schüler, die es geschafft haben, die eine Lehrstelle gefunden und ihren Weg gefunden haben, könnte man in eine Klasse einladen.

- Vor einigen Jahren, bei der ersten Staffel der Container-Show „Big Brother", stand beispielsweise ein mehrmals sich als „ungebildet" outender ZLATKO im Medieninteresse; das bot die Chance, mit Hauptschülern über ihre Selbsteinschätzung, ihr Selbstwertgefühl und ihre Träume gelingenden Lebens zu reden. Ähnlich: die „GEISSENS" – die die Karriere vom Tellerwäscher zum Millionär vollzogen haben, wie Mittelschüler neidvoll wahrnehmen, oder DANIEL KÜBLBÖCK, dem es gelang, einige Jahre im Mittelpunkt des medialen Interesses zu stehen – und neben viel freiwilliger und unfreiwilliger Komik auch Disziplin, Anstrengungsbereitschaft und Originalität zeigte.
- Solche – aus der Erwachsenenperspektive betrachtet – zweifelhaften und schrägen Gestalten können als Brücke dienen, um über die Frage, was die Schülerinnen und Schüler an ihnen fasziniert, über die dahinter steckenden Bedürfnisse, Wünsche und Ziele ins Gespräch zu kommen.

Jede Zeit hat ihre medialen Helden

Manfred Mahr, selber zivilcouragierter Polizist, Sprecher der „Kritischen Polizisten", lässt sich zum Diakon weihen; in einer Reportage über ihn heißt es: „Sensibilisiert für die Friedensbewegung, für Strafvollzugspolitik und Toleranz habe ihn vor allem auch KARL MAY – der berühmte Romanautor und ‚Vater' von WINNETOU saß selbst mehrmals im Gefängnis, kämpfte sich immer aus schwierigen Lebenssituationen und widmete sein Lebenswerk der Weltfriedensidee" (Fritsche 2003, 30).

Diesen Zusammenhang von medialer Faszination und eigenem Verhalten bringen einige inzwischen nicht mehr so junge Herren mit einer klassischen Musikausbildung beim Leipziger Thomanerchor, eher bekannt unter dem Namen DIE PRINZEN, in ihrem Lied „Mein bester Freund" (Die Prinzen 1993) auf den Punkt: Ihre „besten Freunde" sind ROBIN HOOD, SHERLOCK HOLMES und ebenfalls WINNETOU; im Refrain geben sie den Grund dafür an: „Denn er kämpft immer gegen das Unrecht in der Welt." Das Lied endet mit einer grandiosen Wendung in der letzten Strophe, verbunden mit einem grauenvollen, wenn auch so gewollten Reim: Die Freunde sind tot, „und das ist für mich sehr schwer", denn „es waren meine Vorbilder". Der neue Refrain lautet: „Deshalb kämpf' ich jetzt gegen das Unrecht in der Welt."

Ein geniales Lied, weil es witzig und leicht die wesentlichen Momente orientierenden Lernens aneinanderreiht!

- Es ist nicht distanziert die Rede von Vorbildern, Helden, Stars etc. Die Bezeichnung „mein bester Freund" deutet auf die emotionale Beziehungsqualität hin.
- Die Bewunderung des Freundes (das Personal ist für heutige Kinder ein anderes!) wird mit einer ethischen Kategorie begründet: der Kampf gegen das Unrecht in der Welt. Wie wir wissen, bei den im Lied genannten Herren ein durchaus erfolgreiches Unterfangen.
- Die überraschend reizvolle Schlussfolgerung, die beschriebenen Helden seien alle tot, ist natürlich sowohl rezeptionsästhetisch wie pädagogisch eine Herausforderung: Man

könnte es deuten als Verschwinden des Helden aus dem Bedeutungshorizont des Lesers, aber auch im Kontext unserer Fragestellung als Indiz für die Transformation und Entwicklung von Moral: In Auseinandersetzung mit ethisch konnotierten Handlungen starker Helden wächst die eigene Handlungsbereitschaft: „Deshalb kämpf' ich jetzt gegen das Unrecht in der Welt!" Der Held wird überflüssig, die eigene Handlungsmächtigkeit nimmt zu.

Methodische Impulse:
- Nenne einen Star, Helden oder eine Figur aus dem Medienbereich (Popmusik, Fernsehen, Kino, Literatur), die dich beeindruckt!
- Welche Eigenschaften an ihm gefallen dir?
- Wofür setzt er sich ein?
- Was stört dich an ihm?
- Ergänze folgenden Satz: „Ich bin so ... wie, ... wenn ... (z. B. ich bin so mutig wie HARRY POTTER, wenn ich beim Schulleiter einen Freund verteidige)!

Vom Helden zum Kind und Jugendlichen
Die Frage nach Idolen ist letztlich ein Vehikel, um über eigene Lebensthemen, Bedürfnisse, Hoffnungen und Utopien gelingenden Lebens nachzudenken und in ein Gespräch zu kommen. Das sollten Pädagogen immer als Zielmarke vor Augen haben, bevor sie entrüstet und abwertend die medialen Stars ihrer Kinder „nur als Idole" abtun. Gerade weil die lebensweltliche Bedeutsamkeit und emotionale Bindung in diesem Bereich unumstritten ist, sollte man das Feld auch für orientierendes Lernen nutzen. Dies schließt übrigens eine Orientierung an echten oder vermeintlichen (weil perspektivisch wahrgenommenen) Anti-Typen bzw. gebrochenen Biografien quer über die skizzierten Personengruppen hinweg ein (vgl. Kap. 3.8): So kann es durchaus ertragreich sein, über aktuelle Eskapaden von Sportlern, die Thematik Fairness im Sport am Beispiel der Schwalbe im letzten Champions-League-Spiel, das öffentliche Auftreten von DIETER BOHLEN oder den Umgang von JOKO WINTERSCHEIDT und KLAAS HEUFER-UMLAUF miteinander usw. im Unterricht einzugehen.

3.5.4 Lernaufgaben und Literaturhinweise

Zusammenfassung:
Entgegen einer pädagogischen Abwertung von Stars und Idolen gegenüber den „echten" Vorbildern wurde die These entfaltet, dass die Stars als wichtige Spiegel für eigene Lebensthemen und Entwicklungswünsche von Kindern und Jugendlichen dienen und vor allem auch Spielfilme einen wichtigen Beitrag zur Identitätsentwicklung leisten. Kinder und Jugendliche gehen im Normalfall weit souveräner mit Medienhelden um, als Erwachsene meinen. Erwachsene und Pädagogen sollten lieber die jeweils altersangemessenen Vorbilder von Kindern und Jugendlichen wahr- und ernstnehmen, um darüber ins Gespräch zu kommen, anstatt sich über die unbestrittenen problematischen medialen Verpackungen und werbestrategischen Inszenierungen zu mokieren!

Lernaufgaben

1. Begeben Sie sich vor dem Fernseher auf eine reflexive Metaebene: Welche Situationen (bei einem Krimi, in einer Talkshow, bei einem Politiker-Interview, bei einer Reportage ...) wären geeignet, um davon ausgehend ethische, religiöse, kommunikative, soziale ... Fragen zu diskutieren?
2. Befragen Sie Menschen verschiedenen Alters nach ihren aktuellen „bewundernswerten Filmfiguren“ (Grimm 2014, 51) bzw. Persönlichkeiten der medialen Öffentlichkeit. Fragen Sie dann nach: „Welche Eigenschaften/Haltungen/Verhaltensweisen finden Sie bewundernswert?“ Erstellen Sie eine Auflistung mit den vorgebrachten Antworten!
3. Diskutieren Sie: Wo sind für Sie die Grenzen bei der Bewunderung eines Idols?

Literaturhinweise

Blothner, Dirk (2003), Das geheime Drehbuch des Lebens. Kino als Spiegel der menschlichen Seele, Bergisch-Gladbach.

Grimm, Jürgen (2014), Identitätsbildung durch Kino?, in: Ministerium für Integration, Familie, Kinder, Jugend und Frauen Rheinland-Pfalz u. a. (Hg.), Medienkompetenz und Jugendschutz IV, Wiesbaden, 44–61.

Kosian, Markus (2012), Was Promis glauben. Gedanken über Gott, Religion und Kirche, hg. v. Katholisches Schulkommissariat in Bayern, München

Pirner, Manfred (2008), Vorbilder in den Medien. Mediale Bezugspersonen und ihre Relevanz für religiöse Erziehung und Bildung, in: Jahrbuch der Religionspädagogik (JRP) 24: Sehnsucht nach Orientierung. Vorbilder im Religionsunterricht, 100–109.

Thömmes, Arthur (2001), Daily Soaps – voll das Leben?, Materialbrief RU 3/2001. Beiheft zu den Katechetischen Blättern, München.

3.6 Lehrerinnen und Lehrer als Vorbild

Lebt und verhaltet euch so, dass sich eure Töchter in euch spiegeln können. Tut zuerst selbst, was ihr von ihnen verlangt. ... Handelt so, dass sie immer nach eurem Bespiel zur Tugend angeregt und ermutigt werden. ... Denn es ist recht und angemessen, dass die Leiterinnen Vorbild und Spiegel sind, besonders in der glaubwürdigen Haltung, im Benehmen und in anderen Verhaltensweisen in der Öffentlichkeit.

Sechstes Gedenkwort der hl. ANGELA MERICI (+1540), Gründerin der Ursulinen

3.6.1 Herausforderung und Problemanzeige

„Ich bin superwichtig!“

Es war der Aufreger des beginnenden Jahres 2013, als die „Zeit“ einen Beitrag so überschrieb: „Ich bin superwichtig!“ (Zeit 2013). Vorgestellt wurden die Ergebnisse des neuseeländischen Bildungsforschers John Hattie, der über eine Metaanalyse über 50.000 Einzeluntersuchungen zu den verschiedenen Einflussfaktoren erfolgreichen Lernens in den Blick genommen hatte und zu folgendem Ergebnis gekommen war (vgl. Hattie 2009; 2013; 2014): Auf den guten Lehrer und die gute Lehrerin kommt es an! Ihre Klassenführungskompetenz, die Klarheit in der Darbietung, das Feedback an die Schülerinnen und Schüler und vor allem ein vertrauensvolles Verhältnis zwischen den Lehrenden und den Lernenden seien die wichtigsten Faktoren, um erfolgreich zu lernen. Neben weiteren Ergebnissen, die quer zur bildungstheoretischen und -politischen Debatte der vergangenen Jahre lagen (z. B. zur Bedeutung eher instruktiver im Gegensatz zu offenen Lernformen, zur geringen Bedeutung von finanziellen Rahmenbedingungen und Gruppengrößen und zum internetgestützten Unterricht) und deshalb auch heftig diskutiert wurden (vgl. Terhart 2014), stach vor allem die Fokussierung auf die Lehrpersonen ins Auge. Denn diese waren sowohl in der öffentlichen Meinung schlecht weggekommen als auch in der bildungstheoretischen Diskussion der vergangenen Jahrzehnte gegenüber anderen Faktoren des Unterrichts eher marginalisiert worden. Beides hat auch Auswirkungen auf die Frage nach der Vorbildfunktion der Lehrerinnen und Lehrer und ihrer konkreten inhaltlichen Ausgestaltung.

„Be a teacher – be a hero" – der Ausgangspunkt

Den bekannten Spruch „Be a teacher – be a hero" fand ich einmal bei einer Hospitation in einem Schulzimmer. In der Tat: Es erscheint heute heldenhaft, Lehrer oder Lehrerin werden zu wollen. Nach einer Untersuchung des „Allensbach-Instituts" gehören die Lehrerinnen und Lehrer im Vergleich mit anderen Berufsgruppen zu den „Langzeitprestigeverlierern" (Reitmajer 2000; 2001). Mit dem Lehrerbild ist es in der Öffentlichkeit nicht zum Besten bestellt: In der öffentlichen Meinung gilt der Lehrerberuf als Halbtagsjob; mit einem sicheren Arbeitsplatz gehören Lehrerinnen und Lehrer zu den Privilegierten unserer Gesellschaft. Zur Komponente des „Sozialneids" kommen die entsprechenden medialen Horrorszenarios aus Schulräumen sowie Berichte über ausgebrannte, überforderte oder faule Lehkräfte hinzu. Die Ergebnisse der TIMS- und PISA-Studien, die jeweils Deutschland ein im internationalen Vergleich wenig kreatives Unterrichtsleben bescheinigten, die diversen Aktionen der Kultusministerien (Erhöhung der Arbeitszeit, Streichung von Anrechnungsstunden, Anwesenheitspflicht am Nachmittag ...) und die überfordernden Rollenzuschreibungen (Ersatzelternteil, Erzieher, Wertevermittler, Qualitätsmanager ..., vgl. Mendl 2012b, 11f.) sowie die schlechte Anstellungssituation in vielen Bundesländern und Fächern tun ihr Übriges: Der Lehrerberuf gilt als wenig attraktiv. Lehrerinnen und Lehrer sind irgendwo im Niemandsland zwischen „Superman und Prügelknabe" (Elternzeitschrift des Bayerischen Kultusministeriums 2/2001) angesiedelt. Mangelndes Prestige des Lehrerberufs, Mobbing, Überstunden und eine häufig fehlende Feedbackkultur seien einige der Gründe, warum die Diagnosen psychischer Erkrankungen im Bildungswesen anstiegen, heißt es in der Studie „Psychische Belastungen und Burnout beim Bildungspersonal" des Aktionsrates Bildung (vgl. Verein der bayerischen Wirtschaft e.V. 2014). So verwundert es beinahe, dass immer noch besonders Mutige das Lehrerstudium ergreifen, zumal es ihnen an den Universitäten nicht anders ergeht, weil sie dort gelegentlich von Dozierenden, häufig auch von „richtigen" Studierenden despektierlich unter „Spielen 1" oder „Spielen 2" eingeordnet werden.

Lehrerprestige im Wandel

Pfarrer, Bürgermeister, Lehrer: Das waren einst die drei Autoritäten eines Ortes. Lehrer (damals tatsächlich zunächst ausschließlich Männer!) galten als hochgeachtete Autoritätspersonen und sollten sich entsprechend verhalten, was nicht zuletzt auch durch ironische literarische Brechungen wie z. B. in Heinrich Manns „Professor Unrat“ indirekt deutlich wird. Und die Erwartungshaltung war groß, wie ein Zitat des berühmten Pädagogen Friedrich Adolph Diesterweg zeigt: Ein Lehrer hat „die Gesundheit und Kraft eines Germanen, den Scharfsinn eines Lessing, das Gemüt eines Hebbel, die Begeisterung eines Pestalozzi, die Klarheit eines Tillich, die Beredsamkeit eines Salzmann, die Kenntnisse eines Leibniz, die Weisheit eines Sokrates und die Liebe Jesu Christi“ (Diesterweg 1835, Vorrede zur dritten und vierten Auflage 1844 und 1850). Freilich gibt es auch im vergangenen Jahrhundert pädagogische Leuchttürme wie JANUSZ KORCZAK (Korczak 1996), MARIA MONTESSORI (Montessori 1952) oder ALEXANDER S. NEILL (Neill 1971), deren Persönlichkeit und achtungsvolle Zuwendung zu Kindern und Jugendlichen nicht von ihren pädagogischen Konzepten zu trennen ist. Die Frage aber, ob Lehrerinnen und Lehrer auch heute Vorbilder sein könnten oder sollten, war zwischenzeitlich ähnlich wie die nach Vorbildern überhaupt aus der Pädagogik verschwunden. Die Vorstellung, entscheidend für den Lehrberuf sei ein pädagogisches Eros, die emotional-liebende Verbundenheit zwischen Erzieher und Heranwachsendem – ein Grundverständnis, das von JOHANN HEINRICH PESTALOZZI bis zu EDUARD SPRANGER zu verfolgen ist (Hinrichs 2000) – war genauso in den Hintergrund getreten wie die nur noch als Karikatur verhandelte Rollenbeschreibung für die Lehrenden als distanzierte Autoritäten. Heutige Erwartungsspektren an die Rolle einer Lehrperson sind nüchterner, technokratischer angelegt: Sie erfragen eher funktional optimale Erziehungsstile (natürlich: sozial-integrativ), die Korrelationen von Lehrerverhalten und akzeptiertem, gutem oder gar erfolgreichem Unterricht; sie geben an, welche Kernkompetenzen (z. B. Sachkompetenzen, didaktische Kompetenzen, Wahrnehmungskompetenz, diagnostische Kompetenz, Selbst- und Rollenkompetenz) Lehrende benötigen (Mendl 2001b, 71–77; Burrichter u. a. 2012). Das ist übrigens auch in der letzten größeren Studie zum Religionsunterricht nicht anders (Bucher 2000). Zwar wird über die Bedeutung von Lehrerengagement und Unterrichtsgestaltung für die Akzeptanz und Effizienz des Religionsunterrichts in Deutschland reflektiert; die Rolle der Lehrperson als Vorbild kommt nicht in den Blick. Andererseits wird am Handlungsort Schule, welcher nicht nur Lern-, sondern auch Lebensraum, Bildungs- und Erziehungseinrichtung zugleich sein soll, die Bedeutung erzieherischen und kommunikativen Handelns wieder wichtiger. Die gesellschaftliche Meinung schlägt leider auch hier wieder erbarmungslos zu, wenn, wie dies vor einigen Jahren geschehen ist, im Rahmen der Diskussion um die Einführung eines „Benimm-Faches“ im Saarland gefordert wird, die Lehrerinnen und Lehrer sollten erst einmal selber lernen, sich zu benehmen und entsprechend zu kleiden, damit sie hier auch Vorbild sein könnten.

Es scheint an der Zeit zu sein, den Faden wieder aufzugreifen: Wenn ausgehend von der Hattie-Studie (siehe oben) die Person der Lehrenden wieder stärker in den Mittelpunkt tritt, so sollte dies nicht nur mit Blick auf einen erfolgreichen

Unterricht geschehen, sondern auch auf die Frage hin ausgerichtet sein: Inwiefern können Lehrerinnen und Lehrer Vorbilder für ihre Schüler sein? Welche Eigenschaften und Haltungen zeichnen sie aus?

Das Bundesverdienstkreuz für Lehrerinnen und Lehrer?
Auch in den empirischen Untersuchungen zum Vorbild führen Lehrerinnen und Lehrer ein Schattendasein. In den 50er-Jahren zählten die Lehrerinnen und Lehrer neben den Eltern und Vorgesetzten noch zu den großen Vorbildern. Heute ist das anders. Die Diskussion ist zu sehr bestimmt von der Frage nach „ganz nahen" (Eltern, Großeltern) oder „fernen" (mediale Stars) Vorbildern. Es ist kein Wunder, dass Lehrerinnen und Lehrer ebenfalls wie andere Personen aus dem Nahbereich als Vorbilder im einstelligen Prozentbereich angesiedelt sind: Nur zwei Prozent der Jugendlichen geben bei der Umfrage des Siegener Teams um Jürgen Zinnecker den Lehrer bzw. die Lehrerin als Vorbild an (Zinnecker 2002, 53).

Immerhin: Bei einer Umfrage der Zeitschrift „Eltern" schlugen 8,1 % der Befragten ihre Lehrer für das „Bundesverdienstkreuz" vor (Frage: „Wem würdest du das Bundesverdienstkreuz verleihen?"). Eine 12-jährige Gymnasiastin schreibt: „Meiner Lehrerin! Sie reibt sich auf für unsere Klasse. Und sie wird selten mal gelobt. Die Eltern vergessen das sogar bei der Elternversammlung" („Eltern" Januar 2000, 174f.).

Etwas niedriger gehängt als die Frage nach dem „Bundesverdienstkreuz" war die Fragestellung bei der Siegener Untersuchung: auf den Impuls „vertraue ich sehr" gaben 26 % der 10–12-Jährigen den Lehrer an. Bei den 16- bis 18-Jährigen waren es nur noch 10 %.

Dass die Frage nach dem Vorbildcharakter eine nicht unwichtige für die Zukunft des Berufsstandes (gerade angesichts der geschilderten äußeren Wahrnehmungen des Lehrerberufs und der problematischen strukturellen Zwänge unseres Bildungssystems) darstellt, zeigt eine Untersuchung von Hans-Joachim Schmidt: Immerhin zwei Drittel der befragten Lehramtsstudierenden gaben an, dass die eigenen Lehrer für sie eher einen Vorbildcharakter hatten (Schmidt 1991, 367). Der Faden wird nochmals aufgegriffen werden, wenn es um die Vorbildrolle von Religionslehrenden geht. Dass Lehramtsstudierende ihr Berufsziel und die Vorstellung einer Lehrerprofessionalität vor dem Hintergrund der eigenen Erfahrungen mit Lehrerinnen und Lehren machen, ist unbestritten: „Mein Grundschullehrer hat mich tief beeindruckt. Er war streng, konsequent und gerecht, er hat uns völlig neue Welten erschlossen und hatte auch Humor", blickt die 25-jährige Tina auf ihre Schulzeit zurück (Mendl 2011b, 30).

3.6.2 Lernchancen

Zwei Blickwinkel bieten sich an, wenn man über Lernchancen nachdenkt, die Lehrerinnen und Lehrer in ihrer Lehrerrolle zukommen können: Die eine bezieht sich auf die Abklärung des eigenen Umgangs mit den verschiedenen Erwartungen, also von der Rollentheorie her die Ebene der Ich-Wahrnehmung und Innenperspektive, die andere auf die Chancen, die sich ergeben, wenn man sich die Außenperspektive der Schülerinnen und Schüler einholt.

Erwartungen an Lehrerinnen und Lehrer – Anregung zur Selbstreflexion
Doch fragen wir zunächst die Betroffenen nach ihren Erwartungen. „Die Schüler suchen eine nur schwer zu definierende Mischung aus Kontakt (die Nähe darf aber nicht die Intimdistanz verletzen), Autorität (ohne Herrschaftsposen und Dominanzgesten) und Lockerheit (ohne lasch oder anbiedernd zu wirken)" (Reitmajer 2000, 6), folgert Valentin Reitmajer in seiner Münchner Untersuchung zum Berufsbild und -prestige von Lehrerinnen und Lehrern. Gute Lehrpersonen sind gerecht – zuverlässige Autoritäten – und verfügen über die Fähigkeit, Lehrstoff gut strukturiert, anschaulich und einprägsam zu vermitteln.

Aus der Münchner Studie geht auch deutlich hervor, dass sich Selbst- und Fremdbild bezüglich der Lehrerrolle massiv unterscheiden. Die Hierarchie im Selbstbild von Lehrerinnen und Lehren mit Berufserfahrung (1. Wissensvermittlung, 2. Förderung eigenständigen Denkens, 3. Kreativität, 4. Weitergabe sozialer Wertvorstellungen) steht in Spannung zum Lehrerbild in der Öffentlichkeit, wo neben der als selbstverständlich erachteten Wissensweitergabe vor allem sozialtherapeutische und erzieherische Kompetenzen von Lehrerinnen und Lehrern erwartet werden. Doch sowohl für die Fremd- als auch für die Selbstzuschreibung gilt: Es handelt sich um Erwartungshaltungen an eine Berufsrolle und damit um Spielregeln innerhalb eines festgelegten interaktionalen Rahmens, nämlich der Schule. Mit solchen Erwartungshaltungen müssen sich Lehrerinnen und Lehrer auseinandersetzen, wenn sie eine berufliche Professionalität erlangen wollen. Nach dem Habitus-Modell (vgl. Ziebertz u. a. 2005; Mendl/Heil/Ziebertz 2005; Mendl 2008a, 240–245) entwickeln Lehrende einen professionellen (religions-)pädagogischen Habitus, wenn sie regelmäßig sowohl über die individuellen und institutionellen Handlungsbedingungen als auch über Routinen und neue Herausforderungen ihres Berufs reflektieren.

Deswegen richtet sich die erste Lernperspektive an die Lehrkräfte selbst: Über solche Erwartungen nachzudenken und im Abgleich mit den eigenen Einstellungen dazu beispielsweise auch ein ABC der eigenen Haltungen zu entwickeln, z. B. im Rahmen einer schulinternen Lehrerfortbildung (vgl. Brendel 2012; Bahr 2013), erscheint als äußerst hilfreich für die Entwicklung der eigenen reflektierten Lehrerpersönlichkeit!

Vorbild, Denkanstoß oder Spiegel?
Sollen Lehrerinnen und Lehrer aber auch Vorbilder sein? Wie bereits oben bei der Diskussion um die geeigneten Modelle eines Vorbildlernens deutlich wurde, gibt es für die Lerndomäne der Wertorientierung keine unmittelbaren unterrichtlichen Methoden, auch der Einsatz eines diskursethischen Instrumentariums ist in seiner Wirkung begrenzt. Viel bedeutsamer sind eine wertorientierte Schulkultur und die Vorbildrolle der Lehrenden (vgl. Mendl 2012b, 20f.).

Vielleicht kommt man der Realität näher, wenn man auch hier den Korb nicht zu hoch hängt: Als Vorbild im Sinne einer identischen Nachahmung – dazu eignen sich Lehrer genauso wenig wie große Heilige oder Helden der Geschichte; wenn überhaupt, geht es um Teilidentifikationen. Schüler finden bestimmte Eigenschaften und Verhaltensweisen von Lehrern sympathisch und wollen vielleicht einiges davon übernehmen: Humor, Durchsetzungsfähigkeit, Geduld, Ausdauer, Hilfsbereitschaft, Beziehungsfähigkeit ... Dies spiegelt sich in Schüleraussagen über ihre Lehrer wider (Friedrich Jahresheft 1997, 54–57).

Viel wichtiger: Lehrerinnen und Lehrer dienen, wie alle Menschen, als Spiegel für die Entwicklung eigener Vorstellungen von gutem und richtigem Leben. „Man kann sich nicht nicht verhalten", lautet das berühmte paradoxe Kommunikationsaxiom von Paul Watzlawick (Watzlawick u. a. 1982, 51). Auf Lehrerinnen und Lehrer übertragen, könnte man den Satz so verändern: „Man kann nicht nicht Vorbild sein!" Lehrer werden in ihrem Handeln von Schülern beobachtet; ihre Verhaltensweisen werden kommentiert und diskutiert. Es ist gar nicht möglich, „als Lehrerin oder Lehrer der eigenen Wirksamkeit als Vorbild zu entkommen" (Schweitzer 1996b, 70f.). Mit der Wahrnehmung der Lehrenden durch die Lernenden verbinden sich aber auch implizite Vorstellungen eines „guten" Lehrerverhaltens. Als gegenteilig Wahrgenommenes wird lautstark und emotional zum Besten gegeben – in Straßenbahnen, Bussen oder beim Mittagstisch zuhause. Insofern stellt sich die Frage des „ob" gar nicht: Lehrerinnen und Lehrer sind Vorbilder im Sinne von Modellen (Sieland 2002), ob sie es wollen oder nicht! Je jünger die Schülerinnen und Schüler sind, umso stärker ist die emotionale Bindung zum Lehrer (meist: zur Lehrerin).

Lehrer können, ebenso wie Eltern, Modelle sein für

- „angemessenes Sozialverhalten (z. B. Kooperation, helfendes Verhalten),
- angemessenes emotionales Verhalten (z. B. Äußerung und Kontrolle von Gefühlen),
- kognitive Leistungen (z. B. Art der Informationsverarbeitung),
- planvolles Handeln und Problemlösen (z. B. effizientes Handeln, Kreativität)" (Edelmann/Wittmann 2012, 193).

Durch neuropsychologische Erkenntnisse wird bestätigt, dass „die persönliche Anweisung, auch das Zeigen und Vormachen durch die lehrende Person, eine entscheidende Komponente des Lehrens und Lernens ist" (Bauer 2010, 123). Der Lernpsychologe Walter Edelmann weist Lehrern eine hohe Bedeutung als Modelle für ihre Schüler zu: Denn sie werden über viele Jahre hin täglich mehrere Stunden von den Schülern wahrgenommen und sie verfügen über Charakteristika, die das Modell-Lernen fördern (Prestige, Beziehungsverhältnis).

Das bedeutet im Kontext der in diesem Buch skizzierten Vorstellung eines Lernens an Vorbildern gleichzeitig, dass Lehrerinnen und Lehrer keine perfekten Übermenschen sein müssen; es wäre völlig falsch, das Idealbild einer hochstilisierten Lehrerpersönlichkeit einzufordern, weil das letztlich demotiviert (Stephan 1988, 169). Lehrer müssen nicht perfekt, aber auf jeden Fall transparent sein, um Spiegelungsprozesse zu ermöglichen. Und sie müssen sich darüber im Klaren sein, dass sie als Modell wirken – ob sie wollen oder nicht!

Bernhard Sieland formuliert folgende Impulse, die sich aus der sozial-kognitiven Lerntheorie für die pädagogische Praxis der Lehrenden ergeben (Sieland 2002, 50–53):

- Mut zur Unvollkommenheit und Selbstverantwortung
- positive Grundhaltungen zu Personen und Themen vorleben
- nur eine persönliche Grundaussage vorleben (weniger ist mehr!)
- gemeinsame Grundbotschaften definieren und vorleben (Einigung verschiedener Lehrpersonen an einer Schule z. B. auf ein Monatsthema)

- Kontraimitationen vermeiden (z. B. in der Kontrastierung mit wenig engagierten Kollegen übertreiben Überengagierte ihr Verhalten so, dass die beobachtenden Schüler das Gegenteil bevorzugen)
- für Problemsituationen gemeinsam hilfreiche Modelle entwickeln und erproben (z. B. im Rahmen einer kollegialen Supervision)
- Anwendungen einfordern und verstärken (d. h. erwünschtes Verhalten auch loben)
- Anpassungseffekte vermeiden (d. h. dafür sorgen, dass Verhaltensmuster auch im eigenen Wertesystem verankert werden, also oberflächlichen Aktionismus vermeiden!)
- alle Interaktionspartner als potenzielle Modelle und Beobachter verstehen (auch Lehrer können von Schülern lernen und dürfen dies auch zugeben!)
- Anwendungsabsichten fördern und selbstregulative Anwendung reflektieren (aus Zeitmangel wird in der Schule die Reflexion von Anwendungsplänen und Folgen des Unterrichts sehr vernachlässigt!)

Der realistischen Einschätzung von Martin Buber ist zuzustimmen: „Der Erzieher braucht kein sittliches Genie zu sein, um Charaktere zu erziehen, aber er muss ein ganzer lebendiger Mensch sei, der sich seinen Mitmenschen unmittelbar mitteilt; seine Lebendigkeit strahlt auf sie aus und beeinflusst sie gerade dann am stärksten und reinsten, wenn er nicht daran denkt, sie beeinflussen zu wollen“ (Buber 1986, 68). Lehrer sollten deshalb in diesem Sinne das eigene Verhalten transparent machen, ihre Regeln, Normen und Erwartungen auch begründen – und sich möglichst selber daran halten! Kinder nehmen sehr schnell innere Widersprüche wahr, wenn beispielsweise ein Lehrer einen Schüler wegen dessen flapsiger Bemerkung maßregelt, selber aber ständig Witziges zum Besten gibt. Sich selbst und die eigenen Handlungen zum Gegenstand von metareflexiven Gesprächen zu machen – und zwar nicht erst am Schuljahresende, sondern während eines gemeinsamen Lernprozesses – wäre ein wichtiger Baustein sowohl für die Entwicklung der eigenen Reflexionsfähigkeit als auch für die Wertentwicklung von Kindern und Jugendlichen. Wenn Erwachsene ihre Wertvorstellungen und Überzeugungen artikulieren und sich die Zeit nehmen, sich mit Kindern und Jugendlichen auseinanderzusetzen, sich auch als Spiegel und Reibungsflächen anbieten, lernen die Jugendlichen, eigene Standpunkte zu entwickeln.

Die zweite Lernperspektive spielt den Lehrenden wertvolle Außenansichten der eigenen Persönlichkeit zu, indem die Schülerinnen und Schüler zu Experten einer Einschätzung und Rückmeldung ernst genommen werden:

Didaktische Impulse:

- Sammelt verschiedene Situationen zum Thema „Lehrer“, über die ihr im Bus oder im Pausenhof miteinander gesprochen habt!
  - ► Beschreibt das Verhalten des Lehrers/der Lehrerin!
  - ► Was hat euch gefallen, was hat euch gestört?
  - ► Welche Alternativen fallen euch ein?
- Beschreibt euren Lehrer/eure Lehrerin in folgenden Feldern:
  - ► Umgang mit der Klasse
  - ► Verhalten gegenüber einzelnen Schülern
  - ► Ausdruck von positiven Gefühlen
  - ► Ausdruck von negativen Gefühlen
  - ► Bezug zum Fach
  - ► Verständliches Erklären

    - Unterrichtsmethoden
    - Anspruchsniveau
- Erstellt ein Zeugnis für eure Lehrerin/euren Lehrer! Überlegt euch zunächst, in welchen Bereichen ihr Noten vergeben wollt!
- Perspektivenwechsel:
    - Sucht nach Konfliktsituationen, die in eurer Klasse in der letzten Zeit entstanden sind!
    - Wie hat euer Lehrer/eure Lehrerin reagiert?
    - Wie würdet ihr reagieren?
- Gebt eurem Lehrer /eurer Lehrerin anonym ein Feedback (in Briefform, als E-Mail …):
    - Was mir an Ihnen gefällt
    - Was mich an Ihnen stört

Was an Schulen wenig ausgeprägt ist, ist eine Kultur des positiven expliziten Feedbacks. Rückmeldungen über die Akzeptanz erhalten Lehrerinnen und Lehrer meist nur indirekt, z. B. über die Wahl zum Vertrauenslehrer oder über die Darstellung in Schüler- oder Abiturzeitschriften. Nur gelegentlich findet man in Schülerzeitungen Aktionen, die erkennbar die analogen Muster aus Wirtschaftsunternehmen nachahmen: „Der Lehrer des Monats." Wie bereits erwähnt: Wir Deutschen haben eine Scheu vor einer öffentliche Zurschau-stellung guter Menschen. Ich halte das für falsch und würde mir hier mehr Natürlichkeit wünschen. Wieso kann man nicht in einer Schule eine Pinnwand anbringen, auf der Schüler Positives über Lehrer und Lehrer Positives über Schüler berichten? Da können Alltäglichkeiten notiert werden, aber auch besonders herausragende Aktionen, wenn beispielsweise, wie kürzlich geschehen, ein Lehrer ein Busunglück verhinderte, indem er nach einem Schwächeanfall des Busfahrers den Schulbus auf der Autobahn zum Stehen brachte (vgl. *Local-heroes*-Homepage, Stichworte Lebensretter, Unfall, Zivilcourage; Vogel Matthias).

3.6.3 Religionslehrende als Vorbilder: Lernfelder und Beispiele

Religionslehrerinnen und -lehrer als Vorbilder? – Normative Ansagen
Alles, was auf Lehrerinnen und Lehrer zutrifft, gilt auch für Religionslehrende und muss hier nicht wiederholt werden. Ebenso wie in der Pädagogik war auch in der Religionspädagogik jegliche Art des Vorbild-Lernens „out". Das bezog sich auch auf die Person der Religionslehrkräfte. Wenn ich die Zeichen der Zeit richtig deute, dann wird neben dem Sog der Hattie-Studie im Kontext der aktuell entwickelten Vorstellungen eines dialogischen Religionsunterrichts (Boschki 2003) auch die Person des Religionslehrers und seine Fähigkeit zur Präsentation und Interaktion wieder stärkere Bedeutung erlangen.

Die Frage nach den Religionslehrenden als Vorbilder spielt sich im Spannungsfeld zwischen einer empirischen (sind Religionslehrerinnen und -lehrer Vorbilder?) und einer normativen (sollen sie es sein, und wer fordert dies?) Ebene ab.

„Missionarisch wie PAULUS, systematisch wie THOMAS VON AQUIN, menschenfreundlich wie MARIA MONTESSORI", so karikiert Anton Bucher das normative Erwartungsspektrum an Religionslehrende (Bucher 2002b). Vor allem die unterschiedlichen kirchlichen Erwartungen, wie sie sich auch in den Sprachspielen niederschlagen (Religionslehrende als „Bürgen", „Brückenbauer", „Zeugen" – vgl. Burrichter 2012, 54–58), lösen durchaus auch Ängste aus und müssen deshalb differenziert diskutiert werden.

Im von allen Seiten als befreiend erlebten „Dokument einer Wende", dem Beschluss der „Würzburger Synode" zum Religionsunterricht von 1974 (Der Religionsunterricht in der Schule) findet man konkrete Rollenerwartungen an Religionslehrer, die auch im Sinne des Vorbildsgedanken reflektiert werden können:

- Religionslehrer müssen „sensibel sein für die religiöse Dimension der Wirklichkeit" (2.8.1).
- Religionslehrer brauchen Sach- und Methodenkompetenz, sie müssen pädagogisch-didaktisch versiert sein und einen „existentiellen Bezug" zur Sache haben (2.8.1).
- Religiosität und Glaube sind nicht nur Gegenstand, sondern Standort, den sie transparent zu vertreten haben (2.8.2); Religionslehrer sollen deshalb die Sache des Evangeliums und der Kirche zu ihrer eigenen machen (2.8.3).
- Religionslehrer brauchen die Kirche als Kommunikationsbasis für ihr Glaubensleben (2.8.4).
- Andererseits sagt die Synode aber auch deutlich: „Liebe zur Kirche und kritische Distanz müssen einander nicht immer ausschließen" (2.8.5); Religionslehrer dürften „die Spannung zwischen Anspruch und Realität, zwischen der Botschaft Jesu Christi und der tatsächlichen Erscheinungsweise seiner Kirche" nicht verharmlosen und ausklammern.
- Religionslehrer sollen kritisch solidarisch mit ihren Schülern und ihrer Welterfahrung sein (2.8.6) und auch im Kollegium ihre Rolle vertreten.

Was diese Aussagen auszeichnet, ist die durchgängige Beschreibung einer Berufsrolle als Habitus: Religionslehrerinnen und -lehrer in ihrem Selbstverständnis als „Spurensucher", in ihrem Bezug zum und Ringen mit dem Glauben, wie eine andere Studie ergab (Mendl 2001b). Das klingt weit einladender und dialogischer als die harsche, zu Recht in ihrer Apodiktik kritisierte (Schmälzle 2001, 1701) monologische Einbahnstraßen-Aussage in einem späteren kirchlichen Dokument, Religionslehrer müssten „die katholische Glaubens- und Sittenlehre den Heranwachsenden authentisch und unverkürzt vermitteln und bestrebt sein ..., den Schülern ein Beispiel christlichen Lebens zu geben" (Sekretariat der Deutschen Bischofskonferenz 1981, Nr. 9). Auch wenn die Anforderungen an die Religionslehrenden in der Evangelischen Kirche weniger von der Institution Kirche her formuliert werden (vgl. Burrichter 2012, 57f.), kann auch in evangelischen Dokumenten zum Religionsunterricht eine Neigung zur überfordernden Idealisierung festgestellt werden, wie Gerhard Stephan an baden-württembergischen Lehrplänen belegt: Lehrerinnen und Lehrer sollen ihren Schülern als „Leitfaden des gelungenen und geglückten Lebens" (Stephan 1988, 168) dienen. Derartige Formulierungen sind von beiden Seiten her – vom Lehrenden und vom Lernenden – problematisch:

- Kann man Glauben, Werte, Moral vermitteln? Ist das nicht zu wenig und zu billig – sich auf die Präsentation einer unangreifbaren vollständigen Glaubenslehre zurückzuziehen? Heutige Religionsdidaktik ist anspruchsvoller angelegt; sie präferiert eine Didaktik der Aneignung und der Ermöglichung (vgl. Mendl 2005b). In der Alltagspraxis des Religionsunterrichts werden gerade solche Lehrer, die sich auf die Lehre der Kirchen zurückziehen, selber aber nicht bereit sind, Position zu beziehen, als wenig glaubwürdig empfunden, weil sie zu wenig transparent sind und damit auch herausfordern. Auch religiöses Lernen ist ein aktiver und dialogischer Prozess und braucht deshalb individuelle Positionalität, an der Schülerinnen und Schüler ihre eigene Identität entwickeln können.

- Ist es in diesem Rahmen nicht weit bedeutsamer, dass Religionslehrende durch die Art, wie sie sich selbst als entschiedene, aber auch suchende und fragende Menschen präsentieren, transparent werden für ihre Schüler, denen man nach Karl Ernst Nipkow ein „noch-nicht-gegebenes Einverständnis" (Nipkow 1998, 215–263) zugestehen muss? Religionslehrerinnen und -lehrer haben eine wichtige Mittler-Funktion zwischen Kirche und Schüler: „Hier kann der Schüler dann auch erfahren, dass der mündige Christ nicht ohne Kopf glaubt und es neben dem ‚Ich bin einfach katholisch erzogen worden' lebensgeschichtliche und intellektuell vertretbare Gründe gibt, Christ zu sein und zu bleiben, ohne seine kritische Kompetenz aufgeben zu müssen" (Silberberg 1982, 91). Religionslehrer mit Ecken und Kanten, Stärken und Schwächen, konservativen oder progressiven Einstellungen bleiben in Erinnerung, nicht die farblosen, stromlinienförmigen Lehrplan-Abspuler und Kompetenz-Aufbereiter.

Religionslehrende im Spiegel empirischer Studien
Natürlich gibt es im Kontext solcher Anforderungsprofile immer auch Verdächtigungen, was die Religiosität und Kirchlichkeit von Religionslehrern und die Inhaltlichkeit ihres Religionsunterrichts betrifft. Jeder kennt mindestens einen schlechten Religionslehrer (Gegenfrage: … und wie viel schlechte Mathematik-, Deutsch-, Erdkunde-Lehrer?). Jenseits solcher „subjektiver Empirien" zeichnen seriöse Forschungen ein ganz anderes Bild: Im Religionsunterricht werden sehr wohl explizit religiöse Themen behandelt; Religionslehrer stimmen in hohem Maße den Essentials des christlichen Glaubens- und Kirchenverständnisses zu, sind kirchlich engagiert und halten engagiert ihren Unterricht (Bucher 2000, 47. 76. 102; Englert/Güth 1999, 34; Feige u. a. 2000, 289). Sie sind auch stärker als andere Berufsgruppen und innerhalb der Lehrerschaft mit ihrem Beruf zufrieden, weniger ausgebrannt und erleben ihr Tun als sinnvoll (Bucher 2002a; Englert/Güth 1999, 49–54; Schmid 1993, 15). „Ev. und kath. RL wollen die Emanzipation ihrer SchülerInnen zur christlich-religiösen Entfaltung ihrer personalen Existenz fördern", folgern Andreas Feige und Werner Tscheetzsch (Feige/Tzeetzsch 2005, 12; vgl. auch Mendl 2008c).

Ähnliches gilt übrigens auch für junge Menschen, die heute Religion studieren – sie sind ebenfall besser als ihr oft nachgesagter Ruf, wie neuere Studien ergeben: Sie studieren das Fach nicht aus extrinsischen Motiven, sondern aus einem großen Interesse an religiösen Fragen, sie haben bei aller Unterschiedlichkeit der biografischen Zugänge durchaus eine kirchliche Bindung und verfügen über religiöse Vorerfahrungen (vgl. Lück 2012; Riegel/Mendl 2011).

Religionslehrerinnen und -lehrer als Beziehungskünstler
Um die dichotome Frage, ob Religionslehrende eher Zeugen des Glaubens oder Experten für Religion seien, aufzulösen, können ausgehend vom Beziehungsbegriff, der etymologisch in Verbindung zum Begriff des Zeugen steht, verschiedene Beziehungsdimensionen ausgelotet werden, in denen Religionslehrende stehen (vgl. Mendl 2013e): Mit dieser Perspektive wird zudem die Verengung der Rede des Religionslehrens als Zeugen auf das Beziehungsgefüge zwischen Kirche und Religionslehrendem gesprengt:

- Religionslehrende stehen in Beziehung zum Gegenstand Religion und sollen theologisch versiert als wissende Übersetzer in der Lage sein, Kindern und Jugendlichen Religion verstehbar zu machen.
- Sie stehen in Beziehung zum eigenen Glauben und sollen – auch das ist der Versuch, Überhöhungen entgegenzuarbeiten – als „fragmentarisch Überzeugte“, wie sie es in einer pluralen Gesellschaft eben nun mal sind, Rede und Antwort stehen.
- Sie stehen in Beziehung zur Kirche und sollten sich als kritische Brückenbauer (vgl. Sekretariat der Deutschen Bischofskonferenz 2005) zwischen Kirche und Schule betrachten, wobei dieses Bild intentional betrachtet eine Einbahnstraße darstellt (vgl. Mendl 2013g): Sie führt von der Kirche auf die Schülerinnen und Schüler hin, die durch die Präsentation der Religionslehrenden ein Verständnis von Religion und vom gelebten Christentum erhalten sollen. Gefährlich wäre die umgekehrte Richtung – dass die Schülerinnen und Schüler über den Religionslehrer den Weg zur Kirche finden sollten; ein solches katechetisches Verständnis entspricht nicht der Absicht eines heutigen strikt diakonisch ausgerichteten Religionsunterrichts in Pluralität, der keine missionarische Absicht haben darf, wenn er auch vielleicht manchmal eine missionarische Wirkung haben kann (vgl. ebd. 31).
- Vor allem aber stehen Religionslehrende in unmittelbarer Beziehung zu den Schülerinnen und Schülern, müssen sicher auch mit viel Widerstand rechnen, können aber hier im Sinne des in diesem Buch entfalteten Begriffs zu einem bedeutenden Vorbild werden. Dabei ist die eigene Religiosität des Religionslehrers nicht der Gegenstand (vgl. hierzu die spannende Diskussion zwischen Hartmut Rupp und Friedhelm Kraft im „Loccumer Pelikan 2/2011) des Religionsunterrichts, und doch erhält der Glaube durch den Religionslehrer didaktisch ein Gesicht: „Unsere Kinder brauchen uns als Erwachsene, sie brauchen uns als andere. Sie brauchen uns als Menschen, die etwas vertreten, an etwas glauben und etwas wollen. Sie brauchen unser Gesicht, sonst können sie sich selber an uns nicht erkennen, nicht abarbeiten, nicht ihren eigenen Lebensentwurf am fremden probieren ... Lehrersein heißt zeigen, was man liebt und was einem wichtig ist“ (Steffensky 2005, 194).

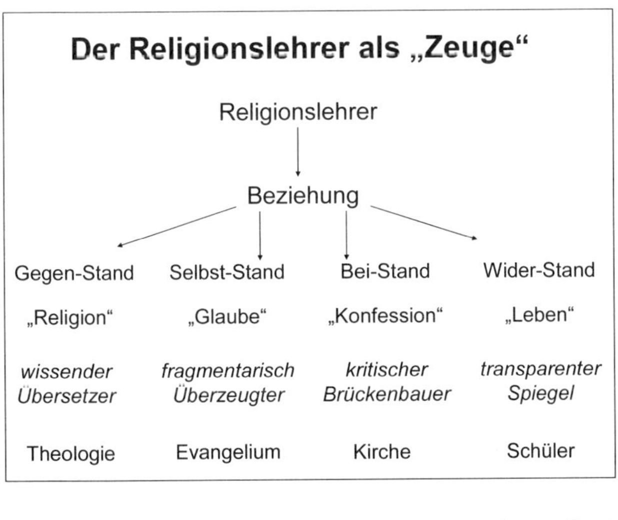

Nur vor dem Hintergrund dieser Ausdifferenzierung ist die Aufforderung, Religionslehrerinnen und -lehrer sollten authentische Zeugen gelebten Christentums sein, in ihrer vielfältigen Gestalt und ohne moralisierenden Beigeschmack angebracht. „Christ werden braucht Vorbilder“ (Biemer/Biesinger 1983), im Nahbereich sind das neben den Eltern die Gemeindemitglieder, ältere Jugendliche und nicht zuletzt die Lehrerinnen und Lehrer.

Die Vorstellung vom Religionslehrenden als Vorbild impliziert, dass er als Modell dienen kann, an dem sich Schülerinnen und Schüler orientieren und reiben können und der durch die Art, wie er lebt und unterrichtet, sein Fach verkörpert und aufzeigt, wie Religion tickt. Mit Recht weist Hans-Georg Ziebertz allerdings darauf hin, dass die Rede vom Lehrer als Vorbild vor zwei Missverständnissen zu schützen sei (Ziebertz 2010a, 223): Religionslehrende sind erstens nicht einfach strahlende Vorglaubende, sondern im Sinne der Würzburger Synode selber Suchende, manchmal auch Scheiternde. Zweitens haben Religionslehrende ein Recht auf Diskretion und werden im Sinne des pädagogischen Taktes, aber auch im eigenen Interesse im Klassenzimmer die persönliche Offenheit begrenzen. So verstanden ermöglichen Lehrerinnen und Lehrer im Sinne von Theorien der symbolischen Interaktion einen Identitätsbildungsprozess bei ihren Schülern durch permanente Interaktionen: indem sie ihre eigene Sache, Normen, Wertorientierungen und Überzeugungen dialogisch einbringen und immer wieder zu je neuen subjektiven Interpretationen auffordern und einladen.

„Fast alles hängt vom Lehrer ab"

So lautet die Folgerung von Eckhart Marggraf nach 30 Jahren Religionsunterricht und nach der Durchsicht von Schüleraufsätzen zum Thema „1000 Stunden Religion" (Marggraf 2000, 27–30). Deutlich wird: Sowohl die positive wie die negative Beziehung zum Fach hängen stark von der Person des Religionslehrers ab, wie an zwei Schüleräußerungen veranschaulicht werden kann:

> *„Wichtig im Reli-Unterricht ist meiner Meinung nach auch der freundschaftliche Umgang mit dem Lehrer, der als Vermittler des Glaubens und der Denkanstöße fungiert; ohne eine persönliche, vertrauensvolle Atmosphäre fällt es einem schwer, über eine so intime Sache wie den eigenen Glauben zu sprechen." (Kliemann/Rupp 2000, 110)*
>
> *„Sehr ärgerlich während meiner Religionsunterrichtszeit war die oftmals zutiefst konservative Einstellung mancher Religionslehrer." (Kliemann/Rupp 2000, 79)*

Lothar Kuld folgert bei der Auswertung derselben Studie: „Die Akzeptanz des Religionsunterrichts hängt vom Lehrer, der Gestaltung des Unterrichts und der Einstellung der Schülerinnen und Schüler zu Religion und Kirche ab. Die Lehrerpersönlichkeit ist entscheidend" (Kuld 2000, 25). Auftreten des Religionslehrers, entschiedenes, aber nicht indoktrinäres Eintreten für die Sache, sein Umgang mit den Schülerinnen und Schülern und seine Fähigkeit zur Kommunikation sind entscheidend für Akzeptanz und Wertigkeit des Faches. Das steht meines Erachtens nicht im Widerspruch zum empirisch abgesicherten Ergebnis der Bucher-Studie, dass zwei Gütefaktoren im Binnengeschehen des Unterrichts darüber entscheiden, wie der Religionsunterricht „ankommt": Ob es gelingt, die Lernenden zur aktiven Mitarbeit zu aktivieren, und ob die Inhalte als lebensrelevant empfunden werden. Beides hängt stark vom den Religionslehrenden, ihrem Verständnis von Religion und ihrem Engagement ab, „insbesondere ihrer Fähigkeit, SchülerInnen mit Erzählungen zu fesseln, eine freundliche und humorvolle Atmosphäre zu verbreiten und SchülerInnen zu Aktivitäten zu motivieren" (Bucher 2000, 143).

Ein Schüler bringt dies so auf den Punkt: „Der Religionsunterricht sollte Lust auf Religion machen und nicht durch angestaubten Unterricht und Themen langweilen“ (Brüggen 2005, 318).

Ein guter und vielgestaltiger Religionsunterricht ist übrigens auch ein ganz wichtiges Grundmotiv für ein Lehrerstudium, wie eine Studie ergab: „Die Befragten haben somit in ihrer Mehrheit selbst einen guten Religionsunterricht erlebt, was sie motiviert hat, ebenfalls Lehramt Religion zu studieren“ (Riegel/Mendl 2011, 349); es gibt durchaus aber auch eine gegenläufige Motivlage: Manche Studierende geben auch an, dass sie einen besseren Unterricht als ihre eigenen Religionslehrerinnen und -lehrer geben wollen (Lück 2012, 72)!

Das muss freilich auch Folgen für die Lehrerbildung haben: Neben der Sach- und Methodenkompetenz benötigen Lehrerinnen und Lehrer heute mehr denn je die hermeneutische Fähigkeit zur Wahrnehmung verschiedener Lebens- und Glaubenswelten sowie kommunikative Fähigkeiten, um diese verschiedenen Ebenen konstruktiv aufeinander zu beziehen. Vor allem aber benötigen Religionslehrerinnen und -lehrer eine personale Kompetenz. Die Entwicklung der Religionslehrerpersönlichkeit und des religionspädagogischen Konzepts muss daher schon im Studium gefördert und begleitet werden, auch damit Religionslehrer über ihre Rolle als Modell und Vorbild reflektieren lernen (Mendl 2001b, 47–83; Burrichter u. a. 2012).

Religionslehrerinnen und -lehrer als „personales Medium“

Peter Biehl hatte schon 1991 beinahe prophetisch angemahnt, dass Religion vor allem durch Personen als Symbole verkörpert werde und – ein Ergebnis einer Studie zum biografischen Lernen – sich „religiöses Lernen faktisch durch Imitation und Identifikation vollzieht“ (Biehl 1991, 245). Die Bedeutung dieser Aussage wird erst heute so richtig deutlich.

Religionslehrende müssen sich im Rahmen der geschilderten Eingrenzungen – also ohne perfekt sein zu wollen und ohne Überhöhung – als „personales Medium“ (Mönnich 1989) begreifen, als jemand, der in einer reflektierten Beziehung zum Gegenstand, zum Glauben, zur Kirche und zu den Schülerinnen und Schülerr steht (siehe oben!) und von da aus ihren Unterricht entfalten. Das ist eine anspruchsvollere Rollenbeschreibung als die Beschränkung auf den Aspekt des Wissensvermittlers. Hier werden Anklänge an das von der Würzburger Synode ebenfalls ins Spiel gebrachte Modell vom Vorrang des „personalen Angebots“ (Ziele und Aufgaben kirchlicher Jugendarbeit 4.1) deutlich. Das war zwar auf die kirchliche Jugendarbeit zugeschnitten, gilt aber genauso für einen Religionsunterricht, welcher als „Beitrag … zur Identitätsfindung und Lebensbewältigung junger Menschen“ (Sekretariat der Deutschen Bischofskonferenz 1996, 76) verstanden wird und bei dem man davon ausgeht, dass dieses Ziel nur über die personale und dialogische Ebene erreicht werden kann. Am Religionslehrer als Modell im Nahbereich können Kinder und Jugendliche die gesamte Bandbreite einer Orientierung an Vorbildern von der Bewunderung und Nachahmung über die Identifikation zum eigenständigen Handeln erproben:

- *Religionslehrerinnen und -lehrer als transparente Vorbilder – Lernen durch Beobachtung und Nachahmung:*
  Religionslehrer verkörpern mit Leib und Seele, mit Gesten und Worten den Inhalt ihres Faches. Die Riten, mit denen sie den Unterricht beginnen, die Art und Weise, wie sie über Religion reflektieren, wie sie die Meinungen anderer und der Schüler wertschätzen und kommentieren, die Art der Kommunikation und des Auftretens bei einer Frühschicht oder einem Gottesdienst werden unwillkürlich stilprägend sein. Schüler ahmen Handlungsmuster, Kommunikationsstrukturen und Verhaltenweisen im Umgang mit heiligen Räumen nach. Lehrer werden so zum „Modell für das Wahrnehmungslernen der Schüler" (Mönnich 1989, 127; vgl. die neuropsychologische Bestätigung dieser These: Bauer 2010, 123). Wenn Lehrer zudem die eigenen Verhaltenskodizes offenlegen und mit Schülern darüber reden, wird durch diese Transparenz der Weg geöffnet für reflektierende Lernprozesse im Sinne des Modell-Lernens; das beinhaltet dann auch die Möglichkeit, dass Kinder und Jugendliche sich für abweichende Muster entscheiden, und erfordert sowohl Frustrationstoleranz als auch notwendigerweise Grenzziehungen im Interesse sozialverträglichen Miteinanders. „Der Religionslehrer sollte von seiner Religion überzeugt sein, aber er sollte sie nicht aufzwingen", so die Formulierung einer 12.-Klässlers (Brüggen 2005, 317).

- *Religionslehrerinnen und -lehrer als engagierter Mittler zwischen Vorbild und Schüler – Lernen durch Unterweisung:*
  Religionslehrer sind aber auch bezüglich der anderen Gruppen potenzieller Vorbilder, die in diesem Buch skizziert werden, von entscheidender Bedeutung. Robert Ebner weist darauf hin, dass die Einstellung des Lehrers zur präsentierten Person das Feld für didaktische Prozesse öffnet: „Nicht unwichtig ist in diesem Zusammenhang, wie das Vorbild vom Lehrer vorgestellt wird. Hat er selbst einen Bezug zu ihm gefunden, dann wird er auch in der Lage sein, eine Beziehung zwischen Vorbild und Schüler zu schaffen und zwar durch sprachliche und visuelle Medien" (Ebner 1988, 292). Schüler merken sehr schnell, ob Lehrer einen Unterrichtsgegenstand abspulen oder sich tatsächlich mit einer biblischen Gestalt, einem Heiligen oder einem *Local hero* beschäftigt haben und attraktive, interessante oder provozierende Seiten für sich selbst entdecken konnten (Grom 1972, 193).

- *Religionslehrerinnen und -lehrer als motivierender Verstärker von Wachstumsprozessen – Lernen durch Fremdverstärkung:*
  Wenn Vorbild-Lernen dem Ziel dient, dass Kinder und Jugendliche ihre eigenen Identitäten entwickeln, dann müssen Religionslehrer auch die Prozesse im Blick haben, die sie durch ihren Unterricht, z. B. bei der Thematisierung von Vorbildern, bei ihren Schülern auslösen. Und dann lautet die Parole: loben, loben, loben! Das kann angebracht sein, wenn Studierende sich in der Adventszeit an das Projekt eines *Local hero* erinnern, den sie Monate zuvor bei einem Studientag kennen gelernt haben, und eine Verkaufsaktion starten, oder wenn den Mitgliedern einer Gottesdienstvorbereitungsgruppe namentlich für die Gestaltung der Frühschichten gedankt wird. Die aufmerksame Wertschätzung kann auch darin bestehen, dass Lehrer Schüler mit Informationsmaterial versorgen, wenn sie beim Thema „Missionar auf Zeit" oder „Aktion Solwodi" Interesse bekundet haben oder nachfragen, was denn eigene Recherchen ergeben haben.

Selbstreflexion: Religionslehrerinnen und -lehrer als Vorbilder?
Wenn Religionslehrerinnen und -lehrer dieses Kapitel lesen, werden sie vermutlich über die eigene Rolle als Lehrperson und als Vorbild reflektieren. Es erstaunt manchmal bei Lehrerfortbildungen, wenn Lehrerinnen und Lehrer nach einer Anleitung zu einer selbstreflexiven Übung (vgl. Beispiele dazu: Mendl 2008a, 252–

255) zugeben: „So intensiv habe ich bisher nie über mein Selbstverständnis nachgedacht!" Das erscheint als umso problematischer, als nach der vom Philosophen und Soziologen Pierre Bourdieu maßgeblich geprägten Habitus-Theorie (vgl. Ziebertz u.a 2005, 44) der Habitus eines Menschen zunächst unbewusst und diese individuellen Stile zumeist auch recht starr und krisenresistent und nur über Elemente einer berufsprofessionellen Reflexivität überhaupt zugänglich und veränderbar sind. Umso wichtiger erscheint die nachdrückliche Wiederholung des Desiderats, dass auf allen Ebenen und in allen Phasen der Religionslehrerbildung solche persönlichkeitsreflexiven Prozesse verstärkt werden sollten! „Letztlich ist es für ReligionslehrerInnen wichtig, sich hinsichtlich der eigenen religiösen Deutung der Welt immer neu zu vergewissern" (Lindner 2013, 17).

Einige Anregungen dazu:

- Lehrerinnen und Lehrer sammeln in der Gruppe verschiedenen Zieloptionen eines guten Religionsunterrichts, erstellen eine Liste, entscheiden sich persönlich für ein bis drei Items und begründen und diskutieren ihre Entscheidung (vgl. eine solche Liste: Mendl 2008b, 252).
- Lehrerinnen und Lehrer kreieren ein eigenes Wappen mit vier Feldern (z. B. eigenes Rollenverständnis, konzeptionelles Leitprinzip für den eigenen Unterricht, präferierte Methoden, Vorbild für die Schülerinnen und Schüler), füllen dieses aus, fügen eine Überschrift (Wahlspruch fürs eigene berufsprofessionelle Handeln) hinzu und formulieren in einem unteren Feld, was für sie das „Fundament des Berufs" darstellt.
- Lehrerinnen und Lehrer reflektieren mit einer Zielscheibenevaluation die Intensität und Bedeutsamkeit verschiedener Dimensionen für die eigene Berufsrolle (z. B. Jesus- und Gottesbeziehung, eigene Spiritualität, spirituelle Kompetenz, spirituelle Kraftquelle, Eucharistie, Bedeutung des Kirchenjahrs, Gemeindebezug ...).

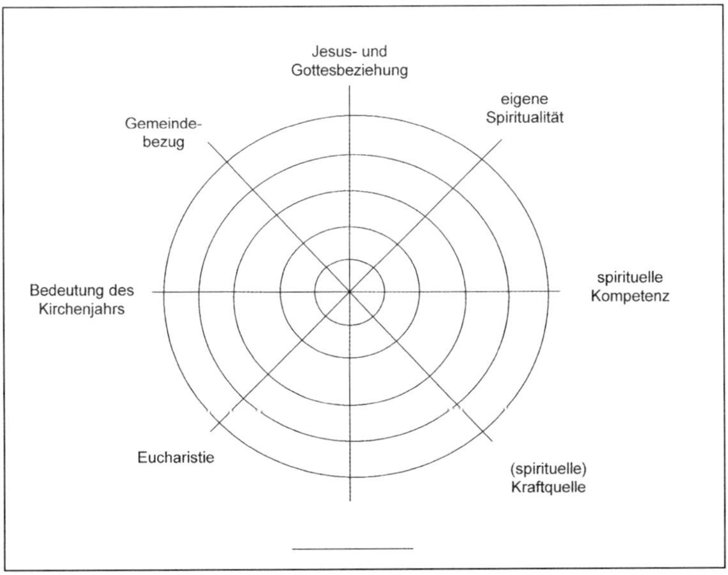

- Lehrerinnen und Lehrer verfassen einen Nachruf auf sich selber (und nehmen damit ihren Kollegen später einmal viel Arbeit ab ☺), aus dem ihr eigenes aktuelles (religions-)pädagogisches Verständnis deutlich wird:

Laudatio auf ____________________

Nach ___ Berufsjahren ist unser Kollege/unsere Kollegin im Alter von _____ Jahren in den verdienten Ruhestand getreten.
Mit Herrn/Frau ______________________________ verlieren wir eine Lehrerpersönlichkeit, die ____

____

Sein/ihr berufliches Credo lautete: ________________________________

____

Die Schüler schätzen an ihm/ihr besonders: __________________________

____

Als Kollege ____

____

Besonders der Religionsunterricht lag ihm/ihr am Herzen, weil

____

____

Sein/ihr pädagogisches Wirken kann man mit folgenden drei Schlagworten zusammenfassen:

________________ __________________ ________________

- Lehrerinnen und Lehrer hängen im Schulhaus ein Plakat auf: „Ein Lehrer ist für uns ein Vorbild, wenn …" – Spannend, welche Antworten die Schülerinnen und Schüler formulieren! In einer Lehrerkonferenz kann mit den Ergebnissen dann weitergearbeitet werden.

3.6.4 Lernaufgaben und Literaturhinweise

Zusammenfassung:
Angesichts der ständig anwachsenden Erwartungen an die Schulen und die dort Lernenden und Lehrenden scheint es zunächst eine zusätzliche Überforderung darzustellen, vom Lehrer auch noch zu erwarten, ein Vorbild zu sein. Im knappen geschichtlichen Überblick wurde deutlich, dass diese durchaus auch emotional geprägte Erwartungshaltung („pädagogisches Eros") an die Lehrpersonen zunächst zugunsten eines nüchterneren Erwartungsspektrums (Kompetenzen des Lehrers) gewichen war, heute aber durch neuere Studien bestätigt durchaus wieder „in" ist. Vom Denkansatz dieses Buches aus scheint es nicht nur möglich und sinnvoll, sondern vielmehr unausweichlich zu sein, vom Lehrer als Vorbild zu sprechen: Lehrer stehen ständig unter Beobachtung; sie müssen nicht perfekt sein, aber transparent, um Spiegelungsprozesse zu ermöglichen. Dies gilt in besonderem Maße für Religionslehrerinnen und -lehrer, die in vielen Beziehungsfeldern (Theologie, Glaube, Kirche, Schülerinnen und Schüler) stehend als personale Medien verdeutlichen können, was es heißt, den Modus einer Weltwahrnehmung und -deutung durch Religion zu beherrschen.

Lernaufgaben

1. Werner Brendel (Brendel 2012) beschreibt in seinem Werte-ABC folgende Begriffe: Achtsamkeit, Benehmen, Charakter, Dankbarkeit, Ehrlichkeit, Freundschaft, Gerechtigkeit, Hilfsbereitschaft, Individualität, Ja zur Schule und zum Leben, Konflikte, Lernen vor Ort, Mäßigung, Nächstenliebe, Ordnung und offene Unterrichtsformen, Persönlichkeitsbildung, Querdenken, Regeln und Rituale, Selbstreflexion, Toleranz, Umgang miteinander, Vorbildwirkung, Wertevermittlung, Zuwendung und Zivilcourage. – Wählen Sie einige dieser Begriffe aus und füllen Sie sie mit Inhalt! Diskutieren Sie die Ergebnisse und vergleichen Sie sie mit der Ausgestaltung Brendels!
2. Führen Sie alleine oder in der Gruppe eine der oben angeführten Reflexionsübungen durch!
3. Lassen Sie sich von Ihren Schülerinnen und Schülern ein Feedback geben, das die Vorbildrolle der eigenen Person abfrägt! Man kann auch vorsichtig-distanzierter mit einem Impuls beginnen: „Ein Religionslehrer/ eine Religionslehrerin sollte …" (vgl. Brüggen 2005).

Literaturhinweise

Burrichter, Rita/Grümme, Bernhard/Mendl, Hans/Pirner, Manfred/Rothgangel, Martin/Schlag, Thomas (2012), Professionell Religion unterrichten. Ein Arbeitsbuch, Stuttgart.

Katechetische Blätter 138 (2013), Heft 1: Religionslehrer/in sein.

Mendl, Hans (2013), Zeugen und Prügelknaben – Religionslehrerinnen und -lehrer im Feld diffuser Erwartungen, in: *Altmeyer, Stefan/Bitter, Gottfried/Theis, Joachim* (Hg.), Religiöse Bildung – Optionen, Diskurse, Ziele, Stuttgart, 207–218.

3.7 Eltern als Vorbild

Erziehung besteht aus zwei Dingen: Beispiel und Liebe.

Friedrich Fröbel

3.7.1 Herausforderung und Problemanzeige

Eltern: die Top-Vorbilder!

Was oben im Kapitel 1.3 breit dargestellt wurde, muss hier nicht mehr im Detail wiederholt werden; allen Unkenrufen zum Trotz und auch durch interpretative Kunstgriffe nicht verstellbar: Mütter und Väter sind für heutige Kinder und Jugendliche die Top-Vorbilder. „Mutter ist die Beste", meinen 2/3 der jungen Frauen („Forsa"/„Marie Claire"), jeder dritte Jugendliche würde seiner Mutter oder seinem Vater das „Bundesverdienstkreuz" zuerkennen (Zeitschrift „Eltern"), sie sind für Jugendliche nach MUTTER TERESA und Winston Churchill die bedeutendsten Personen des Jahrhunderts (Zeitschrift „Eltern"); auch bei religionspädagogisch orientierten Untersuchungen lagen die Eltern vorn. Dabei ergeben sich geschlechtsspezifische Tendenzen: Mädchen orientieren sich an der Mutter, Jungen an ihren Vätern (Zinnecker u. a. 2002, 53). Mädchen sind insofern aber flexibler als die Jungen, indem sie auch gegengeschlechtliche Familienmitglieder (Vater, Bruder, Großvater, Onkel) als Vorbilder benennen.

Vom Wandel eine Beziehungsmusters
Die hohe Wertschätzung der Eltern hängt mit einem Wandel der familiären Erziehungs- und Beziehungsmuster zusammen (vgl. Mendl 2014a, 44–46). Zur Erinnerung: Die gesellschaftliche und pädagogische Krise des Vorbilds seit den 60er-Jahren des letzten Jahrhunderts war bedingt durch die Individualisierung und Personalisierung der gesellschaftlichen Auseinandersetzung mit der Zeit des Nationalsozialismus. Die im Nachkriegsdeutschland erfolgte moralische Konsolidierung, welche zeitbedingt stark wertkonservativ ausgerichtet war, wurde zunehmend brüchig. Die gesellschaftlichen Leitfiguren – Politiker, Lehrer, Wirtschaftler, Wissenschaftler – mussten sich die Frage, wie ADOLF HITLER und der Holocaust möglich waren, auch als persönliche Anfrage gefallen lassen. Jugendliche der 68er-Generation lehnten autoritäre Beziehungsstrukturen in Familie, Gesellschaft und Politik ab. Und selbst solche Jugendliche, die fern der großen Zeitbewegungen und ohne innere Anteilnahme an Protestaktionen der 60er-Jahre geschweige deren ideologischen Fundamenten oder Extremforderungen Ausbildung oder Studium absolvierten und Familien gründeten, legten dann als Eltern grundlegend andere Verhaltens- und Beziehungsmuster an den Tag als noch ihre eigenen Eltern.

Die klassischen Erziehungsziele wie Gehorsam, Ordnung und Fleiß sind in den Hintergrund geraten. Praktiken einer „schwarzen Pädagogik“, für die es aus der Geschichte zahlreiche traumatische autobiografische Beispiele gibt, sind gesellschaftlich verpönt. Die Shell-Vergleichsstudien ergeben: „Streng“ war früher die Beschreibung des elterlichen Erziehungsstils, heute ist der Begriff schon fast ein Schimpfwort (Deutsche Shell 2000, 6). Soziologen beschreiben den Wandel in den familiären Beziehungsmustern mit den prägnanten Schlagworten „vom Befehls- zum Verhandlungshaushalt“ (Büchner/Fuhs/Krüger 1996, 226). Eltern sprechen mehr mit ihren Kindern, ringen gemeinsam um Lösungen, versuchen Entscheidungen transparent zu machen. Ulrich Beck bündelt dies unter dem Begriff „Demokratisierung der Familie“ (Beck 1997, 195–219). Die moderne Leitnorm ist die Erziehung zur Selbstständigkeit.

Wenn seit den 80er-Jahren Jugendliche angaben, kein Vorbild haben zu wollen, weil sie sich in Eigenregie entwickeln wollten und Autoritäten gegenüber kritisch eingestellt seien (Deutsche Shell 1997, 358; Deutsche Shell 2000, 216), so wurde das immer als Argument für die sinkende Zustimmung zum „Ich habe ein Vorbild“-Item angeführt. Von zwei Seiten her erscheint diese Argumentationsstruktur inzwischen obsolet zu sein:

- Das Verhältnis zwischen Eltern und Kindern hat sich entspannt. Kinder wollen sich nicht mehr von ihren Eltern abgrenzen. Die Shell-Studien der letzten Jahre belegen eindrucksvoll, dass die Mehrzahl der Jugendlichen ihre eigenen Kinder so erziehen will, wie sie selber erzogen worden ist; nur ein knappes Dritte kreuzt „anders“ oder „ganz anders“ an (Deutsche Shell 2000, 58). Die Zufriedenheit mit den Eltern als Erziehungspersonen hat auch im zeitlichen Vergleich mit Untersuchungen vor 20 Jahren zugenommen. Hinzu kommt: „Diejenigen, die sich in ihren Erziehungsabsichten in der Kontinuität mit ihren Eltern sehen, haben die größte Zuversicht im Hinblick auf die Zukunft“ (Deutsche Shell 2000, 61f.).

- Inmitten der postmodernen Unübersichtlichkeit stellt die Familie so etwas wie die letzte Insel der Seligen dar. Die Familie ist in doppelter Weise das biografische Rückgrat: Jugendliche leben aus der Familie und auf Familie hin (vgl. Mendl 2014a, 244f.). Die wichtigste Zurüstung für die Bewältigung des Lebens und die Motivation, es selbst in die Hände zu nehmen, ist das elterliche Zutrauen. Klare Lebensplanung, Autonomie, Menschlichkeit, Berufs- und Familienorientierung hängen positiv mit dieser Erziehungsdimension zusammen. „Elterliches Zutrauen begünstigt jene Persönlichkeitsressourcen, die gute Voraussetzungen für eine gelingende Lebensbewältigung bieten" (Deutsche Shell 2000, 14). Von da aus ist es verständlich, dass Jugendliche auch in ihrer eigenen Lebensplanung Familie und Beruf kombinieren wollen. Die Shell-Studie 2002 präzisiert den Zusammenhang von elterlichem Erziehungsstil und jugendlichem Selbstverständnis folgendermaßen: Ein aktivierender Stil des „Forderns und Förderns" bringt den jugendlichen Wertetyps des „Machers" (gegenüber: Idealisten/Unauffällige/Materialisten) hervor: Also Eltern, die ihre Kinder oft lobten, sich viel um sie kümmerten, für einen Zusammenhalt der Familie sorgten, sich ihren Kindern emotional zuwendeten, ihnen früh Verantwortung übertrugen, sie geistig und kulturell anregten, ihnen Widerspruch einräumten und sie zur Selbstständigkeit erzogen, schaffen ein „optimales Klima für die Reifung und das allmähliche Wachstum der kindlichen und jugendlichen Persönlichkeit" (Deutsche Shell 2002, 194). Diese Jugendlichen betrachten auch ihre Eltern als Vorbild.

Transformation der familiären Streitkultur

Pädagogen müssen diese Transformationsprozesse wahrnehmen und reflektieren und sollten Überblendeffekte aus der eigenen Jugendzeit vermeiden. Man kann immer wieder beobachten, dass die beschriebenen Ergebnisse der Jugendforschung unter Lehrern wenig bekannt sind und man implizit bei den entsprechenden ethischen Themenstellungen (Konflikte, Schuldfrage, Gewissensbildung, Freizeitgestaltung) vom alten Paradigma des Generationenkonflikts ausgeht. Es wird zu wenig berücksichtigt, dass sich unter den Vorzeichen eines familiären Verhandlungshaushaltes die Qualität von Konflikten zwischen Kindern und ihren Eltern verändert hat. Selbstverständlich wird es nach wie vor Streit um die Klassiker Aufräumen, schulische Hausaufgaben und nächtliches Heimkommen geben. Von beiden Seiten her werden solche Diskussionspunkte als Normalität und nicht beziehungszerstörend gesehen. Deswegen von daheim wie der verlorene Sohn ausziehen mag kaum ein Jugendlicher – außer Mama geht mit!

Der andere Straßengraben – Kinder und Eltern brauchen Grenzen!

Therapiebedarf besteht eher von der anderen Seite der Messlatte her, wo mit guten Gründen inzwischen auch in Bestsellern angemahnt wird, Kinder bräuchten auch Grenzen (Rogge 2001) oder vor der Tyrannei der Kinder (Winterhoff 2010) gewarnt wird. Es wäre ein Missverständnis eines partnerschaftlichen Erziehungs- und Beziehungsstils, wenn Eltern nicht ihren Erfahrungsvorsprung in der Erziehung zum Tragen kommen lassen und durchaus auch Grenzen zwischen Kindern und Eltern erkennbar sein dürften. Der Begriff des Vor-Bilds kann hier auch zeitlich konnotiert sein: Eltern verfügen über Vorerfahrungen in vielen Bereichen des Lebens, die sie auch bei der Erziehung einbringen müssen! Zwei grundsätzliche Bedenken seien deshalb angemerkt:

- Jugendliche brauchen in der Phase der synthetisch-konventionellen Ausprägung von Leben und Glauben Spiegel, schreibt James Fowler in seiner Religionspsychologie (Fowler 1991, 167f.). Solche Spiegel sind heute mehr als früher auch die eigenen Eltern, wie die skizzierten Umfragen zeigen. Das Bild des Spiegels wäre aber missverstanden (und so meint es Fowler auch nicht!), wenn man nur eine Spiegelung des Eigenen erwarten bzw. anbieten würde. Kinder und Jugendliche müssen sich an dem, was sie am anderen wahrnehmen, widerständig abarbeiten können, sie sollen ihren eigenen Lebensentwurf am fremden probieren: „Es hilft ihnen im Leben nicht weiter, wenn sie in ihren Lehrerinnen und Lehrern, in den Vätern und Müttern nur sich selbst und die eigene Hilflosigkeit wiederfinden, wenn jedes Gespräch mit ihnen zum Selbstgespräch wird“ (Steffensky 2005, 194). – Das Missverständnis besteht hier in der Verwechslung zwischen einem pointierten und durchaus streitbaren Angebot an Lebensüberzeugungen und -formen und einer übergriffigen Verpflichtung zur Nachahmung. Ersteres ist auch pädagogisch nötig, Zweiteres mit Vorsicht zu genießen!
- Eine kritische Nachfrage erscheint allerdings durchaus zulässig, wenn das Verhältnis zwischen den Generationen zu glatt und befriedet ist: Wie verhält sich das bezüglich der Fortentwicklung hin zu einem individuierend-reflektierenden Leben und Glauben, wenn Jugendliche als Nesthocker milieukonsistent heranwachsen und erst spät – oder überhaupt nicht – die entsprechenden Distanzierungserfahrungen machen, die eine zentrale Grundlage für die Ausbildung tatsächlich individueller Lebens- und Glaubensüberzeugungen sind? Die Frage muss erlaubt sein: Besteht nicht auch die Gefahr, dass bedingt durch glattere Sozialisationsprozesse konformistischere künftige Generationen heranwachsen, die die bekannte Karikatur (Karl Valentin zugeschrieben) bestätigen: „Es macht keinen Sinn, Kinder zu erziehen. Sie machen uns doch alles nach“?

3.7.2 Lernchancen

Grüße an die Eltern: Ihr seid unsere Vorbilder!
Eine 10-jährige Grundschülerin meint: „Der bedeutsamste Mensch kann eigentlich nur mein Papa sein. Er ist nämlich der Klügste und der Liebste. Der Lustigste außerdem. Und ein 12-jährige Schülerin: „Meine Mutti. Sie hat mich zu der Person gemacht, die ich heute bin. Sie macht mir immer ganz liebevoll klar, wie man in dieser komplizierten Welt zurechtkommt. Für mich tut sie alles.“ (Themenhefte Gemeinde 2/2006, 45). Der Kinder-Werte-Monitor des Kindermagazins „GEOlino“ im Jahre 2005 ergab: Für die Vermittlung von Werten sehen Kinder in erster Linie die Eltern verantwortlich (Neue Gespräche 6/2011, 8).

Auch Eltern können sich also ihrer faktischen Rolle als Vorbild nicht entziehen. Ihre Kinder beobachten sie, registrieren ihr Verhalten, ihre Interaktionen und Interventionen, ihre moralischen Appelle, Verbote, ihre Zuwendung und ihr Lob. Und sie verbinden ihre Wahrnehmungen mit Wertungen. Mit Geschwistern und Freunden, eventuell mit Großeltern oder Onkeln und Tanten spricht man über die Eltern und ihr Verhalten. Da möchte man als Vater oder Mutter gerne einmal Mäuschen sein (die modernere Vorstellung, im Kinderzimmer eine Wanze oder Überwachungskamera zu installieren oder die Hilfe der NSA zu beanspruchen, wäre hingegen politisch nicht ganz korrekt!). Ausgehend von den geschilderten Kommunikationsbedingungen rate ich zur „subjektiven Empirie“ in der eigenen Familie, da dies auch die Handlungsmächtigkeit fördert: In einem entspannten Feed-back können Kinder ihrer Eltern Rückmeldungen geben. Dabei kann man traditionelle Familiensituationen und Rituale nutzen und transformieren.

Anregungen zur innerfamiliären Kommunikation

Die Anregungen sind zunächst von der Perspektive „Kinder geben ihren Eltern eine Rückmeldung" formuliert. Im Interesse einer symmetrischen Kommunikation sind die folgenden Vorschläge auch mit umgekehrten Rollen vorstellbar: Die Eltern geben ihren Kindern ein differenziertes Feedback! Die derzeit dominierenden Kommunikationsstrukturen in Familien erleichtern solche partnerschaftliche Rückmeldungsprozesse. Dies reicht natürlich weit über das enge Feld eines Lernens an Vorbildern hinaus und zielt auf die Förderung von Empathie, Kommunikation und Sozialkompetenz. Solche Formen wechselseitiger Wahrnehmung sind weit entspannter als noch die moralinsauren Impulse in der Pädagogik der 50er- und 60er-Jahre, wo entsprechende Hinweise auf die Einhaltung des 4. Gebotes immer auch mit einem erhobenen Zeigefinger gegeben wurden; ich erinnere mich an die Geschichte – passend zum Muttertag – in einem Lesebuch in meiner Grundschulzeit mit sinngemäß folgendem Inhalt: Das Kind präsentiert der Mutter für eine Gelegenheitsarbeit eine Rechnung von 50 Pfennig, die Mutter listet in der Gegenrechnung auf, was sie alles fürs Kind erledigt und zählt zusammen: 0 DM.

- Die Kinder verfassen ein Nikolaus-Gedicht für ihre Eltern: „Was dem NIKOLAUS an euch gefällt!" – „Wozu er euch ermahnt." – Sie reflektieren damit ihre eigene Wahrnehmung der Eltern, die Eltern bekommen ein kostenloses Feedback.
- Die Eltern legen in den selbst gestalteten Adventskalender zu den kleinen Süßigkeiten jeweils einen Zettel, der zu einer täglichen Interaktion ermuntert. Einige Beispiel-Impulse: „Was ich meinem Vater schon lange sagen wollte ..." – „Was ich sympathisch an meiner Mutter finde ..." – „Woran meine Eltern noch arbeiten sollten ..." – Drei Bereiche, in denen mein Vater ein Vorbild für mich ist ..." – „Drei Dinge, die ich ganz anders als meine Eltern machen werden ..." – „Meine Mutter erzählt eine Situation aus ihrem Leben, in der sie Mut bewiesen hat ..." – „Mein Vater erzählt eine peinliche Situation aus seinem Leben ..."
- Zum Geburtstag des Vaters/der Mutter wird ihm/ihr ein „Familienverdienstkreuz" überreicht. Ein Kind hält eine kurze Rede.
- Kinder und Jugendliche bearbeiten folgende Impulse:
  - Was schätze ich an meinen Eltern?
  - Was missfällt mir an ihnen?
  - In welchen Bereichen möchte ich so werden wie meine Eltern?
  - Inwiefern möchte ich ganz anders werden als meine Eltern?
  - Wenn ich Vater/Mutter wäre ...
  - Das wäre mir wichtig für meine Kinder./Das würde ich vermeiden.

Das Gegenargument gegen solche Vorschläge könnte lauten: Das ist doch das idealisierte Bild von Familie! Was ist mit den Kindern, deren Eltern geschieden sind? Was ist mit Kindern, die von ihren Eltern misshandelt oder vernachlässigt werden?

Dem muss man zunächst etwas Grundsätzliches entgegen halten: Im Unterschied zu kulturpessimistischen Darstellungen der veränderten Kindheit plädiere ich für eine nüchterne Wahrnehmung der Realität: Bei aller Pluralisierung der Lebens- und Familienformen wachsen immerhin ca. 80 % der Kinder in Deutschland im Normalkonstrukt von Familie (Vater – Mutter – Kind) auf (Mendl 2014a, 46f.) – dabei spielt es keine Rolle, ob die Eltern verheiratet sind oder nicht. Vorsicht scheint auch geboten bezüglich einer nach wie vor unterschwellig verbreiteten Stigmatisierung von Scheidungskindern und von Kindern, die von einem

Elternteil allein erzogen werden. Bei allen unbestrittenen sozialen und psychischen Problemen, die eine Trennung der Eltern mit sich bringt, ist die Frage der Lebensform nachrangig zur Frage des Umgangsstils der jeweiligen Bezugspersonen zu den Kindern (z. B. Deutsche Shell 2002, 193f.).

Andererseits wird in diesen Ausführungen auch deutlich, wie wichtig stimmige Familienkonstellationen und das familiäre Kommunikationsklima für das Zutrauen ins Leben und die Bewältigung von Zukunft heutiger Jugendlicher sind. Den Autoren der Shell-Studie ist freilich zuzustimmen, wenn sie hier abschließend darauf hinweisen, dass pädagogischen Interventionen von außen Grenzen gesetzt sind. Das gilt auch für die Rezeption eines Buches wie diesem. Zudem wäre es ein Rückfall in sozialdeterministische Denkmuster, wenn man suggerieren wollte, dass mit der familiären Sozialisation das Leben von Jugendlichen bereits unausweichlich vorbestimmt wäre.

Die in diesem Buch vorgestellte Palette möglicher Orientierungen zeigt einen Lösungsansatz auf: Wo die Eltern als primäre Vorbilder ausfallen, werden eventuell andere Personen und Personengruppen im Nah- und Fernbereich zu tragfähigen Modellen für die Entwicklung eigenen Lebens (vgl. Mendl 2011f, 10). Im Rahmen der sekundären institutionalisierten Erziehungseinrichtungen kann man entsprechende orientierende Angebote präsentieren und inszenieren.

3.7.3 Eltern als religiöse Vorbilder: Lernfelder und Beispiele

Zwischen Hauskirche und privatisierter Religion

Im kirchlichen Binnenmilieu ist das keine Frage. Die Eltern haben als religiöse Vorbilder zu gelten. Die Familie wird gleichsam hochstilisiert zur „heiligen Familie" (Ebertz 2000) – und damit auch kräftig überfordert. So wird die Kennzeichnung der Familie als „Kirche im Kleinen" oder „Hauskirche" im apostolischen Schreiben „Familiaris consortio" (Sekretariat der Deutschen Bischofskonferenz 1981) von Johannes Paul II. den realen Möglichkeiten heutiger Familien nicht gerecht. Die Neigung, innerkirchlich die Familien mit Ansprüchen zu überfrachten, ist nicht neu. Die zahlreichen religiösen Familien- und Erziehungslehren seit dem Aufklärungszeitalter deuten auch in ihrer inhaltlichen Ausführung darauf hin, dass Familie nicht immer ihrem Stellenwert als Tradierungsinstanz für christliche Lebenshaltungen und Lebensvollzüge zur Zufriedenheit der Theologen nachkommen konnte; die Familie blieb, wie Eugen Paul das prägnant beschreibt, das „pastorale Sorgenkind" (Paul 1991, 681–685; Paul 1993, 608–612; Mendl 1995, 170f.). Und heute hat sich die Lage drastisch zugespitzt. Michael Ebertz problematisiert das Verhältnis von Familie und Kirche als „auslaufende Koalition" (Ebertz 2000, 32–37): Familien verhalten sich Kirche gegenüber autonom, die Tradierungskrise des Christentums wird gerade in der Entkonfessionalisierung der Familiengeschichte (Reduktion kirchlichen Wandschmucks, Rückgang der Gebetsriten, Minimierung konfessionionsspezifischer Familien- und Erziehungspraktiken) deutlich. Man wählt aus dem religiösen Angebot aus, nutzt die Sakramente als Lebenswende-Riten, lässt sich dadurch aber nicht dauerhaft an eine Kirchengemeinde binden. Diverse Bedeutungsverschiebungen (vom christlichen Oster- zum bürgerlichen „Weihnachtschristentum" (Morgenroth 2002); von der

Taufe als Eingliederung in die Gemeinde hin zur Taufe als Ritualisierung einer Familienfeier) lassen sich so unter einen Nenner bringen: Die Familie verkörpert die „Transzendenz im Diesseits" (Ebertz 2000, 38).

Sprachlose Vorbilder im Glauben
Von Hauskirche keine Spur: Das kennzeichnet heutige Familien. Auch die Familienreligiosität ist, sofern vorhanden, stark individualisiert, pluralisiert und privatisiert (vgl. Mendl 2014a, 145; Langenhorst 2014b, 140–148). Religiöse Riten in der Familie werden kaum gepflegt. Die Erziehungsmaxime entspricht einem humanistischen Erziehungsideal, bei dem das Religiöse nur einen beiläufigen Charakter erhält. Man gesteht auch in religiöser Hinsicht seinen Kindern die freie Entscheidung zu. Die Kehrseite: In Familien herrscht auch so etwas wie ein religiöser Analphabetismus, religiöse Sprachlosigkeit. Während einerseits die Kommunikationsfähigkeit der Familien tendenziell wächst, vermindert sich die Intensität der Kommunikation über religiöse Themen und zunehmend auch die Befähigung dazu (Köcher 2000, 280f.; Köcher 1989). Auch das häufig vorgebrachte Argument „Wir wollen unsere Kinder nicht bevormunden und lassen ihnen die Wahl zur Entscheidung für oder gegen eine bestimmte Religion" ist als generalisierendes Argument leicht auszuhebeln (es gibt viele Lebensbereiche, wo Eltern sehr wohl normativ erziehen!), es spiegelt als Ausdruck eigener Bindungsangst eher die Unsicherheit der Elterngeneration auch „in Sachen Religion" wider.

Alphabetisierungshilfen im Leben und Glauben
Deutlich wird: Es nützt vor dem Hintergrund der schwindenden Leistungskraft der Familien im Bereich der religiösen Erziehung weder, nur darüber zu klagen, noch mit Scheuklappen behängt die Situation zu verleugnen und vom Ideal einer heiligen Familie auszugehen oder gar Kompensation von anderen Handlungsorten her (Schule, Gemeinde) einzufordern. Vielmehr muss man die Blickrichtung umkehren: Familien sind nicht für die Kirchen da, die Kirchen müssen vielmehr Eltern auf verschiedenen Ebenen unterstützen, z. B. (Klein 2002, 297)

- bei der Entwicklung gemeinsamer ritueller Praxis (z. B. Einschlafrituale, sonstige Familien- und Festrituale, Gebetskultur, Beteiligung an liturgischen und sozialen Familienangeboten von Pfarreien) – im Sinne einer Alphabetisierungshilfe fürs Leben und seine Ausgestaltung
- bei der erfahrungsbezogenen Deutung des Alltags als Basis eines befreienden Gottesbildes – mit dem Ziel einer Kultivierung der Grundkräfte des Grundvertrauens, der positiven Lebenseinstellung und der Befähigung zur Prosozialität (vgl. viele Praxisideen, in der Familie in Grunderfahrungen des Lebens Gott zu entdecken: Blum/Kilian 2010)
- beim Vorleben und der (christlichen) Begründung von Lebenseinstellungen und Werten – Hilfestellung erscheint hier gerade in der reflektierenden Verbalisierung einer Ethik des Alltags geboten zu sein
- beim direkten Thematisieren von religiösen Fragen (Erzählkultur, religiöse Bücher, kinderphilosophische Gespräche).

„Kontaktzonen" von Familien und Kirche sind die bekannten Lebenswenden der Eltern und dann auch der eigenen Kinder (Eheschließung, Taufe, Erstkommunion, Firmung) sowie die Angebote im Sozialraum Kirche (Mutter-Kind-Gruppen, Kindergärten, Jugendgruppen). Modelle im Rahmen der Sakramentenkatechese (Biesinger 1996) sind auf die Eltern als Adressaten ausgerichtet; sie sollen bestärkt und befähigt werden, mit ihren Kindern gemeinsam einen Kommunikations- und Wachstumsprozess im Glauben zu beginnen. Nicht selten erlebt man bei solchen familienkatechetischen Unternehmungen, dass Eltern wieder Lebensfragen neu entdecken und ansatzweise mit ihren Kindern über Glaubensthemen kommunizieren. Dies erscheint umso bedeutsamer, als empirische Studien zeigen, dass die Weitergabe des Glaubens an zwei Bedingungen geknüpft ist: Erstens an die innerfamiliäre Kommunikationsstruktur und zweitens an die Öffnung der Familie auf die kirchliche Gemeinde hin (Köcher 2000). Umso wichtiger erscheint es, wie in solchen Situationen kirchendistanzierte Familien Kirche erleben, wie Karl Heinz Schmitt betont: Sakramente seien „ausgestreckte Arme dieser Kirche. Jedoch keine Greif- und Fangarme, sondern einladende Arme, die Anerkennung schenken, neu in die Gemeinschaft hineinführen, vergeben und heilen" (Schmidt 1986, 293).

„Wenn Dein Sohn, wenn Deine Tochter Dich fragt ..."

„Wenn dich morgen dein Sohn fragt ..." (Dtn 6,20) – von diesem jüdischen Konzept einer narrativen Glaubenstradition sind heutige Eltern in unserer Gesellschaft weit entfernt (Kohler-Spiegel 2000). Dennoch sollte es eine erreichbare Zielformulierung darstellen, wenn man Eltern ermutigen könnte, mit ihren Kindern Erzählgemeinschaften im Leben und ansatzweise im Glauben zu bilden. Dazu gehört es, die Fragehaltung der Kinder zu fördern, ihr Staunen, Entdecken, Denken und Zweifeln zu begleiten. Und es ist wichtig, Fragen zuzulassen und zu fördern, die auf die Eltern selbst bezogen sind:

- Wie hast du dich als Kind gefühlt?
- Erzähl von deiner Erstkommunion!
- Wie war das mit Papa und dir?
- Hast du schon mal mit Gott geschimpft?
- Hast du schon mal Gott gespürt?

Fragen entstehen dort, wo auch etwas als frag-würdig erscheint. Von daher gehört zu einer offenen Gesprächskultur zwischen Eltern und Kindern die Möglichkeit, Verhalten und Aussagen kritisch anzufragen und vor allem Alltagssituationen entstehen zu lassen, in denen jenseits einer medialen Dauerberieselung ein Augenkontakt und ein Gespräch möglich sind – da bieten sich häufig unvermutete Chancen an – beim gemeinsamen Abwaschen, bei einer Wanderung oder während eines langen Staus auf der Autobahn –, man muss sie nur nutzen!

Bernhard Grom ist zuzustimmen: „Eltern dazu zu ermutigen, auf unaufdringliche und überzeugende Weise auszusprechen, was der Glaube bedeutet, setzt zunächst voraus, dass man den Irrtum überwindet, sie müssten sich als perfekte Helden des Glaubens präsentieren" (Grom 2000, 94). Eltern müssen weder im Glauben perfekt sein noch die kirchliche Binnensprache (bloß nicht!) beherrschen. Sie sollen lediglich offen für Kommunikation und authentisch sein. Eltern scheinen heute mehr Vorbild im Leben und weniger im Glauben zu sein. Wenn nun aber alle religionspsychologischen Erkenntnisse der letzten Jahrzehnte davon ausgehen, dass Religion von den Primärerfahrungen aus im Kontext des Lebens buchstabiert wird, dann bieten die gewandelten familiären Beziehungs- und

Kommunikationsstrukturen und das positive Erleben der Eltern eine geeignete Grundlage für die Entwicklung eines erfahrungsbezogenen reifen Verständnisses von Gott und der christlichen Religion. Das ist doch schon etwas!

3.7.4 Lernaufgaben und Literaturhinweise

Zusammenfassung:
Die empirischen Untersuchungen belegen, dass für heutige Jugendliche die Eltern die Top-Vorbilder sind. Unter den Bedingungen einer veränderten Beziehungs- und Kommunikationskultur könnte dies eine gute Ausgangsbasis für orientierende Lernprozesse sein. Dass dies auch für religiöse Entwicklungsprozesse gilt, muss angesichts der religiösen Sprachlosigkeit der heutigen Elterngeneration allerdings bezweifelt werden. Anstatt aber auf „diese" Eltern moralingesäuert und vereinnahmend zuzugehen, ist den Kirchen zu empfehlen, alle Ebenen zu nutzen, um Familien Alphabetisierungshilfen im Leben und Glauben zu geben und sie zu befähigen, mit ihren Kindern erfahrungsgesättigt zu leben und diese Erfahrungen auch im Ansatz religiös zu deuten.

Lernaufgaben

1. Religion gilt als Tabu in unserer Gesellschaft. Auch Buchtitel wie „Kinder brauchen Religion" (Langenhorst 2014b) führen zu Widerspruch. Trotzdem: Sprechen Sie mit Gleichaltrigen darüber, wie sie zur religiösen Erziehung von Kindern stehen und ob sie sich dabei als Vorbild empfinden – und falls ja, in welchen Dimensionen!
2. „Manchmal denke ich, dass ich 51 Jahre alt werden musste, um meine Eltern ausdrücklich als Vorbild benennen zu können" (Neue Gespräche 6/2011, 5): Denken Sie über Ihre eigenen Eltern nach: In welchen Dimensionen des Lebens, Verhaltensweisen, Einstellungen waren sie für Sie ein Vorbild – und in welchen nicht? Wo es die Gruppenkontexte erlauben, ist sicher ein Gespräch über diese individuellen Rekonstruktionen, gerade unter Menschen verschiedener Alterskohorten, spannend!

Literaturhinweise

Langenhorst, Georg (2014), Kinder brauchen Religion. Orientierung für Erziehung und Bildung, Freiburg i. Br.

Neue Gespräche 41 (2011), Heft 6: Gandhi? Oder doch meine Mutter? Von Vorbildern und Wegweisern.

3.8 Gebrochene Biografien

Schlimm ist es nicht, hinzufallen. Schlimm ist es, nicht mehr aufzustehen!

Sprichwort

3.8.1 Herausforderung und Problemanzeige

„Du schaffst alles, wenn du nur willst!“

„Du schaffst alles, wenn du nur willst“, so oder ähnlich lauten die Slogans mancher Motivationspsychologien. Eine solche Aufforderung ist so gefährlich, weil sie den einzelnen überlastet und die Möglichkeit des Scheiterns ausblendet. Zugegebenermaßen kann auch der in diesem Buch skizzierte Ansatz, das Lernpotenzial verschiedener Biografien herauszuarbeiten, Gefahr laufen, linear nur vorbildhaft an Personen konkretisierte Tugenden zu präsentieren. Auch die Datenbank der *Local heroes* kann kritisch betrachtet zu einer moralinsauren Ansammlung von „peinlichen Überbautypen“ (Siegfried Lenz) verkommen, auch wenn bei den lernpsychologischen und didaktischen Erläuterungen gebetsmühlenartig betont wird, dass nicht das hehre, vollkommene Vorbild intendiert ist und die Auseinandersetzung mit diesen Personen nicht auf eine nachahmende Umsetzung idealtypischer Entscheidungen und Handlungen abzielt. Und selbst in aktuellen Lehrplänen ist immer wieder die Tendenz festzustellen, einseitig nur „vorbildhafte Persönlichkeiten“ und „Leitfiguren“ anzubieten.

Die gesellschaftliche Einstellung zum Erfolg ist dabei äußerst ambivalent: Einerseits befeuern die entsprechenden Fernsehformate wie „Deutschland sucht den Superstar“ oder „Germany's Next Topmodel“ die tiefe Sehnsucht nach einer schnellen medialen Aufmerksamkeit und einer Karriere im Showbusiness, andererseits wird nirgendwo anders so umbarmherzig mit den Verlierern umgegangen wie bei diesen Sendungen – DIETER BOHLENS Sprüche und Kommentare über die „Loser“ sind hier bereits legendär. Schließlich kann nur einer gewinnen. „Ich habe heute kein Foto für dich!“ (aus HEIDI KLUMS „Germany's Next Topmodel“, ist inzwischen ein geflügeltes Wort, um jemandem mitzuteilen, dass er es auf irgendeine Weise nicht geschafft hat. Niemand will ein „Loser“ oder ein „Opfer“ sein. Wer sich in der Öffentlichkeit, in einem sozialen Netzwerk, bei einer Bewerbung, in einer Kontaktanzeige präsentiert, stellt in der Regel seine besten Seiten zur Schau (vgl. :in Religion 3/2014: Lernen an gebrochenen Biografien).

Die Theologie des kritisch gebrochenen Vorbilds

Folkert Rickers hat mit Recht nicht nur die didaktische Gefahr angemahnt, wenn man ausschließlich positiv gewendete Lebensbilder präsentiert, sondern dies auch theologisch untermauert. „Der ‚gebrochene Mensch‘ findet am meisten theologischen Widerhall in der Bestimmung des Menschen bei LUTHER als homo iustus et peccator“ (Rickers 2008, 235). Der Mensch als fragiles Wesen bleibt auch im Prozess seiner Entwicklung und Heiligung immer Sünder. Dies gilt für jeden Menschen, auch für einen Bischof oder Papst, selbst für Heilige (vgl. oben Kap. 2.1). Von daher kann der Mensch gar nichts anderes sein als ein gebrochenes Vorbild. Rickers weist darauf hin, dass Luther diesen anthropologischen Ansatz an der

Gestalt des Petrus aufgezeigt hat (spannend: die Parallelen zur obigen Darstellung des Petrus, vgl. Kap. 3.3!). Die Folgerung, dass wegen dieser anthropologischen Verfasstheit des Menschen keine religiösen Helden und Heiligen mehr Thema der Vorbilddiskussion sein könnten, führt dann doch zu weit: Wie oben bereits skizziert, bedeutet ein prozesshaftes Verständnis von Heiligung vielmehr, alle Menschen – die „großen" und die „kleinen" in ihrer menschlichen Gebrochenheit zu betrachten und in diesem Sinne die hehren Heiligen erst einmal gründlich zu erden (vgl. ähnlich auch Horáková 2007, 20f.). In diesen Sinne können gerade die gebrochen Vorbilder auch besonders lebensförderlich sein – verweisen sie letztlich doch auch auf einen im Umgang mit seinen Geschöpfen äußerst fehlerfreundlichen Gott! „(Un-)Vollkommen Mensch sein" (Titel von KatBl 137 (2012), Heft 4) – dieser Satz erweist sich gleichermaßen als Zusage wie als Aufgabe!

Insofern soll in diesem letzten Personen-Kapitel ausgelotet werden, inwiefern gerade die Brüchigkeit von Personen quer über die bisher skizzierten Gruppen hinweg und vor allem auch negative Personen zum Gegenstand eines orientierenden Lernens werden können.

3.8.2 Lernchancen

Identität entwickeln – fragil, narrativ, dynamisch
Identitätsbildung ist in einer Multioptionsgesellschaft ein fragiler Prozess (vgl. Mendl 2014a, 71–73). Sie vollzieht sich lebensgeschichtlich dynamisch in der Auseinandersetzung zwischen Individuum und sozialen Einflüssen. Die Vorstellung einer konsistenten Identitätskonstruktion, wie sie bei Erik Erikson zumindest noch durchscheint, ist angesichts der sogenannten Postmoderne mit ihren Kennzeichen (Beschleunigung, Wandel, Mobilität, Flexibilität und Pluralität) obsolet. Soziologen sprechen eher von einer Patchwork-Identität: Man ist gezwungen, aus einer Vielzahl von Lebensentwürfen auszuwählen und sich so eine zeitweilige, brüchige, veränderbare Identität, bestehend aus vielen Teilidentitäten, zusammenzubasteln. Narrativ, vom eigenen Leben erzählend, vergewissert man sich dieser zeitweiligen eigenen Identität.

An diesem Punkt machen vor allem die schillernden Persönlichkeiten Mut, weniger die geradlinigen Karrieristen: Postmoderne Menschen, für die Wohnort- und Berufswechsel nicht mehr wie früher Ausdruck des Scheiterns, sondern von Lebendigkeit und Neuorientierung darstellen, brauchen die Anschauung von Lebensentwürfen, die von richtigen und falschen Entscheidungen, von Irrwegen und Neuanfängen, von Glücksmomenten und Versagen, von Beziehungsbrüchen und gelingenden Beziehungen geprägt sind. Das ist auch das (religions-)pädagogische Ziel: In der Auseinandersetzung mit auf diese Weise lebensnah dargebotenen Biografien, durchaus auch durch sie verunsichert und herausgefordert, sollen Schülerinnen und Schüler mündige und selbstreflexive Subjekte ihrer eigenen religiösen Biografie werden. Sie können entdecken, dass gerade in ungeraden Biografien Sinnspuren zu entdecken sind. Wenn dabei große Persönlichkeiten gegen den Strich gebürstet dargeboten werden wie beispielsweise in einem „Lexikon der Faulpelze. Von ALBERT EINSTEIN bis LEONARDO DA VINCI" (Pouy/Bloch/Blanchard 2008; da findet man dann auch beispielsweise AGATHA CHRISTIE, CHARLY CHAP-

LIN, THOMAS EDISON, JOHN LENNON oder PABLO PICASSO), dann kann dies sowohl Schülerinnen und Schüler als auch ihre Eltern ermutigen: „Für all jene, die schon mal in einer der hinteren Reihe neben dem Heizköper vor sich hingeträumt haben", heißt es neben der Titelseite des Buchs.

Die breite Palette gebrochener Biografien
„Es geht um Menschen, die aus ihrer religiösen Position heraus Vorbildliches/Außergewöhnliches geleistet haben, aber darin zugleich auch in ihren Grenzen gesehen werden müssen" (Rickers 2008, 227). Insofern zählen alle bisher skizzierten Personen auch zu den gebrochenen Biografien und sollten, wie mehrmals betont wurde und auch bei den Auswahlkriterien (siehe Kap. 2.3.5) hervorgehoben wurde, mit biografischen Hinweisen versehen werden, die über die vorbildhafte Tat hinausreichen: z. B. dass eine Schülerin, die krebskranke Kinder betreut, durchaus gelegentlich Schulunlust verspürt oder auch eine engagierte Ordensfrau immer wieder an Gott und der Welt zweifelt.

„Selbst vom Dümmsten kann man lernen", lautet ein Sprichwort. Sieht man vom despektierlichen Unterton ab, dann wird eine tiefe Wahrheit deutlich: „Jeder Mensch als Bild Gottes und jeder Mensch als Bild der Menschlichkeit ... ist ein ‚würdiger Gegenstand der Anschauung' in seinem Versuch, Leben zu lernen" (Frost 1996, 123) – Jeder Mensch kann somit auch ein würdiger Gegen-Stand sein, um sich an ihm und seinem Lebensentwurf zu spiegeln und von ihm zu lernen (vgl. Mendl 2006a). Dies soll an den folgenden Lernfeldern und Beispielen veranschaulicht werden.

Dabei scheint als Vorbemerkung unabdingbar zu sein: Die Bezeichnung „gebrochene Biografie" ist nicht unproblematisch. Man sollte sie perspektivisch verstehen, vom Blickwinkel einer Vorstellung eines gelungenen Lebens, das vom skizzierten gesellschaftlichen Perfektibilitäts- und „Winner"-Ideal aus geprägt ist. Da sind dann durchaus auch ironische Konnotationen möglich: Wer hält wen für „gebrochen"? Letztlich zielt der Einbezug von „gebrochenen" Biografien auch auf die Erkenntnis, dass es unterschiedliche Vorstellungen von einem gelingenden Leben gibt und rein weltimmanente und überhöhte Glücksvorstellungen durchaus einseitig, brüchig und realitätsfern sind. Menschen mit einem körperlichen Handicap wie Walter Bichlmeier (siehe Kap. 3.1.4) würden es vermutlich strikt zurückweisen bzw. es belächeln, als „gebrochene Biografie" bezeichnet zu werden – das ist eine typische Außensicht (vgl. :in Religion 3/2014, 28). In diesem Sinn versammeln sich unter dieser Kategorie der gebrochenen Biografien Anti-Helden, Negativvorbilder, aus der Erfolgsspur geratene Promi-Helden, biblische Sünder, Heilige und Märtyrer der Geschichte und Menschen mit Handicaps heute, also neben tatsächlich Gescheiterten auch solche Menschen, die gerade im Umgang mit den Grenzen, mit dem Scheitern und dem Sterben Größe und Mut bewiesen haben. Übrigens: Auch der Gott der Christen, Jesus Christus, war so verstanden eine gebrochene Biografie – mit 33 Jahren einen schändlichen Tod am Schandpfahl zu erleiden, das war schon in der damaligen Gesellschaft ein Skandal, und einen solchen Gekreuzigten als Gott zu verehren ein Ärgernis und eine Torheit (1 Kor 1,23f.)!

3.8.3 *Lernfelder und Beispiele*

Lernen an Antihelden

Vom diskursethischen Ansatz her bieten sich nicht nur positive Vorbilder als Spiegelfolien an. Stattdessen können alle menschliche Situationen und Entscheidungen Gegenstand des Lernprozesses an fremden Geschichten werden. „Negativvorbilder" sind Menschen, die von einem Moralkodex aus betrachtet gegen Normen und Regeln verstoßen haben oder eine falsche Entscheidung getroffen haben:

- Auch im Nahbereich gibt es nicht nur *Local heroes*, sondern auch Menschen, die wegschauen, nicht helfen, wenn andere in Not sind, die eine gefundene Geldbörse behalten (vgl. *Local-heroes*-Homepage, Stichwort „Ehrlichkeit"), sich gegen die Einrichtung eines Hospizes in ihrem Wohngebiet einsetzen (vgl. Mendl 2005a, 123f.). – Hier kann es didaktisch hilfreich sein, sich spielerisch auch mit sozial nicht erwünschten Haltungen auseinanderzusetzen, sie probeweise einzunehmen, aber auch die Folgen einer Handlung zu ermitteln, die anderen Menschen Nachteile einbringt. „Welche Gedanken gehen dem Mann durch den Kopf?" – „Wie geht es weiter, wenn der Mann sein Geld, die Reisepässe und die Geldkarten nicht wiederbekommt", lauten Impulsfragen zum Beispiel (siehe *Local-heroes*-Homepage) eines Mannes, der in einer Bäckerei ein Geldbörse mit 13.000 Euro hat liegen lassen.
- Dass die Mediengesellschaft nichts vergibt, zeigen die Beispiele gefallener Helden der letzten Jahre: KARL THEODOR ZU GUTTENBERG und ANNETTE SCHAVAN, die ihre Ämter wegen einer unrechtmäßig erworbenen Dissertationsschrift verloren haben, CHRISTIAN WULFF, der als Bundespräsident zurücktreten musste, der Wettermoderator JÖRG KACHELMANN, dem ein Vergewaltigungsvorwurf und sein öffentlicher Umgang damit zum Verhängnis wurde, der „Macher" des FC Bayern München, ULI HOENEß, der wegen eines Steuervergehens zu einer mehrjährigen Haftstrafe verurteilt wurde, oder der Limburger Bischof FRANZ-PETER TEBARTZ-VAN ELST, der nicht nur durch einen undurchsichtig finanzierten Prunkbau, sondern auch durch eine Falschaussage, einen problematischen Führungsstil, die eigene Uneinsichtigkeit und schlechte Berater zu Fall kam. Diese medialen Beispiele können als Lehrstücke in mehrfacher Hinsicht dienen: Es lässt sich daran trefflich diskutieren, wie es um eine zweite Chance für diese Menschen aussieht, man kann aber auch die Frage nach Verantwortung, Schuld und Sünde klären. So lehnte es beispielsweise der damalige Ministerpräsident von Thüringen, DIETER ALTHAUS, der einen schweren Skiunfall verursacht hatte, bei dem ein Mensch ums Leben kam, ab, von „Schuld" zu sprechen („Schuld ist nicht die richtige Kategorie"). Die meisten der genannten Personen stolperten übrigens weniger über die Tatbestände an sich, sondern über ihr uneinsichtiges und problematisches Verhalten in der Öffentlichkeit, wodurch der mediale Hype noch größer wurde. Die Öffentlichkeit verlangt beim festgestellten Fehlverhalten von Promis inzwischen einen schnellen „Kotau"! Das gelang beispielsweise MARGOT KÄßMANN vortrefflich, die nach dem Aufdecken einer Alkoholfahrt sofort von allen Ämtern zurücktrat, als „Rücktritts-Ikone" medial durchaus nicht unum-

stritten ist (Mertin 2010), inzwischen aber auf vielen Ebenen wieder in der Öffentlichkeit präsent ist.

- Auch das Verhalten von Sportlern kann als Beispiel für eine Lebensklugheit oder ihr Gegenteil dienen: Der Fußballprofi des Bayer 04 Leverkusen, STEFAN KIEßLING, erzielte am 9. Bundesligaspieltag im Oktober 2013 ein „Phantomtor": Sein Kopfball verfehlte das Tor, und der Ball flog erst hinter der Torauslinie durch ein Loch im Außennetz in das Tor hinein. KIEßLING hätte ein Held werden können, wenn er den Schiedsrichter dazu gebracht hätte, die Torentscheidung zurückzunehmen! Gerade die medial präsenten und viel diskutierten Situationen bei Sportereignissen lassen sich treffend im Sinne des diskursethischen Modellansatzes diskutieren: Wie würde ich reagieren, wenn mir ein Zuschauer in rassistischer Absicht vor der Ausführung eines Eckstoßes eine Banane vor die Füße werfen würde? DANI ALVES, Spieler des FC Barcelona, hob die Banane, die ihm im April 2014 bei einem Auswärtsspiel zugeworfen worden war, auf, schälte sie, biss ab, und führte in aller Ruhe den Eckstoß aus. Er bekam viel positiven Zuspruch in den Medien. „Es ist immer das Gleiche. Wir werden es nicht ändern, daher muss man Witze darüber machen. Man kann über diese zurückgebliebenen Leute nur lachen", meinte er. In der Folge entwickelten viele Kollegen kreative Formen eines kritischen Umgangs mit rassistischen Ausfällen im Fußball.
- Auch an den Eskapaden der Popstars lässt sich lernen: Der in der Presse mehrfach als „gefallenes Idol" bezeichnete JUSTIN BIEBER fiel im Frühjahr 2014 durch verschiedene Negativhandlungen aus: Drogenbesitz, Fahren ohne Führerschein, Widerstand gegen die Festnahme. Themen wie der Umgang mit (zu frühem) Ruhm, Erwartungen an ein Pop-Idol, sozialverträgliche Formen des Pubertierens lassen sich hier trefflich diskutieren. Und der (mediale) Stoff wird auch in den nächsten Jahren nicht ausgehen!
- Zu den „gebrochenen Biografien" zählen auch die Selbstmordattentäter und Amokläufer wie ANDERS BEHRING BREIVIK, TIM KRETSCHMER oder die zahllosen unbekannten, die sich und andere als heilige Krieger in Israel, in Tschetschenien, im Irak oder in Afghanistan ums Leben gebracht haben. Über das Endergebnis ihres Tuns – der Tod vieler unzähliger Unschuldiger – gibt es nicht viel zu diskutieren, viel mehr aber über die Ergründung der Motive. Eine Beschäftigung mit diesen Personen zielt auch auf eine Sensibilisierung für die Menschen im eigenen Umfeld, gerade die Stillen, die am Rande Stehenden, die Außenseiter. Die Frage „Wofür sein Leben geben?", die oben bereits bei den christlichen Märtyrern gestellt wurde, erhält hier noch eine verantwortungsethische Komponente. „Es gibt keine größere Liebe, als wenn einer sein Leben für seine Freunde hingibt" (Joh 15,13) – dieser Satz aus dem Johannesevangelium kann zur Differenzierung zwischen christlichen Märtyrern und den angedeuteten Selbstmordattentätern herangezogen werden (vgl. Albrecht 2008).

Lernen an biblischen Sündern

Bereits im obigen Kapitel „Lernen an biblischen Personen" wurde ein Umgang mit biblischen Personen empfohlen, der gerade in der Menschlichkeit und damit auch Gebrochenheit der biblischen Personen besteht und darin ein besonderes Lernpotenzial im Sinne einer dialogischen Bibeldidaktik sieht. Tatsächlich könnte man viele der skizzierten Personen durchaus auch als menschlich gebrochene, fehlerhafte, schwache bezeichnen. Die Beispiele brauchen im einzelnen nicht wiederholt werden – KAIN, der seinen Bruder erschlagen hat, König DAVID, der einen Mann umkommen lässt, um dessen Frau zu erobern (vgl. Leutzsch 2010), PETRUS, der mehrfach falsche Entscheidungen getroffen hat oder der Prophet JONA, der sich als grandioser Flüchtender, vor seiner Aufgabe Davonlaufender, erweist (vgl. Kampling 2010). Deutlich wird hier: Der Gott der Bibel geht gnädiger mit sündigen Menschen um als die Mediengesellschaft, er ist tatsächlich ein äußerst „gnädiger, ein fehlerfreundlicher" Gott (Höppner 2010, 64). Von daher eignen sich gerade diese bunten Persönlichkeiten für die Klärung des Verhältnisses von Verantwortung und Schuld, Gnade und Rehabilitation. An einem Beispiel soll dies nochmals exemplifiziert werden: MOSE, die große Figur der für die jüdisch-christliche Tradition so wichtigen Exodus-Erzählung (vgl. Mendl 2008d, 41–100):

Den positiven Charakterzügen und Zuschreibungen (der Mitleidvolle und Gerechtigkeitsliebende – Ex 2, der Zivilcouragierte – Ex 2,17, der Befreier und Führer – Ex 12–15, der Gesetzgeber – Ex 19–20, der Freund Gottes – Ex 3–4; Ex 33,1) stehen auch gegenläufige gegenüber: vor allem natürlich der Mörder (Ex 2), der Flüchtling und verbäuerlicht Träge (Ex 2,15–31), der Unbeholfene, Redegehemmte und Zaudernde (Ex 3–4), der Resignierende (Num 11,10–15), der Überforderte (Ex 17,4). der Wütende (Ex 32,16–20), der Übermütige (Num 20,3–12). Gerade von diesen negativen Aspekten aus ist eine Annäherung an MOSE möglich; sie mündet auch in die Frage, wieso gerade eine solche Person von Jahwe zur Führungsfigur erwählt wird!

Didaktische Impulse (inspiriert von Lena Ettengruber und Marlene Klaffenböck) zu drei Stationen des Exodus und zur Person des MOSE:

Zum Totschlag und den Folgen:

- Die Schülerinnen und Schüler gestalten einen Steckbrief zum Mörder MOSE: Was ist passiert? Wer wird gesucht? Welche Belohnung gibt es?
- Die Schülerinnen und Schüler gestalten eine Gerichtsszene, die den Totschlag des MOSE verhandelt (vgl. Hübenthal/Lüttgens 2012).
- MOSE gesteht seiner Frau ZIPPORA, warum er eigentlich aus Ägypten fliehen musste. Wie wird ZIPPORA mit dem Geständnis umgehen?
- MOSE verfasst einen Brief an die Mutter des toten Ägypters.
- MOSE verfasst nach der Ermordung des Ägypters einen Tagebucheintrag. Nach seiner Flucht schreibt er einen neuen Eintrag.

Zur Berufungserzählung:

- Die Berufungserzählung wird mit verteilten Rollen nachgesprochen (vgl. Mendl 2008d, 58f.; :in Religion3/2014, 20): Das Zögern des MOSE und seine mehrfachen Ausreden werden zum Gesprächsgegenstand: Wieso erwählt Gott gerade einen solchen Zauderer?
- Die Israeliten formulieren eine Stellenanzeige: „Anführer gesucht". – Die Schülerinnen und Schüler vergleichen diese mit den Charaktereigenschaften des MOSE.
- MOSE verfasst seinerseits ein Bewerbungsschreiben für die Position des Anführers, der Israel aus Ägypten herausführen soll. – Hier lässt sich trefflich diskutieren, wie ehrlich eine solche Selbstbeschreibung aussehen sollte (vgl. :in Religion 3/2014, 14–18). „In unserer Gesellschaft hätte er kein Chancen gehabt, zu einer Führungsfigur, zu einem ange-

sehenen Politiker aufzusteigen ... Ein Mörder als politische Führungspersönlichkeit – unmöglich!", schreibt Reinhard Höppner (Höppner 2010, 63).

- MOSE bittet Aaron per SMS oder WhatsApp um Hilfe bei seinem Auftrag.
- MOSE reflektiert in einem Tagebucheintrag, ob der dem Auftrag dieses eigenartigen Gottes nachkommen soll.
- MOSE bespricht mit ZIPPORA, ob er den Auftrag annehmen soll.
- Die Berufungsszene lässt sich auch mit dem Bild von Wolfgang Lettl „Die Berufung" (1989; vgl. :in Religion 2014, 20) dialogisch erschließen: Welche innere Sehnsucht treibt mich selber? Was hindert und begrenzt mich? Welche Ziele habe ich vor Augen?

Und zum weiteren Verlauf:

- MOSE hat genug von diesem Volk (Num 11,10–15). Er kündigt per Kurznachricht die Zusammenarbeit mit seinem Gott.
- Gott antwortet, kurz und bündig.

Größe im Sterben

Es gibt, so die durchgängige Botschaft dieses Buch, auch eine Heiligkeit in der Normalität. Aber es gibt auch eine Heiligkeit im Außerordentlichen, Brüchigen – und auch im Scheitern. Gerade die – mit „normalen" Maßstäben gemessenen – gescheiterten großen Christen verkörpern die Torheit des Kreuzes (1 Kor 1,23) und transzendieren menschliche Sinn-Konstrukte auf den Mehr-Wert christlicher Existenz. An DIETRICH BONHOEFFER, der im Konzentrationslager in Flossenbürg hingerichtet wurde, soll dies exemplifiziert werden. Er schreibt an seinen Freund EBERHARD BETHGE:

> *„Ich habe in den letzten Jahren mehr und mehr die tiefe Diesseitigkeit des Christentums kennen und verstehen gelernt; nicht ein homo religiosus, sondern ein Mensch schlechthin ist der Christ, wie Jesus – im Unterschied wohl zu Johannes dem Täufer – Mensch war. Nicht die platte und banale Diesseitigkeit der Aufgeklärten, der Betriebsamen oder der Laszіven, sondern die tiefe Diesseitigkeit, die voller Zucht ist und in der die Erkenntnis des Todes und der Auferstehung immer gegenwärtig ist, meine ich ... Ich erinnere mich eines Gesprächs, das ich vor 13 Jahren in Amerika mit einem französischen jungen Pfarrer hatte. Wir hatten uns ganz einfach die Frage gestellt, was wir mit unserem Leben eigentlich wollten. Da sagte er: Ich möchte ein Heiliger werden (– und ich halte für möglich, dass er es geworden ist –); das beeindruckte mich damals sehr. Trotzdem widersprach ich ihm und sagte ungefähr: Ich möchte glauben lernen."*

BONHOEFFER reflektiert angesichts des Zerbrechens aller Lebensprojekte über diesen Gegensatz und folgert:

> *„Wenn man völlig darauf verzichtet hat, aus sich selbst etwas zu machen – sei es einen Heiligen oder einen bekehrten Sünder oder einen Kirchenmann (eine so genannte priesterliche Gestalt!), einen Gerechten oder einen Ungerechten, einen Kranken oder einen Gesunden – und dies nenne ich Diesseitigkeit, nämlich in der Fülle der Aufgaben, Fragen, Erfolge und Misserfolge, Erfahrungen und Ratlosigkeiten leben, – dann wirft man sich Gott ganz in die Arme, dann nimmt man nicht mehr die eigenen Leiden Gottes in der Welt ernst, dann wacht man mit Christus in Gethsemane, und ich denke, das ist Glaube, das ist metanoia; und so wird man ein Mensch, ein Christ." (Bethge 1976, 8)*

„In der Fülle der Aufgaben, Fragen, Erfolge und Misserfolge, Erfahrungen und

Ratlosigkeiten leben" – in dieser gespaltenen Beziehung zur Diesseitigkeit und zum Scheitern befanden sich alle großen Christen wie DIETRICH BONHOEFFER, NIKLAUS VON FLÜE, THERESE VON LISIEUX, MARIA WARD, ELSABETH VON THÜRINGEN, FRANZ VON ASSISI, HANS und SOPHIE SCHOLL oder EDITH STEIN; das verbindet sie mit den legendären Heiligen des christlichen Altertums – der hl. BARBARA, der hl. AFRA, dem hl. SEBASTIAN.

Diese herausragenden Gestalten des Glaubens finden ihre Entsprechung aber durchaus auch in den Helden des Alltags, die nicht nur ihr Leben, sondern auch Sterben und Tod auf je eigene Weise bewältigt haben: Diese Perspektive knüpft nahtlos an einem „Lernen an Menschen mit Beeinträchtigungen" (vgl. oben in Kap. 3.2) an (vgl. auch: :in Religion 3/2014, 28–30). Es berührt besonders, wenn Kinder porträtiert werden, die mit großer Würde und Größe dem Tod entgegengegangen sind (vgl. Mendl 2005a, 121f.). So beeindruckt die 12-jährige JULIA STRAUB, die letztlich den Kampf gegen Krebs verloren hat, durch die Art und Weise, wie sie es ihrer Familie ermöglicht, mit der Trauer zu leben und nicht daran zu zerbrechen: „Sie [die Krankheit] hat sie gelehrt, den Tatsachen ins Auge zu sehen, auch wenn sie erschreckend sind; sie hat sie gelehrt, offen zuzugehen auf Menschen, Hilfe anzunehmen" (Brunner 2014, 36; vgl. auch weitere Beispiele auf der Datenbank *Local heroes*). Oder wie reagiert man, wenn unvermittelt die Nachricht kommt, dass die eigene Tochter bei einem Verkehrsumfall ums Leben gekommen ist, gleich verbunden mit der Frage, ob die Organe zur Spende freigeben werden? Vor dieser Entscheidung stand PETER SALLER (vgl. :in Religion 2014/3, 30). Die Plakattafel über seine Reaktion, die ihn seitdem zu einem entschiedenen Kämpfer für die Organspende gemacht hat, erfährt bei der Ausstellung der „Helden auf Augenhöhe (Mendl 2011b, 62f.) mit am meisten Resonanz – ein Schicksal, das einen in der Familie selber treffen könnte, geht besonders nahe! Deutlich wird, dass es tatsächlich in der Situation der existenziellen Not verschiedene Verhaltensoptionen gibt. Sich in der Schule als einem Moratorium des Lebensernstes aus der Distanz damit zu beschäftigen, kann Lebensklugheit vermitteln!

Umgang mit Gebrochenheit und Scheitern

Bezeichnenderweise sind einige der beeindruckendsten Texte der christlichen Tradition in Situationen der Ausweglosigkeit entstanden: DIETRICH BONHOEFFER fügte dem Weihnachtsbrief vom 19. Dezember 1944 an seine Verlobte „ein paar Verse, die mir in den letzten Abenden einfielen" an: Es handelt sich um das bekannte und oftmals vertonte Lied, das inzwischen auch im katholischen Gotteslob (Nr. 430; Nr. 843) aufgenommen wurde, „Von guten Mächten wunderbar geborgen". Ähnliches gilt für den Sonnengesang des FRANZ VON ASSISI: er wurde verfasst, als Franziskus schon von Krankheit schwer gezeichnet war. – Um die Größe dieser Texte zu erfassen, könnte man durchaus auch Gegentexte formulieren: einen Gegentext: Wie würde ein Mensch fühlen, denken und schreiben, der mit seinem Schicksal hadert und völlig verzweifelt ist?

Wenn man an eine Größe im Scheitern und im Tod denkt, kann man auch an die Abschiedsbriefe vieler großer Christen aus der Todeszelle heraus erinnern, z. B. von FRANZ JÄGERSTÄTTER oder NIKOLAUS GROß an ihre Familien (vgl. :in

Religion 2014/3, 25–279). Es gehört viel Lebensmut und eine Grundgeborgenheit im Glauben dazu, in höchster Not und den Tod vor Augen den Blick für das Positive nicht zu verlieren – und vor allem auch nicht den Blick auf die Menschen, die einem etwas bedeuten!

Bei Lichte besehen zählen auch viele der Großgestalten des Glaubens aus der innerweltlichen Heilsperspektive heraus zu den Gescheiterten, auch wenn sie durch die Resonanz, die sie in der kirchlichen Tradition erfahren haben, natürlich heute ganz anders betrachtet und bewertet werden. Es lohnt einmal, exemplarisch zwei Persönlichkeiten gegen den Strich gebürstet zu betrachten:

- Elisabeth von Thüringen (1207–1241) entspricht nicht gerade dem, was man sich unter einer Karrierefrau vorstellt: Mit vier Jahren der Ursprungsfamilie weggenommen, mit 14 verheiratet (nun, das war damals nichts Ungewöhnliches), mit 20 bereits Witwe, kurz darauf radikal der eigenen Familie entfremdet, die Kinder im Stich gelassen, gestorben mit 24 Jahren. Wenn man allein ihre Entscheidung, ihre kleinen Kinder zugunsten ihrer Christusvision und dem damit verbundenen radikalen Einsatz für die Armen und Kranken, zu verlassen, aktualisieren würde (vgl. „Ein Fall fürs Jugendamt", in: :in Religion 2014/3, 24), versteht man, wie wenig sie den heutigen Vorstellungen von Familie, Glück und Erfolg entspricht. Trotzdem erscheint gerade dieser Kontrast, der sich mit einer Frau auftut, die schon früh die gesellschaftlichen Risse im Gebälk ihrer Zeit zwischen Arm und Reich bemerkte und radikal Christus nachfolgen wollte, eine spannende Lernperspektive zu eröffnen: Sie stand mutig zu ihren Idealen, war verrückt nach Gott und den Menschen und relativierte so innerweltliche Glücksvorstellungen – auch die nach einer idyllischen Familie!
- Franz von Assisi unter die gebrochenen Biografien zu zählen, erscheint angesichts seiner Popularität und mit dem Rückenwind eines Papstes, der sich Franziskus nennt, als reichlich gewagt. Dennoch lassen sich auch in seiner Biografie ambivalente Elemente erkennen, die eine Auseinandersetzung mit ihm als besonders ertragreich erscheinen lassen (vgl. Mendl 2014b): Die Trennung vom Vater und der Verzicht auf ein reiches Erbe, ein Leben als Extremchrist, der seinen Körper mit Bußübungen quälte und unter chronischen Erkrankungen litt, das Entgleiten des Ordens schon zu Lebzeiten, da das radikale Armutsideal in der Wachstumskrise des Franziskanerordens nicht Bestand haben konnte – um nur die wichtigsten Sperrigkeiten zu benennen.

Abschließend soll noch ein Blick in die heutige Zeit und in die Mediengesellschaft hinein erfolgen. Denn auch hier kann man lernen, wie mit einem Scheitern umgegangen werden kann – und zwar auf positive wie auf negative Art und Weise.

- Samuel Koch (vgl. :in Religion 3/2014, Extra 3) war bei einer spektakulären Wette in der Fernsehsendung „Wetten, dass …?" schwer verunglückt und ist seitdem vom Hals ab gelähmt: „Samuel, wie hält man das aus?" (Fasel/Koch 2012) lautet die Frage eines Freundes. In seinem Buch (Fasel/Koch 2012) zeichnet er vor allem nach, wie es ihm nach dem Unfall erging, er beschreibt seinen Wunsch nach Genesung, sein Ringen mit Gott und die Veränderung seiner Lebensziele. Thomas Gottschalk, damals Moderator der Sendung, schreibt im Vorwort „dass ich diesem jungen Mann eine tiefe Einsicht verdanke, wie man mit einem Leben umgehen kann, das eben nicht so verläuft wie man es geplant und sich gewünscht hat" (Fasel/Koch 2012, 8); ähnlich wie Samuel Koch selber auf den Brief eines 12-jährigen querschnittsgelähmten Jungen hinweist, der für ihn nun ein Vorbild ist: „Wer ein Vorbild für Mut und Stärke sucht, sollte sich den kleinen Clemens aus Thüringen anschauen! Von ihm lerne ich in jedem Gespräch etwas" (Fasel/Koch 2012, 119).
- Margot Käßmann, Bischöfin und Ratsvorsitzende der Evangelischen Kirche in Deutschland, wurde von der Polizei bei einer Autofahrt unter Alkoholeinfluss aufge-

halten. Sie bedauerte ihren Fehler, den sie gefährlich und unverantwortlich nannte, und trat umgehend von ihren Ämtern zurück. Freilich war dieser Schritt in der theologischen Bewertung nicht unumstritten (weil da wieder die Vorstellung durchscheint, Leitungspersonen in der Kirche müssten unfehlbar sein, was aber der Evangelischen Rechtfertigungslehre widerspricht; vgl. Mertin 2010, 226) und wurde in der Weise seiner Inszenierung – die FAZ sprach von einer „Artistin der Fehlbarkeit" kritisch hinterfragt (Lutterbach 2010, 198). Wenn man andererseits sieht, mit welcher Vehemenz und Uneinsichtigkeit manche der oben genannten vor allem männlichen medialen Personen der Öffentlichkeit an ihren Machtsesseln kleben, dann erscheint eine solche schnelle und konsequente Handlung aber dennoch nur als Respekt gebietend (vgl. Vollmer 2010).

In der Tat: Gerade von den unvollkommenen, gescheiterten und charakterlich zwiespältigen Menschen lässt sich Vieles lernen. Sie spenden wie auch der biblische JONA den „Trost der Unvollkommenheit" (Kampling 2010), verweisen auf die Grundsituierung des Menschen gleichermaßen als Ebenbild Gottes und Sünder und deuten auf einen „gnädigen, einen fehlerfreundlichen Gott" (Höppner 2010, 64) hin.

3.8.4 *Lernaufgaben und Literaturhinweise*

Zusammenfassung:
Entgegen einer gesellschaftlichen Tendenz, die Stärke, Erfolg und Vitalität als Zielmarken der Identitätsentwicklung anpreist, erweisen sich gerade gebrochene Biografien, die sich quer über alle bisher skizzierten Vorbildgruppen ermitteln lassen, als weitaus humaner für die Entfaltung realistischer Zielperspektiven gelingenden Lebens. Das gebrochene Vorbild entspricht auch theologisch einer Sicht des Menschen als Ebenbild Gottes und gleichzeitig als Sünder. Gerade das Schicksal vieler biblischer Personen deutet zudem auf einen fehlerfreundlichen und gnädigen Gott hin, der dem gefallenen Menschen eine zweite Chance gibt. An vielen medialen Beispielen, aber auch an Menschen, die dem Tod entgegengehen, und an geschichtlichen Personen kann man lernen, wie ein menschenwürdiger Umgang mit Scheitern aussehen kann.

Lernaufgaben

1. Diskutieren Sie mit Bezug auf aktuelle Beispiele: Sicher sind Sie der Meinung, dass es auch für prominente Politiker und Menschen des öffentlichen Lebens nach einem Versagen eine zweite Chance geben sollte. Gibt es hierfür aber auch Grenzen?
2. „Die öffentliche Meinung quittiert – wie im Fall der zurückgetretenen Bischöfin Margot Käßmann – das Eingeständnis eigener Schuld und Fehlbarkeit mit umso entschlossener Bewunderung" (Miggelbrink 2010, 37). Besprechen Sie, inwiefern auch das Verhalten der jeweiligen Personen im Umgang mit ihrer Tat maßgeblich für deren gesellschaftlichen Rehabilition ist und vergleichen Sie dies mit dem Verhalten von biblischen Personen (z. B. König DAVID).
3. Suchen Sie in Ihrem lokalen Umfeld nach Menschen, die mit Würde und Anstand ihre jeweiligen Grenzen und ihr Leiden aushalten (und vergessen Sie auch die nicht, denen dies nicht gelingt!).

Literaturhinweise

:in Religion. Unterrichtsmaterialien Sek. I (2014), Heft 3: Lernen an gebrochenen Biografien.

Kuhlmann, Helga (Hg.) (2010), Fehlbare Vorbilder in Bibel, Christentum und Kirchen. Von Engeln, Propheten und Heiligen bis zu Päpsten und Bischöfinnen, Münster.

4. Didaktisch-methodische Hinweise

4.1 Diskursethische Methodenvielfalt

Die Datenbank „Local heroes" als Ansammlung von Menschen, die sich längerfristig oder punktuell als Helden des Alltags bewährt haben, wirkt in der Anhäufung selbstverständlich moralinsauer.
Ihren Wert für Prozesse orientierenden Lernens erhalten die einzelnen Beispiele erst dann, wenn sie nicht naiv („Schaut her, welch gute Menschen es gibt!") verwendet werden.

www.uni-passau.de/local-heroes (Begründung)

Die Resonanz auf die Didaktik eines „orientierenden Lernens an (außer-)gewöhnlichen Biografien" bei Vorträgen und Lehrerfortbildungen ist groß. Zugleich nehme ich aber auch eine gewisse Hilflosigkeit wahr, wenn es um die Inszenierung eines dialogisch-diskursethischen Ansatzes geht. Man neigt auch bei der Beschäftigung mit *Local heroes* dazu, doch auf der Ebene des Bewunderungs- und Nachahmungslernens stehen zu bleiben oder in höheren Jahrgangsstufen Biografien einfach der allgemeinen Diskussion in einer Klasse anheim zu stellen. Deshalb soll im Folgenden der diskursethische Ansatz didaktisch konkretisiert werden, bevor dann im nächsten Kapitel anschauliche didaktische Möglichkeiten von A–Z geordnet vorgestellt werden.

4.1.1 Dialogisch-diskursethische Grundmethoden

Religionsunterricht muss aber nicht zwangsläufig ein „Laberfach" sein. Die in diesem Buch angeführten Beispiele konnten dies hoffentlich bereits verdeutlichen. Indirekte oder direkte Positionalität und eine kreative Auseinandersetzung mit Entscheidungssituationen und biografischen Momenten lassen sich auf vielfältige Weise herstellen: z. B. über Briefkonstellationen, Wertepyramiden, Werbesprüche,

Wandzeitungen, Nachrufe, Gedenktafeln, Feierreden, Leserbriefe, Kommunikations- und Einschätzungsspiele (siehe die ausgeführten didaktischen Ideen im folgenden Kapitel).

Inspiriert unter anderem durch moralpsychologische Untersuchungen wurden in den letzten Jahren vielfältige methodische Vorschläge entwickelt, wie Dilemmageschichten im Rahmen eines diskursethischen Ansatzes im Religionsunterricht intensiv und gewinnbringend bearbeitet werden können (vgl. Kuld/Schmid 2001). Man sollte auch das reichhaltige Arsenal der Präsentations- und Moderationsmethoden (Mindmap, Cluster, Kartenabfrage) nutzen, um ethische Entscheidungsprozesse zu strukturieren und zu veranschaulichen.

4.1.2 Die Bedeutung von moralischen Dilemmageschichten

Besonders Dilemmageschichten eignen sich als Basis für die Auseinandersetzung mit fremden Biografien. Dilemmageschichten zeichnen sich durch die Offenheit ihres Ausgangs und die Notwendigkeit, eine Entscheidung herbeizuführen, aus. Verschiedene Entscheidungsoptionen mit unterschiedlichen Wertprioritäten konkurrieren miteinander. Dabei werden durch den offenen Austausch von Argumenten (Diskursethik) spielerisch das Abwägen von Handlungsfolgen und das Aushandeln von Lösungen eingeübt. Eine Dilemmadiskussion vermag darüber hinaus die Plausibilität verbindlicher Normen und die gleichzeitige Notwendigkeit, dem Einzelfall gerecht zu werden, eher aufzuzeigen, als das bloße Pauken von Verboten und Geboten, das häufig dazu führt, dass Kinder und Jugendliche sofort die in ihren Augen der Lehrkraft erwartete Verhaltensweise zur einzig legitimen erklären („Religionsstunden-Ich"). Wichtig bei einer Dilemmadiskussion ist es daher, vor allem darauf zu achten, dass es einerseits kein „richtig" oder „falsch" geben darf, sondern ein begründetes Werturteil der Schülerinnen und Schüler zu respektieren und würdigen ist, auch wenn es nicht der von der Lehrkraft bevorzugten Antwort entspricht, andererseits die Folgen einer Handlung durchaus unterschiedliche Tragweite haben und unterschiedliche bewertet werden können. Die Herausforderung besteht zudem im Entscheidungszwang: Entscheidungssituationen erfordern Handlungen, die wiederum moralisch begründet werden müssen (vgl. Kuld/Schmid 2001, 107–113).

Ein Grundparadigma der so genannten strukturgenetischen Ansätze in der Entwicklungspsychologie lautet: Menschen entwickeln sich in stetiger Auseinandersetzung mit den Herausforderungen des Lebens. Moralische oder religiöse Überzeugungen bewähren sich im Alltag oder erweisen sich angesichts konkreter Entscheidungssituationen als untauglich und werden schrittweise transformiert. Die wichtigsten moralischen Dilemmata schreibt also das Leben selbst (vgl. dazu auch die hilfreichen Bücher mit Alltagsdilemmata von Rainer Erlinger, z. B. Erlinger 2007).

Die Grundmethode des moralischen Dilemmas auf ein Lernen an fremden Biografien anzuwenden bedeutet, bei allen genannten Personen und Personengruppen jeweils die Krisen- und Entscheidungsphasen ihres Lebens herauszudestillieren; diese sind lernpsychologisch und didaktisch interessant! Solche Situationen gilt es aufzuspüren und als Dilemmageschichten aufzubereiten! In den seltensten Fällen wird Material aus den klassischen biografischen Darstellungen verwendet werden können, es muss vielmehr erst zu einer dilemmahaltigen Geschichte transformiert werden.

Das gilt sowohl für die großen Heiligen als auch für die *Local heroes*. Zeitungsreportagen über Helden des Alltags sind eine andere Gattung als Dilemmageschichten, sie bieten jedoch häufig Ansatzpunkte für die Aufbereitung biografischer Porträts zu Dilemmageschichten.

4.1.3 Dilemmageschichten aufbereiten – ein Beispiel

Am Beispiel des Zeitungsbeitrags über den Hochwasserhelfer GERHARD HECKENGRUBER (vgl. die ausführliche Darstellung zur Person: 2.2.2 und zu den Auswahlkriterien 2.3.5) können die Detailschritte veranschaulicht werden, wie aus einer Kurzreportage eine Dilemmageschichte entstehen kann.

Der erste Schritt besteht in der Entscheidung für eine dilemmahaltige Ausgangssituation. Hat man diese gefunden, so kann davon ausgehend ein gestuftes diskursethisches Verfahren ausgestaltet werden. Von der recht einfach gehaltenen Ausgangssituation (ein Fußballfan und seine Freunde bekommen keine Karten fürs Bayernspiel; zeitgleich: Hochwasser in Passau) gelangt man zügig zu zwei Entscheidungssituationen, die sich für eine weitere didaktische Gestaltung anbieten: a) nach Passau fahren und helfen oder den Urlaub anderswo verbringen und b) nach der Abfuhr durch das Katastrophenamt in Passau frustriert heimfahren oder private Hilfe anbieten. Letztere wurden in diesem Fall didaktisch aufgegriffen.

Hier nun die systematisch-abstrakte Darstellung:

1. Dilemmaproduktive Entscheidungssituationen ermitteln:
- mögliche Situation 1: Sollen wir nach Passau fahren und helfen?
- mögliche Situation 2: Was tun, wenn wir nicht gebraucht werden? Bleiben oder heimfahren?

2. Die Entscheidungssituation ausgestalten
- authentische Wertoptionen von GERHARD HECKENGRUBER
- fiktive Wertoptionen der Freunde

Es wäre zwar durchaus denkbar, nach der klassischen Methode der Erzählunterbrechung den entsprechenden Impuls zu setzen („was würdet ihr tun"?) und sofort in die Diskussion der Dilemmaerzählung einzusteigen. Ich rate aber eher davon ab. Ein solcher direkter Einstieg kann nämlich leicht, wenn Lehrer und Schüler in diskursethischen Vorgehensweisen nicht erfahren sind, zu unstrukturierten kontroversen Diskussionen führen. Die Formulierung eines Votums, seine Begründung, das Eingehen auf die Meinung der anderen, das Festhalten von Gruppenmeinungen etc. – all das muss eingeübt werden. Vorstrukturierte Vorgaben erleichtern die Einführung in diskursethische Lernkulturen! Und schließlich (darauf wird weiter unten noch einzugehen sein): Fremde Positionen eröffnen Schutzräume für diskurs-ungeübte bzw. sozial instabile Klassen.

Insgesamt wird man die Eignung der einzelnen Schritte und die Ausgestaltung auf konkreten oder abstrakteren Ebenen jeweils auf die Lerngruppe, das Alter und den Entwicklungsstand abstimmen müssen. Eine hilfreiche Orientierung ist dabei der Einbezug von Argumentationsstrukturen, wie sie den entwicklungspsychologischen Theorien von Fritz Oser oder Lawrence Kohlberg zugrundeliegen.

4.1.4 Diskursethik konkret: Eine Muster-Mindmap für die Bearbeitung

Der erste Bearbeitungsschritt ist ein analytischer. Die Wertoptionen der einzelnen realen oder fiktiven beteiligten Personen werden notiert.

Folgendes Arbeitsblatt könnte variiert und auf die konkrete Situation übertragen verwendet werden (vgl. Gruber/Mendl 2000, 19):

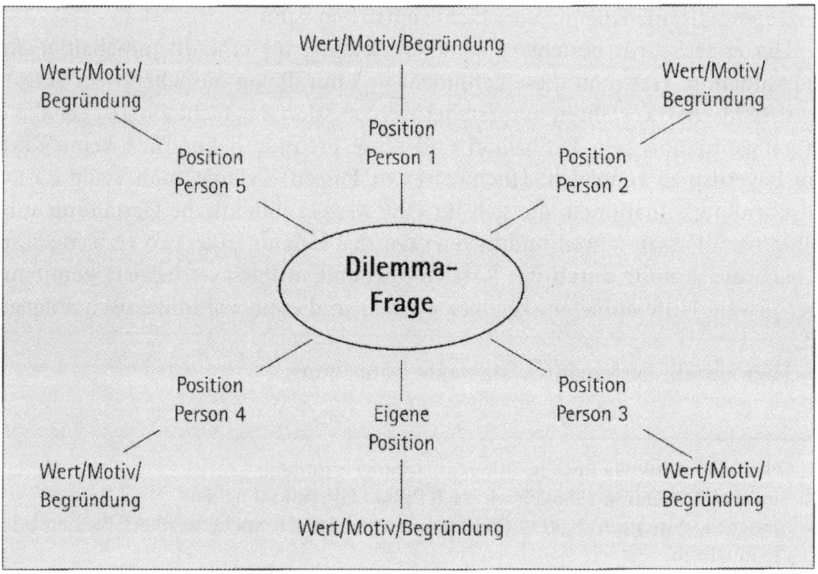

Je nach Alter und Leistungsfähigkeit der Lerngruppe wird man entweder nur die Wiedergabe der in den Aussagen enthaltenen Begründungsmuster (z. B. „Ich würde mich auch freuen!" – „Für mich springt nichts heraus!" – „Ich muss heim!") oder sich hinter den Aussagen verbergenden Motive und Wertoptionen (Eigennutz – Empathie – Ersatzhandlung …) einfordern, was jedoch ein gewisses Maß an Abstraktionsfähigkeit voraussetzt.

Die Bearbeitung kann nach folgender Struktur erfolgen (wieder mit konkretisierenden Andeutungen zum Dilemma des Gerhard Heckengruber):

Schema zur Bearbeitung von Dilemmageschichten:

Erstellt eine Mindmap nach folgendem Muster:

1. Schreibt die Dilemmafrage in einen Kreis in die Mitte des Blattes.
   (Beispiel: Soll GERHARD HECKENGRUBER in Passau bleiben und den Flutopfern helfen oder mit seinen Freunden heimfahren?)
2. Entwickelt dann so viele Äste, wie Personen genannt sind.
   Notiert jeweils den Namen der Person, ihren Ratschlag an die Hauptperson und die Motive oder Werte, welche die Person als Begründung für ihren Ratschlag angibt.
   (Beispiel: Franz: heimfahren – wir hätten ja helfen wollen)
3. Verbindet Motive und Werte verschiedener Personen, die inhaltlich in Zusammenhang stehen, nehmt anschließend Stellung zu den genannten Ratschlägen und Motiven und bewertet sie entweder mit farbigen Markierungen (z. B. rot = Ablehnung, blau = Zustimmung), mit einfachem + oder – oder mit eigenen Kommentaren.
4. Gestaltet nach Möglichkeit einen eigenen Ast mit eurem Ratschlag/Motiv.
5. Diskutiert über die Gemeinsamkeiten und Unterschiede innerhalb der Gruppe, auch über die Folgen der jeweiligen Entscheidungen.
6. Schreibt gegebenenfalls einen der gewünschten Briefe.
7. Ihr könnt zum Dilemma auch eigene kreative Präsentationsformen (Rollenspiel, Wertepyramide, Werbespruch, zeitaktuelle Übertragung ...) entwickeln.

Gerade diskursethisch unerfahrene Lerngruppen brauchen Unterstützung bei der Bearbeitung von solchen Dilemmageschichten. Dies geschieht beispielsweise dadurch, dass sie sich mit vorgegebenen fiktiven oder realen Meinungen der Personen im Umfeld der Person auseinandersetzen (siehe dazu auch die vielen Beispiele in Gruber/Mendl 2000; bei der Schautafel der *Local-heroes*-Ausstellung zum ehrlichen Finder JAKOB KELSCH; vgl. auch eine entsprechend ausgeführte Didaktik zum Fallbeispiel Hospiz in Mendl 2005a, 123f.; siehe auch oben: 3.3.1 Beispiel PETRUS).

Dabei erweist es sich als hilfreich, in die fiktiven Meinungsäußerungen Argumentationsstrukturen einzuspielen, die beispielsweise in Orientierung an die Stufen des moralischen Urteils nach Lawrence Kohlberg oder auch mit argumentativen Aspekten aus den religionspsychologischen Modellen nach Fritz Oser oder James Fowler ausgestaltet sind (vgl. Mendl 2014a, 35–40; Oser/Gmünder 1992; Fowler 1991), also z. B. eine utilitaristische, Peergroup-orientierte, altruistische, sozialverpflichtende, „Do-ut-des"-geprägte, autoritätshörige oder strafevermeidende Perspektive enthalten.

Ein Beispiel: Aus der knappen Zeitungsmeldung zum Hochwasserhelfer GERHARD HECKENGRUBER lässt sich eine Dilemmageschichte konstruieren, die nach diskursethischen Modalitäten bearbeitet werden kann:

Dilemmasituation „Fluthilfe“:
nach der Abfuhr durch das Katastrophenamt in Passau frustriert heimfahren oder privat weiterhelfen?

Gerhard zu seinen Freunden: „Jetzt bin ich schon mal da, jetzt wird auch angepackt! Alle reden immer nur, und keiner handelt! Was meint ihr?“
Franz: „Wir haben unseren guten Willen gezeigt. Wenn die uns nicht brauchen – uns kann niemand vorhalten, wir hätten nicht anpacken wollen!“
Sebastian: „Schmarrn, was können die Passauer für ihr Katastrophenamt? Wenn ich in der Lage der Altstadtbewohner wäre, würde ich mich über jeden freuen, der mithilft.“
Peter: „Mit dem Bayern-Spiel war nichts los und die Passauer wollen uns nicht; ich fahr heim – was springt denn für mich heraus, wenn ich mich hier abschufte?“
Florian: „Da sieht man halt, wie gut unser Staat funktioniert: Die Passauer sind prächtig auf die Katastrophe vorbereitet und haben die Lage optimal im Griff. Wir können heimfahren und noch ein paar Tage Urlaub machen!“
Tobias: „Ich hab da unten einen getroffen, den kenn ich von früher. Mensch, dem müsste man helfen. Leider muss ich heim, weil ich morgen wieder arbeiten muss. Aber ich werd das Geld, das wir für den Trip zum Bayern-Spiel gebraucht hätten, an die Fluthilfe überweisen.“
Gerhard: „Eine gute Freundin von mir sagt immer: Das Leben ist das höchste Gut des Menschen. Und dazu gehört auch ein wohnliches Zuhause. Ich bleib und helfe. Wer macht mit?“

Diese Positionen, die Aspekte zentraler Stufen von Kohlbergs Stufen der moralischen Entwicklung aufgreifen, können methodisch vielfältig (Briefkonstellationen, Rollenspiel, Diskussion, strukturiertes Mind-Map …) genutzt und entsprechend diskursethisch (vgl. Gruber/Mendl 2000, 19) bearbeitet werden. Die Positionsbestimmungen geben Aufschluss über die individuelle und gesellschaftliche Tragweite der Argumentationsfirguren; sie verdeutlichen die Folgen einer Entscheidung, sei sie utilitaristisch angelegt, peergroupbezogen oder global-fürsorglich angesetzt.

4.1.5 Ein globales diskursethisches Diskussionsmodell

In der Moral- und Religionspsychologie vielfach erprobt ist das Stimulationsmodell nach Galbraight und Stone (Oser/Althof 1992, 107). Es entspricht den moralpädagogischen Intentionen, die mit den Modellen der Wertkommunikation und Wertentwicklung verbunden sind: In einem mehrstufigen Positionierungs- und Austauschmodell werden immer wieder eigene Entscheidungen, ihre Begründung, der Austausch und die Diskussion mit Gleich- und Andersdenkenden forciert.

Die folgende Darstellung zeigt, dass eine derartig strukturierte Vorgehensweise auch der konstruktivistisch unterfütterten Unterrichtsdynamik (vgl. Mendl 2005b, 36) entspricht und sich in den drei Phasen „Eindruck“ – „Ausdruck“ – „Austausch“ konkretisieren lässt:

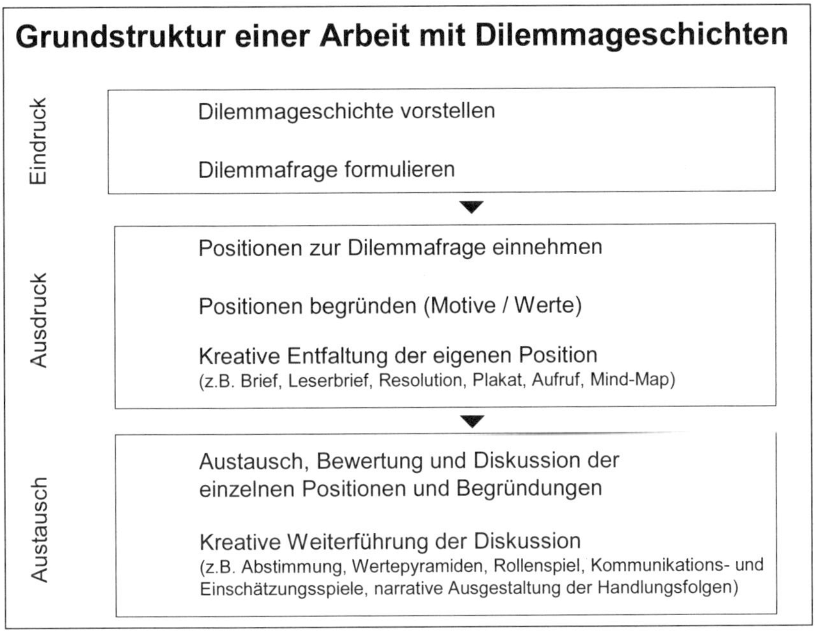

Die Bedeutung eines solchen Wertentwicklungs- und Wertkommunikationsansatzes ist evident: Werden Kinder und Jugendliche immer wieder in Dilemmageschichten dieser Art und in die biografischen Entscheidungssituationen anderer Menschen verstrickt, dann steigt nachweislich ihre Sensibilität für die Komplexität ethischer Fragestellungen und ihre Fähigkeit zum begründeten differenzierten moralischen Urteil.

4.1.6 Der Vorteil indirekter Empathieangebote

Die Auseinandersetzung mit unterschiedlich gelagerten fremden Positionen bei der Diskussion von Dilemmageschichten hat einen großen Vorteil: Sie ermöglicht in Verbindung mit den entsprechenden didaktischen Gestaltungsformen indirekte Möglichkeiten der Auseinandersetzung mit Personen und Wertediskurse. Jugendliche müssen nicht ein eigenes Werte-Credo ablegen, sie können Wertoptionen durchspielen, sie können in Rollen schlüpfen, indem sie beispielsweise während der Filmvorführung bei einer Erzählunterbrechung darüber diskutieren, ob Bischof ROMERO bei einem Entführungsfall die Rolle des Vermittlers zwischen Rebellen und Regierung annehmen sollte, oder sie können die Argumente der beteiligten Personen sammeln und auswerten.

Dies gilt insgesamt für alle methodischen Variationen, bei denen Schülerinnen und Schüler in Konfliktsituationen fremder Biografien und mehr oder weniger ausgestaltete Lösungsangebote verwoben werden. Das Spiel mit fremden Positionen eröffnet einen Schutzraum, besonders dann, wenn Schüler offenes Argumentieren im Religionsunterricht nicht gewohnt sind („Religionsstunden-Ich") bzw. sich im Sozialraum der Klasse mit bestimmten abweichenden Meinungen nicht outen wollen.

4.1.7 Lernaufgaben und Literaturhinweise

Zusammenfassung:
Die Bedeutung von moralischen Dilemmageschichten für die Entwicklung des ethischen Bewusstseins ist unbestritten. Lehrerinnen und Lehrer sollten das differenzierte didaktische Setting beherrschen, das für die Aufbereitung von Dilemmageschichten und deren methodische Umsetzung mit einer Lerngruppe nötig ist. An den Entscheidungssituationen anderer Menschen können Kinder und Jugendliche sehen, wie wichtig begründete Entscheidungen im Leben sind und dass auch die Folgen von Entscheidungen für das Individuum und die Gesellschaft bedacht werden müssen. Das Spiel mit fremden Positionen und Entscheidungen bietet einen Schutzraum zum Erproben von Strategien und Begründungsmustern für eigene Lebensentscheidungen.

Lernaufgaben

1. Erstellen Sie eine Stundenskizze, bei der Sie eine Dilemmageschichte zu einer frei gewählten Person (ein Heiliger, eine biblische Person, ein *Local hero*, ein Medienstar ...) in den Mittelpunkt stellen!
2. Formulieren Sie Ratschläge, die Menschen aus dem Umfeld dieser Person geben könnten und versuchen Sie dabei, verschiedene argumentative Perspektiven aus den einschlägig bekannten Modellen der Moral- und Religionspsychologie zu verwenden (z. B. ein Argument nach dem Strafe-Belohnungs-Muster, ein utilitaristisches, ein Peergroup-orientiertes bzw, synthetisch-konventionelles, ein von einer wechselseitigen Moral geprägtes, ein „Do-ut-des"-gestricktes, ein konventionell Ordnungs-ausgerichtetes, ein Fürsorge-orientiertes, ein postkonventionell-sozialverpflichtendes Argument)!

Literaturhinweise

Baldus, Verena (2009), 50 Dilemmageschichten für Kinder: Zum Diskutieren, Schreiben, Weiterspielen, Mülheim an der Ruhr.

Erlinger, Rainer (2007), Gewissensfragen. Streitfälle der Alltagsmoral, München 2007. (Auch die weiteren Bücher von Rainer Erlinger bieten eine Fülle an alltagsnahen Dilemmageschichten!)

Kuld, Lothar/Schmid, Bruno (2001), Lernen aus Widersprüchen. Dilemmageschichten im Religionsunterricht, Donauwörth.

Piel, Inga (2009), Wie soll ich mich entscheiden? Dilemmageschichten mit Anregungen für Jugendliche, Mülheim an der Ruhr 2009.

4.2 Methodische Tipps – alphabetisch geordnet

Verba dozent, exemplar trahunt.
Worte belehren, Beispiele reißen mit.

Die folgenden ausgewählten methodischen Tipps und Beispiele stammen im Grundstock aus dem breiten Methodenarsenal kreativen Schreibens (vgl. Mendl 2013a, 344–358), ergänzt mit weiteren dialogisch orientierten Methoden, die man unterschiedlichen didaktischen Feldern zuordnen kann. Entstanden sind die konkreten Materialien in verschiedenen Seminaren und Veranstaltungen unserer „Lernwerkstatt Religionsunterricht" sowie im Rahmen von Zulassungsarbeiten und bei Projekten im Rahmen des *Local-heroes*-Programms. Sie stehen für eine Erweiterung aus der breiten Palette religionsdidaktischer Methoden (visuelle, auditive, verbale, gestalterische …) offen.

4.2.1 Methoden von A–Z

Abc zum Thema
Bezogen auf die Person/Ausgangssituation/Dilemmafrage soll zu jedem Buchstaben des Alphabets ein Begriff oder ein Satz notiert werden. Die Auflistung ergibt ein individuelles bzw. gruppenbezogenes Assoziationsfeld. Die Methode kann beispielsweise in einer Brainstormingphase als zweiter Schritt nach der Vorstellung des Dilemmas eingesetzt werden und somit Material zur weiteren systematischen Bearbeitung sammeln helfen; dies erleichtert argumentativ schwächeren Schülerinnen und Schülern durch den Rückgriff auf das gemeinsam assoziierte Themenspektrum die Formulierung eigener Positionen.

Abc zum Thema: Franz Jägerstätter

AUFBEGEHREN	NS – UNRECHTSURTEIL
BEWUNDERNSWERT	OPFER
CHARLOTTENBURGER GEFÄNGNIS	PROTEST
DESERTEUR	REHABILITIERT
EINBERUFEN	SELIGSPRECHUNG
FRIEDENSBEWEGUNG	TODESMUT
GEWALTLOSER WIDERSTAND	URTEIL
HINGERICHTET	VERWEIGERER
JUSTIZ	WIDERSTAND
KRIEGSDIENSTVERWEIGERER	ZUCHTHAUS
LANDESVERRAT ALS ANKLAGE	
MUT	

Akrostikon („von oben nach unten“)

Der Name des Vorbilds oder der zur Disposition stehende Wert wird von oben nach unten geschrieben; der Begriff wird inhaltlich gefüllt, indem jeder Buchstabe des Begriffs mit einem Wort bzw. Satz weitergeführt wird. Dadurch entsteht eine assoziative Charakterisierung der Person bzw. der Dilemmassituation.

> **Heilige Barbara**
>
> **Z** WEIG ERBLÜHT
> **W** EIHNACHTSTAG
> **E** RINNERUNG
> **I** MMER FEST IM GLAUBEN
> **G** LAUBEN BEZEUGEN

Briefe an die Person schreiben

Die Methode ermöglicht eine fiktive Bezugnahme an die besprochene Person, indem man ihr einen Brief schreibt. Diese kann zu einer realen Kontaktsituation führen, wenn es sich bei der Person um einen *Local hero* handelt. Das folgende Beispiel stammt aus der Beschäftigung einer Schulklasse mit einem jugendlichen *Local hero*, der bei einer Ferienarbeit ums Leben gekommen ist; die Schülerinnen und Schüler schrieben Briefe an die Mutter des *Local hero*, die ihr tatsächlich auch überreicht wurden:

> Liebe Frau
>
> ich finde ihr Sohn war ein ganz toller Mensch. Er hatte zwar ein kurzes Leben, aber es war trotzdem erfüllt. Er tat Dinge, die viele andere Menschen nie tun würden. Und das finde ich ganz toll. Ihr Sohn ist jetzt eines meiner Vorbilder geworden. Wenn es noch viele andere Menschen geben würde, wäre das eine echte Bereicherung für die Welt. Leider gibt es nicht viele Leute die so denken. Das finde ich schade.

Briefe aus der Sicht der beteiligten Personen schreiben
Diese Methode gewährt eine gewisse Distanz: Indem man aus der Sicht einer beteiligten Person argumentiert, man muss sich nicht persönlich outen (und kann doch die eigene Meinung kundtun!). Alternative: Tagebucheintrag der Person.

> Lieber Markus,
> da du mich nach meiner Meinung gefragt hast, habe ich zuerst einmal lange überlegt. Ich glaube, es ist besser wenn du dich mit diesen „Freunden" nicht mehr triffst, denn wenn du wirklich Probleme hast, können dir diese Freunde auch nicht helfen. Ich finde es außerdem moralisch unvertretbar, ein Asylheim zu überfallen, denn dort leben auch Menschen. Zwar wird es schwer sein, neuen Anschluss zu finden, aber ich bin mir sicher, du schaffst das. Lass dich nicht unterkriegen! Wenn du noch mehr Probleme hast, kannst du natürlich anrufen.
>
> Viel Glück. Peter

Brief einer Arbeitsgruppe (Claudia, Hedwig, Sabrina, Fabian) als Antwort auf eine fiktive Person aus einer Dilemmageschichte „Fallbeispiel: Asylbewerber aufmischen" (Gruber/Mendl 2000, 28).

> Liebe Marion,
> ich möchte dir mitteilen, dass ich die Mutprobe nicht ablegen werde, weil ich zur Ansicht gekommen bin, dass es nicht freundlich ist, wenn wir alle Safet beschimpfen. Stell dir mal vor, du kämst in ein anderes fremdes Land und alle neuen Bekannten würden dich wie den letzten Dreck behandeln. Sie hat dir nie etwas getan, und nur wegen einiger dummer Gerüchte, die höchstwahrscheinlich keinen wahren Kern haben, sollte man keinen Menschen lächerlich machen.
>
> Also Tschüss – Sabrina

Brief einer Arbeitsgruppe als Antwort auf eine fiktive Person aus einer Dilemmageschichte „Fallbeispiel: Rassismus im Klassenzimmer" (Gruber/Mendl 2000, 39).

> Lieber ESAU,
> ich sitze hier in Haran bei Mutters Bruder Laban. Mutter hat mir erzählt, dass ich schon bei der Geburt deine Ferse festgehalten habe. Was ein Zeichen von besitzergreifend ist. Ich will mich bei dir entschuldigen. Doch das Erstgeburtsrecht hast du mir verkauft. Das war ein sauberes Geschäft. Und das mit dem Segen von Vater war Mutters Idee. Gut, ich war damit auch einverstanden. Und dann gab mir Vater den Segen. Mutter erzählt mir, dass du mich umbringen willst, wenn Vater gestorben ist. Ich will mich nochmals bei dir entschuldigen. Aber denke mal nach, wer den besseren Stammhalter abgibt.
>
> Dein Bruder Jakob

Brief JAKOBS, der aus der Heimat flüchten musste. Ein Beispiel für tastende Versuche, differenziert zu argumentieren und der Komplexität der Handlungen und Beweggründe gerecht zu werden!

Eine Christophorus-Medaille ausgestalten

Die öffentliche Ehrung ist die Währung, mit der die Gesellschaft Helden des Alltags belohnt! In Anlehnung an eine staatliche Rettungsmedaille oder Christophorus-Medaille gestalten die Schülerinnen und Schüler für einen *Local hero* eine individuelle Medaille aus: Sie suchen nach einem Bild des hl. CHRISTOPHORUS (und erhalten dabei auch Hintergründe über Legende und Traditionen) und formulieren auf der Rückseite einen Spruch, der auf den *Local hero* zugeschnitten ist.

Eine Cloud zu einer Personendarstellung kreieren

Aus der Textlinguistik stammt die Methode einer Visualisierung von Sprachgebrauchsmuster. Mit im Internet verfügbaren Cloud-Programmen (z. B. www.wordle.net) können Berichte vorbildhafte Personen in eine visualisierte Form gebracht werden; zentrale Schlüsselwörter stechen visuell hervor. Es stehen zahlreiche Gestaltungsmöglichkeiten zur Verfügung, so dass auch sehr schnell eine Ausstellung der besonderen Art zu *Local heroes* oder anderen Personengruppen erstellt werden kann. – Drei Beispiele, gestaltet unter Mitwirkung von Rudi Sitzberger aus Texten aus der Datenbank der Local heroes (HELENE BINDER, Stichwort Berufung; JULIA STRAUB, Stichworte Krankheit/Tod, UTE SENFF, Stichwort Ehrenamt).

Denk- oder Sprechbasen hinzufügen

Standbilder zu Personen können digital fotografiert und dann weiterverarbeitet werden, z. B. in einer Powerpoint-Präsentation. Man kann sich der Situation vertieft annähern, indem man mögliche Gedanken und Aussagen in Denk- oder Sprechblasen einfügt. Ein Beispiel aus dem Lernwerkstatts-Projekt zu Franz von Assisi mit dem Titel „Franziskus in der Stadtgalerie" (KatBl 139 (2014), 178).

Einen Dialog zwischen Personen schreiben

Man begibt sich mit dieser Methode in eine Dilemmasituation hinein und versetzt sich argumentativ in die verschiedenen beteiligten Personen; moderne Alternative: siehe unter „W" – „WhatsApp"!

Dialog zwischen Juliana und Eleusius

Juliana: Eleusius, ich heirate dich nur unter der Bedingung, wenn du den Glauben an Christus annimmst.

Eleusius: Ich nehme diesen Glauben nicht, da dann mein Stolz verletzt wird und ich mit meiner Religion zufrieden bin.

Juliana: Du bist so ein Heuchler, du hast doch nur solche Angst vor dem Kaiser, weil er Christen verfolgen lässt. Ich heirate dich bestimmt nicht, da du mich wieder auspeitschen lässt. So jemand soll mein Ehemann werden, der seine eigene Frau verprügeln lässt!? Niemals!

Aus einer Zulassungsarbeit zum Thema Namenspatron (vgl. List 2012, 77)

Dialog zwischen König, Teufel und Reprobus
(dem späteren CHRISTOPHORUS)

Teufel:	Reprobus, willst du in meinen Dienst treten?
Reprobus:	Aber, aber ich arbeite doch für den König, kann ich das denn?
König:	Aber sicher, nimm ihn, aber lass mich in Ruhe!
Teufel:	Siehst du mein Junge, wenn man die Macht besitzt, dann kann man alles machen.
Reprobus:	Ich freue mich schon, dem Mächtigsten zu dienen.
Teufel:	Ja, ich bin der, den du siehst, aber, aber …
Reprobus:	Was?
Teufel:	Vergiss es.

Aus einer Zulassungsarbeit zum Thema Namenspatron (vgl. List 2012, 78)

Dilemmageschichten bearbeiten

Dilemmageschichten (siehe oben, der Vollständigkeit hier nochmals aufgeführt) sind offene Geschichten, bei denen verschiedene Handlungsalternativen möglich sind. Ziel ist es, dass die Schülerinnen und Schüler mit ihrem Wertebewusstsein argumentativ in die Geschichten einsteigen, Position beziehen, ihre Position begründen und im Klassengespräch die Stichhaltigkeit der Begründungen. Die Dilemmasituationen können mit Fragenkatalogen oder mit vorgegebenen Meinungsäußerungen (fiktiver) weiterer Personen erschlossen werden (Beispiele siehe oben)!

Einschätzungsübungen: Wie würdest du dich verhalten?

Eine beliebte Methode aus der Jugendarbeit sind gruppenbezogene Einschätzspiele (vgl. Themenhefte Gemeinde 2/2006, 27f.; Mendl 2011b, 24f.; Gruber/Mendl 2000, 30–34). Bezogen auf besprochene Dilemmasituationen und in Analogie dazu werden knappe Situationsbeschreibungen formuliert, die mit „ja“ oder „nein“ beantwortet werden können. Die Übung ist für die Bearbeitung in Kleingruppen gedacht (Schutzraum!) und lässt sich vor allem in Phasen der Freiarbeit oder bei Lernzirkel-Stationen gut einbauen.

Sensis-Spiel

Dieses Spiel zeigt, wie gut ihr euch gegenseitig kennt.
Es funktioniert aber nur, wenn *jeder* alle Fragen ehrlich beantwortet!

Material:
1 Kuvert mit Frage-Karten
1 Kuvert mit leeren Ergänzungsfragen
1 Ja- und 1 Nein-Karte für jeden Spieler

Spielregel:
1. Jeder bekommt eine Ja- und eine Nein-Karte und legt diese verdeckt vor sich hin.

2. Erste Runde:
   Einer von euch (A) nimmt eine Frage-Karte aus dem Kuvert, liest die Frage vor und stellt sie seinem linken Nachbarn (B). B überlegt, ob er die Frage mit ja oder nein beantworten wird, verrät seine Antwort aber noch nicht. Alle anderen überlegen ebenfalls, wie B wohl antworten wird. Auf ein Kommando von A decken *alle* (auch A und B) ihre Karten auf (ja oder nein, je nachdem, welche Antwort man von B erwartet!).
   Ihr könnt jeweils kurz über das Ergebnis sprechen: Wie begründet ihr eure Einstellung bzw. eure Einschätzung der Entscheidung des anderen? Das kann vor allem dann wichtig sein, wenn die Meinungen stark auseinander gehen!

   Fortsetzung:
   Nun wird B zu A und zieht wiederum für seinen linken Nachbarn (C) eine Karte und so weiter.

3. Ab der zweiten Runde könnt Ihr aus dem Ergänzungskuvert leere Zettel ziehen und zum Thema passende eigene (faire!) Alternativfragen formulieren (also Fragen, die nur mit ja oder nein beantwortet werden können). Steckt eure selbst formulierten Fragen zu den vorgefertigten Frage-Karten!

E-Mail

Die Kommunikationsform aus der Alltagswelt enthält strukturelle Elemente, die religionsdidaktisch produktiv sein können, weil die entsprechenden Einträge individuelle Deutungshorizonte aufscheinen lassen:

- Adressat-Feld: Wie wird der Name des Vorbilds verschlüsselt? Mit der E-Mail-Adresse werden spielerisch „Weltbild-Konstrukte“ geoutet.
- Wer erhält eine Kopie?
- Betreff-Feld: thematische Festlegung
- Anhänge: Weitere Deutungsmuster können ebenfalls mit spielerischer Leichtigkeit in PC-üblicher Form (z. B. „franziskus.va“) angehängt werden!
- Darstellung in Kurzform (Anrede, Text, Abschluss-Formel …)

Von:	Sophia.*@web.de
An:	Sophie.Magdalena.Barat@gmx.de
Betreff:	Email

Hallo Sophie,
ich finde es bemerkenswert, wie du Jugendliche erziehst und zusätzlich arme Kinder im Waisenhaus und Armenschulen betreust, trotz schädlicher Gesundheit. Du bist für viele ein großes Vorbild. Ich wünsche dir noch ein schönes Leben und hoffe, du wirst wieder gesund.
Liebe Grüße, Sophia

Von: *_Stefan@web.de

An: Stephannuss@web.de

Betreff: Namensänderung

Hallo Stephanus,
ich werde mir meinen Namen ändern lassen, da ich keinen Verräter als Namenspatron will. Das wollte ich dir nur mal sagen!
Mit freundlichen Grüßen, Stefan (baldiger Pascal)

Aus einer Zulassungsarbeit zum Thema Namenspatron (vgl. List 2012, 76f.; die beiden Beispiele zur hl. Sophia *und zum hl.* Stephanus *zeigen, auf welche unterschiedliche Weise – und durchaus spielerisch-erprobend – Jugendliche mit der Methode verfahren.*

Facebook-Profil

Die Schülerinnen und Schüler haben, was soziale Netzwerke betrifft, einen Erfahrungsvorsprung, auch was die Präsentation und das Abwägen des Darstellbaren betrifft (vgl. :in Religion 3/2014, 15; Fuchs-Auer 2013). Zu einer anderen Person (einem *Local hero*, einem Heiligen, einer biblischen Figur …) ein Profil zu erstellen, wie man es von den diversen Internetprofil her kennt, bedeutet, sich darüber Gedanken zu machen, mit welchem Bild, mit welchen Beschreibungen, Sprüchen etc. diese Person präsentiert werden soll. „Facebook" steht dabei als derzeit dominantes Profil für alle möglichen sozialen Netzwerke; bereits aktuell wird der Trend auf andere Formate deutlich. Deshalb (und auch aus rechtlichen Gründen!) wurde eine neutrale optische Darstellung gewählt, die Elisabeth Fuchs-Auer in verschiedenen Schulklassen erprobt hat.

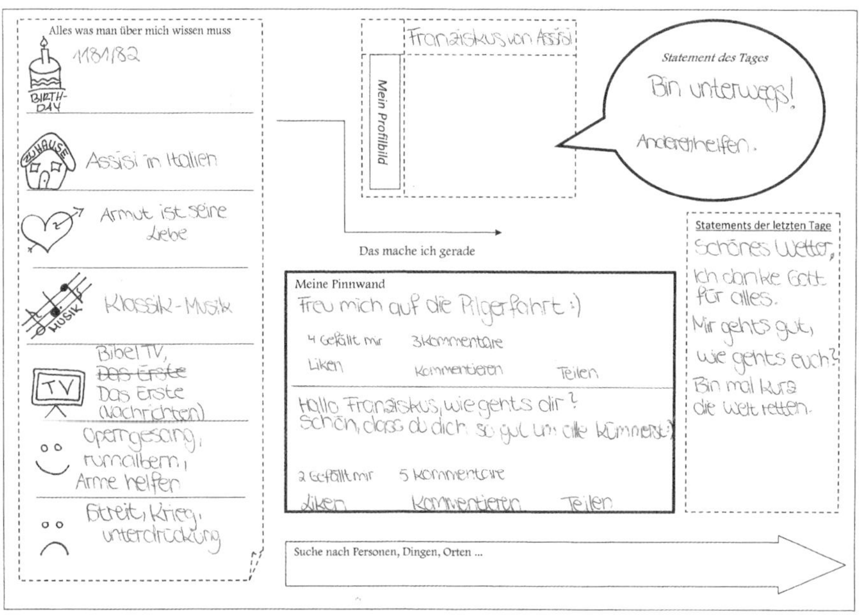

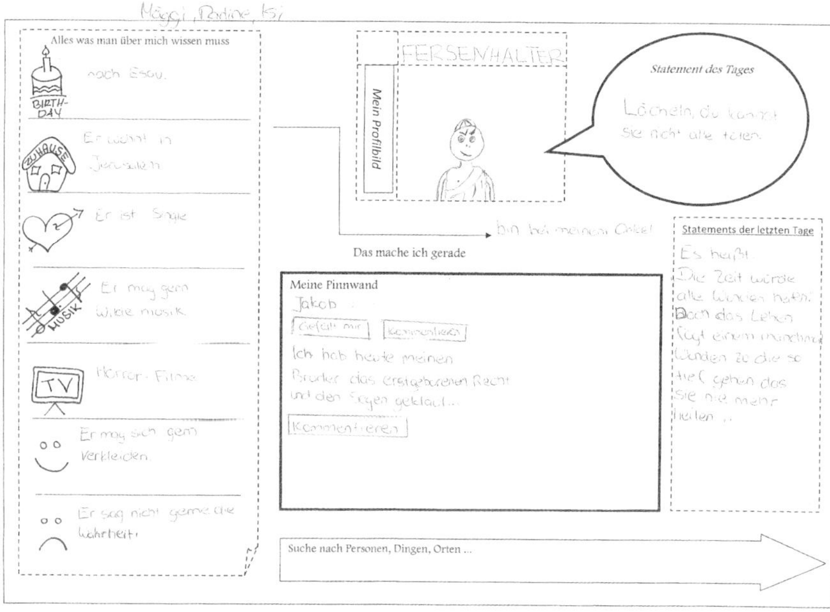

Film drehen

Ein *Local hero* bzw. eine Gruppe von *Local heroes* wird eingeladen; zuvor schon muss ein Skript für den Film erstellt werden (Festlegung der verschiedenen Formate, z. B. Interview, Demonstration, Statements). Beispiel (Screenshot): Die Berufsschulklasse BK 11 D der Berufsschule Passau erstellte mit ihrem Lehrer Markus Seibt einen Film über die Rettungshundestaffel, welcher im Rahmen des Wettbewerbs „Tolle Leute heute" eine Auszeichnung erhielt (vgl. Seibt 2011).

Gedenktafel

Nach der Besprechung einer Person soll eine Gedenktafel, Todesanzeige, Gedenkrede etc. formuliert und ausgestaltet werden. Unausweichlich werden Wertungen und Wertschätzungen in die Darstellung einfließen. Die Gattungen Gedenktafel und Todesanzeige nötigen zudem zu einer knappen und prägnanten Darstellung.

Fächerübergreifend können auch entsprechende gestalterische Umsetzungen erfolgen.

> „Ben lebte glücklich und lehrte die Mitmenschen Menschlichkeit. Er war gesegnet und gab den Segen weiter."
> „Er, der selbst nichts vom Leben hatte, zum Sterben geboren war, brachte Licht in die Familie. Darum wird ihm wohl ein guter Platz im Himmel zustehen."
> „Hier ruht Ben, der seinen Mitmenschen zeigte, wie man auch behindert glücklich leben kann."

„Nachrufe auf Ben" (zum Jugendbuch von Elizabeth Laird: Ben lacht, Hamburg 1991; vgl. Mendl 1995a).

Dominik Brunner, ein toller Typ!

- Er setzte sich für Hilflose ein.
- Er ist zu einem Symbol für Zivilcourage geworden.

Er sah da hin, wo andere wegschauten!

Zwei Seiten aus einer Powerpoint-Präsentation zu verschiedenen „tollen Typen", darunter auch DOMINIK BRUNNER, die die Klasse 9ac des Ruperti-Gymnasium Mühldorf mit ihrer Lehrerin Martina Auer beim Wettbewerb „Tolle Typen heute" eingereicht und die dafür einen Preis erhalten hatte.

Einen Hoffnungsbaum gestalten

Die „Tollen Typen" sorgen auf unterschiedliche Weise dafür, dass die Welt besser wird. Als Reflexionsmethode nach einer Beschäftigung mit verschiedenen vorbildhaften Gestalten oder dem Besuch einer entsprechenden Ausstellung (vgl. Kap. 4.4) bietet sich die Ausgestaltung eines „Hoffnungsbaums" an (vgl. Mendl 2011b, 22): Auf vorgesehen Blättern mit unterschiedlichen Motiven (z. B. Stern, Früchte, Sonne ...) werden individuelle Eindrücke formuliert. Man kann Impulse wie unter „L" (Lückenhafte Texte kreativ auffüllen) angeführt oder andere kreative Schreibmethoden aufgreifen. Eine weiter mögliche Vorgaben: „Ich verleihe den Tolle-Typen-Preis 2014 an ... Denn ...". Beispiele, die im Rahmen der Ausstellungen „Peace Counts" und „Tolle Typen heute" im Jahr 2010 entstanden sind:

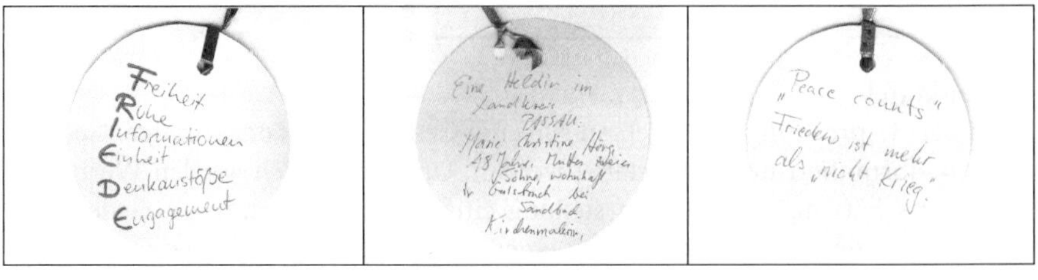

Interview mit einer Person führen

Die Person soll interviewt werden. In einer ersten Phase müssen Fragen gesammelt werden. Wurde der Lebenshintergrund ausreichend breit erarbeitet, kann das Interview in einer zweiten Phase nachgestellt werden. Bei Helden aus dem wirklichen Leben ist durchaus auch ein Live-Interview möglich.

Interview-Fragen sammeln: LEAH SPITZENPFEIL (siehe Kap. 3.1)

- Wenn man so viele Kinder kennen lernt, die krank sind und sterben, bekommt man da keine Angst?
- Was schreibst du den Kindern so? Ist man da nicht sprachlos?
- Wie bist du auf die Idee gekommen, so ein Projekt zu machen?
- Willst du uns von einem Kind und deinem Kontakt zu ihm erzählen?
- Ist es nicht schlimm, wenn ein Kind stirbt, dem du lange Zeit geschrieben hast?
- Wie geht es dir dann?
- Wie gehst du damit um, dass du den Kindern nicht helfen kannst, dass sie nicht sterben müssen?

Kalenderprojekt: „Aller-Heiligen-Kalender"

Je nach Größe des Projekts kann man einen Kalender für jeden Monat, jede Woche oder jeden Tag erstellen – und tatsächlich die ganze Fülle des Personalangebots fremder Biografien von den *Local heroes* über Medienstars bis zu den Namenspatronen nutzen (vgl. Vorlagen für Kalender: Themenhefte Gemeinde 2/2006, 25f.; Mendl 2011b, 23).

Für den Wettbewerb „Tolle Typen heute" wurden verschiedene Kalender-Projekte eingereicht (siehe auch oben, 123f.):

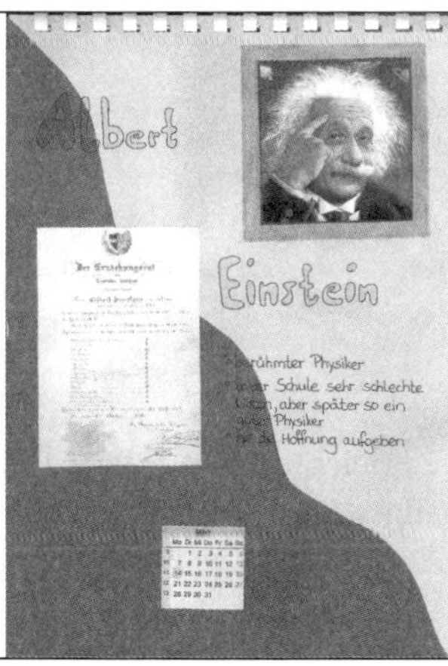	
Eine Seite zu ALBERT EINSTEIN *aus dem Jahreskalender der Schülerinnen und Schüler der Klassen 7ef des Luitpold-Gymnasiums in Wasserburg (Lehrerin Hannah Binter).*	*„Zwiesels Starke Frauen- Weiber G'schicht'n" aus der Geschichte der Stadt Zwiesel. – Kalender der Schriftstellerwerkstatt des Gymnasiums Zwiesel (Lehrerin Martina Kuchler).*

Körpersprachliche/szenische Ausgestaltung einer Entscheidungssituation

Nach der Erarbeitung der Positionen und Motive können die Entscheidungssituationen nachgespielt werden. Dies ermöglicht ein intensiveres gesamtkörperliches Einfühlen in die Situation und Gefühlslage der einzelnen Personen. Möglichkeiten sind:

- Standbild (= Szenen „einfrieren")
- Rollenspiel (Dialoge vorbereiten/auf vorbereitete Dialoge zurückgreifen)
- Gesten/Mimik/Gesichtsausdruck nachstellen
- Pantomimisches (= ohne Worte) nachspielen

Ein Standbild-Foto aus einer ganzen Sequenz, mit der die Auseinandersetzung von DOMINIK BRUNNER mit den Jugendlichen nachempfunden wurde; aus einer Powerpoint-Präsentation, die die Klasse 9ac des Ruperti-Gymnasiums Mühldorf mit ihrer Lehrerin Martina Auer beim Wettbewerb „Tolle Typen heute" eingereicht und dafür einen Preis erhalten hatte.

Ein fototechnisch verändertes Standbild aus einem Fotoprojekt „Franziskus in der Stadtgalerie" (vgl. KatBl 139 (2014), 165. 178): Die Stigmata des FRANZ VON ASSISI.

Lückenhafte Texte kreativ auffüllen

Vorteil dieser Methode: Die strukturelle Vorgabe erleichtert den Einstieg in kreative Prozesse und ist besonders für niedere Jahrgangsstufen, ungeübte Klassen und im Sprachausdruck schwache Schüler geeignet. Die vorgegebene Form erweist sich hier als Stütze der Kreativität! Die Methode darf nicht mit den bekannten Lückentexten verwechselt werden: Geht es dort um die eindeutige (richtig/falsch) Auffüllung von Leerstellen, ist hier ein individuell-kreatives Ergänzen gefordert!

Sie lässt sich als Assoziationen auslösende Methode für die Beschäftigung mit fremden Biografien nutzen, indem z. B. folgende Satzanfänge zur weiteren Bearbeitung angeboten werden:

- An X finde ich toll …

- Was ich nicht verstehe …
- Ich möchte ihn dringend fragen …
- Wenn ich er wäre, würde ich …
- Wenn es mehr Menschen gäbe wie, dann …
- Liebe(r) …, danke für deine gute Tat, denn …

Mobile

Diese Methode eignet sich vor allem für Treppenhäuser: Die Bilder zu einer bzw. mehreren Vorbildgestalten bzw. die erstellten Plakate oder auch andere Gegenstände zu diesen Personen werden im Treppenhaus aufgehängt.

Fundort: Marcel-Callo-Haus in Heiligenstadt; Mobile zum Namenspatron des Hauses, MARCEL CALLO, und zu anderen vorbildhaften Personen.

Offene Geschichten weiterschreiben

Offene Geschichten laden zum Nachdenken ein: Wie geht die Geschichte wohl aus? Geschlossene Geschichten (Reportagen, Heiligenbiografien …) werden durch die Methode der Erzählunterbrechung zu offenen: Die Schüler sollten ein mögliches Ende der Geschichte konstruieren! Im Anschluss daran erfolgt ein Vergleich der unterschiedlichen Schülerfortsetzungen mit der Originalgeschichte. Jede Dilemmageschichte ist dementsprechend eine offene Geschichte. Deutlich wird: Entscheidungen haben Folgen, die für einzelne/Gruppen/die Gesellschaft unterschiedliche Bedeutung haben.

Eine offene Geschichte: Bademeister

In der Gemeinde Egling steht die Zukunft eines kleinen Freibades plötzlich in Frage, denn es gibt keinen mehr, der Zeit oder Lust hat, die Sonntage des Jahres einer Badeaufsicht zu opfern.

Die Gemeinde will das kleine Bad schließen und zuschütten, weil sich kein Bademeister findet.

Für die Jugendlichen von Egling eine schreckliche Vorstellung!

Wie könnte die Geschichte weitergehen???

http://www.uni-passau.de/local-heroes; Stichwort: Hilfsbereitschaft – Bademeister

Perspektive wechseln

Ziel: Vertraute Geschichten und Erzählperspektiven sollen durch neue Blickwinkel wieder interessant werden. Dieser Ansatz kann sowohl vom Lehrer zur Vorbereitung einer Lehrerzählung gewählt werden (um sich beispielsweise von einer anderen Sichtweise aus der thematisierten Person zu nähern) als auch als Arbeitsauftrag für die Schülerinnen und Schüler dienen. Ein Perspektivenwechsel kann dazu beitragen, die Komplexität realer Entscheidungssituationen zu verdeutlichen und einfache moralisierende Bewertungen von Situationen zu vermeiden.

Perspektivenwechsel können mit unterschiedlichen methodischen Ansätzen umgesetzt werden: z. B.:

- Briefe aus der Sicht einer beteiligen Person schreiben
- Dilemmageschichten zu bekannten Erzählungen erstellen
- Geschichten von der Position einer anderen Person erzählen
- eine beteiligte (Rand-)Person interviewen.

Erzählimpulse

- Die vom Hochwasser betroffene Frau, der ein Fremder, GERHARD HECKENGRUBER, hilft, erzählt, wie sie die Situation erlebt hat.
- Der Freund HECKENGRUBERS, der heimgefahren ist, äußert sich über die Entscheidung Gerhards.
- Ein Pharisäer erläutert, wieso er die Heilung eines Kranken am Sabbat durch Jesus als skandalös empfindet.
- Der Geheilte versucht in einem Brief an die Pharisäer diese zu besänftigen.

Ein mutiger EU-Beamter deckt Korruption in seiner Behörde auf

PAUL BUITENEN, ein EU-Beamter erhält das Angebot, dass er finanzielle Zuwendungen erhalten sollte, wenn er die besagten Informationen zurückhalte.

- Soll er das Angebot annehmen? Warum? Warum nicht?
- Du bist ein Kollege von BUITENEN: Schreibe ihm einen Brief, in dem du ihm zu- bzw. abrätst, das Angebot anzunehmen bzw. abzulehnen. Begründe deine Ratschläge!
- BUITENENS Frau möchte, dass er das Angebot annimmt, da sie Angst vor den Konsequenzen hat, die die Veröffentlichungen der Informationen für ihre Familie haben könnten. Sie telefoniert mit einer Freundin und sucht ihren Rat. Wie könnte das Telefonat aussehen?
- BUITENEN beschließt trotz allem, die Informationen zu veröffentlichen. Welche Argumente und Gründe könnte er wohl für seinen Entschluss anführen?

Plakatwand zu *Local heroes*

Die klassische, aber immer noch alltagstaugliche Präsentationsmethode: Die Schülerinnen und Schüler erstellen beispielsweise zu ihrem *Local hero* ein Plakat, daraus kann dann eine Ausstellung entstehen.

Beate Sagmeister mit der Klasse 4ac der Grundschule St. Martin in Deggendorf; prämiert beim Wettbewerb „Tolle Typen heute"

Powerpoint-Präsentation

Resümee eines perspektivenreichen Powerpoint-Projekts der Klasse 9ac des Ruperti-Gymnasiums in Mühldorf im Rahmen des Wettbewerbs „Tolle Typen heute" (Lehrerin Martina Auer) (Hintergrund wegen der Lesbarkeit getilgt).

Die Aufbereitung eines Fotoprojekts zu Franz von Assisi *mit dem Titel „Franziskus in der Stadtgalerie" der Lernwerkstatt Religionsunterricht (vgl. KatBl 139 (2014), 178) in einer Powerpoint-Präsentation.*

Quiz, Ratespiel

Auf spielerische Weise erfolgt eine Auseinandersetzung mit großen und kleinen vorbildhaften Gestalten, z. B. mit den zuletzt im Unterricht besprochenen. Eine mögliche Variante (vgl. Themenhefte Gemeinde 2/2006, 24):

Die Gruppe einigt sich auf die Bandbreite möglicher Namen (z. B. Heilige/ *Local heroes* vor Ort/große Persönlichkeiten/eigene Vorbilder ...).
Die Hälfte der Gruppe wird aus dem Raum geschickt. Die andere Hälfte weist jeweils einer Person einen Namen zu. Der Name wird auf ein Blatt Papier (DIN-A6) geschrieben und mit Tesa auf die Stirn der Person geklebt, so dass sie den Namen nicht lesen kann.
Mit „Ja"-„Nein"-Fragen versuchen die Personen reihum ihre zugewiesenen Namen zu erraten.
Reflexionsgespräch: Wieso haben wir für dich/euch gerade diesen Namen gewählt?

Reflexionsbogen zur Datenbank/Ausstellung

Nach einem virtuellen Rundgang in der Datenbank der *Local heroes*, im Rahmen der Ausstellung oder bei der unterrichtlichen Präsentation verschiedener vorbildhafter Personen sollte eine Person genauer betrachtet werden – in Einzel- oder Gruppenarbeit. Folgende Reflexionsfragen können dabei hilfreich sein (vgl. Mendl 2011b, 20f.).

Reflexionsbogen zu folgender Person ______________________

1. Beschreibe in eigenen Worten, was die Person getan hat!
2. Ermittle, aus welchen Gründen sich die Person für ihr Handeln entschieden hat!
3. Was gefällt dir an der Person? Was weniger?
4. Was möchtest du die Person nun fragen?
5. Kennst du Menschen in deiner Umgebung, die auf ähnliche Weise Gutes tun?

Schülerzeitung zum Thema Vorbilder

Eine Methode, die auch einen Öffentlichkeitscharakter hat, weil die Schülerzeitung dann auch gedruckt und weiterverbreitet wird. Elisabeth Willis hat im Rahmen des Wettbewerbs „Tolle Typen heute" mit einer 7. Klasse am Gymnasium Bad Königshofen eine Schülerzeitung zum Thema Vorbild erstellt; die Schülerinnen und Schüler stellten hier sowohl *Local heroes* als auch Medienstars dar.

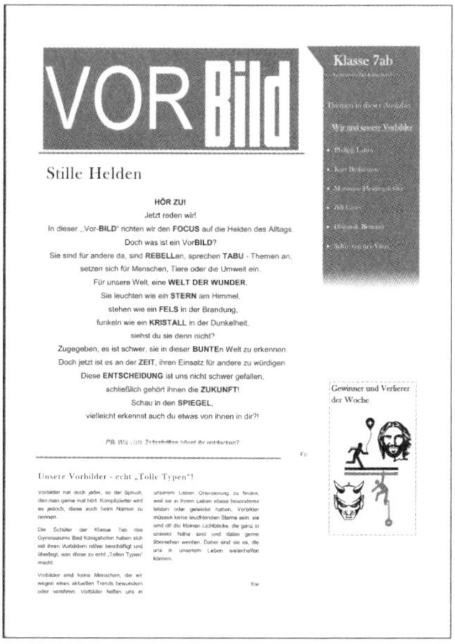
VOR Bild

Klasse 7ab

Stille Helden

HÖR ZU!
Jetzt reden wir!
In dieser „Vor-**BILD**" richten wir den **FOCUS** auf die Helden des Alltags.
Doch was ist ein Vor**BILD**?
Sie sind für andere da, sind **REBELL**en, sprechen **TABU** - Themen an,
setzen sich für Menschen, Tiere oder die Umwelt ein.
Für unsere Welt, eine **WELT DER WUNDER**.
Sie leuchten wie ein **STERN** am Himmel,
stehen wie ein **FELS** in der Brandung,
funkeln wie ein **KRISTALL** in der Dunkelheit,
siehst du sie denn nicht?
Zugegeben, es ist schwer, sie in dieser **BUNTE**n Welt zu erkennen.
Doch jetzt ist es an der **ZEIT**, ihren Einsatz für andere zu würdigen.
Diese **ENTSCHEIDUNG** ist uns nicht schwer gefallen,
schließlich gehört ihnen die **ZUKUNFT**!
Schau in den **SPIEGEL**,
vielleicht erkennst auch du etwas von ihnen in dir?!

Gewinner und Verlierer der Woche

Unsere Vorbilder - echt „Tolle Typen"!

Vorbilder hat doch jeder, so der Spruch, den man gerne mal hört. Komplizierter wird es jedoch, diese auch beim Namen zu nennen.

Die Schüler der Klasse 7ab des Gymnasiums Bad Königshofen haben sich mit ihren Vorbildern näher beschäftigt und überlegt, was diese zu echt „Tollen Typen" macht.

Vorbilder sind keine Menschen, die wir wegen eines aktuellen Trends bewundern oder verehren. Vorbilder helfen uns in unserem Leben Orientierung zu finden, weil sie in ihrem Leben etwas besonderes leisten oder geleistet haben. Vorbilder müssen keine leuchtenden Sterne sein, sie sind oft die kleinen Lichtblicke, die ganz in unserer Nähe sind und dabei gerne übersehen werden. Dabei sind sie es, die uns in unserem Leben weiterhelfen können.

Ew

Skype-Konferenz mit einem Local hero

Die neuen Medien ermöglichen eine Kontaktaufnahme mit *Local heroes* über Whiteboard und Skype: Eine Schulklasse tauscht sich mit ANDREA KRALLINGER aus (vgl. oben, Kap. 3.1.4; Wagner 2013, 85).

SMS schreiben

Der besprochenen Person eine fiktive bzw. reale SMS schreiben/einem Freund eine SMS über die Person schreiben: Die Methode bezieht sich wie die E-Mail auf die Alltagswelt der Schülerinnen und Schüler und bietet folgende didaktische Chancen:

- Die geringe Buchstabenzahl (evtl. Zeichenzahl vorgeben!) nötigt zu Prägnanz im Ausdruck!
- Codierte Sonderzeichen (Emoticons) ermöglichen emotional-wertende Zusätze.

Version für die noch ältere Generation: Telegramm.

Telegramm an die Jünger in Jerusalem
Haben Unglaubliches erlebt ***STOPP***
Haben Jesus getroffen ***STOPP***
Zuerst nicht erkannt ***STOPP***
Erst beim Brotbrechen bemerkt ***STOPP***
Ist daraufhin verschwunden ***STOPP***
Näheres bei Rückkehr ***STOPP***
To be continued …
Klephas und Co.

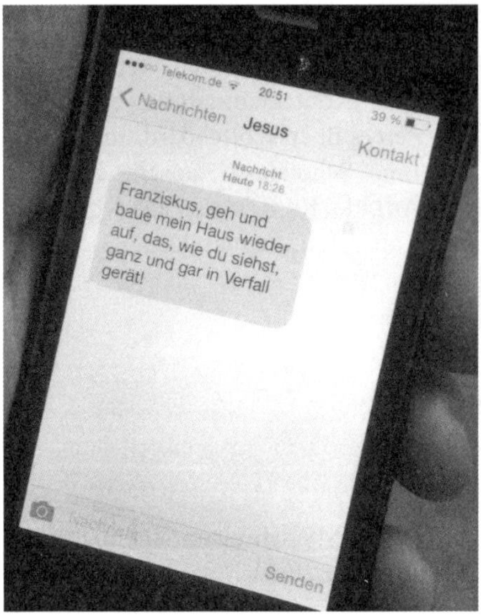

SMS-Eintrag, von Michael Geier nochmals nachgestaltet.

Standbildprojekt zu Franz von Assisi *mit einer Studierendengruppe in Assisi: „Franziskus in Assisi“ (siehe auch KatBl 139 (2014), 178)*

Tagebucheintrag

Eine Methode, die auf eine Perspektivenübernahme und das Einfühlungsvermögen in eine andere Person abzielt (vgl. Kuhn 2010, 88–90. 107): Der Tagebucheintrag kann an einer Entscheidungssituation der fokussierten Person angedockt werden: Welche Gedanken gehen der Person durch den Kopf? Welche Argumente bereiten die Entscheidung vor? Man kann die Methode aber auch reflexiv nach Abschluss der gesamten Dilemmaerzählung einsetzen: Wie bewertet die Person im Nachhinein die eigene Entscheidung? Und man kann auf diese Weise auf ähnliche Weise als eine selbstreflexive Methode verwenden, um Schülerinnen und Schüler nach einem Unterrichtsprozess zu einem Lernen an fremden Biografien über eigene Erlebnisse und Begegnungen zu motivieren (Beispiel zur hl. Verena und zu einem *Local hero* aus: List 2012, 91):

> Liebes Tagebuch,
> heute habe ich in der Zeitung gelesen, dass eine junge Frau genauso gehandelt hat wie meine Namenspatronin. Sie hilft Kranken und kümmert sich jeden einzelnen Tag um sie. Sie macht es, ohne dafür Geld oder irgendetwas anderes zu verlangen. Das finde ich toll.
> Deine Verena

Urkunde für einen Local hero

Die Schülerinnen und Schüler bringen ihre Wertschätzung für eine Person zum Ausdruck, indem sie eine Urkunde gestalten (vgl. Mendl 2011b, 57; einen Klassensatz der Urkunden für Manuela Giltner zu einem Unterrichtsprojekt siehe auf der *Local-heroes*-Homepage, Schulprojekte, Universität Passau, Projekt Kristina Falter; zwei der zahlreichen Urkunden siehe unten).

Verfremdungen

Handungsverläufe werden umkonstruiert, die Bedeutung einer Aussage wird durch ihre Verkehrung kontrastiert und damit ihr (provozierender) Sinngehalt pointiert herausgestellt. Die Verfremdungsmethode ermöglicht das Ausprobieren von Handlungsalternativen: Wie wäre die Situation bzw. das Leben der Person weitergegangen, wenn sie auf diesen bzw. einen anderen Rat gehört hätte? Folgen moralischer Entscheidungen und somit verantwortungsethische Gesichtspunkte können dadurch ausgelotet werden.

> Franz von Assisi besinnt sich eines besseren, übernimmt das Geschäft seines Vaters, heiratet Klara und lebt mit ihr vergnüglich bis an ihr Lebensende. In der Kirche bleibt alles so, wie es schon immer war.

WhatsApp

Ein Alltagsmedium für die Kommunikation unter Jugendlichen heute. Greift man es didaktisch auf, so ist diese Sonderform des Dialogs eine Chance, prägnant und knapp einige kurze fiktive Gesprächssequenzen zwischen *Local heroes* und Menschen in ihrem Umfeld, biblischer Personen untereinander oder auch ein fiktives Gespräch zwischen den Schülerinnen und Schülenr und einer historischen Persönlichkeit zu führen.

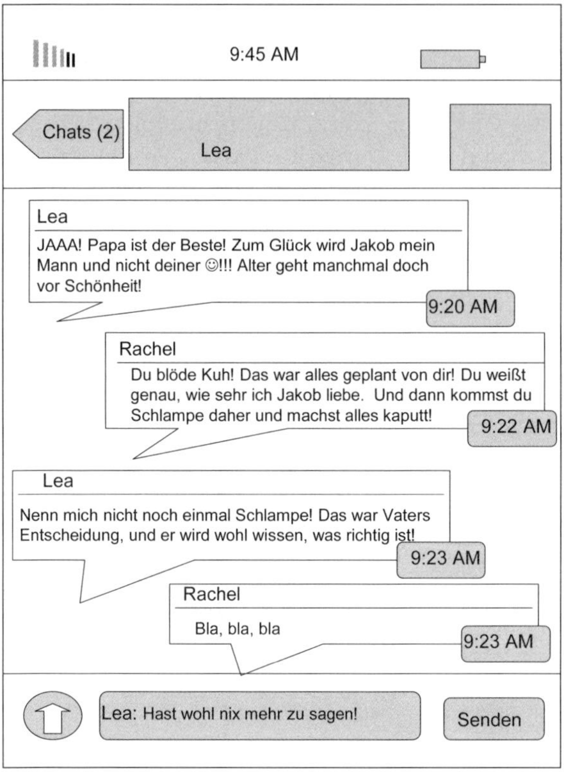

Wortpyramide

Zu einer Person oder Situation wird ein folgendermaßen strukturierter Text verfasst: Die oberste Zeile wird aus einem Wort gebildet, die nächste aus zwei Wörtern, die dritte aus drei usw. (bzw. auch im Zweiersprung, siehe zweite Beispiel). Es entsteht visuell die Form einer Pyramide.
Vorteil: Auch schwächere Schüler sind erfolgreich, sie gestalten vielleicht weniger Zeilen aus. – Zum Thema: vgl. Gruber/Mendl 2000, 58–62.

Wortpyramide: Michael Lerpscher

michl
dummer bua
häst ned aufg'muckt
dann würdst noch leb'n

gradlinig
friedlich konsequent
bis zum Ende

HospizhelferIn
Lebens- und Sterbebegleitung
Schöne und traurige Momente miterleben
Auseinandersetzung mit Sterben und Tod vieler Menschen

Ein Beispiel aus der Local-heroes-Homepage zum Stichwort „Aids", „Carola Würzinger"

Ytongplastik gestalten

Aus leicht bearbeitbaren Ytongsteinen wird ein Gedenkstein für eine vorbildhafte Gestalt herausgearbeitet. Als Klassenprojekt kann man so eine ganz neue „Walhalla besonderer Persönlichkeiten" errichten. Bei folgendem Beispiel ist der Künstler selbst für mich ein *Local hero* geworden: Im Rahmen eines Projekts der Lernwerkstatt Religionsunterricht produzierte Max, Schüler eine sonderpädagogischen Einrichtung, folgenden Stein. Die Nachfrage ergab: Er wird ihn aufs Grab seines kürzlich verstorbenen Großvaters legen.

Zeitungsmeldung

Bild
UNABHÄNGIG · ÜBERPARTEILICH

-21-

Ausgabe 7 / Jahrgang 77 vom 16.07.1842

StreetWorker
Don Bosco
der neue Stern am Jugendhimmel

Lesen Sie weiter auf Seite 3: Dort finden Sie nähere Informationen zu seiner Vorgehensweise, zu seinem Wirken und seinen unglaublichen Vorstellungen und Erfolgen mit den Randgruppen unserer Gesellschaft!

ANLAGE NR. 8.2

Zu einer Person oder einer Dilemmasituation, hier zu Johannes Bosco), eine Zeitungsmeldung zu verfassen, regt zur präzisen Darstellung an. Zugleich kann durch sprachliche Umformungen die aktuelle Bedeutung z. B. einer historischen Person verdeutlicht werden. Bei dieser Methode können verbale und grafische Elemente kombiniert werden.

Man sollte bei dieser Verfremdungsmethode darauf achten, dass nicht die Effekte dominieren, sondern durch die Verfremdungstechniken auch zentrale inhaltliche Aussagen profiliert herausgearbeitet werden.

4.2.2 *Lernaufgaben und Literaturhinweise*

> *Zusammenfassung:*
> Ein Lernen an fremden Biografien kann methodisch auf vielfältige Weise gefördert werden. Als grundlegend erweisen sich moralische Dilemmageschichten und ihre didaktische Aufbereitung bzw. weitere Bearbeitung.
> Über ein methodisch variables „Sich-Einklinken" in die Biografien können Kinder und Jugendliche verschiedene Wertoptionen erproben und lernen dabei, sich in der Widersprüchlichkeit komplexer Lebensverhältnisse des Alltags zu positionieren und Folgen von Wertentscheidungen abzuschätzen.

Lernaufgaben

1. Wählen Sie eine Methode aus, mit der Sie bisher noch nicht gearbeitet haben, und erproben Sie sie an einer Person Ihrer Wahl!
2. Wenn Ihnen beim Durchsehen dieser methodischen Tipps noch weitere methodische Anregungen einfallen, die Sie für ertragreich für ein Lernen an fremden Biografien halten, können Sie diese und am besten gleich konkrete Beispiele an den Autor dieses Buches weiterleiten (mendl@uni-passau.de)!

Literaturhinweise

Erlinger, Rainer (2007), Gewissensfragen. Streitfälle der Alltagsmoral, München 2007.

Mendl, Hans (2011b), Helden auf Augenhöhe. Didaktische Anregungen zur Ausstellung und zur Datenbank „Local heroes", Winzer.

Sauter, Ludwig (2007), Kreatives Schreiben im Religionsunterricht, Stuttgart.

Themenhefte Gemeindearbeit (2006), Heft 74: Heilige wie wir.

4.3 Die Datenbank *Local heroes*

Dieses Projekt ist etwas, was ich schon lange gesucht habe.
Ich glaube, damit erweisen Sie gerade der Kirche unserer Zeit
und vor allem im Zusammenhang mit dem Apostolat der Laien in der Kirche
einen ganz hervorragenden Dienst."

Kardinal Franz König (Brief vom 29.3.2000)

4.3.1 *Die Entstehung und das Ziel der Local-heroes-Homepage*

Vor fast 15 Jahren entstand die Idee, die in diesem Buch präsentierte Didaktik eines Lernens an anderen Biografien auch in einem Datenbank-Projekt zu konkretisieren. Wenn dann eine der ersten Rückmeldungen von Kardinal FRANZ KÖNIG, dem Erzbischof von Wien, einem großen Mann der Kirche des 20. Jahrhunderts, kommt, den man eng mit dem II. Vatikanischen Konzil verbindet, dann gibt das einen positiven Rückenwind und gleichsam eine kirchliche Seligsprechung des Projekts auf der lokalen Donauachse zwischen Passau und Wien.

Die Bedeutung der modernen Massenmedien und Kommunikationsmittel wird auch in der Kirche hoch eingeschätzt. Man solle sie nutzen als „Areopag der neuen Zeit“ (Sekretariat der deutschen Bischofskonferenz 1997, 160), meint auch der Papst. Diesem Ziel entspricht die Datenbank der *Local heroes.*

Das Projekt *Local heroes* verfolgt neben der diskursethisch unterfütterten Didaktik weitere Ziele (vgl. Mendl 2011c, 56f.): Es will zu einer Blickveränderung anregen: Wenn man vom „Vorbild“ spricht sollen nicht nur die „großen“, sondern auch die „kleinen“ Personen in den Blick kommen. Vor allem eine eigene Spurensuche nach Helden des Alltags vor Ort soll mit dem Projekt angeregt werden. Gesellschaftlich soll mit dem Projekt eine Gegenwelt zu anderen postmodernen Lebensentwürfen öffentlich präsentiert werden: Nicht nur das Streben nach einem Erfolg in der Gesellschaft von „Ichlingen“, wie in den einschlägig bekannten Fernsehformaten, bei denen die Stars der Zukunft gesucht werden, sondern auch die altruistische Fürsorge für den Nächsten erscheint als vorzeigenswert! Und schließlich verfolgt das Projekt auch eine theologische und kirchenpolitische Intention: Anders als beim Heiligenkalender der katholischen Kirche, bei dem zölibatär lebende Priester und Nonnen dominieren, steht die Suche nach Heiligen der Unscheinbarkeit in Verbindung mit dem Apostolat der Laien und dient deren wertschätzenden Präsentation. Damit erhält das Vorhaben auch eine ökumenische Perspektive, denn der pädagogische Aspekt eines orientierenden Lernens im Umgang mit kleinen und großen Heiligen gehört zur gemeinsamen Schnittmenge, wenn sich evangelische und katholische Christen über die Bedeutung der Gemeinschaft der Heiligen austauschen. Alle, die Lebenden und die Verstorbenen, die kleinen und die großen Heiligen, die bekannten und unbekannten und darunter wir selber, haben Anteil an den „Lebensströmen" Jesus Christi (vgl. Bilaterale Arbeitsgruppe 2000, 115). Das wurde mir besonders deutlich, als mir der evangelische Religionspädagoge Folkert Rickers, der kritischer als ich deutliche Unterschiede im evangelischen und katholischen Umgang mit Heiligen markiert (vgl. Rickers 2008, 235), wenige Monate vor seinem Tod seinen gesammelten Fundus an „Helden des Alltags", die er in vielen Jahren gesammelt hatte, zukommen ließ. Gelernt habe ich von ihm und anderen evangelischen Kollegen vor allem auch, auf die Gebrochenheit des Vorbilds zu achten (Rickers 2008, 233–238) – auch das führte zur Neukonzeption von Kap. 3.8! Das ist vor allem dann hilfreich, wenn beinahe schon reflexartig versucht wird, neue perfekte Säulenheilige zu installieren, an deren Sockel nicht gekratzt werden darf: Kann DOMINIK BRUNNER, der bei der Verteidigung von Jugendlichen am S-Bahnhof in Solln sein Leben verlor, noch als Held bezeichnet werden, wenn er doch vielleicht als erster zugeschlagen hat, lautete die mediale Anfrage während des Prozesses gegen die jugendlichen Schläger. Meine Antwort: Heilige der Unscheinbarkeit zeichnet aus, dass sie das, was der Tag und die Stunde verlangt, tun (Romano Guardini). Sie bleiben aber Menschen mit Fehlern und Schwächen. Das macht sie sympathisch und lädt zur Orientierung ein! Und deshalb bleibt DOMINIK BRUNNER auch ein Held.

Im Folgenden sollen dieses Projekt, seine religionsdidaktische Zielsetzung und die damit verbundenen Service-Angebote genauer beschrieben werden.

4.3.2 *Das Herzstück: Die Beispiele der Local heroes*

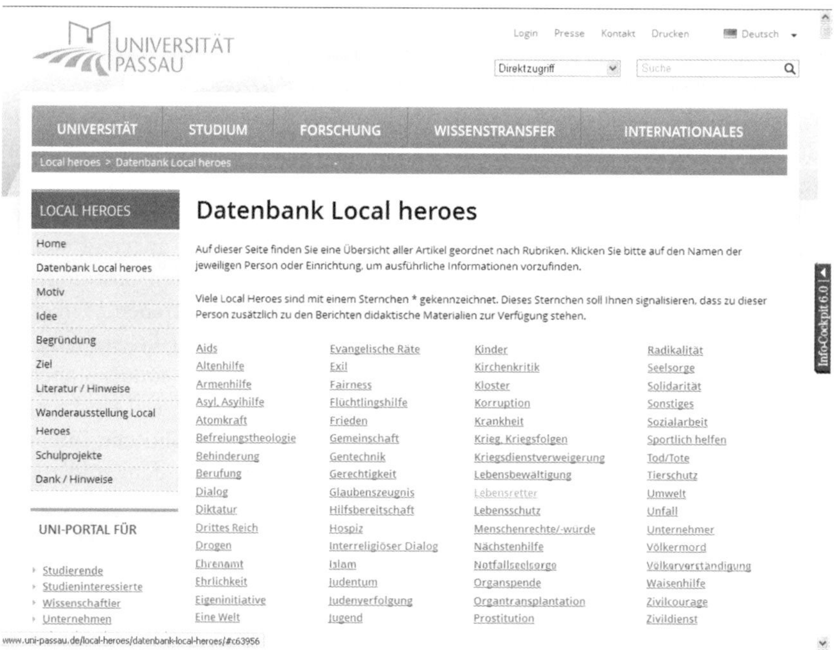

Auf der Startseite des Projekts *Local heroes* kann man in Kurzfassung einiges zum theoretischen Hintergrund und zur Entstehungsgeschichte der Datenbank erfahren. Das Herzstück stellen aber zweifellos die Beispiele dar, die man ansteuern kann (in der linken Leiste auf „Datenbank *Local heroes*", dann aus dem vierspaltigen Stichwortmenü einen Begriff wählen und anklicken). Hier gelangt man zu den jeweiligen Personen – inzwischen sind über 1000 Einträgen unterschiedlichster Aufmachung erfasst.

Doch nach welchen Ordnungskriterien legt man eine solche Datenbank an? Eine Sortierung des eher induktiv angesammelten Materials nach Namen erwies sich als wenig praktikabel. Was sagen einem fremden User Namen wie TATJANA MAYER, HELENE BINDER oder RUDOLF ZEILER? Dasselbe Problem taucht übrigens auf, wenn es um die Bebilderung der *Local-heroes*-Idee geht, sei es bei Zeitungsberichten über das Projekt oder in Beiträgen für religionspädagogische Fachzeitschriften. MUTTER TERESA, MARTIN LUTHER KING, MAHATMA GANDHI – diese großen Vorbilder haben ein Gesicht und Ansehen in der Öffentlichkeit. Die kleinen Helden des Alltags hingegen sind anonym und somit erläuterungsbedürftig.

Wir entschieden uns deshalb für ein gemischtes System, welches ethische Kategorien mit allgemeinen thematischen verbindet. Der Begriff „Ethische Kategorie" meint, dass aus der Bezeichnung bereits der moralische Wert und eventuell zusätzlich das Betätigungsfeld hervorgehen (z. B. Behindertenhilfe, Krankenbetreuung, Völkerverständigung, Ehrlichkeit, Zivilcourage). Bei den allgemeinen thematischen Kategorien handelt es sich um die Angabe von gesellschaftlichen Feldern (z. B. Aids, Obdachlose, Selbstmord), in denen die Person aktiv ist. Ein solches Mischsystem und der Verzicht auf eine völlig stringente begriffliche Logik bei der Erstellung einer übersichtlichen Schlagwortliste erschienen uns wegen der Benutzerfreundlichkeit von Vorteil zu sein.

Wer *Local heroes* zu bestimmten Themengebieten sucht, kann das entsprechende Stichwort anklicken und erhält eine Auflistung der dazu in der Homepage befindlichen Personen und Materialien. Angegeben sind jeweils der Name der Person, eine Kurzbeschreibung der Aktivität, die Fundstelle und Quellenangabe sowie der Hinweis auf zusätzliche didaktische Materialien. Die Homepage wird ständig ausgebaut. Die eigenen Einträge entstehen vom Frühstückstisch ausgehend: Ein Bericht aus der Tageszeitung über eine Person, der gemäß den oben skizzierten Kriterien (vgl. Kap. 2.3.3) als *Local hero* geeignet erscheint, wird von der Internet-Version der Tageszeitung abgerufen und mit Quellenangabe und inzwischen in der Regel auch von den Mitarbeiterinnen und Mitarbeitern mit didaktischen Hinweisen versehen in die Datenbank eingestellt.

Klickt man auf die gewünschte Person, so öffnet sich ein weiteres Fenster, in dem man dann das gesamte Material, mindestens aber die Beschreibung bzw. den Zeitungsartikel findet.

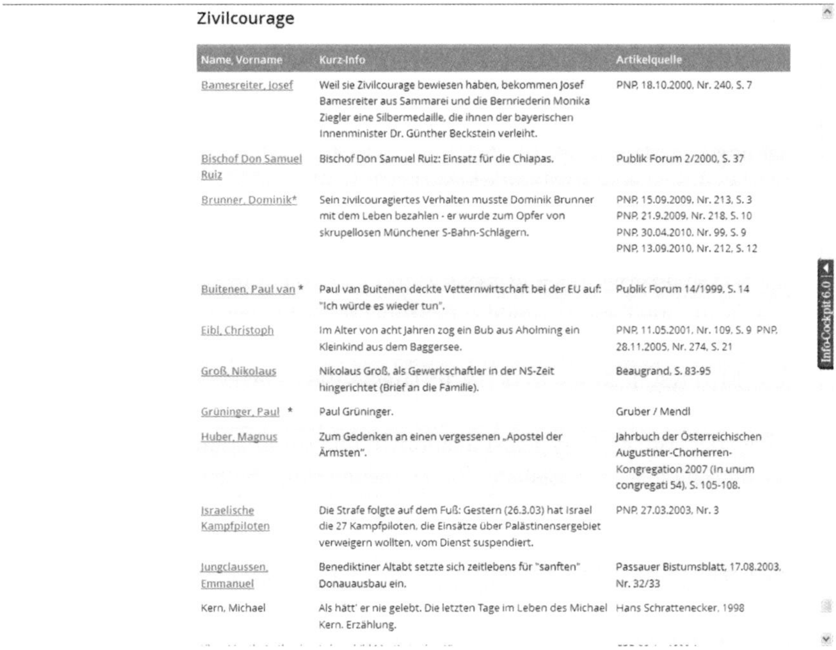

Zivilcourage

Name, Vorname	Kurz-Info	Artikelquelle
Bamesreiter, Josef	Weil sie Zivilcourage bewiesen haben, bekommen Josef Bamesreiter aus Sammarei und die Bernriederin Monika Ziegler eine Silbermedaille, die ihnen der bayerischen Innenminister Dr. Günther Beckstein verleiht.	PNP, 18.10.2000, Nr. 240, S. 7
Bischof Don Samuel Ruiz	Bischof Don Samuel Ruiz: Einsatz für die Chiapas.	Publik Forum 2/2000, S. 37
Brunner, Dominik*	Sein zivilcouragiertes Verhalten musste Dominik Brunner mit dem Leben bezahlen - er wurde zum Opfer von skrupellosen Münchener S-Bahn-Schlägern.	PNP, 15.09.2009, Nr. 213, S. 3 PNP, 21.9.2009, Nr. 218, S. 10 PNP, 30.04.2010, Nr. 99, S. 9 PNP, 13.09.2010, Nr. 212, S. 12
Buitenen, Paul van *	Paul van Buitenen deckte Vetternwirtschaft bei der EU auf: "Ich würde es wieder tun".	Publik Forum 14/1999, S. 14
Eibl, Christoph	Im Alter von acht Jahren zog ein Bub aus Aholming ein Kleinkind aus dem Baggersee.	PNP, 11.05.2001, Nr. 109, S. 9 PNP, 28.11.2005, Nr. 274, S. 21
Groß, Nikolaus	Nikolaus Groß, als Gewerkschaftler in der NS-Zeit hingerichtet (Brief an die Familie).	Beaugrand, S. 83-95
Grüninger, Paul *	Paul Grüninger.	Gruber / Mendl
Huber, Magnus	Zum Gedenken an einen vergessenen „Apostel der Ärmsten".	Jahrbuch der Österreichischen Augustiner-Chorherren-Kongregation 2007 (In unum congregati 54), S. 105-108.
Israelische Kampfpiloten	Die Strafe folgte auf dem Fuß: Gestern (26.3.03) hat Israel die 27 Kampfpiloten, die Einsätze über Palästinensergebiet verweigern wollten, vom Dienst suspendiert.	PNP, 27.03.2003, Nr. 3
Jungclaussen, Emmanuel	Benediktiner Altabt setzte sich zeitlebens für "sanften" Donauausbau ein.	Passauer Bistumsblatt, 17.08.2003, Nr. 32/33
Kern, Michael	Als hätt' er nie gelebt. Die letzten Tage im Leben des Michael Kern. Erzählung.	Hans Schrattenecker, 1998

UNIVERSITÄT PASSAU

Login Presse Kontakt Drucken Deutsch

Direktzugriff Suche

UNIVERSITÄT STUDIUM FORSCHUNG WISSENSTRANSFER INTERNATIONALES

Local heroes > Lerchl, Andreas

LOCAL HEROES

- Home
- Datenbank Local heroes
- Motiv
- Idee
- Begründung
- Ziel
- Literatur / Hinweise
- Wanderausstellung Local Heroes
- Schulprojekte
- Dank / Hinweise

UNI-PORTAL FÜR

- Studierende
- Studieninteressierte
- Wissenschaftler
- Unternehmen
- Alumni, Förderer, Freunde

Lerchl, Andreas

Thema: Zivilcourage

Materialbausteine

M1: PNP, 11.06.2010, Nr. 132, S. 18
M2: Bild von Andreas Lerchl mit dem Polizeidirektor Manfred Gigler, Kripo-Chef Alfons Rösser und den Oberkommissaren Martin Pöhls und Hermann Hundsrucker
M3: Didaktische Impulse

LOCAL HEROES

M1: PNP, 11.06.2010, Nr. 132, S. 18

Zivilcourage hat einen Namen: Andreas Lerchl

Polizei ehrt Andreas Lerchl aus Hutthurm und stellt Konzept vor, wie in Notfällen richtig agiert wird - Kurse laufen an

Von Carmen A. Laux

Passau/ Hutthurm. Andreas Lerchl ist das beste Beispiel für Zivilcourage: Der Hutthurmer hat durch sein beherztes Eingreifen mitgeholfen, einen Handtaschenräuber zu stellen. „Es freut mich, dass wir an seinem Beispiel unser neues Konzept ‚Zivilcourage' vorstellen können", sagte Polizeidirektor Manfred Gigler bei der Ehrung des 32-Jährigen gestern in der Polizeiinspektion Passau.

4.3.3 *Der reflektierte Umgang mit der Datenbank*

Auch die Ansammlung von *Local heroes* im Internet läuft Gefahr, zu einer riesigen moralischen Müllhalde von übermächtigen Über-Ichs zu werden. Deshalb müssen bei der Suche nach Helden des Alltags und vor allem bei ihrer didaktischen Präsentation die zuvor beschriebenen grundsätzlichen lernpsychologischen und didaktischen Erwägungen handlungsleitend sein. Den Wert für Prozesse orientierenden Lernens erhalten die einzelnen Beispiele erst dann, wenn sie nicht naiv („Schaut her, welch gute Menschen es gibt!") verwendet werden, sondern nach den beschriebenen komplexeren lernpsychologischen Modellen zu einer Konfrontation mit verschiedenen Wertoptionen führen. Auch die unten noch eigens skizzierte Wanderausstellung der „Helden auf Augenhöhe" ist so konzipiert, dass kein Bewunderungs- und Nachahmungslernen forciert wird, sondern ein überlegter und reflektierter Dialog zwischen den Betrachtern und den dargestellten Personen.

4.3.4 Der interaktive Ansatz der Homepage Local heroes

Als in den Medien die Idee der *Local-heroes*-Homepage bekannt wurde, meldeten sich telefonisch, brieflich oder per E-Mail Menschen aus dem ganzen Bundesgebiet und machten auf weitere Personen, Einrichtungen oder Aktionen aufmerksam. Andere erinnern sich beim Stöbern in der Datenbank an Personen aus dem eigenen Umfeld und melden dies an uns weiter. Das ist bis heut so:

„Meiner Meinung nach fehlen noch ganz wichtige *Local heroes*, nämlich die Mitglieder der Freiwilligen Feuerwehr, die zu jeder Tages- und Nachtzeit alles stehen und liegen lassen, um Verletzte aus Autos zu bergen, Menschen aus brennenden Häusern zu retten oder auch nur eine Katze vom Baum zu holen", heißt es in einer E-Mail. Eine alte Frau weist telefonisch auf eine Nachbarin hin, die seit Jahrzehnten aufopferungsvoll ihre Mutter und ihren behinderten Bruder pflegt. Ein Kollege nennt die „Friedensbibliothek/Antikriegsmuseum der Evangelischen Kirche Berlin Brandenburg" als wichtige Einrichtung, die Materialien z. B. über Franz Jägerstätter bereitstellt; ein anderer weist mich auf einen Bericht in der Zeitschrift „Brigitte" über eine Nonne in Ruanda hin, die dort ein Massaker erlebte und sich seitdem um Täter und Opfer kümmert; wieder ein anderer nennt eine Frau, die seit langem hier in Passau Asylbewerber betreut und von der Stadt geehrt wurde. Ein Berufsschullehrer lässt mir sein gesamtes Material zum Thema zukommen, das er über Jahre hinweg gesammelt hat. Ein Kollege schickt mir einen Hinweis auf eine Zeitungszustellerin, die als „Engel der Nacht" immer wieder Gutes tut. Ein Zeitzeuge versorgt mich mit der authentischen Erzählung über einen mutigen Offizier im Dritten Reich (Schratzenstaller 1998). Der Mitarbeiter eines Schulreferats übermittelt mir den autobiografischen Text eines Zivildienstleistenden Jan, „der in Jerusalem seinen Zivildienst in einem Heim für schwerst behinderte Kinder absolviert und sich freiwillig bereit erklärt hat, zusätzlich in Gaza-City zu helfen" (E-Mail). Ich werde auf den Fotodokumentationsband „nachbelichtet" von Helmut Hoffmann – ein eindrucksvolles Zeitzeugen-Dokument zum Nationalsozialismus – sowie auf eine Wanderausstellung „Christliche Frauen im Widerstehen gegen den Nationalsozialismus. Häftlinge im Frauen-KZ Ravensbrück 1939–1945" hingewiesen. Die Referentin der BDKJ-Landesstelle lädt ein, für die Verleihung des „Zivilcourage-Preises 2003" Personen zu benennen. Und natürlich: die Medien suchen immer wieder den Kontakt, gerade dann, wenn aktuelle Fragen (z. B. beim Prozess gegen die Jugendlichen, die für den Tod von DOMINIK BRUNNER verantwortlich sind) anstehen.

Hervorzuheben sind auch die Religionslehrerinnen und -lehrer, die eigene Praxisbeispiele zusenden; auf der Homepage sind auch diese dokumentiert.

Schematisch sieht die Idee einer interaktiven Bestückung der Homepage folgendermaßen aus:

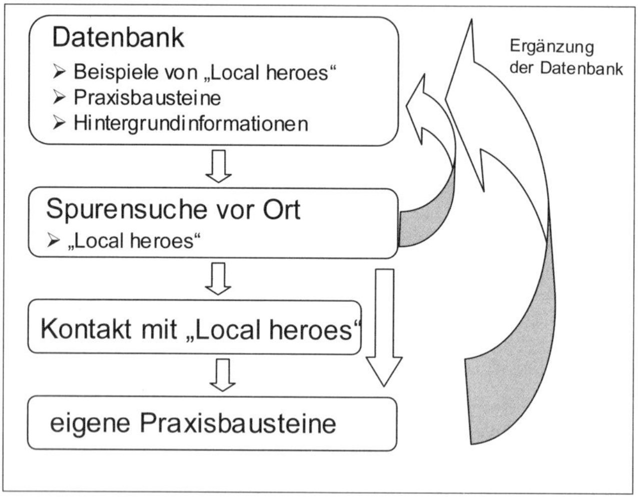

Die Präsentation von überwiegend „kleinen" Helden des Alltags soll die User der Homepage dazu motivieren, vor Ort eigene Recherchen nach *Local heroes* zu betreiben, die Funde in ihrem Religionsunterricht zu verwenden und besonders Lernprozesse im Sinne einer Öffnung von Schule und Religionsunterricht anzuleiten, d. h. originale Begegnungen zwischen Kindern oder Jugendlichen und den *Local heroes* zu ermöglichen. Solche eigenen Funde inklusive der verwendeten Materialien können per E-Mail oder Post an den Lehrstuhl für Religionspädagogik und Didaktik des Religionsunterrichts in Passau weitergeleitet werden; dort werden sie fürs Internet aufbereitet und mit Quellennennung in die Sammlung der *Local heroes* aufgenommen.

4.3.5 Die Unterstützer

Erwähnt werden soll an dieser Stelle, dass die Einrichtung der Datenbank vor allem auch durch das Entgegenkommen der verschiedenen Redaktionen von Zeitungen und Zeitschriften und der einzelnen Journalisten ermöglicht wurde, denen ich ausdrücklich danken möchte. Eine Erleichterung sind allgemeine Zusagen für die Verwendung von Material, z. B. der „Passauer Neuen Presse", der „Augsburger Allgemeinen", von „Publik Forum" und verschiedenen „Kirchenzeitungen". Wir bemühen uns zwar um eine jeweils korrekte Anfrage, ob Zeitungsreportagen in die Homepage aufgenommen werden dürfen, und um eine gelegentliche Verwendungsmeldung an einzelne Redaktionen. Dennoch kann es vorkommen, dass Journalisten nachfragen, wenn sie auf eigene Beiträge stoßen, die in die Datenbank aufgenommen werden. Bisher konnten die Anfragen immer zur Zufriedenheit aller geklärt werden: Mit dem Hinweis auf die Vereinbarung mit der jeweiligen Chefredaktion, die Versicherung, die Beiträge würden korrekt zitiert, und vor allem mit der Bitte, sich am Non-Profit-Unternehmen der *Local-heroes*-Datenbank zu beteiligen.

Dasselbe gilt auch für die auf der Homepage vorgestellten Personen: Zwar sind die meisten auf die Präsentation in der Datenbank stolz. Es wäre aber durchaus auch denkbar, dass es Einzelnen entweder peinlich ist, derartig öffentlich präsentiert zu werden, oder sie inzwischen auch andere Lebensentscheidungen getroffen haben und sich von der im Beitrag dargestellten Charakterisierung distanzieren möchten. In diesem Falle würden wir Beiträge selbstverständlich umgehend aus der Datenbank entfernen. Im Laufe der 15 Jahre haben uns bislang zwei solcher Anfragen erreicht, auf die hin wir sofort tätig geworden sind.

4.3.6 Die sonstigen Serviceleistungen der Datenbank

Neben der knappen Beschreibung der Idee und des Ziels des Projekts und dem Herzstück der Personen-Beispiele inklusive der jeweiligen didaktischen Anregungen findet man auf der Homepage

- eine eigene Rubrik mit Schulprojekten: Schulklassen, die ein *Local-heroes*-Projekt durchgeführt haben, Berichte über die Preisträger unseres Preisausschreibens aus dem Jahre 2010 anlässlich der 10-Jahre-Feier des Projekts, Projekte, die Studierende oder Referendare gestaltet haben
- alle vom Autor dieses Buchs publizierten Beiträge zur Vorbildthematik, als pdf abgespeichert, was die korrekte Zitation ungemein erleichtert
- verschiedene Pressemeldungen und Interviews aus den letzten Jahren
- Querverweise auf ähnlich gelagerte Projekte im Internet
- sowie der Hinweis auf die Wanderausstellung „Helden auf Augenhöhe".

4.3.7 *Lernaufgaben und Literaturhinweise*

Zusammenfassung:
In der Datenbank *Local heroes* werden Beispiele von Menschen gesammelt, die als Helden des Alltags auf irgendeine Weise aus der Masse herausragen und sich für andere engagieren. Von besonderer Bedeutung sind die didaktischen Anregungen, die sicherstellen wollen, dass mit den Beiträgen im (Religions-)Unterricht und in der Gemeindekatechese verantwortlich gearbeitet wird. Die Nutzer der Datenbank sind herzlich eingeladen, sich durch die Beispiele angeregt gemeinsam mit ihren Lerngruppen auf eine eigene Spurensuche nach *Local heroes* in der eigenen Lebenswelt zu begeben und die Ergebnisse solcher Suchprozesse wieder in die Datenbank einzuspielen.

Lernaufgaben
1. Betätigen Sie sich als „virtueller Flaneur" und erkunden Sie die Datenbank *Local heroes*, besonders die Personenbeispiele!
2. Wählen Sie eine Person aus, die Sie besonders anspricht, und bearbeiten Sie die didaktischen Impulse zu dieser Person!
3. Reflektieren Sie: Hat sich durch die Lektüre dieses Buches Ihr Verständnis vom Vorbild („die semantische Ladung") verändert?

Literaturhinweise
www.uni-passau.de/local-heroes

4.4 Die Ausstellung „Helden auf Augenhöhe"

*Jeder Mensch als Bild Gottes und jeder Mensch
als Bild der Menschlichkeit ...
ist ein ‚würdiger Gegenstand der Anschauung'
in seinem Versuch, Leben zu lernen.*

Ursula Frost (Frost 1996, 123)

4.4.1 Die Entstehung und das Ziel der Local-heroes-Ausstellung

Anlässlich der 10-Jahres-Feier des *Local-heroes*-Projekts im Jahr 2010 wurde die Wanderausstellung „*Local heroes* – Helden auf Augenhöhe" konzipiert, die von Schulen und anderen Einrichtungen ausgeliehen werden kann (siehe weitere Infos auch im Internet). Sie ergänzt die Internet-Plattform mit einer gedruckten Version des Projekts. Die Ausstellung besteht aus derzeit 23 stabilen Tafeln im Format DIN-A1; inzwischen gibt es auch eine leichter transportable Version aus einrollbarem Banner-Material. Fünf Tafeln führen im Sinne des skizzierten didaktischen Konzepts eines Umgangs mit fremden Biografien in die Ausstellung ein; erläutert werden die Bedeutung der Heiligen des Alltags und die verschiedenen Gruppierungen, an denen orientierendes Lernen als sinnvoll erscheint. Eine Tafel mit Zitaten will zum Nachdenken über Vorbilder motivieren. Auf 18 Personentafeln werden einzelne Personen vorgestellt, die in einem ethisch und/oder religiös relevanten Segment Außerordentliches leisten: beschrieben werden z. B. KATHARINA METZL, eine Jugendliche, die als Missionarin auf Zeit ein Jahr in Brasilien verbrachte, der ehrliche Finder JAKOB KELSCH, Menschen, die mit Behinderungen leben müssen wie WALTER BICHLMEIER oder die Familie GILTNER, zivilcouragierte Personen wie DOMINIK BRUNNER oder CHRISTIAN BACHL, Menschen, die sich für Kranke, Sterbende oder Hilfsprojekte vor Ort oder in aller Welt einsetzen wie TATJANA MAYER, PETER SALLER oder ALOIS STRASSER, ein Sportler, der Fairplay lebt oder HELENE BINDER, eine Ordensfrau, die sich frohgemut als Christin engagiert. Wichtig war bei der Erstellung der Texte, dass die leitenden Motive der Personen deutlich werden und über die Arbeitsimpulse auf der Tafel unaufdringlich eine diskursethisch angelegte Didaktik eingespurt wird. Zusätzlich zur Ausstellung gibt es auch eine didaktische Handreichung (Mendl 2011a) und weitere Materialien zur Unterstützung der Ausleihenden.

Die Ausstellung setzt den Grundgedanken des gesamten *Local-heroes-Projekts* fort: Statt einer definitorisch-deduktiven und blutleeren Präsentation abstrakter Tugenden („Wer tapfer ist, tritt dauerhaft für das einmal erkannte Gute ein", Youcat 2011, Nr. 303) werden ethische Dimensionen an konkreten Menschen mit Fleisch und Blut veranschaulicht: Verba docent, exempla trahunt, Worte belehren, Beispiele reißen mit, sagt der Lateiner! „Verkündet das Evangelium – manchmal auch mit Worten", riet Papst Franziskus im September 2014 vor 1600

Katechetinnen und Katecheten in Rom. Der Königsweg einer solchen Didaktik ist sicher die personale Begegnung (siehe Kap. 2.2.5–2.2.6 sowie die vielen Beispiele in Kap. 3.1); die zweitbeste Möglichkeit ist die Auseinandersetzung mit den Porträts von Menschen, die für ein besonderes Engagement stehen. Auf dieser Ebene ist die Ausstellung „Helden auf Augenhöhe“ angesiedelt – ähnlich wie auch die Ausstellung der „Friedensmacher“ (Gugel 2007, 2009; Gerster/Gleich 2005).

4.4.2 Die erkenntnissteuernde Kraft der Beispiele und Bilder

Auf einer Tafel der Ausstellung „*Local heroes*“ sticht das Foto eines doch etwas skurril anmutenden, freundlich den Betrachter anschauenden Mannes hervor: hohe Stirn, Einstein-Frisur, Schnauzbart, dunkle Sonnenbrille, knallrotes T-Shirt, in der rechten Hand einen Stock (vgl. auch das Foto in Kap. 3.1.4). Es handelt sich um WALTER BICHLMEIER, der seit einem Motorradunfall vor über 30 Jahren blind ist. Bei der ersten Präsentation der Ausstellung in Passau wurde das Plakat in der Vitrine mit Gegenständen angereichert, die das Thema fokussieren helfen: Infoschriften des Blindenbundes, eine Sonnenbrille, ein Streifen mit Brailleschrift, eine Blindenbinde (vgl. Mendl 2011d).

Die visuellen Elemente der Ausstellung enthalten eine Signalfunktion, die die Wahrnehmung des gesamten ethischen Themenfeldes steuern soll: Nicht Mitleid, sondern Respekt vor der Lebenshaltung und -leistung eines Mannes, der seine Behinderung mit Elan und Lebensmut meistert, ist das Ziel. Wer an diesem Bildeindruck hängen bleibt und sich mit der Tafel intensiver beschäftigt, erhält dann auch die verbale Vertiefung dieses Lernfokus: Bereits die Überschrift (die bewusst optisch etwas unscharf gehalten ist, um das Phänomen des Nicht-gut-Sehens und Genau-hinschauen-Müssens zu vertiefen) ist programmatisch gemeint: „WALTER BICHLMEINER – ‚Ich kann den Augenblick besser machen!‘“ Das Zitat einer Lehramtsstudentin, formuliert nach der Begegnung mit WALTER BICHLMEIER, vertieft diese Sicht: „Er hat mir gezeigt, dass vieles im Leben von einer positiven Einstellung abhängt.“

Von diesen Erkenntnissen aus wird deutlich, wie wichtig beim Format „Ausstellung“ die visuellen Impulse sind. Bei den Personendarstellungen auf einer Schautafel handelt es sich im Unterschied zu einer Filmszene oder der unmittelbaren Begegnung ja nur um zweidimensionale Standbilder, die eine Spiegelung ermöglichen. Umso bedeutender sind wahrnehmbare körpersprachliche Signale, die mit den Leitbildern eingefangen werden.

Jugendliche sind tief beeindruckt vom Bild eines ernst blickenden Peter Saller, der ein Foto seiner Tochter in der Hand hat; das kleine Bild darunter zeigt ein Erinnerungsmarterl in Form einer Sonnenblume an dem Ort, wo Veronika an den Folgen eines Verkehrsunfalls gestorben war – für den Vater die mehrfache existenzielle Herausforderung, sich mit der Frage der Organspende auseinanderzusetzen. Das Titelbild der Ausstellung, die eine strahlende Katharina Metzl inmitten „ihrer“ Kinder in Brasilien zeigt, wo sie ein freiwilliges soziales Jahr abgeleistet hat, drückt aus, dass das gesamte Projekt nicht im Sinne einer „Lacrima-Christi-Theologie“ auf ein verhärmtes Darstellen von Menschen, die in der Nachfolge Christi leidensbetont leben, zielt, sondern auf den Aufweis eines Mehrwerts an Lebensfreude und -tiefe durch sozial-altruistisches Handeln. Überhaupt dominieren lächelnde Gesichter: Sei es ein Bild der damals 15-jährigen Leah Spitzenpfeil, die übers Internet krebskranke Kinder betreute, das der Hospizhelferin Tatjana Mayer („Wenn man den Tod verstanden hat, wird man das Leben verstehen“), das des 67-jährigen Integrationshelfers Rudolf Zeiler, das der Ordensfrau Helene Binder („Spirituelle Managerin zwischen Himmel und Erde“), einer freundlichen Mitarbeiterin eines Tafelprojekts oder das eines jugendlichen ehrlichen Finders. Zusammen mit den jeweils themenbezogenen Gegenständen, mit denen die Tafeln illustriert werden können, führen die Bilder sowohl zum jeweiligen ethischen Kernthema, das dann verbal erläutert wird, als auch zur unterschwelligen Botschaft: Auch in unserer Wohlstandsgesellschaft ist es möglich, sinnvoll und erfüllend, sich für andere einzusetzen! Das gilt es auch im Ausloten eigener Handlungsmöglichkeiten und Grenzen zu erkunden. Dazu passt dann eine Installation, die im Rahmen eines Seminars zum Thema von Studierenden entwickelt wurde und im didaktischen Heft beim entsprechenden Arbeitsblatt („Sei dein eigener Held“) abgedruckt ist (Mendl 2011b, 32): „Schau genau hin – bist du nicht spannender als ein Heiliger?“ – Dem Betrachter lächelt im Spiegel das eigene Gesicht entgegen (siehe auch Kap. 3.1.5).

4.4.3 *Didaktische Steuerungselemtente*

Die Impulse (mit einer Glühbirne als erkennbarem durchgängigen Handlungshinweis) unten auf der Tafel skizzieren weitere Wege einer Verarbeitung; gesteuert werden soll damit eine Didaktik im Umgang mit fremden Biografien, die jenseits eines Bewunderungs- und Nachahmungslernens tatsächlich Dialoge zwischen den Betrachtern und den dargestellten Personen und Lebenssituationen ermöglicht. Um beim Beispiel des WALTER BICHLMEIER zu bleiben: Die Betrachter sollen überlegen, was sie selber einen blinden Menschen fragen möchten, darüber nachdenken, wie sie einem Blinden den Alltag erleichtern könnten, und sie werden auf das Nürnberger „Erfahrungsfeld der Sinne“ verwiesen, wo man beispielsweise in einem Dunkelcafé nachempfinden kann, wie es sich anfühlt, blind zu sein.

1) Überlege dir Interviewfragen, die du Walter Bichlmeier oder einem anderen blinden Menschen während eines Besuches an deiner Schule stellen möchtest.
2) Blinde Menschen haben oftmals Schwierigkeiten, sich in Alltagssituationen zurechtzufinden, die für uns ganz selbstverständlich sind. Was könntest du unternehmen, um einem Sehbinderten das Leben zu erleichtern?
3) Wenn du einmal im eigenen Leibe erleben möchtest, wie es sich anfühlt, blind zu sein, so besteht beispielsweise in Nürnberg die Gelegenheit, das „Erfahrungsfeld zur Entfaltung der Sinne“ zu besuchen. Infos findest du im Internet unter: www.kuf-kultur.de/einrichtungen/erfahrungsfeld-zur-entfaltung-der-sinne/willkommen.html

4.4.4 *Lernaufgaben und Literaturhinweise*

Zusammenfassung:
Die Ausstellung „Helden auf Augenhöhe“ konkretisiert das Projekt *Local heroes* in gedruckter Form. Die Präsentation der Schautafeln vor Ort ermöglicht eine vielfältige Weise der Auseinandersetzung mit den dargestellten Personen, soll aber auch zu einer eigenen Spurensuche vor Ort anregen. Die Porträts zeigen Menschen, die engagiert und lebensfroh in einem bestimmten ethischen Feld aktiv sind bzw. waren. Über die Aufgabenstellungen am unteren Rand der Tafeln soll ein erhellender Dialog zwischen den Betrachtern und den dargestellten Personen in Gang kommen.

Lernaufgaben
1. Wählen Sie einen *Local hero* aus Ihrer Umgebung aus und gestalten Sie eine Schautafel zu dieser Person, bei der Sie sich an den Elementen der Ausstellung „Helden auf Augenhöhe“ orientieren (aussagekräftige Überschrift, reportageartige Info zur Person, Sachtext zum ethischen Feld, diskursethisch angelegte Impulsfragen, ein ansprechendes Bild).
2. Diskutieren Sie die die Chancen und Grenzen der skizzierten Bildästhetik des lächelnden und positiv eingestellten *Local heroes*!
3. Leihen Sie die Ausstellung aus (Kontaktadressen siehe im Internet) und arbeiten Sie daran und davon ausgehend weiter mit einer Spurensuche nach *Local heroes* vor Ort!

Literaturhinweise

Gugel, Günther (2009), Peace Counts. Lernen, wie man Frieden macht. Pädagogisches Begleitprogramm zur Ausstellung „Peace Counts. Die Erfolge der Friedensmacher“. Ein Lernzirkel, hg. v. *Institut für Friedenspädagogik Tübingen e.V.*, 2. A. Tübingen.

Mendl, Hans (2011b), Helden auf Augenhöhe. Didaktische Anregungen zur Ausstellung und zur Datenbank „Local heroes“, Winzer.

Mendl, Hans (2011d), Vor-Bilder ethischen Handelns, in: Katechetische Blätter 136, 268–270.

5. Literaturverzeichnis

Adorno, Theodor (1967), Ohne Leitbild. Parva Aestetica, Frankfurt a. M.

Albrecht, Christoph (2008), MärtyrerInnen und ihre Bedeutung als Vorbilder für die religiöse Bildung, in: Jahrbuch der Religionspädagogik 24: Sehnsucht nach Orientierung. Vorbilder im Religionsunterricht, 79–88.

Algermissen, Heinz Josef (2007), Erinnerung in Gegenwart. Mit der heiligen Elisabeth von Thüringen Mauern durchbrechen, in: *Algermissen, Heinz Josef/Hein, Martin/Kähler, Christoph/Wanke, Joachim,* Mehr als Brot und Rosen. Elisabeth von Thüringen heute, Freiburg i. Br. u. a., 121–146.

Algermissen, Heinz Josef/Hein, Martin/Kähler, Christoph/Wanke, Joachim (2007): Mehr als Brot und Rosen. Elisabeth von Thüringen heute, Freiburg i. Br. u. a.

Angenendt, Arnold (1997), Heilige und Reliquien. Die Geschichte ihres frühen Kultes bis zur Gegenwart, München.

Antenne (1/2002): Vorbilder. Wer sagt uns, wo's lang geht?, hg. von den Jugendverbänden der Gemeinschaft Christlichen Lebens, Augsburg.

Arzt, Silvia (1999a), Frauenwiderstand macht Mädchen Mut. Die geschlechtsspezifische Rezeption einer biblischen Erzählung, Innsbruck.

Arzt, Silvia (1999b), Das Bibellesen hat Geschlecht, in: Religionspädagogische Beiträge 43, 157–166.

Bahr, Matthias (2013), Kleines Abc der Stärkung, in: Katechetische Blätter 138, 41–43.

*Baldermann, Ingo (*1996), Einführung in die biblische Didaktik, Darmstadt.

Baldermann, Ingo (2002), Jesus von Nazareth – Jesus Christus, in: Neues Handbuch religionspädagogischer Grundbegriffe, 117–123.

Baldus, Verena (2009), 50 Dilemmageschichten für Kinder: Zum Diskutieren, Schreiben, Weiterspielen, Mülheim an der Ruhr.

Bandura, Albert (1979), Sozial-kognitive Lerntheorie, Stuttgart.

Bandura, Albert (1989), Die sozial-kognitive Theorie der Massenkommunikation, in: *Groebel, Jo/Winterhoff-Spurk, Peter* (Hg.), Empirische Medienpsychologie, München, 7–32.

Barthelmes, Jürgen/Sander, Ekkehard (1997), Medien in Familie und Peer-group. Vom Nutzen der Medien für 13- und 14jährige, München.

Barz, Heiner (1996), Leitbilder im Wandel, in: *Schmidinger, Heinrich* (Hg.), Vor-Bilder. Realität und Illusion, Graz u. a., 199–234.

Bauer, Joachim (2010), Warum ich fühle, was du fühlst. Intuitive Kommunikation und das Geheimnis der Spiegelneurone, 15. A. München.

Bauer, Karl F./Mendl, Hans/Rendle, Ludwig/Ansbacher, Walter (Hg.) (2007), Schrittmacher im Glauben. Lebensentwürfe für Jugendliche von heute, Donauwörth.

Bauer, Wolfgang (2014), Staatlicher Dank an „die wahre Elite", in: Passauer Neue Presse 31/20.2.2014, 31.

Beaugrand, Günter (1991a), Die neuen Heiligen. Große Christen auf dem Weg zur Heilig- oder Seligsprechung, Augsburg.

Beaugrand, Günter (1991b), Nikolaus Groß (1898–1945), in: *Beaugrand, Günter* (Hg.), Die neuen Heiligen. Große Christen auf dem Weg zur Heilig- oder Seligsprechung, Augsburg, 83–95.

Beck, Ulrich (1997), Demokratisierung der Familie, in: *Beck, Ulrich* (Hg.), Kinder der Freiheit, Frankfurt a. M., 195–219.

Berg, Horst Klaus (1993), Grundriß der Bibeldidaktik. Konzepte – Modelle – Methoden, München u. Stuttgart.

Berger, Peter L. (1980), Der Zwang zur Häresie. Religion in der pluralistischen Gesellschaft. Aus dem Amerikanischen von Willi Köhler, Frankfurt a. M.

Berlis, Angela (2010), Unfehlbar fehlbare Vorbilder. Ein kulturhistorischer Rundgang, in: *Kuhlmann, Helga* (Hg.), Fehlbare Vorbilder in Bibel, Christentum und Kirchen. Von Engeln, Propheten und Heiligen bis zu Päpsten und Bischöfinnen, Münster, 171–182.

Bernanos, Georges (1936), Tagebuch eines Landpfarrers, Wien.

Bernhardt, Reinhold (2010), Dornenkrone als Heiligenschein: Mutter Teresa, in: *Kuhlmann, Helga* (Hg.), Fehlbare Vorbilder in Bibel, Christentum und Kirchen. Von Engeln, Propheten und Heiligen bis zu Päpsten und Bischöfinnen, Münster, 183–196.

Best, Petra (1994), Identifikationsfiguren und Identifikationsbedürfnisse von Kindern, in: Deutsches Jugendinstitut (Hg.), Handbuch der Medienerziehung im Kindergarten. Teil 1: Pädagogische Grundlagen, München, 257–263.

Bethge, Eberhard (1976), Dietrich Bonhoeffer in Selbstzeugnissen und Bilddokumenten, Hamburg.

Bettelheim, Bruno (1980), Kinder brauchen Märchen, Stuttgart.

Biehl, Peter (1991), Der biographische Ansatz in der Religionspädagogik, in: *Biehl, Peter,* Erfahrung, Glaube und Bildung. Studien zu einer erfahrungsbezogenen Religionspädagogik, Gütersloh, 224–246.

Biemer, Günter/Biesinger, Albert (1983), Christ werden braucht Vorbilder, Mainz.

Biewald, Roland/Husmann, Bärbel (Hg.) (2009), Impulse für biografisches Lernen im Religionsunterricht, Leipzig.

Biesinger, Albert (1996), Gott in die Familie. Erstkommunion als Chance für Eltern und Kinder, München.

Bilaterale Arbeitsgruppe der Deutschen Bischofskonferenz und der Kirchenleitung der Vereinigten Evangelisch-Lutherischen Kirche Deutschlands (Hg.) (2000), Communio Sanctorum. Die Kirche als Gemeinschaft der Heiligen., Paderborn.

Bilum für weltoffene ChristInnen. Dezember 2010: WegbereiterInnen. Lernen an (un)gewöhnlichen Biografien.

Bischof, Claudia (2000), Die Theodizeefrage im Denken von Grundschulkindern am Beispiel von Kain und Abel, in: Entwurf, Heft 2, 16–20.

Bürger in sozialen Schwierigkeiten e.V. (Hg.) (2010), BISS, Heft Juli/August: Münchner Helden.

Bitter, Gottfried (1987), Glauben-Lernen als Leben-Lernen. Einsichten und Möglichkeiten alltäglicher Glaubensvermittlung, in: Katechetische Blätter 112, 917–930.

Bitter, Gottfried (1996), Plädoyer für eine zeitgemäße Korrelationsdidaktik. Sieben friedfertige Thesen, in: Lebendige Katechese 18, 1–8.

Blothner, Dirk (1998), Kinofilme und Lebensalter, in: Media-Perspektiven 3, 479–485.

Blothner, Dirk (2000), Filminhalte und Zielgruppen. Wirkungspsychologische Untersuchung zur Zielgruppenbestimmung von Kinofilmen der Jahre 1998 und 1999 auf der Basis des GfK-Panels, Berlin.

Blothner, Dirk (2001), Filminhalte und Zielgruppen 2. Fortfuhrung der Wirkungspsychologischen Untersuchung zur Zielgruppenbestimmung von Kinofilmen des Jahres 2000 auf der Basis des GfK-Panels, Berlin.

Blothner, Dirk (2003), Das geheime Drehbuch des Lebens. Kino als Spiegel der menschlichen Seele, Bergisch-Gladbach.

Blum, Dominik/Kilian, Monika (2010), Das Stück Himmel über unserem Leben. Ein Mutmach-Buch für den Familienalltag mit Gott, München.

Boldebruck, Catrin/Tast, Isadora (2002), Jugendstudie: Die Netten, in: „Stern“ 24/6.6.2002, 72–91.

Boschki, Reinhold (2003), „Beziehung" als Leitbegriff der Religionspädagogik. Grundlegung einer dialogisch-kreativen Religionsdidaktik, Ostfildern.
Brendel, Werner (2012), Werteerziehung und Vorbildwirkung, in: *Kahlert, Joachim/Multrus, Ute* (Hg.), Ethik. Didaktik für die Grundschule, Berlin, 169–179.
Brixner, Wolf (1987), Die Mystiker. Leben und Werk, Augsburg.
Brüggen, Petra (2005), Eine Umfrage unter SchülerInnen: Was brauchen LehrerInnen?, in: Katechetische Blätter 2013, 316–318.
Brunner, Carola (2014), Julias Vermächtnis hilft durch die Trauer, in: Passauer Neue Presse 50/1.3.2014, 36.
Buber, Martin (1949), Die Erzählungen der Chassidim, Zürich.
Buber, Martin (1954), Ich und Du, in: *Ders.*, Die Schriften über das dialogische Prinzip, Heidelberg, 7–121.
Buber, Martin (1986), Über Charaktererziehung, in: *Ders.*, Reden über Erziehung. Unveränderte Neuausgabe, Heidelberg, 65–90.
Bucher, Anton A. (1996a), Renaissance der Vorbilder?, in: *Schmidinger, Heinrich* (Hg.), Vor-Bilder. Realität und Illusion, Graz u. a., 29–64.
Bucher, Anton A. (1996b), Identität und Sexualität, in: Religionsunterricht an höheren Schulen 36, 346–354.
Bucher, Anton A. (1997), Braucht Mutter Kirche brave Kinder? Religiöse Reifung contra kirchliche Infantilisierung, München.
Bucher, Anton A. (2000), Religionsunterricht zwischen Lernfach und Lebenshilfe. Eine empirische Untersuchung zum katholischen Religionsunterricht in der Bundesrepublik Deutschland, Stuttgart u. a.
Bucher, Anton A. (2001), Vorbild, in: *Mette, Norbert/Rickers, Folkert* (Hg.), Lexikon der Religionspädagogik (LexRP), Neukirchen-Vluyn, Bd. 2, 2182–2187.
Bucher, Anton A. (2002a), So gering ist sie gar nicht: die Zufriedenheit der ReligionslehrerInnen, in: Lebendige Katechese 24, 84–86.
Bucher, Anton (2002b), ReligionslehrerInnen: missionarisch wie Paulus, systematisch wie Thomas von Aquin, menschenfreundlich wie Maria Montessori, in: *Mendl, Hans* (Hg.), Netzwerk ReligionslehrerInnen-Bildung, Donauwörth 2002, 14–34.
Bucher, Anton A./Montag, Saskia (1997), Vorbilder: Peinliche Überbautypen oder nach wie vor notwendig? Bericht über zwei aktuelle empirische Untersuchungen, in: Religionspädagogische Beiträge 40, 61–81.
Büchner, Barbara (1991), Abenteuer Bethel, Wien.
Büchner, Peter/Fuhs, Burkhard/Krüger, Heinz-Hermann (Hg.) (1996), Vom Teddybär zum ersten Kuß. Wege aus der Kindheit in Ost- und Westdeutschland, Opladen.
Büttner, Gerhard (2002), „Jesus hilft!" Untersuchungen zur Christologie von Schülerinnen und Schülern, Stuttgart.
Büttner, Gerhard (Hg.) (2006), Lernwege im Religionsunterricht. Konstruktivistische Perspektiven, Stuttgart.
Büttner, Gerhard/Mendl, Hans/Reis, Oliver/Roose, Hanna (Hg.) (2010), Religion lernen. Jahrbuch für konstruktivistische Religionsdidaktik, Bd. 1: Lernen mit der Bibel, Hannover.
Büttner, Gerhard/Thierfelder, Jörg (Hg.) (2001a), Trug Jesus Sandalen? Kinder und Jugendliche sehen Jesus Christus, Göttingen.
Büttner, Gerhard/Thierfelder, Jörg (2001b), Die Christologie der Kinder und Jugendlichen – ein Überblick, in: *Dies.* (Hg.), Trug Jesus Sandalen? Kinder und Jugendliche sehen Jesus Christus, Göttingen, 7–26.
Burkhart, Petra (2000), „... in die tiefsten Schichten des Kaninchenbaus". Matrix – ein

Sciencefictionfim über Wirklichkeitsverständnis, Glauben und einen Erlöser als Grundlage für ein Unterrichtsprojekt in der gymnasialen Oberstufe, in: Religionsunterricht an höheren Schulen 43, 242–254.

Burrichter, Rita (2012), Zwischen Schule und Kirche – Rahmenbedingungen und Selbstverständnis von Religionslehrkräften im Horizont des katholischen und evangelischen Religionsunterrichts, in: *Burrichter, Rita/Grümme, Bernhard/Mendl, Hans/Pirner, Manfred/Rothgangel, Martin/Schlag, Thomas*, Professionell Religion unterrichten. Ein Arbeitsbuch, Stuttgart, 52–71.

Burrichter, Rita/Grümme, Bernhard/Mendl, Hans/Pirner, Manfred/Rothgangel, Martin/Schlag, Thomas (2012), Professionell Religion unterrichten. Ein Arbeitsbuch, Stuttgart.

Charlton, Michael (1994), Fernsehstars als Vorbilder? Warum Fernsehzuschauer nach Vorbildern suchen und warum Fernsehmacher daraus Konsequenzen ziehen sollten, in: medien praktisch 1, 29–31.

Christ in der Gegenwart 66 (2014), Heft 9, 90: Frauen in vatikanischen Spitzenämtern?

Christmann, Wolfgang (Hg.) (1990), Exemplarische Christen. Heilige und andere ganz normale Menschen, Hannover (= Materialdienst des VKR Niedersachsen 1/1990).

Christuszeugen in schwerer Zeit (2009). Pfarrer Georg Häfner, Pater Engelmar Unzeitig CMM. Didaktisch-methodische Anregungen für die Sekundarstufe 1 (8.–10. Jahrgangsstufe), hg. v. Bischöfliches Ordinariat Würzburg Hauptabteilung III: Hochschule, Schule und Erziehung. Würzburger Beiträge zur Religionspädagogik 7.

Cornelius, Michael (2000), Vertrauen ist gut, Kontrolle ist besser. Wie gut sind unsere Schutzheiligen wirklich?, in: Süddeutsche Zeitung. Magazin Nr. 43, 30–33.

Czaja, Dieter (Hg.) (1997), Kinder brauchen Helden. Power-Rangers & Co unter der Lupe, München.

Demont, Oliver/Schenker, Dominik (2009), Ansichten vom Göttlichen. 22 Jugendliche, Zürich.

Der Religionsunterricht in der Schule (1978), in: Gemeinsame Synode der Bistümer in der Bundesrepublik Deutschland. Offizielle Gesamtausgabe I, 4. A. Freiburg-Basel-Wien, 113–152.

Der Spiegel 11/2013. Titel: Die Mutigen.

Deutsche Bischofskonferenz (Hg.) (1985), Katholischer Erwachsenenkatechismus. Das Glaubensbekenntnis der Kirche, Kevelaer u. a.

Deutsche Bischofskonferenz (Hg.) (1995), Katholischer Erwachsenenkatechismus Bd. 2: Leben aus dem Glauben, Freiburg u. a.

Deutscher Caritasverband (Hg.) (2011), Sozialcourage. Das Magazin für soziales Handeln, Heft 2: Engagement von jungen Leuten: „Viel schöner als erwartet".

Deutsche Shell (Hg.) (1997), Jugend '97, Opladen.

Deutsche Shell (Hg.) (2000), Jugend 2000, Bd. 1–2, Opladen.

Deutsche Shell (Hg.) (2002), Jugend 2002. Zwischen pragmatischem Idealismus und robustem Materialismus, Frankfurt a. M., 194.

Diakonia 31 (2000), Heft 2: Heilige – ein Randthema?

Diamant, Anita (2001), Das rote Zelt der Frauen, München.

Die Prinzen (1993), Das A-Cappella-Album, Hansa.

Diesterweg, Friedrich Adolph (1835), Wegweiser zur Bildung für Lehrer und die Lehrer werden wollen, Essen.

Dieterich, Veit-Jakobus (2011), Heiliger – Ketzer – Protestant – Maskottchen? Konstruktionen des Franziskus in Kunst, Kirchengeschichte und Religionsunterricht, in: *Büttner, Gerhard/Mendl, Hans/Reis, Oliver/Roose, Hanna* (Hg.), Religion lernen. Jahrbuch für konstruktivistische Religionsdidaktik, Bd. 2: Kirchengeschichte, Hannover, 68–84.

Die Zeit 2/ 3.1.2013, 55: Ich bin superwichtig!
Dinges, Ottilie (1983), Religion: in: *Grünewald, Dietrich/Kaminski, Winfred* (Hg.), Kinder- und Jugendmedien, Weinheim u. Basel, 374–384.
Dogmatische Konstitution über die Kirche „Lumen Gentium" (1966), in: Lexikon für Theologie und Kirche 2.A., Bd. 12, 289–303.
Dürig, Walter (1962), Namenstag, in: Lexikon für Theologie und Kirche, 2. A., Bd. 7, 784.
Ebertz, Michael N. (2000), „Heilige Familie" - ein Auslaufmodell? Religiöse Kompetenz der Familien in soziologischer Sicht, in: *Biesinger, Albert/Bendel, Herbert* (Hg.), Gottesbeziehung in der Familie. Familienkatechetische Orientierungen von der Kindertaufe bis ins Jugendalter, Ostfildern, 16–43.
Ebner, Robert (1988), Vorbilder und ihre Bedeutung für die religiöse Erziehung in der Sekundarstufe. Eine wissenschaftliche Darstellung mit einer empirischen Untersuchung, St. Ottilien.
Ecclesia Catholica (1993), Katechismus der Katholischen Kirche, München u. a.
Edelmann, Walter/Wittmann, Simone (2012), Lernpsychologie, 7., vollständig überarbeitete Auflage, Weinheim.
„Eltern" Oktober 1999, 238–239: Umfrage: Mr. McDonald's for President!.
„Eltern" Januar 2000, 174–175: Umfrage: Gebt meinem Hund das Bundesverdienstkreuz!
Elternzeitschrift des Bayerischen Kultusministeriums 2/2001, Titel: „Berufsbild Lehrer: Superman oder Prügelknabe?"
Englert, Rudolf (Hg.) (1993), Woran sie glaubten – wofür sie lebten. 365 Wegbegleiter für die Tage des Jahres. Ein Kalenderbuch, München.
Englert, Rudolf (1997), „Schwer zu sagen ...": Was ist ein religiöser Lernprozeß?, in: Der evangelische Erzieher 49, Heft 2, 135–150.
Englert, Rudolf/Güth, Ralph (Hg.) (1999), „Kinder zum Nachdenken bringen". Eine empirische Untersuchung zu Situation und Profil des katholischen Religionsunterrichts an Grundschulen, Stuttgart.
Englmann, Felicia (2008), Sex, Demos und Woodstock. History-Award 2008, in: P.M. History 1/2008, 18f.
Erlinger, Rainer (2007), Gewissensfragen. Streitfälle der Alltagsmoral, München 2007.
Erzbistum Hamburg – Generalvikariat, Jugendreferat der Pastoralen Dienststelle/Bund der Deutschen Katholischen Jugend, Diözesanverband Hamburg (Hg.) (2011), Cayennepepper Mai 2011. Sonderausgabe anlässlich der Seligsprechung der Lübecker Märtyrer. Mit Ideensammlung für Jugendleiterinnen und Jugendleiter: Die Lübecker Märtyrer und ich.
Erzbistum Hamburg, Bistum Osnabrück (Hg.) (2011), Wer sterben kann, wer will den zwingen? Zur Seligsprechung der Lübecker Märtyrer, Hamburg o.J. [2011].
Erzbistum Hamburg. Abteilung Bildung (Hg.) (2012), Mitteilungen RU. Referat Schule Heft 1: Orientierendes Lernen an Biografien.
Eschbach, Andreas (1998), Das Jesus Video, Augsburg.
Fasel, Christoph/Koch, Samuel (2012), Zwei Leben, München.
Feifel, Erich (1968), Der pädagogische Anspruch der Nachfolge Christi. Ein Beitrag zur Neuorientierung in der katholischen Religionspädagogik, Donauwörth.
Feifel, Erich (1970), Glaube und Erziehung, in: Handbuch pädagogischer Grundbegriffe, I, München, 527–598.
Feige, Andreas/Dressler, Bernhard/Lukatis, Wolfgang/Schöll, Albrecht (2000), ‚Religion' bei ReligionslehrerInnen. Religionspädagogische Zielvorstellungen und religiöses Selbstverständnis in empirisch-soziologischen Zugängen. Berufsbiographische Fallanalysen und

eine repräsentative Meinungserhebung unter evangelischen ReligionslehrerInnen in Niedersachsen, Münster.
Feige, Andreas/Tzscheetzsch, Werner (2005), Christlicher Religionsunterricht im religionsneutralen Staat? Unterrichtliche Zielvorstellungen und religiöses Selbstverständnis von ev. und kath. Religionslehrerinnen und -lehrern in Baden-Württemberg. Eine empirisch-repräsentative Befragung, Ostfildern.
Feldmann, Christian (1987), Gottes sanfte Rebellen. Große Heilige der Christenheit, Freiburg i. Br.
Feldmann, Christian (1991), Träume beginnen zu leben. Große Christen unseres Jahrhunderts, 7.A. Freiburg i. Br.
Feldmann, Christian (1995), Träume werden wahr. Menschen im Gegenwind unserer Zeit, Freiburg i. Br.
Fendrich, Herbert (2001), Geht da noch was? Das Fotoprojekt I.N.R.I., in: Katechetische Blätter 216, 339–344, hier 339.
Focus 9/2002, Titel: Zeit für Helden.
Forum Hochschule und Kirche e.V. (Hg) (2010), Irritatio. Informationen und Anregungen für Kirche & Hochschulen: Gestalten, stärken, vernetzen. Freiwilliges Engagement von Studierenden.
Fowler, James W. (1991), Stufen des Glaubens. Die Psychologie der menschlichen Entwicklung und die Suche nach Sinn, Gütersloh.
Friedrich Jahresheft 1997: Schüler 1997. Stars – Idole – Vorbilder, Seelze.
Fritsche, Tina (2003), Ein Kommissar geht fremd: zur Kirche, in: Publik Forum 9, 30.
Fritzsche, Yvonne (2000), Moderne Orientierungsmuster: Inflation am „Wertehimmel", in: Deutsche Shell (Hg.), Jugend 2000. Bd. 1, Opladen, 93–156.
Fröhling, Stefan/Reuß, Andreas (2013), Schicksalsmomente. Entscheidende Augenblicke im Leben großer Persönlichkeiten, Moers.
Frost, Ursula (1996), Erziehung durch Vorbilder?, in: *Schmidinger, Heinrich* (Hg.), Vor-Bilder – Realität und Illusion, Graz u. a., 91–127.
Fuchs, Eva Maria (2003), Ein Herz für Brasiliens Straßenkinder, in: Passauer Neue Presse 101 (Unterhaltung o.Z.)
Fuchs-Auer, Elisabeth (2013), Wer bin ich? Facebook als „Identitätskonfigurator", in: Katechetische Blätter 138, 180–183.
Fuchs, Gotthard (2001), Heilige, in: *Mette, Norbert/Rickers, Folkert* (Hg.), Lexikon der Religionspädagogik (LexRP), Neukirchen-Vluyn, Bd. 2, 797–801.
Führen, Franz (Bearb.) (1932), Lehrer im Krieg. Ein Ehrenbuch deutscher Lehrer, Berlin.
Futterlieb, Hartmut (2001), Neo ist Jesus – Ist Jesus Neo? Der Film Matrix in der Oberstufe, in: forum religion, Heft 4, 32–43.
Gabriel, Karl (1996), Christentum im Umbruch zur „Post"-Moderne, in: *Kochanek, Hermann* (Hg.), Religion und Glaube in der Postmoderne, Nettetal, 39–59.
Gardner, Howard (1997), Die Zukunft der Vorbilder. Das Profil der innovativen Führungskraft. Aus dem Amerikanischen von Ute Sprengler, Stuttgart.
Gerster, Petra/Gleich, Michael (2005), Die Friedensmacher, München.
Gilligan, Carol (1984), Die andere Stimme. Lebenskonflikte und Moral der Frau, München u. Zürich.
Gleich, Michael (2005), Die Friedensengel, in: „Stern" 44, 104–120.
Goehlnich, Birgit/Linz, Stefan (2014), Orientierungssuche im Kinofilm. Im Spannungsfeld zwischen Herausforderung und Beeinträchtigung, in: Ministerium für Integration, Familie, Kinder, Jugend und Frauen Rheinland-Pfalz u. a. (Hg.), Medienkompetenz und Jugendschutz IV, Wiesbaden, 72–79.

Goethe, Johann Wolfgang von (1982), Wilhelm Meisters Lehrjahre, in: Goethes Werke, Hamburger Ausgabe Bd. 7, 11. A., München.

Gotteslob (2013). Katholisches Gebet- und Gesangbuch. Ausgabe für das Bistum Passau, hg. v. den (Erz-)Bischöfen Deutschlands und Österreichs und dem Bischof von Bozen-Brixen, Stuttgart.

Graff, Michael (1996), Andachtsraum Kino. Von Höhlen und Krippen, Augen und Ohren, Gott und der Welt, in: Lebendige Katechese 16, 48–50.

Greiwe, Ulrich (1998), Die Kraft der Vorbilder, München.

Grewe, Astrid (2001), Auferstehung lernen, in: Katechetische Blätter 126, 102–107.

Grimm, Jürgen (2014), Identitätsbildung durch Kino?, in: Ministerium für Integration, Familie, Kinder, Jugend und Frauen Rheinland-Pfalz u. a. (Hg.), Medienkompetenz und Jugendschutz IV, Wiesbaden, 44–61.

Grom, Bernhard (1972), Methodisch-didaktische Impulse für die religionspädagogische Praxis, Freiburg u. a.

Grom, Bernhard (1992), Religionspsychologie, München u. Göttingen.

Grom, Bernhard (2000), Glauben-Lernen – nicht ohne die Familie. Zur Bedeutung und Praxis religiöser Erziehung in der Familie, in: *Biesinger, Albert/Bendel, Herbert* (Hg.), Gottesbeziehung in der Familie. Familienkatechetische Orientierungen von der Kindertaufe bis ins Jugendalter, Ostfildern, 86–100.

Gruber, Bernhard (1995), Kirchengeschichte als Beitrag zur Lebensorientierung. Konzepte und Modelle für einen aktualisierenden Kirchengeschichtsunterricht, Donauwörth.

Gruber, Bernhard/Gruber, Sylvia (1997), Das Zusammenleben von Römern und Christen – Minderheiten haben's schwer. Lernzirkel für den Geschichts- und Religionsunterricht der Klassen 5–7, Donauwörth.

Gruber, Bernhard/Mendl, Hans (2000), Zivilcourage im Dritten Reich! Und heute? Lernzirkel für den Religions-, Geschichts- und Ethikunterricht der Klassen 8 bis 11, Donauwörth.

Gruber, Elmar (Hg.) (1986), Die Bibel in 365 Geschichten erzählt, Freiburg.

Grümme, Bernhard (2009), Religionsunterricht und Politik. Bestandsaufnahme – Grundsatzüberlegungen – Perspektiven für eine politische Dimension des Religionsunterrichts, Stuttgart.

Grümme, Bernhard (2014), Bildungsgerechtigkeit. Eine religionspädagogische Herausforderung, Stuttgart.

Grünauer, Karl-Heinz (1987), Katholische Religionslehre 7. Stundenbilder für die Unterrichtspraxis, Puchheim.

Guardini, Romano (1931), Das Gute, das Gewissen und die Sammlung, Mainz 1931.

Guardini, Romano (1977), Der Heilige der Unscheinbarkeit, in: Katechetische Blätter 102, 677–678.

Gubler, Marie-Louise (2000), Die Gemeinschaft der Heiligen. „Sei heilig, denn ich bin heilig." (Lev 19,2), in: Diakonia 31, Heft 2, 6–13.

Gugel, Günther (2007), Lernen mit Peace Counts. Lernmodelle und Materialien zum pädagogischen Umgang mit Projekten und Themen von Peace Counts, hg. v. Institut für Friedenspädagogik Tübingen e.V., Tübingen.

Gugel Günther (2009), Peace Counts. Lernen, wie man Frieden macht. Pädagogisches Begleitprogramm zur Ausstellung „Peace Counts. Die Erfolge der Friedensmacher". Ein Lernzirkel, hg. v. Institut für Friedenspädagogik Tübingen e.V., 2. A. Tübingen.

Gutmann, Hans-Martin/Mette, Norbert (2000), Orientierung Theologie. Was sie kann, was sie will, Reinbek.

Hagedorn, Rudolf (Hg.) (1999), Gemeinden leben im Widerspruch. Chronik – Erinnerun-

gen – Profile aus den katholischen Kirchengemeinden in Hagen 1933–1945, Paderborn.
Hahn, Friedrich (1968), Zwischen Verkündigung und Kitsch. Religiöse Probleme in der heutigen Jugendliteratur, Weinheim u. Berlin.
Hanisch, Helmut (2000), Dimensionen diakonischen Lernens, in: Diakonisches Werk der Evangelischen Kirche in Deutschland (EKD) (Hg.), Schule und Diakonie. Orte sozialen Lernens, Informationen und Materialien aus dem Diakonischen Werk der Evangelischen Kirche in Deutschland 3, 11–18.
Hanisch, Helmut (2002), „Ganz normal und trotzdem König", Jesus Christus im Religions- und Ethikunterricht, Stuttgart.
Harnoncourt, Philipp (1998), Namenstag, in: Lexikon für Theologie und Kirche, 3. A., Bd. 7, 631.
Hattie, John (2009), Visible Learning. A synthesis of over 800 meta-analysis relating to achievement, London & New York.
Hattie, John (2013), Lernen sichtbar machen. Überarbeitete deutschsprachige Ausgabe von „Visible Learning", besorgt von *Beywl, Wolfgang/Zierer, Klaus*, Baltmannsweiler.
Hattie, John (2014), Lernen sichtbar machen für Lehrpersonen, bearb. v. *Beywl, Wolfgang/Zierer, Klaus*, Baltmannsweiler.
Hausberger, Karl (1985), Heiligenverehrung, III–V., in: Theologische Realenzyklopädie, Bd. 14, 646–659.
Heck, Oliver/Kowertz, Michael (2003), „Jesus an der Ruhr", in: Katechetische Blätter 128, 33–38.
Heil, Stefan/Kumher, Ulrich (2003) Filme im Religionsunterricht – korrelationsdidaktisch kategorisiert. Am Beispiel von „Die Bibel: Jesus", „Spiderman", „Matrix", in: Religionsunterricht an höheren Schulen 46, 45–60.
Heinz, Andreas (1998), Standes- und Berufspatronate, in: Lexikon für Theologie und Kirche, 3. A., Bd. 7, 1481.
Helmke, Andreas (2003), Unterrichtsqualität erfassen, bewerten, verbessern, Seelze.
Hilger, Georg (1998), Wahrnehmung und Verlangsamung als religionsdidaktische Kategorien. Überlegungen zu einer ästhetisch inspirierten Religionsdidaktik, in: *Heimbrock, Hans-Günter* (Hg.), Religionspädagogik und Phänomenologie. Von der empirischen Wendung zur Lebenswelt, Weinheim, 138–157.
Hinrichs, Wolfgang (2000), Auf der Suche nach Lehrerbildern – Vorbildern! Pädagogische Liebe und Professionalität – Eduard Sprangers realistischer Beitrag, in: Pädagogische Rundschau 54, 113–150.
Hintersberger, Benedikta/Spendel, Stefanie (Hg.) (1997), Stark bin ich und voller Leben. Frauen der Bibel kommen ins Wort, München.
Hobelsberger, Hans (2008), Lebenswelten katholischer Jugendlicher: Die Sinus-Milieustudie U27, in: Katechetische Blätter 133, 291–300.
Höppner, Reinhard (2010), Wer lernt, darf Fehler machen, in: *Kuhlmann, Helga* (Hg.), Fehlbare Vorbilder in Bibel, Christentum und Kirchen. Von Engeln, Propheten und Heiligen bis zu Päpsten und Bischöfinnen, Münster, 55–66.
Hoheisel, Karl (1995), Heilige. I. Religionsgeschichtlich, in: Lexikon für Theologie und Kirche 4, 3. A., 1274f.
Holböck, Ferdinand (1994), Heilige Eheleute. Verheiratete Selige und Heilige aus allen Jahrhunderten, Stein am Rhein – Salzburg.
Horáková. Dana (2007), Vorbilder. Berühmte Deutsche erzählen, wer ihnen wichtig ist, Wiesbaden.
Horster, Elisabeth (1905), Vom lieben Jesuskind. Legenden aus seiner Jugendzeit, Cöln a. Rh.

Hübenthal, Sandra/Lüttgens, Philipp (2012), Biblische Mordfälle vor Gericht, in: Katechetische Blätter 137, 280–288.
Hümmeler, Hans (1933), Helden und Heilige, 2 Bde., Siegburg (Neuauflage 1948).
Hünermann, Wilhelm (1964), Der endlose Chor. Ein Buch von den Heiligen für das christliche Haus. Volksausgabe, Freiburg u. a.
Hufnagel, Erwin (1993), Pädagogische Vorbildtheorien. Prolegomena zu einer pädagogischen Imagologie, Würzburg.
Hurth, Elisabeth (1999), Das Ende der Vorbilder? Von Vorbildern, Stars und Idolen, in: Internationale katholische Zeitschrift Communio 28, 255–276.
Imbach, Josef (1999), Der Heiligen Schein. Heiligenverehrung zwischen Frömmigkeit und Folklore, Würzburg.
:in Religion. Unterrichtsmaterialien Sek. I (2005), Heft 5: Biografien.
:in Religion. Unterrichtsmaterialien Sek. I (2009), Heft 9: Lernen an Vorbildern.
:in Religion. Unterrichtsmaterialien Sek. I (2014), Heft 3: Lernen an gebrochenen Biografien.
Irmscher, Johannes (Hg.) (1987), Antike Fabeln in einem Band, Berlin und Weimar.
Jäger, Uli/Ritzi, Nadine/Romand, Anne (Institut für Friedenspädagogik Tübingen) (2010), „Peace Counts on Tour" – Friedenspädagogik in Konfliktregionen, in: Die Friedenswarte 85, Heft 3, 73–87.
Jahrbuch der Religionspädagogik 24 (2008): Sehnsucht nach Orientierung. Vorbilder im Religionsunterricht, Neukirchen-Vluyn.
Janke, Klaus (1997), Stars, Idole, Vorbilder. Was unterscheidet sie?, in Stars – Idole – Vorbilder, Friedrich Jahresheft 1997, Seelze, 18–21.
Jaquemoth, Franz Josef (1993), Kain und Abel, die Geschichte vom Menschen, in: *Miller, Gabriele/Niehl, Franz W.* (Hg.), Von Babel bis Emmaus. Biblische Texte spannend ausgelegt, München, 196–219.
Jürgens, Verena (2011), Das Buch Rut – eine Geschichte von Freundschaft, Solidarität und Nähe Gottes. Eine Unterrichtseinheit, durchgeführt für eine zweite Klasse, in: Loccumer Pelikan, Heft 2, 70–76.
Käbisch, David/Käbisch, Edmund (2010), Akteure der Friedlichen Revolution. Didaktische Impulse und Materialien für den Geschichts-, Ethik- und Religionsunterrichts aus der Region Zwickau, Moers.
Kadel, David (2002), Fußball Gott. Erlebnisberichte vom heiligen Rasen, Asslar.
Kampling, Rainer (2010), Vom Lob der Rizinusstaude oder auch ein Vorbild: Jona, in: *Kuhlmann, Helga* (Hg.), Fehlbare Vorbilder in Bibel, Christentum und Kirchen. Von Engeln, Propheten und Heiligen bis zu Päpsten und Bischöfinnen, Münster, 135–141.
Kaspar, Peter Paul (2000), Das Heilige und das Sinnliche, in: Diakonia 31, 102–106.
Katechetische Blätter 102 (1977), Heft 8: Vorbilder.
Katechetische Blätter 131 (2006), Heft 1: Vorbilder.
Katechetische Blätter 137 (2012), Heft 4: (Un-)Vollkommen Mensch sein.
Katechetische Blätter 138 (2013), Heft 1: Religionslehrer/in sein.
Katechetische Blätter 139 (2014), Heft 3: Franziskus.
Keller, Stefan (1994), Grüningers Fall. Geschichten von Flucht und Hilfe, 3.A. Zürich.
Keller, Stefan (2006), Paul Grüninger, in: *Kühne, Ulrich* (Hg.), Mutige Menschen. Frauen und Männer mit Zivilcourage, München, 36–39.
Kerstiens, Ludwig (1986), Modell oder Vorbild? Pädagogische Überlegungen zu einem verdrängten Thema, in: Lebendige Katechese 8, 77–83.
Kessler, Hans (1995), Christologie, in: *Schneider, Theodor* (Hg.), Handbuch der Dogmatik. Bd.1, 2. A. Düsseldorf, 241–442.

Kirsner, Inge/Wermke, Michael (Hg.) (2000), Religion im Kino. Religionspädagogisches Arbeiten mit Filmen, Göttingen.

Klein, Stephanie (2002), Religiöse Erziehung in der Familie, in: Neues Handbuch religionspädagogischer Grundbegriffe, 295–300.

Kliemann, Peter/Rupp, Hartmut (Hg.) (2000), 1000 Stunden Religion. Wie junge Erwachsene den Religionsunterricht erleben, Stuttgart.

Klinkhammer, Gritt Maria (1996), Jugendliche Träume vom Heil. Eine Untersuchung zu religiösen Dimensionen der Jugendzeitschrift Bravo, in: *Friedrichs, Lutz/Vogt, Michael* (Hg.), Sichtbares und Unsichtbares. Facetten von Religion in deutschen Zeitschriften, Würzburg, 72–97.

Klosinski, Gunther (2008), Vorbilder – Was steht dahinter? Vorbilder und ihre Funktion für Identitäts- und Sinnfindung. Kinder- und Jugendpsychiatrische Anmerkungen, in: Jahrbuch der Religionspädagogik 24: Sehnsucht nach Orientierung. Vorbilder im Religionsunterricht, 55–64.

Köcher, Renate (1989), Die religiöse Einstellung von Jugendlichen und ihre Auswirkung auf die Glaubensvermittlung, in: Religionsunterricht an höheren Schulen 32, 349–357.

Köcher, Renate (2000), Probleme und Chancen religiöser Kommunikation. Erkenntnisse aus Allensbacher Langzeituntersuchungen, in: Communio socialis 33, 276–295.

Körber-Stiftung (Hg.) (2008), Spurensuchen 22: Helden verehrt – verkannt – vergessen. Der neue Wettbewerb.

Kohlberg, Lawrence (1995), Die Psychologie der Moralentwicklung. Hg. v. *Althof, Wolfgang* unter Mitarbeit von *Noam, Gil/Oser, Fritz*, Frankfurt a. M.

Kohler-Spiegel, Helga (2000), „Wenn Dein Sohn, wenn Deine Tochter dich fragt …" Biblische Erfahrungen als Ermutigung zur Religiosität in der Familie, in: *Biesinger, Albert/ Brendel, Herbert* (Hg.), Gottesbeziehung in der Familie. Familienkatechetische Orientierungen von der Kindertaufe bis ins Jugendalter, Ostfildern, 102–115.

Kohler-Spiegel, Helga (2013), Lesen Jungen und Mädchen die Bibel unterschiedlich?, in: *Zimmermann, Mirjam/Zimmermann, Ruben* (Hg.), Handbuch Bibeldidaktik, Tübingen, 683–687.

Korczak, Janusz (1996), Sämtliche Werke, hg. v. *Beiner, Friedhelm*, Gütersloh.

Kosian, Markus (2012), Was Promis glauben. Gedanken über Gott, Religion und Kirche, hg. v. Katholisches Schulkommissariat in Bayern, München.

Kothmann, Thomas (2011), Glaubensvorbilder in der individuellen Biografie, in: *Rothgangel, Martin/Schwarz, Hans* (Hg.), Götter, Heroen, Heilige. Von römischen Göttern bis zu Heiligen des Alltags, Frankfurt u. a., 167–184.

Kotteder, Franz (1998), Die Erinnerungsmaschine. Kein normales Konzert: die Rolling Stones mit ihrer „Bridges To Babylon"-Tour im fast ausverkauften Olympiastadion, in: Süddeutsche Zeitung 140, 14.

Kraft, Friedhelm (2011), Die Religionslehrkraft als „Glaubensvorbild?" Eine Gegenrede, in: Loccumer Pelikan 2, 69.

Kranz, Gisbert (1975), Sie lebten das Christentum. 28 Biographien, Regensburg.

Krapf, Sabine (2001), Katharina von Siena. Reformatorin der Kirche. Eine Unterrichtsreihe für den Kirchengeschichtsunterricht, in: Materialien für den Religionsunterricht an Gymnasien, hg. v. Katholisches Schulkommissariat in Bayern, Heft 1, 2–45.

Krischer, Markus (2002), „Heroismus ist unverzichtbar". Interview mit Herfried Münkler, in: Focus 9, 68–70.

Kropac, Ulrich (2001), Biblisches Lernen, in: *Hilger, Georg/Leimgruber, Stephan/Ziebertz, Hans-Georg*, Religionsdidaktik. Ein Leitfaden für Studium, Ausbildung und Beruf, München, 385–401.

Kropac, Ulrich (2002), Dekonstruktion: ein neuer religionspädagogischer Schlüsselbegriff?, in: Religionspädagogische Beiträge 48, 3–18.
Kruse, Ingeborg (2000), Mirjams Lied. Frauen und Mädchen in den Geschichten der Bibel, Wien.
Kuhl, Lena (Hg.) (1994), Nicht immer im Gleichschritt, 2. A. Loccum.
Kuhlmann, Helga (Hg.) (2010), Fehlbare Vorbilder in Bibel, Christentum und Kirchen. Von Engeln, Propheten und Heiligen bis zu Päpsten und Bischöfinnen, Münster.
Kuhn, Karolin (2010), An fremden Biografien lernen! Ein religionspädagogischer Beitrag zur Unterrichtsforschung, Münster.
Kühne, Ulrich (Hg.) (2006), Mutige Menschen. Frauen und Männer mit Zivilcourage, München.
Kühnen, Klaus/Bernatzki, Norbert/Klemp, Christoph (2003), Wofür sein Leben geben? Bausteine für den Religionsunterricht, in: Religionsunterricht an höheren Schulen 46, 155–176.
Kuld, Lothar (1997), Mitleid lernen. Der Modellversuch „Compassion“: Ein Praxis- und Unterrichtsprojekt sozialverpflichteten Lernens, in: RU. Zeitschrift für die Praxis des Religionsunterrichts 27, Heft 2, 56–60.
Kuld, Lothar (2000), Religionsunterricht im Leben eines Schülers – Vier Thesen zu den Schüleraufsätzen „1000 Stunden Religion“, in: *Kliemann, Peter/Rupp, Hartmut* (Hg.), 1000 Stunden Religion. Wie junge Erwachsene den Religionsunterricht erleben, Stuttgart, 21–25.
Kuld, Lothar (2001), Compassion, in: *Mette, Norbert/Rickers, Folkert* (Hg.), Lexikon der Religionspädagogik (LexRP), Neukirchen-Vluyn, Bd.1, 293–295.
Kuld, Lothar/Gönnheimer, Stefan (2000), Compassion – sozialverpflichtetes Lernen und Handeln, Stuttgart.
Kuld, Lothar/Schmid, Bruno (2001), Lernen aus Widersprüchen. Dilemmageschichten im Religionsunterricht, Donauwörth.
Kursbuch 146/2001: Vorbilder.
Kutzschenbach, Irene v./Sporer, Marianne (Bearb.) (1999), Alltag, der nicht alltäglich war. Passauer Schülerinnen erinnern sich an die Zeit zwischen 1928 und 1959, Passau.
Lanczkowski, Günter (1985), Heilige/Heiligenverehrung, 1. Religionsgeschichtlich, in: Theologische Realenzyklopädie Bd. 14, 641–644.
Lange, Günter (2011), Christusbilder sehen und verstehen, München.
Langenhorst, Annegret (2002), Las Casas, Romero, Menchú – Gegenbilder aus Lateinamerika zwischen Mode und Ideal, in: Religionsunterricht an höheren Schulen 45, 277–286. (= Langenhorst 2002a)
Langenhorst, Annegret (2014), Zwischen Heiligkeit und Ketzertum. Erfolgreiche Provokationen in der Geschichte der Kirche, in: Katechetische Blätter 139, 160–162. (= Langenhorst 2014a)
Langenhorst, Georg (1998), Jesus ging nach Hollywood. Die Wiederentdeckung Jesu in Literatur und Film der Gegenwart, Düsseldorf.
Langenhorst, Georg (2001), Gedichte zur Bibel. Texte – Interpretationen – Methoden. Ein Werkbuch für Schule und Gemeinde, München.
Langenhorst, Georg (2002), Urvorbild Jesus: unerreichbar, abschreckend, Orientierung gebend?, in: Religionsunterricht an höheren Schulen 45, 295–302. (= Langenhorst 2002b)
Langenhorst, Georg (2014), Kinder brauchen Religion. Orientierung für Erziehung und Bildung, Freiburg i. Br. (= Langenhorst 2014b)
Läpple, Alfred (1988), Ketzer und Mystiker. Extremisten des Glaubens. Versuch einer Deutung, München.

Läpple, Alfred (1996), Kleines Lexikon des christlichen Brauchtums, Augsburg.
Lechner, Martin/Gabriel, Angelika (2009), Anstößiger Glaube – Anstöße zum Glauben?! Spirituelle Impulse aus einer Fotostudie mit Jugendlichen, München.
Lehrplan für das bayerische Gymnasium. Fachlehrplan für Katholische Religionslehre, 1992.
Lehrplan für Katholische Religionslehre an den bayerischen Realschulen, 1994.
Lehrplan für Katholische Religionslehre an den bayerischen Hauptschulen, 1997.
Lehrplan für das Gymnasium in Bayern, gültig ab Schuljahr 2004/2005.
LehrplanPLUS Grundschule – Katholische Religionslehre (Bayern), 2013.
Leitmeier, Walter (2011), Search for the heroe inside yourself. Oder: Kleine Helden des Alltags. Local Heroes von Wendelstein, in; Christlich-pädagogische Blätter 124, Heft 1, 43f.
Lenz, Siegfried (1973), Das Vorbild, Hamburg.
Leutzsch, Martin (2010), Fehlbar – ja! Aber Vorbild? David zum Exempel, in: *Kuhlmann, Helga* (Hg.), Fehlbare Vorbilder in Bibel, Christentum und Kirchen. Von Engeln, Propheten und Heiligen bis zu Päpsten und Bischöfinnen, Münster, 89–108.
Libreria Editrice Vaticana (2003), Katechismus der Katholischen Kirche, 2., veränderte Auflage, München.
Liebau, Eckart (1997), Sehnsucht nach Sinn. Pubertät als Zeit der Suche, in: Friedrich Jahresheft 1997: Schüler 1997. Stars – Idole – Vorbilder, Seelze, 22–25.
Liebold, Heide (2001), Das Jesusbild Leipziger Schüler im Religionsunterricht und zu Hause, in: *Büttner, Gerhard/Thierfelder, Jörg* (Hg.), Trug Jesus Sandalen? Kinder und Jugendliche sehen Jesus Christus, Göttingen, 72–105.
Lindner, Konstantin (2007), In Kirchengeschichte verstrickt. Zur Bedeutung biographischer Zugänge für die Thematisierung kirchengeschichtlicher Inhalte im Religionsunterricht, Göttingen.
Lindner, Konstantin (2009), Vorbild ≠ Vorbild – Ergebnisse einer qualitativ-empirischen Studie zum Vorbildverständnis bei Jugendlichen, in: Religionspädagogische Beiträge 63, 75–90.
Lindner, Konstantin (2011a), „Aufgabe Biografie" – eine religionsdidaktische Herausforderung?!, in: Loccumer Pelikan, Heft 2, 62–67.
Lindner, Konstantin (2011b), Clemens August von Galens Widerstand gegen die „Aktion Gnadentod". Ein Praxisbeispiel biografischen Lernens im Religionsunterricht, in: Loccumer Pelikan, Heft 2, 90–94.
Lindner, Konstantin (2013), Berufsprofil „Religionslehrer/in", in: Katechetische Blätter 138, 13–17.
Lindner, Konstantin/Riegel, Ulrich/Hoffmann, Andreas (2013), Alltagsgeschichte im Religionsunterricht. Kirchengeschichtliche Studien und religionsdidaktische Perspektiven, Stuttgart.
List, Alexandra (2012), Lernen am Namenspatron – alte Vorurteile, neue Begegnungsmöglichkeiten, Passau (unveröffentlichte Staatsexamensarbeit).
Löbbecke, Almut (Hg.) (2002), Auf der Suche nach Sinn – Religion und Alltag, Berlin.
Loccumer Pelikan 2011, Heft 2: Lernen an Biografien.
Lochmann, Andreas C. (1989), Bruder Franz. Unterricht mit einer Heiligenbiographie, in: Katechetische Blätter 114, 362–370.
Lück, Christian (2012), Religion studieren. Eine bundesweite empirische Untersuchung zu der Studienzufriedenheit und den Studienmotiven und -belastungen angehender ReligionslehrerInnen, Münster.
Lutterbach, Hubertus (2010), Johannes Paul II. – Im Leben fehlbar, im Tode fortlebend?

Zugleich ein Beitrag zur ‚Jesuanizität' des göttlichen Stellvertreters auf Erden, in: *Kuhlmann, Helga* (Hg.), Fehlbare Vorbilder in Bibel, Christentum und Kirchen. Von Engeln, Propheten und Heiligen bis zu Päpsten und Bischöfinnen, Münster, 197–223.

Mack, Rudolf/Ramsperger, Claus/Volpert, Dieter (1993), Jesus – Neue Aspekte der Christologie. Der Spielfilm „Jesus von Montreal" im Unterricht, Calw.

Mader, Ernst T./Knab, Jakob (1987), Das Lächeln des Esels. Das Leben und die Hinrichtung des Allgäuer Bauernsohnes Michael Lerpscher (1905–1940), Blöcktach.

Maier, Bettina (2003), 100 Euro für das schlechteste Zeugnis, in: Passauer Neue Presse, 168, 11.

Marggraf, Eckhart (2000), „Fast alles hängt vom Lehrer ab" – Erfahrungen aus dreißig Jahren Religionsunterricht im Spiegel von Schüleräußerungen aus dem Jahr 1998, in: *Kliemann, Peter/Rupp, Hartmut* (Hg.), 1000 Stunden Religion. Wie junge Erwachsene den Religionsunterricht erleben, Stuttgart, 27–30.

Marie Claire (2000), Madonna oder Mama? Auf der Suche nach weiblichen Vorbildern, Heft 3, 84–92.

Marius, Richard (1987), Thomas Morus. Eine Biographie, Zürich, 578–584.

Marz, Bernd (1995), Grenzgänger des Glaubens. Gespräche und Porträts, Würzburg.

Mayer, Josef A. (1983), Der Lehrer als Vorbild. Gedanken zu einer neuen Vorbildpädagogik, in: Die höhere Schule 36, Heft 2, 48–53.

Mayer, Rainer (1978), Christliche Vorbildpädagogik. Grundsatzfragen im Überschneidungsfeld von Theologie und Erziehungswissenschaft, in: ibw-Journal. Informationsdienst des deutschen Instituts für Bildung und Wissen 16, 113–118.

Mayer-Skumanz, Lene (2002), Josef von Nazareth. Erzählung, Innsbruck u. Wien.

Mayr-Kleffel, Verena (1994), Medienheldinnen – Orientierungspunkte für die Geschlechtsidentität von Mädchen, in: Deutsches Jugendinstitut (Hg.), Handbuch der Medienerziehung im Kindergarten. Teil 1: Pädagogische Grundlagen, München, 264–270.

Medienpädagogischer Forschungsverbund Südwest (Hg.) (2012), JIM-Studie 2012. Jugend, Information, (Multi-)Media. Basisuntersuchung zum Medienumgang 12- bis 19-Jähriger, Stuttgart.

Meier, Johannes (1999), unter Mitarbeit von *Herbst, Stefan*, Die Armen zuerst! 12 Lebensbilder lateinamerikanischer Bischöfe, Mainz.

Melchers, Carlo (1999), Das Große Buch der Heiligen. Geschichte, Legenden, Namenstage, München.

Mendl, Hannah (2012), „Anschaffen" in Taizé, in: Katechetische Blätter 137, 333–335.

Mendl, Hans (1995a), „Good bye my friends, it's hard to die …". Leidverarbeitung in der Kinder- und Jugendliteratur, in: Kontakt. Informationen zum Religionsunterricht im Bistum Augsburg, Heft 2, 17–23.

Mendl, Hans (1995b), Literatur als Spiegel christlichen Lebens. Religiöse Kinder- und Jugenderzählungen katholischer Autoren von 1750–1850, St. Ottilien.

Mendl, Hans (1997a), Projekt „Kirche auf der Spur", in: Kontakt. Informationen zum Religionsunterricht im Bistum Augsburg, Heft 1, 27–34.

Mendl, Hans (1997b), Vom Gott, der ins Dunkle führt. Eine exemplarische empirische Untersuchung zu Gen 22 (Die Opferung Isaaks), in: Religionspädagogische Beiträge 39, 65–92.

Mendl, Hans (1997c), Lernzirkel: „Das Leben in die eigenen Hände nehmen" (Klasse 9), in: Kontakt. Informationen zum Religionsunterricht im Bistum Augsburg, Heft 2, 25–39.

Mendl, Hans (1998), Wie hältst Du's mit Deiner Religion? Religion in der Lebensgeschichte von Schülerinnen und Schülern aus verschiedenen Kulturen und Religionen am Paul-Klee-Gymnasium, in: Kontakt. Informationen zum Religionsunterricht im Bistum Augsburg, Heft 1, 35–40.

Mendl, Hans (2000), Heldendämmerung. Peinliche Überbautypen oder Heilige der Unscheinbarkeit als Vorbilder in der religiösen und ethischen Erziehung?, in: Religionspädagogische Beiträge 45, 3–26.
Mendl, Hans (2001a), Lernen an „Heiligen der Unscheinbarkeit“, in: Katechetische Blätter 126, 123–127.
Mendl, Hans (2001b), Spurensucher. Religionspädagogische Profilbildung von LehrerInnen, in: *Mendl, Hans* (Hg.), Netzwerk ReligionslehrerInnen-Bildung, Donauwörth, 47–83.
Mendl, Hans (2002a), Glauben-Lernen – ein interaktiv-reflexiver, sozial verorteter und subjektgesteuerter Prozess, in: *Haslinger, Herbert/Honecker, Simone* (Hg.), „Na logo!“ Glaubenswissen in der Jugendpastoral, Kevelaer u. Düsseldorf, 35–58.
Mendl, Hans (2002b), Historische Gestalten als Vorbilder im Religionsunterricht?, in: rhs 45, Heft 5, 268–276.
Mendl, Hans (2002c), Konstruktivismus und Religionspädagogik. Replik auf Büttner, in: Zeitschrift für Pädagogik und Theologie 54, 170–184.
Mendl, Hans (2002d), Pädagogischer Lebertran? Didaktische Orientierungen: Lernen an fremden Biographien, in: RU 32, Heft 4, 114–120.
Mendl, Hans (2002e), Das Spiegelungspotential fremder Biographien, in: Regensburger RU-Notizen 21, Heft 2, 4–14.
Mendl, Hans (2003a), Auf dem Weg zu einer erfahrungsbezogenen und dialogischen Bibelarbeit, in: Kontakt. Informationen zum Religionsunterricht im Bistum Augsburg, Heft 1, 4–12.
Mendl, Hans (2003b), Local Heroes. Christliche und ethische Orientierungsmarken in postmoderner Pluralität, in: *Arntz, Klaus/Hafner, Johannes E./Hausmanninger, Thomas* (Hg.), Mittendrin statt nur dabei. Christentum in pluraler Gesellschaft, Regensburg, 278–298.
Mendl, Hans (2004), Lernen an fremden Personen für die Eine-Welt. Das Prinzip der Personalisierung im Kontext missionsgeschichtlicher Konzepte, in: *Diepold, Klaus/König, Klaus* (Hg.), Perspektiven der Eine-Welt-Religionspädagogik, Münster, 237–266.
Mendl, Hans (2005a), Lernen an (außer-)gewöhnlichen Biografien. Religionspädagogische Anregungen für die Unterrichtspraxis, Donauwörth.
Mendl, Hans (Hg.) (2005b), Konstruktivistische Religionspädagogik. Ein Arbeitsbuch, Münster 2005.
Mendl, Hans (2006a), Lernen an (außer-)gewöhnlichen Menschen, in: Katechetische Blätter 131, 8–13.
Mendl, Hans (2006b), Vorbilder, in: *Haussmann, Werner/Biener, Hansjörg/Hock, Klaus/Mokrosch, Reinhold* (Hg.). Handbuch Friedenserziehung. Interreligiös – interkulturell – interkonfessionell, Gütersloh, 198–203.
Mendl, Hans (2006c), „Mach bitte keinen Heiligen aus mir!“ Religionspädagogische Reflexionen zur Bedeutung von Märtyrern für Kinder und Jugendliche heute, in: Ökumenische Rundschau 55, Heft 3, 341–352.
Mendl, Hans (2007), „Afra – die ist doch schon lange tot!“ – Lernen an Personen der Vergangenheit? Eine religionsdidaktische Reflexion, in: *Bauer, Karl/Rendle, Ludwig/Mendl, Hans/Ansbacher, Walter* (Hg.), Schrittmacher im Glauben. Lebensentwürfe für Jugendliche von heute, Donauwörth, 13–29.
Mendl, Hans (2008a), Reflexivität. Die Förderung eines flexiblen berufsprofessionellen Habitus als zentrales phasenübergreifendes Merkmal einer zeitgemäßen Lehreraus- und -fortbildung, in: *Rendle, Ludwig* (Hg.), Was Religionslehrerinnen und -lehrer können sollen. Kompetenzentwicklung in der Aus- und Fortbildung. 3. Arbeitsforum für Religionspädagogik, Donauwörth, 235–255.

Mendl, Hans (2008b), Wider das Vergessen, die Anpassung und die Selbstbeschränkung. Der didaktische Wert einer Auseinandersetzung mit Glaubenszeugen, in: Überzeugt! Glaubenszeuginnen und Glaubenszeugen des Nordens, :in Religion Sonderheft 2008, Aachen, 1–4.
Mendl, Hans (2008c), Das religionspädagogische Potential der Begegnung mit Vorbildern des Alltags. Beispiele außerordentlichen Handelns im Alltag, in: Jahrbuch der Religionspädagogik 24: Sehnsucht nach Orientierung. Vorbilder im Religionsunterricht, 89–99.
Mendl, Hans (2008d), Im Land, wo Milch und Honig fließen. Der Moses-Bibelgarten in Jägerwirth, hg. v. Landkreis Passau, Kulturreferat, Passau.
Mendl, Hans (2009), Entschieden leben. Der didaktische Wert einer Auseinandersetzung mit regionalen Glaubenszeugen, in: Würzburger Beiträge zur Religionspädagogik 7, 2009, hg. v. Bischöflichen Ordinariat Würzburg Hauptabteilung III: Hochschule, Schule und Erziehung, Würzburg, 7–15.
Mendl, Hans (2011a), „Darf's ein bisschen weniger sein?" Die Bedeutung von Helden des Alltags für Lernprozesse im Glauben, in: *Rothgangel, Martin/Schwarz, Hans* (Hg.), Götter, Heroen, Heilige. Von römischen Göttern bis zu Heiligen des Alltags, Frankfurt u. a., 185–204.
Mendl, Hans (2011b), Helden auf Augenhöhe. Didaktische Anregungen zur Ausstellung und zur Datenbank „Local heroes", Winzer.
Mendl, Hans (2011c), Orientierung an fremden Biografien, in: Loccumer Pelikan 2, 53–57.
Mendl, Hans (2011d), Vor-Bilder ethischen Handelns, in: Katechetische Blätter 136, 268–270.
Mendl, Hans (2011e), Jugendliche als Vorbilder für Jugendliche, in: *Gabriel, Angelika* (Hg.), Mit-Leidenschaft für junge Menschen. Beiträge zur Jugendpastoral. Festschrift für Martin Lechner zum 60. Geburtstag, München, 256–267.
Mendl, Hans (2011f), Gandhi, Bibi und die anderen, in: Neue Gespräche 6, 8–10.
Mendl, Hans (2011g), In guter Gesellschaft: Aller-Seelen-Gedenken, in: Entwurf. Konzepte, Ideen und Materialien 42, Heft 2, 34–37.
Mendl, Hans (2012a), Wer leben will, wer kann den fördern? Helden in Sichtweite. Anregungen zu einer Spurensuche vor Ort, in: Mitteilungen RU. Referat Schule, hg. v. Erzbistum Hamburg, Referat Schule, Heft 1, 3–8.
Mendl, Hans (2012b), Ethische Bildung und Erziehung: Mythen – Zielebenen – Lernwege, in: *Kahlert, Joachim/Multrus, Ute* (Hg.), Ethik. Didaktik für die Grundschule, Berlin, 9–23.
Mendl, Hans (2012c), Lena und ihr Taizé-Kreuz, in: Katechetische Blätter 137 (2012), 316–319.
Mendl, Hans (2013a), Religion erleben. Ein Arbeitsbuch für den Religionsunterricht. 20 Praxisfelder, 2. A. München.
Mendl, Hans (2013b), Lernen an (außer-)gewöhnlichen Biografien, in: Ethik & Unterricht. Zeitschrift für die Fächergruppen Ethik/Werte und Normen/Praktische Philosophie/LER, Heft 1, 11–14.
Mendl, Hans (2013c), Helden auf Augenhöhe. Beispiele gelebter Überzeugung als Elemente einer Didaktik der Ermöglichung, in: Kontakt. Informationen zum Religionsunterricht im Bistum Augsburg, Heft 6, 52–55.
Mendl, Hans (2013d), Lernen an biblischen Personen, in: *Zimmermann, Mirjam/Zimmermann, Ruben* (Hg.), Handbuch Bibeldidaktik, Tübingen, 267–271.
Mendl, Hans (2013e), Zeugen und Prügelknaben – Religionslehrerinnen und -lehrer im Feld diffuser Erwartungen, in: *Altmeyer, Stefan/Bitter, Gottfried/Theis, Joachim* (Hg.), Religiöse Bildung – Optionen, Diskurse, Ziele, Stuttgart, 207–218.
Mendl, Hans (2013f), Gefährliche Erinnerung statt erbaulicher Glättung. Postulate für einen

verantwortbaren narrativen Umgang mit Heiligen, in: *Lindner, Konstantin/Kabus, Andrea/Bergold, Ralph/Schwillus, Harald* (Hg.), Erinnern und Erzählen. Theologische, geistes-, human- und kulturwissenschaftliche Perspektiven, Münster, 405–415.

Mendl, Hans (2013g), Diakonisch statt missionarisch. Wider die kirchlichen Vereinnahmungsversuche des Religionsunterrichts, in: Herder Korrespondenz Spezial: Glauben lehren? Zur Zukunft des Religionsunterrichts, Freiburg, 27–31.

Mendl, Hans (2014a), Religionsdidaktik kompakt. Für Studium, Prüfung und Beruf, 3. A. München.

Mendl, Hans (2014b), Franziskus von Assisi: Ambivalenz als Lernchance, in: Katechetische Blätter 139, 174–180.

Mendl, Hans/Heil, Stefan/Ziebertz, Hans-Georg (2005), Das Habitus-Konzept: Ein Diagnoseinstrument zur Berufsreflexion, in: Katechetische Blätter 130, 325–331.

Mendl, Hans/Sabinsky, Markus/Stinglhammer, Manuel (2010), „Schlägert Gott?" Rezeptionsstudien zu Gen 32,23–32, in: *Büttner, Gerhard/Mendl, Hans/Reis, Oliver/Roose, Hanna* (Hg.), Religion lernen. Jahrbuch für konstruktivistische Religionsdidaktik, Bd. 1: Lernen mit der Bibel, Hannover, 67–82.

Merkel, Rainer (2011), Begegnungslernen mit Lebensbildern. Ein neues didaktisches Modell am Beispiel „Paulus", in: Loccumer Pelikan, Heft 2, 77–83.

Mertin, Andreas (2007), Wer glaubt ihr, dass ich bin? Auf der Suche nach einem populärkulturellen Jesus in den (Neuen) Medien, in: Kontakt, Heft 2, 50–52.

Mertin, Andreas (2010), Blindness and Insight oder: Über die Kultur der Sünde, in: *Kuhlmann, Helga* (Hg.), Fehlbare Vorbilder in Bibel, Christentum und Kirchen. Von Engeln, Propheten und Heiligen bis zu Päpsten und Bischöfinnen, Münster, 225–228.

Mette, Adalberta (2000), Kanonisationsverfahren. Zur Praxis der Selig- und Heiligsprechung, in: Diakonia 31, Heft 2, 19–25.

Meyer, Gerd/Dovermann, Ulrich/Frech, Siegfried/Gugel, Günther (Hg.) (2004), Zivilcourage lernen. Analysen, Modelle Arbeitshilfen, Tübingen.

Meyer, Gerd/Frech, Siegfried (Hg.) (2012), Zivilcourage. Aufrechter Gang im Alltag, Schwalbach.

Miggelbrink, Ralf (2010), Nachdenken uber Vorbilder, in: *Kuhlmann, Helga* (Hg.), Fehlbare Vorbilder in Bibel, Christentum und Kirchen. Von Engeln, Propheten und Heiligen bis zu Päpsten und Bischöfinnen, Münster, 37–44.

Miller, Gabriele (1995), Heilige VI. Religionspädagogisch, in: Lexikon für Theologie und Kirche 4, 3. A., 1276.

Mitscherlich, Margarete (1978), Das Ende der Vorbilder. Vom Nutzen und Nachteil der Idealisierung, München.

Mödl, Ludwig (1999), Hoffnungszeichen. Eine Seligsprechung als pastorale Handreichung, in: *Fuchs, Ottmar* (Hg.), Ein Haus der Hoffnung. Festschrift für Rolf Zerfaß, Düsseldorf, 207–210.

Moll, Helmut (2009), Heilige Ehepaare. Eine Antwort auf die Scheidungsmentalität, in: Die neue Ordnung 63, 369–377.

Moll, Helmut (Hg.) (2010), Zeugen für Christus. 2 Bde.: Das deutsche Martyrologium des 20. Jahrhunderts, 5. erw. u. akt. A. Paderborn.

Mönnich, Annette (1989), Der Religionslehrer. Glaubenszeuge als personales Medium der Sekundarstufe II, Altenberg.

Montessori, Maria (1952), Kinder sind anders, 2. A. Stuttgart.

Morgenroth, Matthias (2002), Weihnachts-Christentum. Moderner Religiosität auf der Spur, Gütersloh.

Moser, Bruno (1982), Große Gestalten des Glaubens. Leben, Werk und Wirkung, München.

Motté, Magda (2003), „Esthers Tränen, Judiths Tapferkeit. Biblische Frauen in der Literatur des 20. Jahrhunderts, Darmstadt.

Muldoon, Tim (2011), 100 Heilige für alle Fälle. Mit wirksamen Stoßgebeten, München.

Müller, Rüdiger (1987), Sie nahmen Jesus beim Wort. Menschen im Gegenwind ihrer Zeit, Freiburg i. Br.

Neill, Alexander S. (1971), Theorie und Praxis der antiautoritären Erziehung. Das Beispiel Summerhill, Reinbek b. Hamburg.

Neue Gespräche 41 (2011), Heft 6: Gandhi? Oder doch meine Mutter? Von Vorbildern und Wegweisern.

Niehl, Franz W. (1993), Das offene Land vermessen. Über die innere Form des Religionsunterrichts, in: *Hilger, Georg/Reilly, George* (Hg.), Religionsunterricht im Abseits?, München, 87–96.

Niehl, Franz W. (1996), Dialogische Exegese – oder: eine Methode, mit der Bibel ins Gespräch zu kommen, in: *Miller, Gabriele/Niehl, Franz W.* (Hg.), Von Batseba – und andere Geschichten. Biblische Texte spannend ausgelegt, München, 227–236.

Niehl, Franz W. (2006), Bibel verstehen. Zugänge und Auslegungswege. Impulse für die Praxis der Bibelarbeit, München.

Niehl, Franz W. (Hg.) (2003), Leben lernen mit der Bibel. Der Textkommentar zu „Meine Schulbibel", München.

Nientiedt, Klaus (1991), Neue Heilige – immer zahlreicher und umstrittener, in: Herderkorrespondenz 45, 572–577.

Nigg, Walter (1976), Heilige im Alltag, Olten u. Freiburg i. Br.

Nipkow, Karl Ernst (1998), Bildung in einer pluralen Welt. Bd. 2: Religionspädagogik im Pluralismus, Gütersloh.

Nürnberger, Christian (2008), Mutige Menschen für Frieden, Freiheit und Menschenrechte, Stuttgart u. Wien.

Nyáry, Josef, (2010) Weihnachten mit den Heiligen, Freiburg i. Br.

Oberle, Maria (1994), Soziale Vorbilder heute? Gewaltfreie Kämpfer für Gerechtigkeit, Essen.

Ökumenische Rundschau 55 (2006), Heft 3: Märtyrer und Heilige im ökumenischen Kontext.

Oser, Fritz (1996), Moralpsychologische Perspektiven, in: *Adam, Gottfried/Schweitzer, Friedrich* (Hg.), Ethisch erziehen in der Schule, Göttingen, 81–109.

Oser, Fritz/Gmünder, Paul (1992), Der Mensch – Stufen seiner religiösen Entwicklung. Ein strukturgenetischer Ansatz, 3. A. Gütersloh.

Oser, Fritz/Althof, Wolfgang (1992), Moralische Selbstbestimmung. Modelle der Entwicklung und Erziehung im Wertebereich. Ein Lehrbuch, Stuttgart.

Pädagogik (2000), Heft 7–8: Vorbilder – Idole.

Passauer Neue Presse (2001), Nr. 299/28.12.2001, 1: Sozialforscher: Viele Schüler haben Angst vor guten Noten".

Passauer Neue Presse (2003), Nr. 286/11.12.2003, 13: Punkveteranen begeistern die Jugend.

Passauer Neue Presse (2012), Nr. 9/12.1.2012, 4: Mandela ist ein Vorbild – Wulff eher nicht.

Passauer Neue Presse (2014), Nr. 107/10.5.2014, 4: Papst Franziskus: Wer heilig werden will, sollte heiraten.

Paul, Eugen (1978), Lernorte des Christseins. Zur Notwendigkeit und Tragweite dieser Thematik heute, in: Theologische Quartalschrift 158, 208–217.

Paul, Eugen (1991), Religiös-kirchliche Sozialisation und Erziehung in Kindheit und Jugend, in: Handbuch der bayerischen Kirchengeschichte Bd. III, St. Ottilien, 681–711.

Paul, Eugen (1993), Religiös-kirchliche Sozialisation und Erziehung in Kindheit und Jugend, in: Handbuch der bayerischen Kirchengeschichte Bd. II, St. Ottilien, 557–612.

Petsch, Hans-Joachim (1993), Leitbilder ex und hopp, in: Lutherische Monatshefte 32, Heft 9, 2–4.

Piel, Inga (2009), Wie soll ich mich entscheiden? Dilemmageschichten mit Anregungen für Jugendliche, Mülheim an der Ruhr.

Pilz-Dertwinkel, Ulrike (2011), Helden des Alltags als Vorbilder, in Heinrichsblatt Nr. 5, 30.1.2011, 21.

Pirner, Manfred (2008), Vorbilder in den Medien. Mediale Bezugspersonen und ihre Relevanz für religiöse Erziehung und Bildung, in: Jahrbuch der Religionspädagogik 24: Sehnsucht nach Orientierung. Vorbilder im Religionsunterricht, 100–109.

Pittruff, Hans/Siener, Günter (1987), Edith Stein im Religionsunterricht, in: Religionsunterricht an höheren Schulen 30, 163–165.

Pörnbacher, Hans (1991), Crescentia Höß von Kaufbeuren (1682–1744). Alles nach dem Willen Gottes, in: *Beaugrand, Günter* (Hg.), Die neuen Heiligen. Große Christen auf dem Weg zur Heilig- oder Seligsprechung, Augsburg, 33–43.

Porzelt, Burkard (2012), Grundlinien biblischer Didaktik, Bad Heilbrunn.

Pouy, Jean-Bernard/Bloch, Serge/Blanchard, Anne (2008), Lexikon der Faulpelze. Von Albert Einstein bis Leonardo da Vinci, Frankfurt a. M.

Praxis Deutsch. Zeitschrift für den Deutschunterricht 29 (2002), Heft 171: Stars – Idole – Medienwelten.

Priester, Karin (2008), Rechte Vorbilder bei heutigen Jugendlichen in der Bundesrepublik, in: Jahrbuch der Religionspädagogik 24 (2008): Sehnsucht nach Orientierung. Vorbilder im Religionsunterricht, Neukirchen-Vluyn, 110–120.

Publik Forum extra (1996). Courage: Die sanfte Kraft gelebter Visionen – Menschen, die Mut machen, Oberursel.

Puca, Bill (1990), Be your own hero. Careers in commitment. Project proposal, Troy, New York.

Quadflieg, Josef (1995), Helden, Heilige und Halunken. Lebensgeschichten von großen und kleinen Leuten, Düsseldorf.

Quadflieg, Josef (1999), Das große Buch von den heiligen Namenspatronen. Das Leben von 138 Heiligen für Kinder erzählt, 23. A. Düsseldorf.

Quadflieg, Josef (2000), Sie bewegten die Welt. Lebensbilder unserer Zeit, Düsseldorf.

Rabenstein, Edith (2002), Vision und Weitblick sind Erfolgsgeschichte der EW, in: Passauer Neue Presse 136/15. Juni 2002, 4.

Rabl, Josef (1982), Religion im Kinderbuch, Analyse zeitgenössischer Kinderliteratur unter religionspädagogischem Aspekt, Hardebek.

Reitmajer, Valentin (2000), Berufsbild und -prestige der Lehrerinnen und Lehrer in Bayern: Forschungsprojekt der Ludwig-Maximilians-Universität München. Lehrstuhl für Schulpädagogik – Unterrichtsmitschau. Dokumentation und Ergebnisse, Oberding.

Reitmajer, Valentin (2001), Das Image der Lehrerinnen und Lehrer. Ergebnisse eines Forschungsprojekts der Universität München, in: Lehrerinfo. Ein Service des Bayerischen Kultusministeriums für Lehrerinnen und Lehrer, Nr. 3, 5–8.

Religion vernetzt 5 (2004). Unterrichtswerk für katholische Religionslehre an Gymnasien, München.

Religion vernetzt 8 (2006). Unterrichtswerk für katholische Religionslehre an Gymnasien, München.

Religion vernetzt 9 (2007). Unterrichtswerk für katholische Religionslehre an Gymnasien, München.

Religion vernetzt 10 (2008). Unterrichtswerk für katholische Religionslehre an Gymnasien, München.
Religion vernetzt 10 (2009). Unterrichtswerk für katholische Religionslehre an Gymnasien. Lehrerkommentar, München.
Religionsunterricht an höheren Schulen 40 (1997), Heft 6: Christen als Nobelpreisträger.
Religionsunterricht an höheren Schulen 45 (2002), Heft 5: Vorbild-Lernen in der Diskussion.
Religionsunterricht an höheren Schulen 46 (2003), Heft 3: Wofür sein Leben geben?
Remmert, Hans-Joachim (2003), Jesus an der Ruhr, in Rottweil und anderswo. Beobachtungen aus dem Religionsunterricht mit Jugendlichen, in: Bibel und Kirche 58, 175–178.
Rickers, Folkert (2008), „Kritisch gebrochene Vorbilder" in der religiösen Erziehung, in: Jahrbuch der Religionspädagogik 24: Sehnsucht nach Orientierung. Vorbilder im Religionsunterricht, Neukirchen-Vluyn, 213–238.
Rieder, Albrecht (2003), Jesus Christus als Thema des Religionsunterrichts, in: *Bosold, Iris/Kliemann, Peter* (Hg.), „Ach, Sie unterrichten Religion?" Methoden, Tipps und Trends, Stuttgart u. München, 278–282.
Riegel, Ulrich/Mendl, Hans (2011), Studienmotive fürs Lehramt Religion, in: Zeitschrift für Pädagogik und Theologie 63, 344–358.
Rinser, Luise (1983), Mirjam, Frankfurt.
Ritter, Werner (1995), Kommen Wunder für Kinder zu früh? Wundergeschichten im Religionsunterricht der Grundschule, in: Katechetische Blätter 120, 832–842.
Rode, Andreas (2008), Das Jahresbuch der Heiligen. Große Gestalten für jeden Tag. Leben und Legende. Zuständigkeiten, Attribute und Erkennungsmerkmale, München.
Rogge, Jan-Uwe (2001), Kinder brauchen Grenzen, Reinbek b. Hamburg.
Rothgangel Martin/Schwarz, Hans (Hg.) (2011), Götter, Heroen, Heilige. Von römischen Göttern bis zu Heiligen des Alltags, Frankfurt u. a.
RU. Ökumenische Zeitschrift für den Religionsunterricht 32 (2002), Heft 4: Heilige wie wir.
Rumpf, Horst (2000), Sieg-Droge? Lebenshilfe? Realitätsersatz? Biographische Splitter zum Vorbildbedürfnis, in: Pädagogik 7–8, 56–59.
Ruster, Thomas (2000a), Die Welt verstehen „gemäß den Schriften". Religionsunterricht als Einführung in das biblische Wirklichkeitsverständnis, in: Religionsunterricht an höheren Schulen 43, 189–203.
Ruster, Thomas (2000b), Der verwechselbare Gott, Freiburg u. a.
Sabinsky, Markus/Silbernagl, Andrea (2013), „Engage Mensch" – Lernen am anderen. Ein Begegnungsprojekt für Schüler mit und ohne Handikap, in: *Büttner, Gerhard/Mendl, Hans/Reis, Oliver/Roose, Hanna* (Hg.), Religion lernen. Jahrbuch für konstruktivistische Religionsdidaktik Bd. 4: Ethik, Hannover, 136–153.
Sauter, Ludwig (2007a), Kreatives Schreiben im Religionsunterricht, Stuttgart.
Schambeck, Mirjam (2009), Bibeltheologische Didaktik, Göttingen.
Scharer, Matthias (1999), Prinzipien religiöser Erziehung, in: Lebendige Katechese 21, Heft 1, 15–21.
Scheler, Max (1957), Schriften aus dem Nachlaß 1: Zur Ethik und Erkenntnistheorie, Bern.
Schiefer Ferrari, Markus (2001), Geschwisterbeziehungen von Kindern und Jugendlichen auf dem Hintergrund biblischer Erzählungen, in: *Mendl, Hans/Schiefer Ferrari, Markus* (Hg.), Tradition – Korrelation – Innovation. Trends der Religionsdidaktik in Vergangenheit und Gegenwart, Donauwörth, 327–353.
Schiefer Ferrari, Markus (2003), Jesus – Bruder, Freund, Vorbild?, in: *Arntz, Klaus/Hafner, Johann E./Hausmanninger, Thomas* (Hg.), Mittendrin statt nur dabei. Christentum in pluraler Gesellschaft, Regensburg, 235–253.

Schiefer Ferrari, Markus (2009), Christologie von Jugendlichen, in: Religion vernetzt 10. Lehrerkommentar, München, 128–129.
Schiefer Ferrari, Markus (2012), (Un)gestörte Lektüre von Lk 14,12–14. Deutung, Differenz und Disability, in: *Grünstäudl, Wolfgang/Schiefer Ferrari, Markus* (Hg.), Gestörte Lektüre. Disability als hermeneutische Leitkategorie biblischer Exegese, Stuttgart, 13–4.
Schindler, Alfred (Hg.) (1988), Apokryphen zum Alten und Neuen Testament, Zürich.
Schirp, Heinz (2006), Wie „lernt" unser Gehirn Werte und Orientierungen? Neurodidaktische Zugänge zur Entwicklung wertorientierer Erfahrungen und Kompetenzen, in: *Herrmann, Ulrich* (Hg.), Neurodidaktik. Grundlagen und Vorschläge für gehirngerechtes Lehren und Lernen, Weinheim u. Basel, 200–214.
Schmälzle, Udo F. (2001), Religionslehrer/in, in: *Mette, Norbert/Rickers, Folkert* (Hg.), Lexikon der Religionspädagogik (LexRP), Neukirchen-Vluyn, Bd. 2, 1697–1702.
Schmid, Hans (Hg.) (1993), 46 Fenster in das Haus des Religionsunterrichts. Briefumfrage unter Religionslehrerinnen und Religionslehrern zum heutigen Religionsunterricht in der Diözese Bamberg, München.
Schmid, Johanna (1999), Die übersehenen Treuen. Studien über katholische und protestantische Frauen im Frauenkonzentrationslager Ravensbrück, Augsburg.
Schmidt, Hans Joachim (1991), Wie sie waren: Lehramtsstudentinnen und -studenten erinnern sich an ihre Lehrkräfte, in: Empirische Pädagogik. Zeitschrift zu Theorie und Praxis erziehungswissenschaftlicher Forschung 5, 349–375.
Schmidt, Hermann (2002), Schlamm statt Stadion: Bayernfan hilft Flutopfern, in: Passauer Neue Presse 189/17.8.2002, 36.
Schmidt-Rellstab, Renate (2002), Leah – mit 14 kümmert sie sich rührend um leukämiekranke Kinder, in: Passauer Neue Presse 245, 27.
Schmidt-Wulffen, Wulf unter Mitarbeit von *Aepkers, Michael* (1997), Was interessiert Jugendliche an der „Dritten Welt"?, in: *Schmidt, Rudolf* (Hg.), Eine Welt in der Schule. Klasse 1–10, Frankfurt, 46–51.
Schmitt, Karl-Heinz (1986), Art. Sakramentenkatechese, in: *Bitter, Gottfried/Miller, Gabriele* (Hg.), Handbuch religionspädagogischer Grundbegriffe 1, München, 291–298.
Schmitt, Eric-Emmanuel (2007), Das Evangelium nach Pilatus, Frankfurt a. M.
Schnabel, Ulrich (2008), Die Vermessung des Glaubens. Forscher ergründen, wie der Glaube entsteht und warum er Berge versetzt, 2. A. München.
Schratzenstaller, Hans (1998.), Als hätt' er nie gelebt. Die letzten Tage im Leben des Michael Kern, Egelsbach u. a.
Schreiber, Birgit (2011a), Was macht Menschen zu Helfern?, in: Psychologie heute, Juli 2011, 66–69.
Schreiber, Birgit (2011b), „Konformität ist gar nichts Schlechtes". Interview mit Harald Welzer, in: Psychologie heute, Juli 2011, 70f.
Schroeder, Rainer M. (2007), Der geheime Auftrag des Jona von Judäa, München.
Schrom, Michael (2014), Kreuz-Wege, in: Christ in der Gegenwart 66, 93–97.
Schwarzer, Alice (2003), Vorbilder und Idole, Köln.
Schwarzweller, Petra (2014), Filmgeschichten – Figuren – Botschaften. Was sagen die Mädchen und Jungen?, in: Ministerium für Integration, Familie, Kinder, Jugend und Frauen Rheinland-Pfalz u. a. (Hg.), Medienkompetenz und Jugendschutz IV, Wiesbaden, 62–71.
Schweitzer, Friedrich (1996a), Die Suche nach eigenem Glauben. Einführung in die Religionspädagogik des Jugendalters, Gütersloh, 162f.
Schweitzer, Friedrich (1996b), Grundformen ethischen Lehrens und Lernens in der Schule, in: *Adam, Gottfried/Schweitzer, Friedrich* (Hg.), Ethisch erziehen in der Schule, Göttingen, 62–80.

Schweitzer, Friedrich/Englert, Rudolf/Schwab, Ulrich/Ziebertz, Hans-Georg (2002), Entwurf einer pluralitätsfähigen Religionspädagogik, Gütersloh u. Freiburg i. Br.
Schwikart, Georg (2013), Courage. Mut für ein freies Leben, Münsterschwarzach.
Sekretariat der Deutschen Bischofskonferenz (Hg.) (1981), Apostolisches Schreiben Familiaris Consortio von Papst Johannes Paul II. an die Bischöfe, Priester und Gläubigen der ganzen Kirche über die Aufgaben der christlichen Familie in der Welt von heute, Bonn.
Sekretariat der Deutschen Bischofskonferenz (Hg.) (1983), Zum Berufsbild und Selbstverständnis des Religionslehrers, Bonn.
Sekretariat der Deutschen Bischofskonferenz (Hg.) (1989), Nachkonziliare Texte zu Katechese und Religionsunterricht, Bonn.
Sekretariat der Deutschen Bischofskonferenz (Hg.) (1996), Die bildende Kraft des Religionsunterrichts. Zur Konfessionalität des katholischen Religionsunterrichts, Bonn.
Sekretariat der Deutschen Bischofskonferenz (Hg.) (1997), Kongregation für den Klerus: Allgemeines Direktorium für die Katechese, Bonn.
Sekretariat der Deutschen Bischofskonferenz (Hg.) (2003), Stellungnahme der Deutschen Bischofskonferenz zur Studie „Communio Sanctorum“, Bonn.
Sekretariat der Deutschen Bischofskonferenz (Hg.) (2005), Der Religionsunterricht vor neuen Herausforderungen, Bonn.
Severus, Sulpicius (1997), Leben des Heiligen Martin (Vita Sancti Martini). Lateinisch und deutsch, eingeleitet, übersetzt und mit Anmerkungen versehen von *Kurt Smolak*, Eisenstadt.
Shell Deutschland Holding (Hg.) (2006), Jugend 2006. Eine pragmatische Generation unter Druck, Frankfurt a. M.
Shell Deutschland Holding (Hg.) (2010), Jugend 2010. Eine pragmatische Generation behauptet sich, Frankfurt a. M.
Seibt, Markus (2011), Lernen an den Motiven sozial engagierter Menschen. Jugendlichen Begegnungen eröffnen, in: Religionsunterricht an berufsbildenden Schulen, Heft 1, 12–14.
Sieland, Bernhard (2002), Lachen können und eine Sache lieben. Lehrer als Vorbilder, in: Friedrich Jahresheft, 50–53.
Silberberg, Hermann-Josef (1982), Von Beruf Religionslehrer. Oder: Die Herausforderung der Identität, Spiritualität und Sachkompetenz, Düsseldorf.
Sitzberger, Rudolf (2007), Someone who cares. Mit Popmusik eigene Jesusbilder entdecken, in: Kontakt 2/2007, 46–49.
Spitzer, Manfred Spitzer (2002), Lernen. Gehirnforschung und die Schule des Lebens. Heidelberg u. Berlin.
Stachel, Günter/Mieth, Dietmar (1978), Ethisch handeln lernen. Zu Konzeption und Inhalt ethischer Erziehung, Zürich.
Stecher, Reinhold (1995), Die volle Hütt'n, in: *Stecher, Reinhold,* Heiter-besinnlich rund um den Krummstab, 7. A. Innsbruck u. Wien, 30–36.
Steffensky, Fulbert (2005), Schwarzbrot-Spiritualität, Stuttgart.
Steinbach, Peter/Tuchel, Johannes (Hg.) (1994), Widerstand gegen den Nationalsozialismus, Bonn.
Steinwede, Dietrich/Schupp, Renate (Hg.) (1991), Unbeirrbar. Lebensbilder von Frauen und Männern des 20. Jahrhunderts, Lahr u. Kevelaer.
Stephan, Gerhard (1988), Der Lehrer als Vorbild? Theologische Überlegungen zu einer pädagogischen Herausforderung, in: *Büttner, Gerhard/Thierfelder, Jörg* (Hg.), Religionspädagogische Grenzgänge, Stuttgart, 168–177.

„Stern" 2001, Heft 52: Die neuen zehn Gebote.
Stillich, Sven (2003), Nehmen wir zum Beispiel Mama, in: „Stern" Nr. 44, 268–271.
Stimpfle, Alois (2001), Fremdheit und Wirklichkeit. Überlegungen zu Joh 6,16–21 aus konstruktivistischer Perspektive, in: *Frühwald-König, Johannes* (Hg.), Steht nicht geschrieben? Studien zur Bibel und ihrer Wirkungsgeschichte, Regensburg, 265–282.
Stinglhammer, Manuel (2003), Jesus in Burghausen, in: Passauer Bistumsblatt Nr. 38, 12–13.
Stinglhammer, Manuel (2004), Von müdem Gähnen und einer Kreuzigung im Pausenhof. Leben (Jesu) in Szene gesetzt – ein Fotoprojekt, in: Kontakt 2004/2, 14–20.
Stosch, Klaus von (2010), Jakob – Eine biblische Figur als Modell für Kirche, in: *Kuhlmann, Helga* (Hg.), Fehlbare Vorbilder in Bibel, Christentum und Kirchen. Von Engeln, Propheten und Heiligen bis zu Päpsten und Bischöfinnen, Münster, 79–88.
Ströber, Martin (o.J.), David & Batseba. Die nackte Wahrheit. Pädagogisches Material. – www.musikverlag-stroeber.de
Ströter-Bender, Jutta (1996), Heiligenverehrung & Starkult. Religiöse Märchen in der modernen Medienwelt, in: Religion heute 1996, 122–127.
Sudbrack, Josef (1989), Heilige in Jesus Christus – Zeugen von Gottes Heiligem Geist, in: *Limburg, Hans J./Rennings, Heinrich* (Hg.), Beglaubigtes Zeugnis: Selig- und Heiligsprechungen in der Kirche, Würzburg, 29–69.
Süddeutsche Zeitung (2010), 156/10./11.7.2010, 53: Kratzen am Denkmal.
Süddeutsche Zeitung für Kinder 5 (2011): Helden. Ein Heft über Superkräfte, Eigensinn und Wagemut.
Terhart, Ewald (2014), Die Hattie-Studie in der Diskussion. Probleme sichtbar machen, Seelze.
Theißen, Gerd (1986), Der Schatten des Galiläers. Historische Jesusforschung in erzählender Form, München.
Themenhefte Gemeindearbeit (2006), Heft 2: Heilige wie wir.
The Rolling Stones (1997), Bridges to Babylon, Virgin.
Thömmes, Arthur (2001), Daily Soaps – voll das Leben?, Materialbrief RU 3/2001. Beiheft zu den Katechetischen Blättern, München.
Tiemann, Manfred (2002), Jesus comes from Hollywood. Religionspädagogisches Arbeiten mit Jesus-Filmen, Göttingen.
Trimpel, Heiko (1997), Seelsorge bei Dr. Sommer. Religion und Religiosität in der Jugendzeitschrift BRAVO, München.
„TV 14" 8/16.4.2004.
Überzeugt! Glaubenszeuginnen und Glaubenszeugen des Nordens (2008), :in Religion Sonderheft, Aachen.
Ufertinger, Volker (2009), Warum sind Heilige heilig?, München.
Verein der Bayerischen Wirtschaft e.V. (2014), Psychische Belastungen und Burnout beim Bildungspersonal. Empfehlungen zur Kompetenz- und Organisationsentwicklung, Münster.
Vollmer, Antje (2010), Das Comeback der Margot Käßmann. Wie aus einem Rücktritt Kraft erwächst – für die Frauen und den Protestantismus, in: *Kuhlmann, Helga* (Hg.), Fehlbare Vorbilder in Bibel, Christentum und Kirchen. Von Engeln, Propheten und Heiligen bis zu Päpsten und Bischöfinnen, Münster, 229–231.
Wagner, Christina (2012), Interreligiöses Lernen an fremden Biografien, Passau (unveröffentlichte Staatsexamensarbeit).
Wagner, Marion (2013), Lernen mit dem Whiteboard am Beispiel „Lernen an Vorbildern", Passau (unveröffentlichte Staatsexamensarbeit).

Waldmann, Klaus (2000), Stars, Idole, Vorbilder. Was weiß die Jugendforschung?, in: Pädagogik 7–8, 50–52.

Walter, Karin (Hg.) (1990), Sanft und rebellisch. Mütter der Christenheit – von Frauen neu entdeckt, Freiburg i. Br. u. a.

Watzlawick, Paul/Beavin, Janet H./Jackson, Don D. (1982), Menschliche Kommunikation. Formen, Störungen, Paradoxien, 6. A. Bern u. a.

Weber, Edmund (1996), Francesco d'Assisi – Leitbild neuer Frömmigkeit?, in: Der evangelische Erzieher 48, 352–361.

Weinert, Franz E. (1998), Neue Unterrichtskonzepte zwischen gesellschaftlichen Notwendigkeiten, pädagogischen Visionen und psychologischen Möglichkeiten, in: Wissen und Werte für die Welt von morgen. Dokumentation zum Bildungskongress des Bayerischen Staatsministeriums für Unterricht, Kultus, Wissenschaft und Kunst, München, 101–125.

Weisbrod, Adolf/Kuhn, Franz/Hirsch, Friedrich (1994), Compassion – Ein Praxis- und Unterrichtsprojekt sozialen Lernens: Menschsein für andere, in: Engagement, 268–307.

Werbick, Jürgen (1992), Theologische Ästhetik nach dem Ende der Kunst, in: Religionspädagogische Beiträge 30, 19–29.

Werkbrief für die Landjugend (1998 II + IV): EigenLeben. Vorbilder, Idole, Helden und andere Orientierungen, hg. von der Landesstelle der Katholischen Landjugend Bayerns e.V., München.

Werner, Elke (2005), Frauen verändern diese Welt. Wie Frauen heute Gottes Auftrag umsetzen. Biografien, Beispiele, Biblische Grundlagen, 2., ergänzte und überarbeitete A. Gießen u. Basel.

Westermann, Claus (1982), Genesis. 3. Teilband. Genesis 37–50, Neukirchen (Biblischer Kommentar Altes Testament I/3).

Weth, Irmgard (Hg.) (1988), Neukirchener Kinder-Bibel, Neukirchen-Vluyn.

Wiemer, Rudolf Otto (1979), Er schrieb auf die Erde. Begegnungen mit dem Mann aus Nazareth, Freiburg i. Br. u. a.

Winterhoff, Michael (2010), Warum unsere Kinder Tyrannen werden. Oder: Die Abschaffung der Kindheit, 10 A. Gütersloh.

Woodward, Kenneth L. (1990), Die Helfer Gottes. Wie die katholische Kirche ihre Heiligen macht, Gütersloh.

Wörther, Matthias (1993), Vom Reichtum der Medien. Theologische Überlegungen. Praktische Folgerungen, Würzburg.

Youcat (2011). Jugendkatechismus der Katholischen Kirche, München.

Zeit-Geschichte 64 (2009), Nr. 47. Sonderbeilage: Vordenker, Vorbilder, Visionäre. 50 Deutsche von gestern für die Welt von morgen.

Ziebertz, Hans-Georg/Heil, Stefan/Prokopf, Andreas (Hg.) (2003), Abduktive Korrelation. Religionspädagogische Konzeption, Methodologie und Professionalität im interdisziplinären Dialog, Münster.

Ziebertz, Hans-Georg (2010a), Wer initiiert religiöse Lernprozesse? Rolle und Person der Religionslehrerinnen und -lehrer, in: *Hilger, Georg/Leimgruber, Stephan/Ziebertz, Hans-Georg*, Religionsdidaktik. Ein Leitfaden, München, 206–226.

Ziebertz, Hans-Georg (2010b), Ethisches Lernen, in: *Hilger, Georg/Leimgruber, Stephan/Ziebertz, Hans-Georg*, Religionsdidaktik. Ein Leitfaden für Studium, Ausbildung und Beruf, München, 434–452.

Ziebertz, Hans-Georg/Heil, Stefan/Mendl, Hans/Simon, Werner (2005), Religionslehrerbildung an der Universität. Profession – Religion – Habitus, Münster.

Ziebertz, Hans-Georg/Riegel, Ulrich (2003), Lebenspläne und Lebensziele Jugendlicher, in: Religionsunterricht an höheren Schulen 46, 122–133.

Ziegler, Thomas (2001), Abschied von Jesus, dem Gottessohn? Christologische Fragen Jugendlicher als religionspädagogische Herausforderung, in: *Büttner, Gerhard/Thierfelder, Jörg* (Hg.), Trug Jesus Sandalen? Kinder und Jugendliche sehen Jesus Christus, Göttingen, 106–139.

Ziegler, Tobias (2006), Jesus als „unnahbarer Übermensch" oder „bester Freund"? Elementare Zugänge Jugendlicher zur Christologie als Herausforderung für Religionspädagogik und Theologie, Neukirchen-Vluyn.

Ziele und Aufgaben kirchlicher Jugendarbeit (1978), in: Gemeinsame Synode der Bistümer in der Bundesrepublik Deutschland. Offizielle Gesamtausgabe I, 4. A. Freiburg u. a., 277–311.

Zilleßen, Dietrich (2004), Gegenreligion. Über religiöse Bildung und experimentelle Didaktik, Münster.

Zimmermann, Mirjam/Zimmermann, Ruben (Hg.) (2013), Handbuch Bibeldidaktik, Tübingen.

Zinnecker, Jürgen (1987), Jugendkultur 1940–1985, hg. v. Jugendwerk der Deutschen Shell, Opladen.

Zinnecker, Jürgen (1996), Haben Kinder heute Vorbilder, in: *Zinnecker, Jürgen/Silbereisen, Rainer K.*, Kindheit in Deutschland. Aktueller Survey über Kinder und ihre Eltern, München, 195–212.

Zinnecker, Jürgen/ Behnken, Imbke/Maschke, Sabine/Stecher, Ludwig (2002), null zoff & voll busy, Opladen.

Zitelmann, Arnulf (1993), Abram und Sarai, Weinheim u. Basel.

Zöhrer, Josef (2000), Große Gestalten des christlichen Glaubens, in: Lebendige Katechese 22, 64–68.

Internetquellen:

www.uni-passau.de/local-heroes; man erreicht die *Local-heroes*-Homepage aber auch über die beiden alten Adressen: www.ktf.uni-passau.de/local-heroes und www.phil.uni-passau.de/local-heroes

www.heiligenlexikon.de

www.peace-counts.org

www.friedenspaedagogik.de

6. Personen- und Namensregister